interRAI Assessment System

Home Care (HC)

Long-Term Care Facilities (LTCF)

Assisted Living (AL)

インターライ方式 ケア アセスメント
［居宅・施設・高齢者住宅］

著

John N. Morris, Pauline Belleville-Taylor, Katherine Berg, Roberto Bernabei, Magnus Björkgren, Iain Carpenter, Jean-Noël DuPasquier, Harriet Finne-Soveri, Brant E. Fries, Dinnus Frijters, Ruedi Gilgen, Len Gray, Catherine Hawes, Jean-Claude Henrard, John P. Hirdes, Naoki Ikegami, Gunnar Ljunggren, Vincent Mor, Katharine Murphy, Sue Nonemaker, Charles D. Phillips, Knight Steel, David Zimmerman

監訳

池上直己

翻訳

山田ゆかり・石橋智昭

医学書院

本書は，interRAI のアセスメントシステム開発委員会の編著者によって作成された"interRAI Home Care (HC) Assessment Form and User's Manual, 9.1" "interRAI Long-Term Care Facilities (LTCF) Assessment Form and User's Manual, 9.1" "interRAI Assisted Living (AL) Assessment Form and User's Manual, 9.1" "interRAI Clinical Assessment Protocols (CAPs) for Use with Community and Long-Term Care Assessment Instruments, 9.1" の翻訳に基づく公認の日本版である．本書の著作権は interRAI に帰属する．

なお，日本国内でのインターライ方式のアセスメントソフトは，ライセンスを受けた介護ソフト会社が開発・提供しています．最新のソフト会社の情報はインターライ日本の公式サイト（http://interrai.jp）をご覧ください．

複写・複製・転載に関しては特定非営利活動法人インターライ日本サポートセンターへお問い合わせください．
〒060-0004　札幌市中央区北4条西6丁目1番1　毎日札幌会館3階
一般社団法人北海道総合研究調査会内
特定非営利活動法人インターライ日本サポートセンター
メール：info@interrai.jp　公式サイト：http://interrai.jp
TEL：011-222-3676　FAX：011-222-4105

- ●著　John N. Morris, Pauline Belleville-Taylor, Katherine Berg, Roberto Bernabei, Magnus Björkgren, Iain Carpenter, Jean-Noël DuPasquier, Harriet Finne-Soveri, Brant E. Fries, Dinnus Frijters, Ruedi Gilgen, Len Gray, Catherine Hawes, Jean-Claude Henrard, John P. Hirdes, Naoki Ikegami, Gunnar Ljunggren, Vincent Mor, Katharine Murphy, Sue Nonemaker, Charles D. Phillips, Knight Steel, David Zimmerman

- ●監訳　池上　直己　久留米大学医学部 客員教授／慶應義塾大学 名誉教授
- ●翻訳　山田　ゆかり　京都大学大学院医学研究科 特定講師
　　　　石橋　智昭　公益財団法人ダイヤ高齢社会研究財団 研究部長

免責事項
インターライおよび出版社，著者のいずれも，包括的で適切なケアの代わりとして本書が利用されるという意図は持っていない．提供される情報が正確で最新であるように，考えうるあらゆる努力がなされた．しかし，利用者の主治医，あるいは権限を有する臨床家は，処方する前に薬剤や治療に関する情報の適切性について，検証するべきである．

インターライ方式 ケア アセスメント〔居宅・施設・高齢者住宅〕
発　行　2011年12月1日　第1版第1刷
　　　　2022年3月1日　第1版第6刷
監　訳　池上直己
　　　　Ⓒ特定非営利活動法人 インターライ日本
発行者　株式会社　医学書院
　　　　代表取締役　金原　俊
　　　　〒113-8719　東京都文京区本郷1-28-23
　　　　電話　03-3817-5600（社内案内）
印刷・製本　アイワード
ISBN978-4-260-01503-5

日本版 序文

背景―日本の状況―

公的介護保険導入から10年を経た総括では,「地域包括ケアシステム」の整備が今後の課題とされた．地域包括ケアという概念は多様な意味で使われているが，狭義には，個々人の心身の状態に応じた切れ目のない医療や介護の提供体制の構築を指すことが多い．しかし介護保険の設立当初から，多職種協働やトータルケアマネジメントなどの重要性は認識されており，介護支援専門員が制度化された根拠でもあったが，現時点で職種間やサービス間の分断は十分に改善されていないといえよう．

MDSからインターライ方式へ

これに対して，われわれが日本に紹介してきたMDS方式は，多職種による利用を前提に共通な言語で開発され，また施設と在宅の連携も施設版（MDS2.1）と在宅版（MDS-HC2.0）の基本項目を同じにすることで，切れ目のないケアを提供するうえで，最適なアセスメント方式という評価を得てきた．こうした実績をさらに発展するため，高齢者ケアの専門家により設立された国際的な非営利組織インターライは，すべての版を再構築した新しい方式を2009年に開発した．この新たな「インターライ アセスメント システム」において，以下が図られた．

1) 居宅，施設などの様々な場で共通に用いるべきコア項目から出発し，それに各版において追加的に必要なアセスメント項目をモジュール式に加えたので，概念的にも，実際の項目においても，さらに共通化が図られた．
2) これまで施設と在宅で分かれていたRAP/CAPの指針を，新CAP（Clinical Assessment Protocol，ケア指針）に一本化することによって，切れ目のないケアプランを作成するうえで，課題の検討をいっそう行いやすくした．
3) 高齢者住宅用のアセスメント方式を整備し，居宅・施設の中間に位置づけるとともに，同住宅に固有な項目としてインターネット利用等の活動，生活への満足を加えた．

なお，本書の発行にあわせて以下の書籍は絶版とさせていただきました．
・MDS 2.1 施設ケアアセスメントマニュアル
・日本版 MDS-HC 2.0―在宅ケアアセスメントマニュアル
・MDS方式によるケアプラン事例集(1)〜(3)
・忙しい現場のためのMDS-HC入門

MDSユーザーの皆様には，今後はインターライ方式のご活用をあらためてお願い申し上げます．

日本版独自の構成

⑴　統合版マニュアル

　インターライとして，上記に基づいて再構築し，元の英語版をはじめとして各国で翻訳版も発刊しているが，いずれもアセスメントマニュアルについては別冊化されており，CAPも独立した1冊の本となっている．これに対して，我々は地域包括ケアのニーズに応えるためには，これらを統合したマニュアルの方がより有用と考え，インターライ本部の許可を得て，世界で初めて居宅・施設・高齢者住宅を統合し，さらにCAPも加えたマニュアルとして刊行することとした．

⑵　アセスメント表

　オリジナル版では，アセスメント表の項目記号は，セクションも含めて各版によって各々異なっている．これに対して，日本版では居宅・施設・高齢者住宅を統合する際に，すべてのアセスメント項目の記号番号を統一化した．こうした全項目統合版のアセスメント表を巻末付録に付しており，他の版では，どのような項目がアセスメントの対象に追加されているかを把握するうえで，参考にされたい．一方，実際に用いるアセスメント表は，版によって異なっており，第1章にそれぞれ提示されている．これらのアセスメント表の記号番号は必ずしも連番となっておらず，また日本版専用であるゆえ，オリジナルとも異なることに留意されたい．

⑶　記入要綱

　日本版では居宅・施設・高齢者住宅を統合したので，記入要綱も可能な限り共通化し，高齢者住宅版を共通コア項目としたうえで，各版に固有な解説箇所は，居宅版は青色，施設版は緑色の枠線で示した（第2章　アセスメント表の記入要綱参照）．なお，本書ではこのように色分けして表示したが，合わせて開発されるソフトでは，それぞれの場の該当箇所のみが表示される．

⑷　CAPトリガー

　以前に比べて，CAPの精緻化が進み，トリガーされるCAPの数は大きく減ったが，その分，トリガーする仕組み（アルゴリズム）は複雑化した．したがって，CAPのトリガーはコンピューターソフトの利用を前提としており，これまでのようにマニュアルで行うためのCAP選定表

も『インターライ方式 ケア アセスメント』には用意されていない．なお，同じ理由から，オリジナルのCAPには，トリガーの基準は示されているものの，対応する具体的なアセスメント項目は省略さている．しかしながら，ケアプランの課題検討を行う際などにCAPにつながったアセスメント項目を具体的に確認したい場合があると考え，日本版では本文中にこれを示した．

⑸ 尺度（スケール）

『インターライ方式 ケア アセスメント』には，アセスメント項目を用いて測定可能な尺度が含まれている．日本語版では，CAPトリガーにも採用されている，うつ評価尺度・認知機能尺度・日常生活自立段階の3つの尺度について，巻末にその算出方法を示している．これら尺度は，CAPトリガーとしての活用以外に，各事業者の利用者全体における認知症の各レベルの分布や，要介護度と比べてより精緻に身体的な自立度の分布を明らかにするうえで活用できる．自らの事業所の利用者の構成（プロフィール）に関心を持つ一助となれば幸いである．なお，本書と合わせて開発されるソフトでは，トリガーは自動算出される．

謝辞

本書を刊行するに当り，interRAIメンバー各位，特に日本独自の統合版マニュアル発刊にご高配いただいたJohn N. Morris先生，インターライ日本の委員各位，日本版モニターに協力いただいた，医療法人鉄蕉会亀田総合病院，社会福祉法人聖隷福祉事業団，株式会社ラックコーポレーション，株式会社学研ココファン，日本パムコ株式会社，株式会社川口福祉サービス，社会福祉法人うらら［みずべの苑］の介護支援専門員の皆様，および翻訳協力の天野貴史氏，林上真由美氏に感謝する．

2011年11月

池上 直己

特定非営利活動法人 インターライ日本 理事長
慶應義塾大学医学部 教授

目次

まえがき

日本版 序文 3

第1章 アセスメントの利用に際して 9

インターライ アセスメント システムの開発によせて 9

[居宅版アセスメント]
はじめに 10
居宅版アセスメントの使い方 11
アセスメント表 15

[施設版アセスメント]
はじめに 29
施設版アセスメントの使い方 30
アセスメント表 32

[高齢者住宅版アセスメント]
はじめに 45
高齢者住宅版アセスメントの使い方 45
アセスメント表 50

第2章 アセスメント表の記入要綱 63

セクション A　基本情報 64
セクション B　相談受付表 73
セクション C　認知 79
セクション D　コミュニケーションと視覚 89
セクション E　気分と行動 94
セクション F　心理社会面 101
セクション G　機能状態 109
セクション H　失禁 125
セクション I　疾患 129
セクション J　健康状態 132
セクション K　口腔および栄養状態 143
セクション L　皮膚の状態 148
セクション M　アクティビティ 152
セクション N　薬剤 156
セクション O　治療とケアプログラム 160

セクション P　意思決定権と事前指示　168
セクション Q　支援状況　170
セクション R　退所の可能性　174
セクション S　環境評価　176
セクション T　今後の見通しと全体状況　178
セクション U　利用の終了　180
セクション V　アセスメント情報　182

第3章　CAP（ケア指針）　183

はじめに　183
CAPの使い方　184

A．機能面
- CAP 1　身体活動の推進　188
- CAP 2　IADL　193
- CAP 3　ADL　199
- CAP 4　住環境の改善　205
- CAP 5　施設入所のリスク　209
- CAP 6　身体抑制　214

B．精神面
- CAP 7　認知低下　222
- CAP 8　せん妄　230
- CAP 9　コミュニケーション　237
- CAP 10　気分　241
- CAP 11　行動　248
- CAP 12　虐待　255

C．社会面
- CAP 13　アクティビティ　262
- CAP 14　インフォーマル支援　266
- CAP 15　社会関係　270

D．臨床面
- CAP 16　転倒　276
- CAP 17　痛み　284
- CAP 18　褥瘡　292
- CAP 19　心肺機能　298
- CAP 20　低栄養　303
- CAP 21　脱水　308
- CAP 22　胃ろう　312
- CAP 23　健診・予防接種　319
- CAP 24　適切な薬剤使用　325
- CAP 25　喫煙と飲酒　331

CAP 26　尿失禁　335
CAP 27　便通　341

付録編

尺度（Scales）　346
アセスメント表（統合版）　350

インターライ アセスメント システム開発委員会　366

第 1 章

アセスメントの利用に際して

□ インターライ アセスメント システムの開発によせて

　多国籍の臨床家と研究者のグループが，米国 HCFA（CMS）との契約のもと，最初の LTCF（MDS 1.0）を開発したのは 1990 年のことであった．その後 1995 年に MDS 2.0 が発表され，それは北米，欧州，アジア各地に広まった．

　インターライ・フェローが RAI-HC の開発に着手したのは 1993 年のことであった．RAI-HC は 1994 年と 1997 年に改訂され，それらは北米，欧州，アジアで広く使用された（日本における MDS-HC）．大規模な改訂がなされたのは 1999 年のバージョン 2.0 である．そこでは，いくつかの項目の削減および追加のほか，残った多くの項目においても修正が行われた．基本となる観察期間は 7 日から 3 日に短縮されたほか，トリガーは合理化され，ほとんどの CAP のテキストは加筆修正された（日本における MDS-HC 2.0）．

　さらに 2001 年にインターライは，それまでにインターライが数多く開発したアセスメント手法が共通の項目と定義を含むようにする大規模な改訂事業に着手し，その成果がこのインターライ方式である．

　このマニュアルには含まれていないが，インターライ方式には以下を含むさまざまな機能がある．(1) ADL，認知機能，コミュニケーション，痛み，気分の標準スコアの算出（※日本版には一部掲載），(2)利用者に適切なケアサービスを特定するスクリーニングシステム（the MI-Choice© system），(3)サービス利用（密度）に応じて利用者を分類するシステム（RUG-III/HC），(4)英語版ほかさまざまなバージョン，(5)データの入力と CAP のトリガーを容易にするソフトウェアシステム，である．

　interRAI-HC（居宅版），interRAI-LTCF（施設版），高齢者住宅のための interRAI-AL は，ケアを必要とする人々の状態をアセスメントし，モニターするためにインターライが開発したさまざまなアセスメントシリーズの一部である．ほかには，亜急性期ケアのための interRAI-PAC，精神保健のための interRAI-MH，地域精神保健のための interRAI-CMH，終末期ケアのための interRAI-PC，急性期ケアのための interRAI-AC，知的障害者のケアのための interRAI-ID である．

John N. Morris, PhD, MSW
インターライ アセスメント システム開発委員長

□ [居宅版アセスメント]

はじめに

　世界中どの国でも人々は長生きし，出生率は低下している．65歳以上の人口は，その人口自体も，人口の割合も，急速に伸びている．たとえば，イタリアでは史上初めて65歳以上の人口が20歳未満の人口を上回った．ほどんどの先進国で高齢人口の伸び率は，80歳以上の人口において顕著である．地域ケアを必要とする人々のニーズに対応できる提供体制を財政的に可能な形で実現することは，我々の時代における壮大な挑戦といえる．

　居宅版アセスメントは，それを使用する者に使い勝手がよく，信頼でき，世界中の地域ケアにおけるケアやサービスの包括的なプランを導く利用者中心の仕組みである．居宅版アセスメントは，利用者のニーズと強みと本人の選択のアセスメントを通して利用者のもつ機能とQOLに注目しており，さらに必要時に他への紹介を容易にするようにデザインされている．続けて使用することにより，ケアやサービスに対する利用者の変化を評価（アウトカム評価）する基本情報となる．居宅版アセスメントは，慢性のケアニーズをもつ利用者のほか，亜急性期のニーズ（退院直後や在宅における病院からのケアの提供時など）をもつ利用者にも使うことができる．また，一連のインターライアセスメントツールと互換性があるように作られている．アセスメント項目の互換性があることは，ケアを受ける場所によらずシームレスなアセスメントシステムを通じてケアの継続性を向上するとともに，細分化した各場所特有のアセスメントではなく利用者を中心に据えた評価を可能にしている．

　インターライ方式のアセスメントは，アセスメント表，アセスメント表の使い方を示すこのマニュアル（記入要綱），そしてCAP（Clinical Assessment Protocols，ケア指針）から構成される．居宅版アセスメント表は，居宅ケアの事業所が，利用者の機能状態，健康状態，支援状況，サービス利用の鍵となる領域をアセスメントできるように作られている．ある項目は，特定の問題や機能低下の危険性について更なる評価を必要とする利用者を選定する．これらの項目は「トリガー」と呼ばれ，居宅版アセスメントとCAPを結んでいる．

　CAPは，更なるアセスメントや個別性のあるケアやサービスを実施するための一般的なガイドラインである．CAPは，4つの分野（臨床，精神，心理社会，身体機能）に及び，27ある．CAPの目標は，利用者のニーズと適切なケアやサービスを特定することが目標である．同時に，居宅ケアサービスは，制度のもとに運営され，要介護認定の結果や保険の適用範囲によってサービスの選択肢は制限されるものである．すべての問題の分野に対応するケアサービスを提供することはできないかもしれないが，利用者の強みとニーズを含んだ包括的なアセスメントの実施は，サービスを組み立て，ケアの成果を評価するうえで役に立つだろう．

　なお，政府系機関が居宅版アセスメントのすべて（国別の追加項目がある場合とない場合がある）あるいは多少の修正を加え，様々な採用をしている．民間機関や事業所もまた居宅版アセスメントを用いている．

居宅版アセスメントの使い方

　このマニュアルは，在宅ケア，高齢者住宅等を含む地域ケアにおいて正確で統一された利用者のアセスメントを容易にするための情報を提供する．ただし，居宅版が対象とする亜急性期を含めた，中度から重度の要介護者ではなく，より自立した高齢者が多く集団で生活する高齢者住宅等においては，高齢者住宅版の使用が勧められる．

居宅版アセスメント表

　居宅版アセスメント表は，現場のために作られた標準化された最小限のスクリーニングツールである．つまり，集団の特性を分析するための質問用紙でもなければ，ケアプランに必要なすべての情報を含んでいるわけでもない．個別の利用者に応じて補完情報を必要に応じて収集し，組み入れるべきである．居宅版アセスメント表の項目は，さまざまな分野における利用者の実施と能力を客観的に測り，その多くはCAPのトリガーとして機能している．

　以下は居宅版の記入に関する要点である．

- 居宅版アセスメントは，看護師，ソーシャルワーカー，医師，療法士らによる使用を想定しているが，訓練によりどんな職種であっても，正確なアセスメントをすることは可能である．アセスメント担当者について特別な決まりはなく，各事業所の責任者がアセスメントの正確性について責任を負うようにする．
- アセスメント表は，項目と定義から構成されている．アセスメント表は，地域ケアとサービスを計画するための臨床面および社会面のアセスメントを形づくる指針として用いるべきである．
- アセスメントをするには，利用者本人と主介護者や家族(いる場合)とのコミュニケーション，および在宅における利用者の観察，そして記録類の確認が必要である．可能な限り，利用者本人が主な情報源となるようにする．
- アセスメント項目は論理的に並んでおり，順番に記入することができる．しかし順番にこだわる必要はない．アセスメント担当者と利用者にとって最も上手くいくようなどのような順番で記入してもよい．以下の「居宅版アセスメントの進め方」も参照すること．
- アセスメント担当者はときに矛盾するような結果をもたらす複数の情報源に直面することがある(たとえば，利用者とその娘の言うことが全く違うなど)．その場合，アセスメント担当者の総合的な判断によってその項目の最も適切な選択肢を決定する．
- 可能な限りアセスメントは利用者の家で行うこと．アセスメントの一部は，利用者の家でなくても(病院の外来やデイケアなど)，情報の質を損うことなく実施でき，環境評価などは家で行うのが最善である．
- 初回アセスメントは，利用者が当該事業所に紹介された時点で記入すべきである．その後のアセスメントは事業所で設定した間隔に沿って記入する．

居宅版アセスメントの利用

利用者に居宅版アセスメントを初めて利用するのは，通常利用者が居宅サービスの利用を希望しているか，すでに利用が決まっている利用者とアセスメント担当者が対面している場面である．まず，このアセスメントは，全体のサービスプログラムに組み込まれていることを強調する．ただし，利用可能なサービスの選択肢が限られている場合は，現実に則して会話するように気をつける．

できる限り利用者本人に直接話しかける．他の人と話すときは，居宅版のアセスメント表で使っている「利用者」という言葉を使う必要はない．家族には〇〇さん，お母様など，他のケアスタッフには利用者，クライアントなどと置き換えることができる．

アセスメント時の心得

- アセスメント担当者は訪問者としての礼儀を守るよう心がける．
- 訪問の目的は包括的アセスメントを実施することであり，その際の目標は以下になる．
  - ―利用者の機能とQOLを最大化すること
  - ―健康問題に対応すること
  - ―できるだけ長い間居宅で生活できるようにすること
- そのために必要なことは：
  - ―訪問の目的を明確にすること
  - ―現在障害されている，あるいは今後障害されそうな機能的，医学的，社会的な問題を明らかにすること
  - ―利用者の強み，もっている能力を明確化すること
  - ―正確なアセスメントにするために，見たことと聞いたことを総合的に判断すること
- 居宅版アセスメントを用いて収集した情報は以下のために用いる．
  - ―利用者が気づいていない，あるいは満たされていないニーズについて，更なる評価の基礎をつくる
  - ―障害されている，あるいは障害されそうな問題を，利用者固有の生活実態の中でとらえ，QOLを最大にするようにケアプランを作成する
- 明らかにされた機能的，医学的，社会的問題のすべてについて，必ずしも1回目の訪問時に対応できるわけではない．より重要なことは，QOLを阻害しているあらゆる状況を把握することにより，今後の評価に役立てたり，問題に対応するためのケアプランを作成することである．
- 急を要する医学的な問題がある場合は，治療が居宅で受けられるかどうかにかかわらず，適切な治療を求めるように積極的に働きかける．

アセスメントの進め方

挨拶代わりの質問

利用者と家族との会話の手始めとして，「挨拶代わりの質問」から始める．この質

問に対する答えの中に，アセスメントに必要な多くの情報が入っていることもある．これらの質問は，アセスメント表には含まれていない．その地域の風習によって異なるであろうし，初回アセスメントかその後のアセスメントかによっても異なる．たとえば，

- 調子はいかがですか．おうちでいかがお過ごしですか．
- 前にお会いしたときから，何かお変わりはありませんか．
- やりたいことができるくらいお元気でいらっしゃいますか．
- やりたいことはできていますか．何かお手伝いできることはありますか．

アセスメントの順番

アセスメントの実施時は，その順番に配慮する．一般的に認知機能とコミュニケーション能力を先にアセスメントするほうが，その後利用者から聞き出す情報の信頼性を推し量ることができるので，勧められる．また，利用者が示す，アセスメントや特定の問題に対する反応にも敏感になる必要がある．どのアセスメント項目を先にすべきか，についてとくに決まりはない．挨拶代わりの質問への利用者の答えをきっかけとしてそれを優先的にアセスメントすることもできる．頭に入れるべきは，これは質問紙調査ではないことである．もちろんアセスメントを完成するためにはすべての情報を把握しなければならないが，利用者のニーズによって，そのペースもアセスメントの優先分野も決める必要がある．利用者と何度か会ったり，家族やほかの介護者，医師等とのコンタクトも必要なことがある．

マニュアルの使い方

このマニュアルは，常にアセスメント表を前に置いてアセスメント表と一緒に使う．アセスメント表自体に，十分な情報が含まれているので，正確なアセスメントのための定義や手順の多くはアセスメント表を頼るようにする．このマニュアルにおけるより詳細な情報は，はじめてのアセスメントを完成する前に確認すべきである．その後は，このマニュアルをいつでも見られるところに置き，その後のアセスメント時の疑問が生じたときに参照できるようにする．このマニュアルに慣れるために最初に投資する時間には，大きな見返りがある．

　以下は，居宅版アセスメントに慣れるために推奨するアプローチである．

アセスメントに慣れるために

はじめに，アセスメント表自体を確認する．

- セクションがどのように並んでいて，どこにどの情報が記録されることになっているか目を通す．
- MDS-HC 2.0 をすでに使用している場合は，新しい項目や選択肢の変更を確認することから始める．
- 1度に1つのセクションに取り組む．項目の定義と選択肢を吟味する．記入方

法，観察期間，一般的な記入の決まりごとを確認する．
- 項目の定義や記入方法は明確か．これまで事業所で実施していた方法と違うか．更なる説明が必要な分野はどこか．

次に，よく知っている実在の利用者を思い浮かべ，模擬事例アセスメント表を記入する．
- その人についてすでに知っている範囲で記入してみる．
- 追加の情報があればより良くアセスメントできると思ったところは，それを書き留めておく．それらの情報をどこで手に入れられるか考えてみる．本人に聞くのか，家族に聞くのか．

その後，記入要綱を読んでみる．
- 記入要綱には以下の内容が含まれる：
  ―このアセスメント項目がアセスメント表に含まれている目的
  ―アセスメント表を完成させるための補完的な定義や記入方法
  ―標準的な3日間の観察期間でないアセスメント項目についての備忘
  ―意見を特別に求めるべき情報源
- 項目の定義を読み，初めてアセスメントしたときに生じた疑問を確認する．どのセクションが疑問の解消に役立ったかメモしておく．
- セクションごとに説明を読み，1つのセクションを理解し終えたら次のセクションに進むようにする．模擬事例のアセスメントを見直してみる．今でも同じように記入するだろうか．マニュアルをすべて読むのは時間がかかるものである．急がないようにする．定義と方法を確実に理解できるよう，1度には1つのセクションについて作業するのもよい．
- 記入要綱に書かれた項目の定義や記入方法，あるいは示された例の中に驚くようなことはあったか．たとえば，ADLや気分の記入の仕方など．
- 模擬事例を記入するときに考えていたこととは違う定義や記入方法はあったか．今なら模擬事例のアセスメントの仕方は異なるか．
- 普段事業所で使っている用語や実践のパターンと記入要綱の定義は異なるか．
- 疑問に思ったことはすべてメモしておく．研修会でこの問題を取り上げてもらうように準備する．

このマニュアルの将来の活用方法：
- アセスメント時にはいつでも参照できるようにする．
- 必要なときは，疑問に思うアセスメント項目の「目的」を確認する．
- 本マニュアルは，居宅版を使用している限り参考になる．アセスメントの正確性を向上するために継続的に使用するようにする．

居宅版 インターライ アセスメント表

[特に指示のない限り，3日間で評価する]

A. 基本情報

A1. 氏名

A2. 性別
1 男性
2 女性

A3. 生年月日
☐☐☐☐-☐☐-☐☐
　　年　　月　　日

A4. 婚姻状況
1 結婚したことがない
2 結婚している
3 パートナーがいる
4 死別した
5 別居中，事実上婚姻関係にない
6 離婚した

A5. 介護保険証番号

A6. 事業所番号

A7. 要介護度
0 現在有効の認定結果はない
1 要支援1
2 要支援2
3 要介護1
4 要介護2
5 要介護3
6 要介護4
7 要介護5

A8. アセスメント理由
1 初回アセスメント
2 定期アセスメント
3 再開時アセスメント
4 著変時アセスメント
5 終了時アセスメント
6 終了時の記録のみ
7 その他

A9. アセスメント基準日
☐☐☐☐-☐☐-☐☐
　　年　　月　　日

A10. 本人のケアの目標

A11. アセスメント時の居住場所
1 自分の家／アパート／賃貸の部屋
2 高齢者住宅：有料老人ホーム（特定施設入居者生活介護無し）
3 高齢者住宅：有料老人ホーム（特定施設入居者生活介護有り）
4 認知症対応型共同生活介護
5 小規模多機能型居宅介護
6 介護老人福祉施設
7 介護老人保健施設
8 介護療養型老人保健施設
9 介護療養型医療施設
10 回復期リハビリテーション病棟／病院
11 精神科病院／病棟
12 緩和ケア病棟
13 上記（9～12）以外の病院
14 精神障害者施設
15 知的障害者の施設
16 ホームレス（シェルター利用の有無は問わない）
17 刑事施設
18 その他

A12. 同居形態

A12a. 同居者
1 1人暮らし
2 配偶者のみ
3 配偶者とその他と

居宅版 インターライ　アセスメント表

    4　（配偶者なし）子供と
    5　（配偶者なし）親や保護者と
    6　（配偶者なし）兄弟と
    7　（配偶者なし）その他の親族と
    8　（配偶者なし）親族以外と

A12b．90日前（または前回アセスメント時）と比較して同居形態の変化
    0　いいえ
    1　はい

A12c．利用者や家族，身内は，利用者は他のところに住むほうがいいのではないかと思っている
    0　いいえ
    1　はい，他の居住場所
    2　はい，施設入所

A13．退院後の経過期間
    0　過去90日間に入院していない
    1　31〜90日前に退院した
    2　15〜30日前に退院した
    3　8〜14日前に退院した
    4　退院したのは7日以内
    5　現在入院中

B．相談受付表

［注：このセクションは，初回アセスメント時のみ］

B2．受付日
    □□□□　年　□□　月　□□　日

B3．相談受付時までの経過

B4．相談受付内容

B5．過去5年間の利用歴（短期は含まず）
    0　いいえ
    1　はい
  B5a．介護施設，療養病院／病棟
  B5b．認知症対応型共同生活介護，小規模多機能型居宅介護
  B5c．高齢者住宅：有料老人ホーム（特定施設入居者生活介護有り・無し含む）
  B5d．精神科病院，精神科病棟
  B5e．精神障害者施設
  B5f．知的障害者の施設

B9．教育歴
    1　未就学：小学校中退を含む
    2　小学校卒：高等小学校・新制中学中退も含む
    3　高等小学校・新制中学卒：旧制中学・新制高校中退も含む
    4　旧制中学・新制高校卒：専門学校・専修学校中退も含む
    5　専門学校・専修学校卒：旧制高校・短大中退も含む
    6　旧制高校・短大卒：大学中退も含む
    7　大学卒：大学院中退も含む
    8　大学院修了

B10．医療機関受診時の送迎
    1　家族
    2　友人
    3　施設等の職員
    4　その他：送迎支援必要ない場合を含む

B11．受診中の付き添いが必要
    0　いいえ
    1　はい

C．認知

C1．日常の意思決定を行うための認知能力
    0　自立：首尾一貫して理にかなった判断ができる
    1　限定的な自立：新しい事態に直面したと

居宅版 インターライ アセスメント表

きのみいくらかの困難がある
2 軽度の障害：特別な状況において，判断力が弱く，合図や見守りが必要である
3 中等度の障害：常に判断力が弱く，合図や見守りが必要である
4 重度の障害：判断できないか，まれにしか判断できない
5 認識できる意識がない，昏睡：セクションGへ

C2．記憶を想起する能力
0 問題なし
1 問題あり
C2a．短期記憶：5分前のことを思い出せる，あるいはそのように見える ☐
C2c．手続き記憶：段取りを踏んで行うべきことを合図がなくても初めから手順を踏んでほとんどすべてできる ☐
C2d．状況記憶：よく顔を合わせる介護者の名前や顔を認識し，かつよく訪れる場所（寝室や台所など）の位置がわかっている ☐

C3．せん妄の兆候
［注：正確なアセスメントのためには，過去3日間の利用者の行動を知る家族らと会話する必要がある］

0 行動はない
1 行動はあるが，それは普段と同じである
2 行動はあり，普段の様子と違う：新たに出現した，悪化した，数週間前とは違うなど
C3a．注意がそらされやすい：集中力がない，話がそれるなど ☐
C3b．支離滅裂な会話がある：会話が無意味で無関係，もしくは話題が飛ぶ，思考が脱線するなど ☐
C3c．精神機能が1日の中で変化する：時々良かったり，悪かったりする ☐

C4．精神状態の急な変化：通常とは異なり，不穏になった，無気力になった，起きあがれなくなった，周囲の環境への認識が変わった，などの変化 ☐
0 いいえ
1 はい

C5．過去90日間（または前回アセスメント以降）の意思決定能力の変化 ☐
0 改善した
1 変化なし
2 悪化した
8 判定不能

D．コミュニケーションと視覚

D1．自分を理解させることができる ☐
0 理解させることができる：容易に考えを表現できる
1 通常は理解させることができる：十分に時間が与えられていないと，言葉を思い出したり，考えをまとめるのが困難．しかし，本人の考えを引き出す必要はない
2 しばしば理解させることができる：言葉を見つけたり，考えをまとめるのに困難．通常は本人の考えを引き出す必要がある
3 時々は理解させることができる：その能力は具体的な欲求に限られる
4 ほとんど，あるいは全く理解させることはできない

D2．他者を理解できる能力（理解力） ☐
補聴器を用いている場合は使用した状態で．
0 理解できる：明解な理解力
1 通常は理解できる：会話の大部分は理解している．ほとんど，あるいは全く言い直す必要はない
2 しばしば理解できる：一部を理解できないことがあるが，言い直しによって，しばしば会話を理解できる
3 時々は理解できる：単純で直接的なコミュニケーションには適切に反応する
4 ほとんどまたは全く理解できない

D3．聴覚
D3a．聴力 ☐
補聴器を用いている場合は使用した状態で．
0 適切：普通の会話，社会的交流，テレビを見ることに何の問題もない
1 軽度の障害：状況によって困難がある（相手が静かにしゃべったり，2メートル以上離れているときは困難，など）

居宅版 インターライ アセスメント表

2 中等度の障害：通常の会話を聞くのに問題があり，周りを静かにすると良く聞こえる
3 重度の障害：すべての状況で困難がある（話し手が大声を出したり，非常にゆっくり話す必要がある）
4 ほぼ聴こえない

D3b. 補聴器の使用
0 いいえ
1 はい（右耳のみ）
2 はい（左耳のみ）
3 はい（両耳）

D4．視覚

D4a．視力
眼鏡や拡大鏡等を使用した状態で
0 適切：新聞や本の細字も含めて細かい部分まで見える
1 軽度の障害：見出しは見えるが，新聞や本の普通の文字は見えない
2 中等度の障害：新聞の見出しは見えないが，周囲の物体を識別できる
3 重度の障害：周囲の物体を識別しているかわからないが，目で動体を追っているようである．明かりや色，形を識別できるだけも含まれる
4 視力がない：視力がない．目は物体を追わないように見える

D4b．眼鏡，コンタクトレンズ，拡大鏡などの使用
0 いいえ
1 はい

E．気分と行動

E1．うつ，不安，悲しみの気分の兆候
過去3日間に観察された兆候．原因は問わない［可能なら本人に聞く］
0 ない
1 あるが，過去3日間には見られていない
2 過去3日間のうち1〜2日に見られた
3 過去3日間毎日見られた

E1a．否定的なことを言う
E1b．自分や他者に対する継続した怒り
E1c．非現実な恐れがあることを思わせる非言語を含む表現
E1d．繰り返し体の不調を訴える
E1e．たびたび不安，心配ごとを訴える（健康上の不安は除く）
E1f．悲しみ，苦悩，心配した表情
E1g．泣く，涙もろい
E1h．ひどいことが起こりそうだと繰り返し言う
E1i．興味をもっていた活動をしなくなる
E1j．社会的交流の減少
E1k．人生の喜びを失っているという非言語を含む表現（快感喪失）

E2．利用者自身が応えた気分
0 過去3日間にはない
1 過去3日間にはないが，しばしばそのように感じる
2 過去3日間のうち1，2日あった
3 過去3日間毎日あった
8 答えられない（したくない）

"過去3日間どのくらい○○がありましたか"と聞く

E2a．普段楽しんできたことに興味や喜びが沸かなかったこと
E2b．不安だったり，落ち着かない感じ
E2c．悲しく，落ち込んで，絶望する感じ

E3．行動の問題
観察された兆候．原因は問わない
0 ない
1 あるが，過去3日間には見られていない
2 過去3日間に1〜2日見られた
3 過去3日間毎日見られた

E3a．徘徊
E3b．暴言
E3c．暴行
E3d．社会的に不適切な迷惑な行為
E3e．公衆での不適切な性的行動や脱衣
E3f．ケアに対する抵抗
E3g．無許可の退居・家出またはその恐れ

居宅版 インターライ アセスメント表

E4. 最近 3 日間における生活の満足度（心身の健康度，日常生活の充実度や趣味活動への参加など）
- 0 とても満足
- 1 満足
- 2 ある程度満足
- 3 どちらとも言えない
- 4 あまり満足していない
- 5 とても不満である

F. 心理社会面

F1. 社会関係
[可能な限り，本人に聞く]
- 0 全くない
- 1 30 日以上前にあった
- 2 8 日から 30 日前にあった
- 3 4 日から 7 日前にあった
- 4 過去 3 日間にあった
- 8 判定不能

F1a. 長期にわたって関心のある活動への参加
F1b. 家族や友人の訪問
F1c. 家族や友人とのその他の交流
F1d. 家族や友人との葛藤や怒り
F1e. ある家族や近い知り合いに対する恐れ
F1f. ネグレクト（遺棄・放置），粗末に扱われる，虐待される

F2. 孤独
自分はさみしいと思っていると言うか，それを表す
- 0 いいえ
- 1 はい

F3. 過去 90 日間（または前回アセスメント以降）の社会的活動の変化
社会的，宗教的，あるいは仕事や趣味の活動への参加が減っている．もし減っているならそれで悩んでいる
- 0 減っていない
- 1 減っているが，悩んでいない
- 2 減っており，悩んでいる

F4. 日中，1 人きりでいる時間
- 0 1 時間未満
- 1 1〜2 時間
- 2 2 時間以上 8 時間以内
- 3 8 時間以上

F7. 過去 90 日間の大きなストレス
深刻な病気にかかった，近い関係の人の中に重病にかかった人がいたり，亡くなった人がいた，家を失った，収入や資産が激減した，泥棒や詐欺の被害にあった，運転免許を失ったなど
- 0 いいえ
- 1 はい

F8. 強み（ストレングス）
F8c. 家族との強い支援的な関係
- 0 いいえ
- 1 はい

G. 機能状態

G1. IADL の実施状況と能力
(A) 実施：過去 3 日間に家や地域で日常の活動としてどの程度実施したか
(B) 能力：その活動を出来る限り自立して実施できる仮定の能力．アセスメントする者の推測が必要である
- 0 自立：援助も準備も見守りも必要ない
- 1 準備のみ
- 2 見守り：実施時の見守り／合図が必要
- 3 限定された援助：ときに援助が必要
- 4 広範囲な援助：活動を通して援助が必要であるが，そのうち 50％以上は自分で実施する
- 5 最大限の援助：活動を通して援助が必要であり，自分で実施しているのはそのうち 50％未満である
- 6 全面依存：アセスメント期間内すべて他者にやってもらった
- 8 本活動は 1 度も行われなかった：注：実施ではあり得るが，能力の欄にはこの選択肢はない

(A) (B)
G1a. 食事の用意：献立を考える，材料を用

居宅版 インターライ アセスメント表

　　　　　意する，調理する，配膳する
　G1b.　**家事一般**：皿洗い，掃除，布団の上げ
　　　　　下げ，整理整頓，洗濯など ☐☐
　G1c.　**金銭管理**：どのように請求書の支払
　　　　　いをし，貯金残高を管理し，家計の収
　　　　　支勘定をし，クレジットカードの管理
　　　　　をしているか ☐☐
　G1d.　**薬の管理**：薬の時間を思い出す，袋や
　　　　　薬ケースを開ける，1回服用量を取り
　　　　　出す，注射を打つ，軟膏を塗るなど ☐☐
　G1e.　**電話の利用**：必要に応じて数字部分
　　　　　を大きくした電話機，音の拡大装置な
　　　　　ど使ってもよい ☐☐
　G1f.　**階段**：1階分の階段（12〜14段）を上
　　　　　り下りできるか．半分まで（2〜6段）
　　　　　しかできない場合，自立とはしない ☐☐
　G1g.　**買い物**：どのように食べ物や日用品
　　　　　の買い物をしているか（店までの移動
　　　　　は含めない） ☐☐
　G1h.　**外出**：どのように公共の交通機関を
　　　　　使ったり，自分の運転（車の乗り降り
　　　　　も含む）によって外出するか ☐☐

G2．ADL
過去3日間に起きた当該ADLのすべての動作に基づいて評価する．1度でも6があり，他の場面ではより自立していた場合，5を記入．それ以外の状況は，最も依存的であった動作に着目する．その中で最も依存的な状態が1であれば1，そうでなければ2から5より最も依存していない援助レベルを記入する

　0　**自立**：すべての動作に身体援助，準備，見守りはなかった
　1　**自立，準備の援助のみ**：物品や用具を用意したり，手の届く範囲に置くのみで，すべての動作において身体援助も見守りもなかった
　2　**見守り**：見守り／合図
　3　**限定的な援助**：四肢の動きを助ける，体重を支えずに身体的な誘導をする
　4　**広範囲な援助**：利用者がタスクを50%以上実施し，1人の援助者による体重を支える（四肢を持ち上げることも含まれる）援助
　5　**最大限の援助**：2人以上の援助者による体重を支える（四肢を持ち上げることも含まれる）援助，またはタスクの50％以上に及ぶ体重を支える援助
　6　**全面依存**：すべての動作において他者がすべて行った
　8　この動作はなかった

　G2a.　**入浴**：背中を洗う，洗髪は含めない ☐
　G2b.　**個人衛生**：入浴とシャワーは含めない ☐
　G2c.　**上半身の更衣** ☐
　G2d.　**下半身の更衣** ☐
　G2e.　**歩行** ☐
　G2f.　**移動** ☐
　G2g.　**トイレへの移乗** ☐
　G2h.　**トイレの使用**：移乗は含めない ☐
　G2i.　**ベッド上の可動性** ☐
　G2j.　**食事** ☐

G3．移動／歩行
　G3a.　**主な室内移動手段** ☐
　　0　器具なしで歩行
　　1　器具を使用して歩行：杖，歩行器，松葉づえ，車いすを押す
　　2　車いす，電動車いす，電動三輪車（スクーター）
　　3　寝たきり
　G3b.　**4メートルの歩行時間** ☐☐
　　利用者が第一歩を地面につけたときに計測開始．4メートルのマークを超えた時点の秒数を記入する
　　テストを始めたが終了できなかった場合，77
　　テストを拒否した場合，88
　　テストをしなかった場合（1人で歩けない場合），99
　G3c.　**歩行距離** ☐
　　過去3日間において，支援を必要に応じて受けた状態で，途中1度も座ることなく歩くことができた最長距離
　　0　歩かなかった
　　1　5m未満
　　2　5〜49m
　　3　50〜99m
　　4　100m以上
　　5　1km以上
　G3d.　**車いす自操距離** ☐
　　過去3日間に車いすを1度に自己操作して移動した最長距離

居宅版 インターライ　アセスメント表

    0　車いすを押してもらった
    1　電動車いすや電動三輪車（スクーター）を利用した
    2　5m未満　自己操作した
    3　5〜49m　自己操作した
    4　50〜99m　自己操作した
    5　100m以上　自己操作した
    8　車いすは使用しなかった

G4．活動状況

G4a．過去3日間において体を動かした時間の合計（散歩など）
    0　なし
    1　1時間未満
    2　1時間以上2時間未満
    3　2時間以上3時間未満
    4　3時間以上4時間未満
    5　4時間以上

G4b．過去3日間に家（建物）の外に出た日数（短時間でもよい）
    0　1日もない
    1　過去3日間は出ていないが，通常は3日間のうちには出ている
    2　1〜2日間
    3　3日間

G5．身体機能の潜在能力
    0　いいえ
    1　はい

G5a．本人は自分の身体機能が向上すると信じている
G5b．ケアスタッフは本人の身体機能が向上すると信じている

G6．過去90日間（または前回アセスメント以降）のADLの変化
    0　改善した
    1　変化なし
    2　悪化した
    8　判定不能

G7．自動車の運転
    0　いいえ，または運転していない
    1　はい

G7a．過去90日間に車を運転した
G7b．過去90日間に運転した場合，運転を制限したり，やめたほうがいいと誰かに言われた様子があった

H．失禁

H1．尿失禁
    0　失禁しない
    1　カテーテルや瘻があり，失禁しない
    2　まれに失禁する
    3　ときに失禁する
    4　頻繁に失禁する
    5　失禁状態
    8　尿の排泄はなかった

H2．尿失禁器材（オムツやパッドは除く）
    0　なし
    1　コンドームカテーテル
    2　留置カテーテル
    3　膀胱瘻，腎瘻，尿管皮膚瘻

H3．便失禁
    0　失禁しない：完全なコントロール．瘻なし
    1　瘻があり，失禁しない：過去3日間瘻を用いてコントロールされている
    2　まれに失禁：過去3日間失禁はないが，失禁したことがある
    3　ときに失禁：毎日ではないが失禁
    4　頻繁に失禁：毎日失禁するが，いくらかコントロールされている
    5　失禁状態：コントロールはない
    8　排便はなかった：過去3日間に排便はなかった

H4．オムツやパッドの使用
    0　なし
    1　あり

居宅版 インターライ アセスメント表

I. 疾患

疾患コード
- 0 なし
- 1 主診断である現時点の主な診断（1つ以上も可）
- 2 診断があり，治療を受けている：治療には，投薬，療法，創傷のケアや吸引などその他専門技術を必要とするケアが含まれる
- 3 診断があり，経過観察されているが，治療は受けていない

I1. 疾患

筋骨系
- I1a. 過去30日間（または前回アセスメント以降）の大腿骨骨折 ☐
- I1b. 過去30日間（または前回アセスメント以降）のその他の骨折 ☐

神経系
- I1c. アルツハイマー病 ☐
- I1d. アルツハイマー病以外の認知症 ☐
- I1e. 片麻痺 ☐
- I1f. 多発性硬化症 ☐
- I1g. 対麻痺 ☐
- I1h. パーキンソン病 ☐
- I1i. 四肢麻痺 ☐
- I1j. 脳卒中／脳血管障害 ☐

心肺系
- I1k. 冠動脈疾患（CHD） ☐
- I1l. 慢性閉塞性肺疾患（COPD） ☐
- I1m. うっ血性心不全（CHF） ☐
- I1n. 高血圧症 ☐

精神
- I1o. 不安症 ☐
- I1p. 双極性障害 ☐
- I1q. うつ ☐
- I1r. 統合失調症 ☐

感染症
- I1s. 肺炎 ☐
- I1t. 過去30日間の尿路感染症（UTI） ☐

その他
- I1u. がん ☐
- I1v. 糖尿病 ☐

I2. その他の診断

診断名	疾患コード（1〜3）

J. 健康状態

J1. 転倒 ☐
- 0 過去90日間に転倒していない
- 1 過去30日間にはなかったが，31〜90日間に転倒した
- 2 過去30日間に1度転倒した
- 3 過去30日間に2度以上転倒した

J2. 最近の転倒 ☐
[注：前回アセスメントから30日経っている場合や初回アセスメントの場合は，J3へ]
- 0 過去30日間には転倒していない
- 1 過去30日間に転倒した

空白［初回アセスメントや，前回アセスメントが30日以上前の場合］

J3. 問題の頻度

過去3日間にみられた頻度
- 0 なし
- 1 あるが過去3日間には見られなかった
- 2 過去3日間のうち1日見られた
- 3 過去3日間のうち2日見られた
- 4 過去3日間毎日見られた

バランス
- J3a. 支えなしでは立位になることが難しいか，できない ☐
- J3b. 立位での方向転換が難しいか，できない ☐
- J3c. めまい ☐
- J3d. 不安定な歩行 ☐

心肺
- J3e. 胸痛 ☐

居宅版　インターライ　アセスメント表

　　J3f.　気道内分泌物の排出困難　☐

精神
　　J3g.　異常な思考　☐
　　J3h.　妄想　☐
　　J3i.　幻覚　☐

神経
　　J3j.　失語症　☐

消化器系
　　J3k.　胃酸の逆流　☐
　　J3l.　便秘　☐
　　J3m.　下痢　☐
　　J3n.　嘔吐　☐

睡眠障害
　　J3o.　入眠または睡眠の継続困難　☐
　　J3p.　睡眠過多　☐

その他
　　J3q.　誤嚥　☐
　　J3r.　発熱　☐
　　J3s.　消化管出血，尿性器出血　☐
　　J3t.　不衛生　☐
　　J3u.　末梢浮腫　☐

J4．呼吸困難（息切れ）　☐
　0　症状はない
　1　休息中にはないが，非日常的な活動により生じる
　2　休息中にはないが，日常的な活動により生じる
　3　休息中にもある

J5．疲労感　☐
日々の活動（ADL や IADL など）を終えることができない程度
　0　なし
　1　軽度：体がだるく，疲れやすいが，通常の日々の活動を行うことはできる
　2　中等度：通常の日々の活動を始めるが，体のだるさや疲労感のため終えることができない
　3　重度：体のだるさや疲労感のため，通常の日々の活動のうちいくつかは始めることすらできない
　4　通常の日々の活動を始めることが全くできない：体のだるさや疲労感のため

J6．痛み
[注：頻度，程度，コントロールについて尋ねる．利用者を観察し，利用者と接する周囲の人に聞く]
　J6a.　痛みの頻度　☐
　　0　痛みはない
　　1　あるが，過去3日間はなかった
　　2　過去3日間のうち1～2日あった
　　3　過去3日間毎日あった
　J6b.　痛みの程度：最も重度のもの　☐
　　0　痛みはない
　　1　軽度
　　2　中等度
　　3　重度
　　4　激しく，耐え難いことがある
　J6c.　痛みの持続性　☐
　　0　痛みはない
　　1　過去3日間に1回だけあった
　　2　断続
　　3　持続
　J6d.　突破する痛み　☐
　　0　いいえ
　　1　はい
　J6e.　痛みのコントロール：現在の痛みのコントロールが効いている程度（本人の視点から）　☐
　　0　痛みはない
　　1　痛みはがまんできる範囲であり，とくにコントロールを行っていないか，または変更の必要はない
　　2　コントロールは適切に効いている
　　3　コントロールは効くが，常に実施できていない
　　4　コントロールを行っているが，十分に効いていない
　　5　痛み時のコントロール方法はないか，効いていない

J7．状態の不安定性
　0　いいえ
　1　はい
　J7a.　認知，ADL，気分，行動を不安定にするような病態や症状がある（不安定，変動，悪化）　☐
　J7b.　急性症状が発生したり，再発性や慢性の問題が再燃した　☐

居宅版 インターライ アセスメント表

J7c. 末期の疾患であり，余命が6ヵ月以下である

J8. 主観的健康感
「一般的にご自分の健康状態をどう思いますか」と聞く
- 0 とても良い
- 1 良い
- 2 まあまあ
- 3 良くない
- 8 答えられない（答えたくない）

J9. 喫煙と飲酒
J9a. 毎日喫煙
- 0 吸わない
- 1 過去3日間は吸っていないが，普段は毎日吸っている
- 2 吸う

J9b. 飲酒　過去14日間に最も飲んだ1回量
- 0 飲んでいない
- 1 1杯
- 2 2〜4杯
- 3 5杯以上

K．口腔および栄養状態

K1．身長と体重
- K1a．身長（cm）
- K1b．体重（kg）

K2．栄養上の問題
- 0 いいえ
- 1 はい
- K2a．過去30日間に5％以上か180日間に10％以上の体重減少
- K2b．脱水である，またはBUN/クレアチニン比が20以上
- K2c．1日1リットル未満の水分摂取
- K2d．水分排泄量が摂取量を超える

K3．栄養摂取の方法
- 0 正常（いかなる種類の食物も飲み込んでいる）
- 1 自分で加減
- 2 固形物を飲み込むのに調整を要する
- 3 液体を飲み込むのに調整を要する
- 4 裏ごしした固形物ととろみをつけた液体しか飲み込むことができない
- 5 経口摂取と経管栄養／経静脈栄養の混合
- 6 経鼻経管栄養のみ
- 7 腹部の栄養のみ
- 8 経静脈栄養のみ
- 9 この活動はなかった

K5．歯科口腔
- 0 いいえ
- 1 はい
- K5a．義歯使用（取り外しのできる補綴物）
- K5b．自分の歯が折れている，欠けている，ゆるいほか正常でない
- K5d．口の渇きを訴える
- K5e．咀嚼困難を訴える

K6．栄養管理（ダイエットタイプ）の必要
- 0 いいえ
- 1 はい
- K6a．食物形態の加工（ソフト食，刻み，とろみ等の必要性）
- K6b．低塩分
- K6c．カロリー制限
- K6d．低脂肪
- K6e．その他

L．皮膚の状態

L1．最重度の褥瘡
- 0 褥瘡はない
- 1 持続した発赤部分がある
- 2 皮膚層の部分的喪失
- 3 皮膚の深いくぼみ
- 4 筋層や骨の露出
- 5 判定不能：壊死性の痂（か）皮で覆われているなど

L2．褥瘡の既往
- 0 いいえ
- 1 はい

L3．褥瘡以外の皮膚潰瘍

居宅版 インターライ アセスメント表

静脈性潰瘍，動脈性潰瘍，動静脈混合性潰瘍，糖尿病性の足潰瘍など
- 0 いいえ
- 1 はい

L4．重要な皮膚の問題
外傷，2度や3度の火傷，回復過程の手術創など
- 0 いいえ
- 1 はい

L5．皮膚の裂傷や切り傷
手術創以外
- 0 いいえ
- 1 はい

L6．その他の皮膚の状態や変化
挫傷(打ち身)，発疹，痒み，斑点，帯状疱疹，間擦疹（あせも），湿疹など
- 0 いいえ
- 1 はい

L7．足の問題
外反母趾，槌状趾(ハンマートゥ)，つま先の重複，変形，感染，潰瘍など
- 0 足の問題はない
- 1 足の問題はあるが，歩行に支障はない
- 2 足の問題があるため，歩行に支障がある
- 3 足の問題があるため，歩行できない
- 4 足に問題があるが，他の理由で歩いていない

M．アクティビティ

M2．好む活動
- 0 好みではない，過去3日間行っていない
- 1 好みである，行っていない
- 2 好みである，過去3日間に行った

- M2a．カード，ゲーム，クイズ
- M2b．コンピュータ，インターネット関係
- M2c．会話，電話
- M2d．創作活動
- M2e．ダンス，舞踏
- M2f．人生についての議論／回顧（回想法）
- M2g．運動
- M2h．庭仕事，畑仕事
- M2i．他者の手助け
- M2j．音楽や歌
- M2k．ペット
- M2l．読書，執筆
- M2m．宗教活動
- M2n．旅行や買い物
- M2o．屋外の散歩
- M2p．テレビ，ラジオ，ビデオ／DVD鑑賞
- M2q．料理／お菓子作り
- M2r．パズル／クロスワード
- M2s．その他1

- M2t．その他2

M4．興味・関心
- 0 いいえ
- 1 はい

- M4a．より多くのレクリエーションに参加することに興味がある
- M4b．転倒予防プログラムに参加することに興味がある
- M4c．記憶力改善のためのプログラムに参加することに興味がある
- M4d．身体機能向上プログラムに参加することに興味がある

N．薬剤

N1．全使用薬剤のリスト
過去3日間に使用したすべての処方薬，非処方薬（市販薬）のリスト
各薬剤について
- N1a．薬剤名
- N1b．1日量
- N1c．単位(cc, ml, mg, g, 滴, 押し, 枚, 単位など)
- N1d．経路
  - 1 経口（経口，舌下）
  - 2 注射（静注，皮下注，筋注）
  - 3 外用（座薬［坐剤，軟膏剤，浣腸など］

居宅版 インターライ アセスメント表

点眼，点鼻，外皮［塗布，貼付，スプレーなど］，口腔［含嗽，噴霧など］）など
4　経管（経鼻，PEG［胃ろう］など）その他

N1e．回数（1回/日，3回/日など，頓用の場合，過去3日間に使用した回数）

N1f．頓用
0　いいえ
1　はい

a．薬剤名	b 1日量	c 単位	d 経路	e 頻度	f 頓用

N2．薬のアレルギー
0　わかっている薬剤アレルギーはない
1　ある

N3．処方薬の順守
0　常に従う
1　80％以上は従っている
2　80％未満しか従っていない，処方薬を取りに行き損ねたことも含む
8　薬剤は処方されていない

O．治療とケアプログラム

O1．健診・予防接種
0　いいえ
1　はい
O1a．過去1年間の血圧測定
O1b．過去5年間の大腸内視鏡検査
O1c．過去1年間の歯科検査
O1d．過去1年間の眼科検査
O1e．過去2年間の聴力検査
O1f．過去1年間のインフルエンザワクチン
O1g．過去2年間のマンモグラフィーか乳房検査（女性のみ）
O1h．過去5年間か65歳以降の肺炎ワクチン

O2．特別な治療・ケア（過去3日間）
0　計画も，実施もされなかった
1　計画されたが，実施されなかった
2　過去3日間のうち1〜2日実施した
3　過去3日間毎日実施した

治療
O2a．抗がん剤療法
O2b．透析
O2c．感染管理
O2d．経静脈的薬物投与
O2e．酸素療法
O2f．放射線療法
O2g．吸引

O2h．気管切開口のケア
O2i．輸血
O2j．人工呼吸器
O2k．創のケア

プログラム
O2l．トイレ誘導
O2m．緩和ケアプログラム
O2n．体位変換／姿勢保持

O3．過去7日間のサービス

	実施回数(A)	合計時間(分)(B)
O3a．訪問介護		
O3b．訪問看護		
O3c．通所介護／リハ		
O3d．食事／配食		

O4．リハビリテーション

	計画日数(A)	実施日数(B)	合計時間(分)(C)
O4a．理学療法			
O4b．作業療法			
O4c．言語療法			

居宅版 インターライ　アセスメント表

O5．受診・入院（過去90日間の回数を右詰めで記入）
　O5a．入院
　O5b．救急外来（入院に至ったものは含まない）
　O5c．医師の診察

O8．身体抑制
　O8a．身体抑制
　　0　いいえ
　　1　はい

P．意思決定権と事前指示

P1．意思決定権
　P1a．法定後見人等
　　0　いいえ
　　1　はい

Q．支援状況

Q1．インフォーマルな援助者　　(主)(副)
　Q1a．本人との関係
　　1　子，義理の子
　　2　配偶者
　　3　パートナー
　　4　親／後見人
　　5　兄弟
　　6　その他の親戚
　　7　友人
　　8　近所
　　9　いない
　Q1b．同居
　　0　いいえ
　　1　6ヵ月未満
　　2　6ヵ月以上
　　8　いない
　過去3日間のインフォーマルな援助分野
　　0　いいえ
　　1　はい
　　8　いない
　Q1c．IADLの援助
　Q1d．ADLの援助

Q2．インフォーマル援助者の状況
　　0　いいえ
　　1　はい
　Q2a．インフォーマル援助者（たち）はこれ以上ケアを続けられない
　Q2b．主なインフォーマル援助者は苦悩，怒り，うつを表現する
　Q2c．家族や近い友人は利用者の病気によって憔悴している

Q3．過去3日間のインフォーマルな援助量
　過去3日間に家族，友人，近所の人などがIADLやADLの援助に費やした時間

S．環境評価

S1．屋内の環境
　一時的に施設に滞在している場合も，家の環境についてアセスメントする
　　0　いいえ
　　1　はい
　S1a．家の荒廃
　S1b．不潔
　S1c．不十分な冷暖房
　S1d．安全の欠如
　S1e．家や家の中の部屋への手段が制限されている

S2．バリアフリー仕様の住宅に居住
　　0　いいえ
　　1　はい

S3．周辺環境
　　0　いいえ
　　1　はい
　S3a．緊急通報　電話回線，緊急アラーム装置など
　S3b．援助なしで行ける日用品の店がある
　S3c．日用品の配達を頼むことができる

居宅版 インターライ アセスメント表

S4. 経済状況
過去30日間にお金がないことが理由で，利用者は次の項目のうち，1つを得るためにほかの1つをあきらめなければならなかった．十分な食事，住むところ，服，処方薬の購入，十分な暖房や冷房，必要な治療
0　いいえ
1　はい

T. 今後の見通しと全体状況

T1. 過去90日間（または前回アセスメント以降）におけるケア目標の達成
0　いいえ
1　はい

T2. 90日前（または前回アセスメント時）と比較した全体の自立度の変化
0　改善した（セクションUまで飛ばす）
1　変化なし（セクションUまで飛ばす）
2　悪化した
[注：次の3つの項目は悪化した場合のみ記入する．それ以外の場合はセクションUに進む]

T3. 悪化する前に自立していたADLの数（G2の入浴［G2a］〜食事［G2j］の10項目）

T4. 悪化する前に自立していたIADLの数（G1の食事の仕度［G1a］〜外出［G1h］の8項目）

T5. 増悪原因の起こった時期
0　過去7日以内
1　8〜14日前
2　15〜30日前
3　31〜60日前
4　60日前より以前
8　増悪原因ははっきりしない

U. 利用の終了

[注：終了時のみ記入]

U1. 終了日
□□□□年□□月□□日

U2. 今後の居住場所
1　自分の家／アパート／賃貸の部屋
2　高齢者住宅：有料老人ホーム（特定施設入居者生活介護無し）
3　高齢者住宅：有料老人ホーム（特定施設入居者生活介護有り）
4　認知症対応型共同生活介護
5　小規模多機能型居宅介護
6　介護老人福祉施設
7　介護老人保健施設
8　介護療養型老人保健施設
9　介護療養型医療施設
10　回復期リハビリテーション病棟／病院
11　精神科病院／病棟
12　緩和ケア病棟
13　上記（9〜12）以外の病院
14　精神障害者施設
15　知的障害者の施設
16　ホームレス（シェルター利用の有無は問わない）
17　刑事施設
18　その他

V. アセスメント情報

V1. アセスメント担当者のサイン

_____

V2. アセスメント完成日
□□□□年□□月□□日

☐ ［施設版アセスメント］

はじめに

　世界中どの国でも人々は長生きし，出生率は低下している．65歳以上の人口は，その人口自体も，人口の割合も，急速に伸びている．たとえば，イタリアでは史上初めて65歳以上の人口が20歳未満の人口を上回った．ほどんどの先進国でこの伸びは，80歳以上の人口において顕著である．地域ケアを必要とする人々のニーズに対応できる提供体制を財政的に可能な形で実現することは，我々の時代における壮大な挑戦といえる．

　施設版アセスメントは，介護施設入所者のニーズや強み，そして本人の選択を評価するための包括的で標準的な手法である．施設版は，他の分野で国際的に使用されているインターライアセスメント（居宅ケア，地域精神保健ケア，精神保健ケア，亜急性期ケア，終末期ケア，急性期ケア）と互換性があるように作られている．アセスメント項目の互換性があることは，ケアを受ける場所にかかわらないシームレスなアセスメントシステムを通したケアの継続性を向上するとともに，細分化したその場所特有のアセスメントではなく利用者を中心に据えた評価を可能にしている．

　施設版のアセスメント表は，臨床現場における実際の使用を目的とした標準化された最小限のアセスメントである．つまり，集団の特性を分析するための質問用紙でもなければ，ケアプランを作成するためのすべての情報を含んでもいない．とくにある特殊なケアプログラムを限られた利用者の集団に提供するような場合は，その特殊性に応じた情報を補充する必要があろう．アセスメント表に含まれている項目は，さまざまな分野における利用者の活動と能力を表し，その多くの項目はケアプランのためのトリガーとして機能している．

　インターライ方式のアセスメントは，アセスメント表と記入要綱，そしてCAPから構成される．アセスメント表は，利用者の精神的，身体的健康状態，支援状況やサービス利用状況における鍵となる分野をケアスタッフがアセスメントできるようにつくられている．

　施設版アセスメントの目的は，ケアスタッフがこれらの情報を用いて，利用者のニーズと適切なケアを特定できるようにすることである．可能な限り適切なケアサービスが提供され，適切な紹介がなされるようにすべきであるが，すべての分野において必要なサービスのすべてをすぐに提供することはできないことはあろう．そうであっても，利用者の強みと問題を含んだ包括的なアセスメントを実施することは，今後のケアの予定をたて，さらにケアの成果を評価するうえで役に立つだろう．

施設版アセスメントの使い方

施設版アセスメント表

施設版アセスメント表の記入における留意点は以下である．

- アセスメント表は，ケアスタッフ（看護師，ソーシャルワーカー，ケアマネージャー，かかりつけ医などを含む）による使用を想定している．アセスメント表は，項目と選択するうえで役立つ定義から成り立っている．
- アセスメント表を記入するには，利用者本人や主に援助している人（いれば）に直接質問したり，利用者を観察したり，ケアチームのほかのメンバーとの話し合い，記録類の確認が必要となる．可能な限り，利用者本人を情報源とするようにする．
- アセスメント項目は論理的に並んでおり，順番に記入することができる．しかし，それにこだわる必要はない．アセスメント担当者と利用者にとってもっとも上手くいくように，どのような順番で記入してもよい．
- アセスメント表は，利用者本人やケアスタッフ，主な家族らに質問するときのガイドとしても使用することができる．ある情報源からの情報の正確性に疑問がある場合は，正確な情報を含む最善の専門的判断ができるようにより深くアセスメントを実施すべきである．
- 可能であれば，それぞれの情報提供者と別々に話すべきである．

マニュアルの使い方

このマニュアルは，常にアセスメント表を前に置いてアセスメント表と一緒に使う．アセスメント表自体に，十分な情報が含まれているので，正確なアセスメントのための定義や手順の多くについてアセスメント表を頼るようにする．このマニュアルにある情報を増幅することによって，アセスメント表を上手く利用することができる．

以下は，施設版アセスメントに慣れるために推奨する方法である．最初に投資する時間は，その後の時間を節約することになる．

アセスメントに慣れるために

はじめに，アセスメント表自体を確認する．

- セクションがどのように並んでいて，どこにどの情報が記録されることになっているか目を通す．
- 1度には1つのセクションに取り組む．
- 項目の定義と選択肢を吟味する．
- 記入の方法を観察期間，一般的な記入の決まりごとを確認する．
  次に，よく知っている実在の利用者についてアセスメント表を記入してみる．
- その人についてすでに知っていることだけに基づいて記入してみる．
- 追加の情報があればより良くアセスメントできると思ったところは，それを書き留めておく．それらの情報をどこで手に入れられるか考えてみる．

次に，記入要綱を読む．
- アセスメント表を確認し，よく知っている利用者について記入を終えてからこのステップに進む．
- 記入要綱を読み，初めてアセスメントしたときに生じた疑問を解消する．記入方法についてもっていた疑問を説明している部分には印をつけておく．
- もう1度，アセスメント表の1つのセクションについて，記入要綱に書かれたことに基づいて記入してみる．1つのセクションを確実に理解してから，次のセクションに進むこと．記入要綱を読み終えるには時間がかかるので，急ぐことはない．定義や方法を確実に理解できるように，1度に1つのセクションについて作業するのもよい．
- 記入要綱に書かれた項目の定義や記入方法，あるいは示された例の中に驚くようなことはあったか．たとえば，ADLや気分の記入の仕方など．
- 初めてアセスメントしたときに考えたこととは違う定義や記入方法はあるか．
- 普段病院や施設で使われている用語や実践のパターンと記入要綱の定義は異なるか．
- 疑問はすべてメモしておく．研修会などでこれらの疑問をとりあげる．

最初に取り組んで難しいと感じたところに注目して，記入要綱をもう1度読む．
- 注意すべきことについてアセスメント表にメモを書く．
- これまで慣れてきたことと違ったり，疑問が生じそうな定義や方法についてより一層慣れるようにする．
- 記入要綱にある例をもう1度読む．

記入要綱をその後に読むことになるのは，研修会等の機会になるだろう．それはこのマニュアルを確認する別の機会となる．もし疑問があれば，研修会等でとりあげる．

このマニュアルの将来の活用方法：
- アセスメント時にはいつでも参照できるようにする．
- 必要なときは，疑問に思うアセスメント項目の「目的」を確認する．
- 本マニュアルは，施設版を使用している限り参考になる．アセスメントの正確性を向上するために継続的に使用するようにする．

32

施設版 インターライ　アセスメント表

[特に指示のない限り，3日間で評価する]

A. 基本情報

A1. 氏名

_____

A2. 性別
- 1　男性
- 2　女性

A3. 生年月日
☐☐☐☐-☐☐-☐☐
　　　　年　　　月　　　日

A4. 婚姻状況
- 1　結婚したことがない
- 2　結婚している
- 3　パートナーがいる
- 4　死別した
- 5　別居中，事実上婚姻関係にない
- 6　離婚した

A5. 介護保険証番号

_____

A6. 事業所番号

_____

A7. 要介護度
- 0　現在有効の認定結果はない
- 1　要支援1
- 2　要支援2
- 3　要介護1
- 4　要介護2
- 5　要介護3
- 6　要介護4
- 7　要介護5

A8. アセスメント理由
- 1　初回アセスメント
- 2　定期アセスメント
- 3　再開時アセスメント
- 4　著変時アセスメント
- 5　終了時アセスメント
- 6　終了時の記録のみ
- 7　その他

A9. アセスメント基準日
☐☐☐☐-☐☐-☐☐
　　　　年　　　月　　　日

A10. 本人のケアの目標

[　　　　　　　　　　　　　　　　]

A13. 退院後の経過期間
- 0　過去90日間に入院していない
- 1　31〜90日前に退院した
- 2　15〜30日前に退院した
- 3　8〜14日前に退院した
- 4　退院したのは7日以内
- 5　現在入院中

B. 相談受付表

[注：このセクションは，初回アセスメント時のみ]

B1. 入居に対して本人の意思が関与した度合い
- 0　完全
- 1　いくらか関与
- 2　ほとんどなし
- 8　答えられない（答えたくない）

B2. 受付日
☐☐☐☐-☐☐-☐☐
　　　　年　　　月　　　日

施設版 インターライ アセスメント表

B3. 相談受付時までの経過

B4. 相談受付内容

B5. 過去5年間の利用歴（短期は含まず）
0 いいえ
1 はい
B5a. 介護施設，療養病院／病棟
B5b. 認知症対応型共同生活介護，小規模多機能型居宅介護
B5c. 高齢者住宅－有料老人ホーム（特定施設入居者生活介護有り・無し含む）
B5d. 精神科病院，精神科病棟
B5e. 精神障害者施設
B5f. 知的障害者の施設

B6. 入居直前と通常の居住場所
B6a. 入居直前の居住場所
B6b. 通常の居住場所
1 自分の家／アパート／賃貸の部屋
2 高齢者住宅：有料老人ホーム（特定施設入居者生活介護無し）
3 高齢者住宅：有料老人ホーム（特定施設入居者生活介護有り）
4 認知症対応型共同生活介護
5 小規模多機能型居宅介護
6 介護老人福祉施設
7 介護老人保健施設
8 介護療養型老人保健施設
9 介護療養型医療施設
10 回復期リハビリテーション病棟／病院
11 精神科病院／病棟
12 緩和ケア病棟
13 上記（9～12）以外の病院
14 精神障害者施設
15 知的障害者施設
16 ホームレス（シェルター利用の有無は問わない）
17 刑事施設
18 その他

B7. 入居前の同居形態
1 1人暮らし
2 配偶者のみ
3 配偶者とその他と
4 （配偶者なし）子供と
5 （配偶者なし）親や保護者と
6 （配偶者なし）兄弟と
7 （配偶者なし）その他の親族と
8 （配偶者なし）親族以外と

B8. 精神疾患歴
0 いいえ
1 はい

B9. 教育歴
1 未就学：小学校中退を含む
2 小学校卒：高等小学校・新制中学中退も含む
3 高等小学校・新制中学卒：旧制中学・新制高校中退も含む
4 旧制中学・新制高校卒：専門学校・専修学校中退も含む
5 専門学校・専修学校卒：旧制高校・短大中退も含む
6 旧制高校・短大卒：大学中退も含む
7 大学卒：大学院中退も含む
8 大学院修了

B10. 医療機関受診時の送迎
1 家族
2 友人
3 施設等の職員
4 その他：送迎支援必要ない場合を含む

B11. 受診中の付き添いが必要
0 いいえ
1 はい

施設版 インターライ アセスメント表

C. 認知

C1. 日常の意思決定を行うための認知能力 ☐
- 0 自立：首尾一貫して理にかなった判断ができる
- 1 限定的な自立：新しい事態に直面したときのみいくらかの困難がある
- 2 軽度の障害：特別な状況において，判断力が弱く，合図や見守りが必要である
- 3 中等度の障害：常に判断力が弱く，合図や見守りが必要である
- 4 重度の障害：判断できないか，まれにしか判断できない
- 5 認識できる意識がない，昏睡：セクションGへ

C2. 記憶を想起する能力
- 0 問題なし
- 1 問題あり
- C2a. 短期記憶：5分前のことを思い出せる，あるいはそのように見える ☐
- C2b. 長期記憶 ☐
- C2c. 手続き記憶：段取りを踏んで行うべきことを合図がなくても初めから手順を踏んでほとんどすべてできる ☐
- C2d. 状況記憶：よく顔を合わせる介護者の名前や顔を認識し，かつよく訪れる場所（寝室や台所など）の位置がわかっている ☐

C3. せん妄の兆候
[注：正確なアセスメントのためには，過去3日間の利用者の行動を知る家族らと会話する必要がある]
- 0 行動はない
- 1 行動はあるが，それは普段と同じである
- 2 行動はあり，普段の様子と違う：新たに出現した，悪化した，数週間前とは違うなど
- C3a. 注意がそらされやすい：集中力がない，話がそれるなど ☐
- C3b. 支離滅裂な会話がある：会話が無意味で無関係，もしくは話題が飛ぶ，思考が脱線するなど ☐
- C3c. 精神機能が1日の中で変化する：時々良かったり，悪かったりする ☐

C4. 精神状態の急な変化：通常とは異なり，不穏になった，無気力になった，起きあがれなくなった，周囲の環境への認識が変わった，などの変化 ☐
- 0 いいえ
- 1 はい

C5. 過去90日間（または前回アセスメント以降）の意思決定能力の変化 ☐
- 0 改善した
- 1 変化なし
- 2 悪化した
- 8 判定不能

D. コミュニケーションと視覚

D1. 自分を理解させることができる ☐
- 0 理解させることができる：容易に考えを表現できる
- 1 通常は理解させることができる：十分に時間が与えられていないと，言葉を思い出したり，考えをまとめるのが困難．しかし，本人の考えを引き出す必要はない
- 2 しばしば理解させることができる：言葉を見つけたり，考えをまとめるのに困難．通常は本人の考えを引き出す必要がある
- 3 時々は理解させることができる：その能力は具体的な欲求に限られる
- 4 ほとんど，あるいは全く理解させることはできない

D2. 他者を理解できる能力（理解力） ☐
補聴器を用いている場合は使用した状態で
- 0 理解できる：明解な理解力
- 1 通常は理解できる：会話の大部分は理解している．ほとんど，あるいは全く言い直す必要はない
- 2 しばしば理解できる：一部を理解できないことがあるが，言い直しによって，しばしば会話を理解できる
- 3 時々は理解できる：単純で直接的なコミュニケーションには適切に反応する

施設版 インターライ アセスメント表

4 ほとんどまたは全く理解できない

3 はい（両耳）

D3．聴覚

D3a．聴力

補聴器を用いている場合は使用した状態で．

0 適切：普通の会話，社会的交流，テレビを見ることに何の問題もない
1 軽度の障害：状況によって困難がある（相手が静かにしゃべったり，2メートル以上離れているときは困難，など）
2 中等度の障害：通常の会話を聞くのに問題があり，周りを静かにすると良く聞こえる
3 重度の障害：すべての状況で困難がある（話し手が大声を出したり，非常にゆっくり話す必要がある）
4 ほぼ聴こえない

D3b．補聴器の使用

0 いいえ
1 はい（右耳のみ）
2 はい（左耳のみ）

D4．視覚

D4a．視力

眼鏡や拡大鏡等を使用した状態で．

0 適切：新聞や本の細字も含めて細かい部分まで見える
1 軽度の障害：見出しは見えるが，新聞や本の普通の文字は見えない
2 中等度の障害：新聞の見出しは見えないが，周囲の物体を識別できる
3 重度の障害：周囲の物体を識別しているかわからないが，目で動体を追っているようである．明かりや色，形を識別できるだけも含まれる
4 視力がない：視力がない．目は物体を追わないように見える

D4b．眼鏡，コンタクトレンズ，拡大鏡などの使用

0 いいえ
1 はい

E．気分と行動

E1．うつ，不安，悲しみの気分の兆候

過去3日間に観察された兆候．原因は問わない[可能なら本人に聞く]

0 ない
1 あるが，過去3日間には見られていない
2 過去3日間のうち1〜2日に見られた
3 過去3日間毎日見られた

E1a．否定的なことを言う
E1b．自分や他者に対する継続した怒り
E1c．非現実な恐れがあることを思わせる非言語を含む表現
E1d．繰り返し体の不調を訴える
E1e．たびたび不安，心配ごとを訴える（健康上の不安は除く）
E1f．悲しみ，苦悩，心配した表情
E1g．泣く，涙もろい
E1h．ひどいことが起こりそうだと繰り返し言う
E1i．興味をもっていた活動をしなくなる
E1j．社会的交流の減少
E1k．人生の喜びを失っているという非言語を含む表現（無快感症）

E2．利用者自身が応えた気分

0 過去3日間にはない
1 過去3日間にはないが，しばしばそのように感じる
2 過去3日間のうち1，2日あった
3 過去3日間毎日あった
8 答えられない（したくない）

"過去3日間どのくらい○○がありましたか"と聞く

E2a．普段楽しんできたことに興味や喜びが沸かなかったこと
E2b．不安だったり，落ち着かない感じ
E2c．悲しく，落ち込んで，絶望する感じ

E3．行動の問題

観察された兆候．原因は問わない

0 ない
1 あるが，過去3日間には見られていない
2 過去3日間に1〜2日見られた
3 過去3日間毎日見られた

E3a．徘徊
E3b．暴言
E3c．暴行

施設版 インターライ アセスメント表

E3d. 社会的に不適切な迷惑な行為 ☐
E3e. 公衆での不適切な性的行動や脱衣 ☐
E3f. ケアに対する抵抗 ☐
E3g. 無許可の退居・家出またはその恐れ ☐

E4. 最近3日間における生活満足度（心身 ☐
　　の健康度，日常生活の充実度や趣味活
　　動への参加など）
　　0　とても満足
　　1　満足
　　2　ある程度満足
　　3　どちらとも言えない
　　4　あまり満足していない
　　5　とても不満である

F．心理社会面

F1．社会関係
［可能な限り，本人に聞く］
　0　全くない
　1　30日以上前にあった
　2　8日〜30日前にあった
　3　4日〜7日前にあった
　4　過去3日間にあった
　8　判定不能
　F1a. 長期にわたって関心のある活動への参加 ☐
　F1b. 家族や友人の訪問 ☐
　F1c. 家族や友人とのその他の交流 ☐

F2．孤独 ☐
自分はさみしいと思っていると言うか，それを表す
　0　いいえ
　1　はい

F5．自発性・参加意識
　0　なし
　1　あるが過去3日間にはみられなかった
　2　過去3日間に1〜2日みられた
　3　過去3日間毎日みられた
　F5a. 他者と付き合う際に落ち着いている ☐
　F5b. 計画された，あるいは組織だった活動に ☐
　　　落ち着いて参加する
　F5c. 大部分のグループ活動への誘いを受ける ☐
　F5d. 施設内の生活に積極的に参加する ☐
　F5e. 他者との交流を自分から始める ☐
　F5f. 他者が始めた交流に肯定的に反応する ☐
　F5g. 日課の変化に対応できる ☐

F6．対人関係の不安定
　0　いいえ
　1　はい
　F6a. ほかの利用者との対立，批判を繰り返す ☐
　F6b. ケアスタッフとの対立，批判を繰り返す ☐
　F6c. ケアスタッフは利用者との対応に不満 ☐
　　　がある
　F6d. 家族や近い友人は利用者の病気によっ ☐
　　　て憔悴している

F7．過去90日間の大きなストレス ☐
深刻な病気に罹った，近い関係の人の中に重病に
かかった人がいたり，亡くなった人がいた，家を
失った，収入や資産が激減した，泥棒や詐欺の被
害にあった，運転免許を失ったなど
　0　いいえ
　1　はい

F8．強み（ストレングス）
　0　いいえ
　1　はい
　F8a. 一貫して前向きである ☐
　F8b. 日々の生活に意味を見出す ☐
　F8c. 家族との強い支援的な関係 ☐

G．機能状態

G2．ADL
過去3日間に起きた当該ADLのすべての動作に
基づいて評価する．1度でも6があり，他の場面
ではより自立していた場合，5を記入．それ以外
の状況は，最も依存的であった動作に着目する．
その中で最も依存的な状態が1であれば1，そう
でなければ2から5より最も依存していない援助
レベルを記入する
　0　自立：すべての動作に身体援助，準備，見
　　　守りはなかった
　1　自立，準備の援助のみ：物品や用具を用意
　　　したり，手の届く範囲に置くのみで，すべ

施設版 インターライ アセスメント表

ての動作において身体援助も見守りもなかった
2 見守り：見守り／合図
3 限定的な援助：四肢の動きを助ける，体重を支えずに身体的な誘導をする
4 広範囲な援助：利用者がタスクを50％以上実施し，1人の援助者による体重を支える（四肢を持ち上げることも含まれる）援助
5 最大限の援助：2人以上の援助者による体重を支える（四肢を持ち上げることも含まれる）援助，またはタスクの50％以上に及ぶ体重を支える援助
6 全面依存：すべての動作において他者がすべて行った
8 この動作はなかった

G2a. 入浴：背中を洗う，洗髪は含めない
G2b. 個人衛生：入浴とシャワーは含めない
G2c. 上半身の更衣
G2d. 下半身の更衣
G2e. 歩行
G2f. 移動
G2g. トイレへの移乗
G2h. トイレの使用：移乗は含めない
G2i. ベッド上の可動性
G2j. 食事

G3. 移動／歩行
G3a. 主な室内移動手段
　0 器具なしで歩行
　1 器具を使用して歩行：杖，歩行器，松葉づえ，車いすを押す
　2 車いす，電動車いす，電動三輪車（スクーター）
　3 寝たきり
G3b. 4メートルの歩行時間
利用者が第1歩を地面につけたときに計測を開始．4メートルのマークを超えた時点の秒数を記入する
テストを始めたが終了できなかった場合，77
テストを拒否した場合，88
テストをしなかった場合（一人で歩けない場合），99
G3c. 歩行距離
過去3日間において，支援を必要に応じて受けた状態で，途中1度も座ることなく歩くことができた最長距離
　0 歩かなかった
　1 5m未満
　2 5～49m
　3 50～99m
　4 100m以上
　5 1km以上
G3d. 車いす自操距離
過去3日間に車いすを1度に自己操作して移動した最長距離
　0 車いすを押してもらった
　1 電動車いすや電動三輪車（スクーター）を利用した
　2 5m未満　自己操作した
　3 5～49m　自己操作した
　4 50～99m　自己操作した
　5 100m以上　自己操作した
　8 車いすは使用しなかった

G4. 活動状況
G4a. 過去3日間において体を動かした時間の合計（散歩など）
　0 なし
　1 1時間未満
　2 1時間以上2時間未満
　3 2時間以上3時間未満
　4 3時間以上4時間未満
　5 4時間以上
G4b. 過去3日間に家（建物）の外に出た日数（短時間でもよい）
　0 1日もない
　1 過去3日間は出ていないが，通常は3日間のうちには出ている
　2 1～2日間
　3 3日間

G5. 身体機能の潜在能力
　0 いいえ
　1 はい
G5a. 本人は自分の身体機能が向上すると信じている
G5b. ケアスタッフは本人の身体機能が向上すると信じている

施設版　インターライ　アセスメント表

G6. 過去90日間（または前回アセスメント以降）のADLの変化
- 0　改善した
- 1　変化なし
- 2　悪化した
- 8　判定不能

H. 失禁

H1. 尿失禁
- 0　失禁しない
- 1　カテーテルや瘻があり，失禁しない
- 2　まれに失禁する
- 3　ときに失禁する
- 4　頻繁に失禁する
- 5　失禁状態
- 8　尿の排泄はなかった

H2. 尿失禁器材（オムツやパッドは除く）
- 0　なし
- 1　コンドームカテーテル
- 2　留置カテーテル
- 3　膀胱瘻，腎瘻，尿管皮膚瘻

H3. 便失禁
- 0　失禁しない：完全なコントロール，瘻なし
- 1　瘻があり，失禁しない：過去3日間瘻を用いてコントロールされている
- 2　まれに失禁：過去3日間失禁はないが，失禁したことがある
- 3　ときに失禁：毎日ではないが失禁
- 4　頻繁に失禁：毎日失禁するが，いくらかコントロールされている
- 5　失禁状態：コントロールはない
- 8　排便はなかった：過去3日間に排便はなかった

H5. ストーマ
- 0　なし
- 1　あり

I. 疾患

疾患コード
- 0　なし
- 1　主診断である：現時点の主な診断（1つ以上も可）
- 2　診断があり，治療を受けている：治療には，投薬，療法，創傷のケアや吸引などその他専門技術を必要とするケアが含まれる
- 3　診断があり，経過観察されているが，治療は受けていない

I1. 疾患

筋骨系
- I1a.　過去30日間（または前回アセスメント以降）の大腿骨骨折
- I1b.　過去30日間（または前回アセスメント以降）のその他の骨折

神経系
- I1c.　アルツハイマー病
- I1d.　アルツハイマー病以外の認知症
- I1e.　片麻痺
- I1f.　多発性硬化症
- I1g.　対麻痺
- I1h.　パーキンソン病
- I1i.　四肢麻痺
- I1j.　脳卒中／脳血管障害

心肺系
- I1k.　冠動脈疾患（CHD）
- I1l.　慢性閉塞性肺疾患（COPD）
- I1m.　うっ血性心不全（CHF）
- I1n.　高血圧症

精神
- I1o.　不安症
- I1p.　双極性障害
- I1q.　うつ
- I1r.　統合失調症

感染症
- I1s.　肺炎
- I1t.　過去30日間の尿路感染症（UTI）

その他
- I1u.　がん
- I1v.　糖尿病

施設版 インターライ アセスメント表

I2. その他の診断

診断名	疾患コード（1〜3）

J. 健康状態

J1. 転倒 ☐
- 0 過去90日間に転倒していない
- 1 過去30日間にはなかったが，31〜90日間に転倒した
- 2 過去30日間に1度転倒した
- 3 過去30日間に2度以上転倒した

J2. 最近の転倒 ☐
［注：前回アセスメントから30日経っている場合や初回アセスメントの場合は，J3へ］
- 0 過去30日間には転倒していない
- 1 過去30日間に転倒した

空白［初回アセスメントや，前回アセスメントが30日以上前の場合］

J3. 問題の頻度
過去3日間にみられた頻度
- 0 なし
- 1 あるが過去3日間には見られなかった
- 2 過去3日間のうち1日見られた
- 3 過去3日間のうち2日見られた
- 4 過去3日間毎日見られた

バランス
- J3a. 支えなしでは立位になることが難しいか，できない ☐
- J3b. 立位での方向転換が難しいか，できない ☐
- J3c. めまい ☐
- J3d. 不安定な歩行 ☐

心肺
- J3e. 胸痛 ☐
- J3f. 気道内分泌物の排出困難 ☐

精神
- J3g. 異常な思考 ☐
- J3h. 妄想 ☐
- J3i. 幻覚 ☐

神経
- J3j. 失語症 ☐

消化器系
- J3k. 胃酸の逆流 ☐
- J3l. 便秘 ☐
- J3m. 下痢 ☐
- J3n. 嘔吐 ☐

睡眠障害
- J3o. 入眠または睡眠の継続困難 ☐
- J3p. 睡眠過多 ☐

その他
- J3q. 誤嚥 ☐
- J3r. 発熱 ☐
- J3s. 消化管出血，尿性器出血 ☐
- J3t. 不衛生 ☐
- J3u. 末梢浮腫 ☐

J4. 呼吸困難（息切れ） ☐
- 0 症状はない
- 1 休息中にはないが，非日常的な活動により生じる
- 2 休息中にはないが，日常的な活動により生じる
- 3 休息中にもある

J5. 疲労感 ☐
日々の活動（ADLやIADLなど）を終えることができない程度
- 0 なし
- 1 軽度：体がだるく，疲れやすいが，通常の日々の活動を行うことはできる
- 2 中等度：通常の日々の活動を始めるが，体のだるさや疲労感のため終えることができない
- 3 重度：体のだるさや疲労感のため，通常の日々の活動のうちいくつかは始めることすらできない

施設版 インターライ アセスメント表

　4　通常の日々の活動を始めることが全くできない：体のだるさや疲労感のため

J6. 痛み
[注：頻度，程度，コントロールについて尋ねる．利用者を観察し，利用者と接する周囲の人に聞く]

J6a. 痛みの頻度
- 0　痛みはない
- 1　あるが，過去3日間はなかった
- 2　過去3日間のうち1〜2日あった
- 3　過去3日間毎日あった

J6b. 痛みの程度：最も重度のもの
- 0　痛みはない
- 1　軽度
- 2　中等度
- 3　重度
- 4　激しく，耐え難いことがある

J6c. 痛みの持続性
- 0　痛みはない
- 1　過去3日間に1回だけあった
- 2　断続
- 3　持続

J6d. 突破する痛み
- 0　いいえ
- 1　はい

J6e. 痛みのコントロール：現在の痛みのコントロールが効いている程度（本人の視点から）
- 0　痛みはない
- 1　痛みはがまんできる範囲であり，とくにコントロールを行っていないか，または変更の必要はない
- 2　コントロールは適切に効いている
- 3　コントロールは効くが，常に実施できていない
- 4　コントロールを行っているが，十分に効いていない
- 5　痛み時のコントロール方法はないか，効いていない

J7. 状態の不安定性
- 0　いいえ
- 1　はい

J7a. 認知，ADL，気分，行動を不安定にするような病態や症状がある（不安定，変動，悪化）

J7b. 急性症状が発生したり，再発性や慢性の問題が再燃した

J7c. 末期の疾患であり，余命が6ヵ月以下である

J8. 主観的健康感
「一般的にご自分の健康状態をどう思いますか」と聞く
- 0　とても良い
- 1　良い
- 2　まあまあ
- 3　良くない
- 8　答えられない（答えたくない）

J9. 喫煙と飲酒
J9a. 毎日喫煙
- 0　吸わない
- 1　過去3日間は吸っていないが，普段は毎日吸っている
- 2　吸う

J9b. 飲酒　過去14日間に最も飲んだ1回量
- 0　飲んでいない
- 1　1杯
- 2　2〜4杯
- 3　5杯以上

K. 口腔および栄養状態

K1. 身長と体重
- K1a. 身長（cm）
- K1b. 体重（kg）

K2. 栄養上の問題
- 0　いいえ
- 1　はい

K2a. 過去30日間に5％以上か180日間に10％以上の体重減少

K2b. 脱水である，またはBUN/クレアチニン比が20以上

K2c. 1日1リットル未満の水分摂取

K2d. 水分排泄量が摂取量を超える

施設版 インターライ　アセスメント表

K3. 栄養摂取の方法
- 0　正常（いかなる種類の食物も飲み込んでいる）
- 1　自分で加減
- 2　固形物を飲み込むのに調整を要する
- 3　液体を飲み込むのに調整を要する
- 4　裏ごしした固形物ととろみをつけた液体しか飲み込むことができない
- 5　経口摂取と経管栄養／経静脈栄養の混合
- 6　経鼻経管栄養のみ
- 7　腹部の栄養のみ
- 8　経静脈栄養のみ
- 9　この活動はなかった

K4. 経静脈／経管栄養摂取量
- 0　経静脈／経管栄養はない
- 1　経静脈／経管栄養のみ．経口はなし
- 2　全カロリーの1％から25％未満
- 3　全カロリーの25％以上

K5. 歯科口腔
- 0　いいえ
- 1　はい
- K5a. 義歯使用（取り外しのできる補綴物）
- K5b. 自分の歯が折れている，欠けている，ゆるい，ほか正常でない
- K5c. 口や顔の痛み／不快感を訴える
- K5d. 口の渇きを訴える
- K5e. 咀嚼困難を訴える
- K5f. 歯に隣接する歯肉の炎症または出血

K6. 栄養管理（ダイエットタイプ）の必要
- 0　いいえ
- 1　はい
- K6a. 食物形態の加工（ソフト食，刻み，とろみ等の必要性）
- K6b. 低塩分
- K6c. カロリー制限
- K6d. 低脂肪
- K6e. その他

L. 皮膚の状態

L1. 最重度の褥瘡
- 0　褥瘡はない
- 1　持続した発赤部分がある
- 2　皮膚層の部分的喪失
- 3　皮膚の深いくぼみ
- 4　筋層や骨の露出
- 5　判定不能：壊死性の痂（か）皮で覆われているなど

L2. 褥瘡の既往
- 0　いいえ
- 1　はい

L3. 褥瘡以外の皮膚潰瘍
静脈性潰瘍，動脈性潰瘍，動静脈混合性潰瘍，糖尿病性の足潰瘍など
- 0　いいえ
- 1　はい

L4. 重要な皮膚の問題
外傷，2度や3度の火傷，回復過程の手術創など
- 0　いいえ
- 1　はい

L5. 皮膚の裂傷や切り傷
手術創以外
- 0　いいえ
- 1　はい

L6. その他の皮膚の状態や変化
挫傷(打ち身)，発疹，痒み，斑点，帯状疱疹，間擦疹（あせも），湿疹など
- 0　いいえ
- 1　はい

L7. 足の問題
外反母趾，槌状趾(ハンマートゥ)，つま先の重複，変形，感染，潰瘍など
- 0　足の問題はない
- 1　足の問題はあるが，歩行に支障はない
- 2　足の問題があるため，歩行に支障がある
- 3　足の問題があるため，歩行できない
- 4　足に問題があるが，他の理由で歩いていない

M．アクティビティ

M1．活動への平均参加時間 ☐
- 0　なし
- 1　ほとんど：2/3よりも多い
- 2　半分くらい：1/3から2/3
- 3　少し：1/3未満

M2．好む活動
- 0　好みではない，過去3日間行っていない
- 1　好みである，行っていない
- 2　好みである，過去3日間に行った

- M2a．カード，ゲーム，クイズ ☐
- M2b．コンピュータ，インターネット関係 ☐
- M2c．会話，電話 ☐
- M2d．創作活動 ☐
- M2e．舞踏 ☐
- M2f．人生についての議論／回顧（回想法） ☐
- M2g．運動 ☐
- M2h．庭仕事，畑仕事 ☐
- M2i．他者の手助け ☐
- M2j．音楽や歌 ☐
- M2k．ペット ☐
- M2l．読書，執筆 ☐
- M2m．宗教活動 ☐
- M2n．旅行や買い物 ☐
- M2o．屋外の散歩 ☐
- M2p．テレビ，ラジオ，ビデオ／DVD鑑賞 ☐
- M2q．料理／お菓子作り ☐
- M2r．パズル／クロスワード ☐

M2s．その他1

_____

M2t．その他2

_____

M3．日中寝ている時間 ☐
- 0　いつも，あるいはほとんど起きている（1度以上の居眠りはしない）
- 1　何回も居眠りする
- 2　ほとんどの時間寝ているが，起きている時間もある（食事の時間だけなど）
- 3　概ね寝ているか，反応がない

M4．興味・関心
- 0　いいえ
- 1　はい

- M4a．より多くのレクリエーションに参加することに興味がある ☐
- M4b．転倒予防プログラムに参加することに興味がある ☐
- M4c．記憶力改善のためのプログラムに参加することに興味がある ☐
- M4d．身体機能向上プログラムに参加することに興味がある ☐

N．薬剤

N1．全使用薬剤のリスト

過去3日間に使用したすべての処方薬，非処方薬（市販薬）のリスト

各薬剤について

- N1a．薬剤名
- N1b．1日量
- N1c．単位（cc, ml, mg, g, 滴, 押し, 枚, 単位など）
- N1d．経路
  - 1　経口（経口，舌下）
  - 2　注射（静注，皮下注，筋注）
  - 3　外用（座薬［坐剤，軟膏剤，浣腸など］点眼，点鼻，外皮［塗布，貼付，スプレーなど］，口腔［含嗽，噴霧など］）など
  - 4　経管（経鼻，PEG［胃ろう］など）その他
- N1e．回数（1回/日，3回/日など，頓用の場合，過去3日間に使用した回数）
- N1f．頓用
  - 0　いいえ
  - 1　はい

施設版 インターライ アセスメント表

a．薬剤名	b 1日量	c 単位	d 経路	e 頻度	f 頓用

N2．薬のアレルギー
   0　わかっている薬剤アレルギーはない
   1　ある

O．治療とケアプログラム

O1．健診・予防接種
   0　いいえ
   1　はい
  O1a．過去1年間の血圧測定
  O1b．過去5年間の大腸内視鏡検査
  O1c．過去1年間の歯科検査
  O1d．過去1年間の眼科検査
  O1e．過去2年間の聴力検査
  O1f．過去1年間のインフルエンザワクチン
  O1g．過去2年間のマンモグラフィーか乳房検査（女性のみ）
  O1h．過去5年間か65歳以降の肺炎ワクチン

O2．特別な治療・ケア（過去3日間）
   0　計画も，実施もされなかった
   1　計画されたが，実施されなかった
   2　過去3日間のうち1〜2日実施した
   3　過去3日間毎日実施した
 <u>治療</u>
  O2a．抗がん剤療法
  O2b．透析
  O2c．感染管理
  O2d．経静脈的薬物投与
  O2e．酸素療法
  O2f．放射線療法
  O2g．吸引
  O2h．気管切開口のケア
  O2i．輸血
  O2j．人工呼吸器
  O2k．創のケア
 <u>プログラム</u>
  O2l．トイレ誘導
  O2m．緩和ケアプログラム
  O2n．体位変換／姿勢保持

O4．リハビリテーション

	計画日数（A）	実施日数（B）	合計時間(分)（C）
O4a．理学療法			
O4b．作業療法			
O4c．言語療法			
O4d．心理療法			
O4e．呼吸療法			
O4f．看護師等による機能リハ・歩行訓練			

O5．受診・入院（過去90日間の回数を右詰めで記入）
  O5a．入院
  O5b．救急外来（入院に至ったものは含まない）

O6．受診（過去14日間の回数）

O7．医師の指示変更（過去14日間の回数）

O8．身体抑制
四肢が抑制されている，ベッド柵で覆われている，椅子に座っている間縛られているなど
   0　使用しなかった
   1　毎日でなく使用した
   2　毎日使用した：夜間のみ
   3　毎日使用した：昼間のみ
   4　昼夜使用したが常時ではない
   5　常時使用した（24時間継続使用［定期取り外しを含む］）
  O8b．すべてにベッド柵

施設版 インターライ アセスメント表

O8c. 体幹部の抑制 ☐　　O8d. 立ち上がりを防ぐ椅子 ☐

P. 意思決定権と事前指示

P1. 意思決定権
- 0 いいえ
- 1 はい
- P1a. 法定後見人等 ☐
- P1b. 任意後見 ☐
- P1c. 家族などの代理決定 ☐

P2. 事前指示
- 0 いいえ
- 1 はい
- P2a. 蘇生術をしない ☐
- P2b. 挿管しない ☐
- P2c. 入院しない ☐
- P2d. 経管栄養をしない ☐
- P2e. 薬剤制限 ☐

R. 退所の可能性

R1. 退院・退所の可能性
- 0 いいえ
- 1 はい
- R1a. 利用者は地域に戻りたい／留まりたいと言うか，それを示す ☐
- R1b. 退所に対して，または地域にある住宅の維持に対して積極的な支援者がいる ☐
- R1c. 地域に住む家がある ☐

R2. 地域に退所するまでの予測期間 ☐
- 0 1〜7日
- 1 8〜14日
- 2 15〜30日
- 3 31〜90日
- 4 91日以上
- 5 予測されていない

U. 利用の終了

[注：終了時のみ記入]

U1. 終了日
☐☐☐☐-☐☐-☐☐
　　年　　月　　日

U2. 今後の居住場所 ☐
1. 自分の家／アパート／賃貸の部屋
2. 高齢者住宅：有料老人ホーム（特定施設入居者生活介護無し）
3. 高齢者住宅：有料老人ホーム（特定施設入居者生活介護有り）
4. 認知症対応型共同生活介護
5. 小規模多機能型居宅介護
6. 介護老人福祉施設
7. 介護老人保健施設
8. 介護療養型老人保健施設
9. 介護療養型医療施設
10. 回復期リハビリテーション病棟／病院
11. 精神科病院／病棟
12. 緩和ケア病棟
13. 上記（9〜12）以外の病院
14. 精神障害者施設
15. 知的障害者施設
16. ホームレス（シェルター利用の有無は問わない）
17. 刑事施設
18. その他

U3. 退所後に居宅サービス受ける予定 ☐
- 0 いいえ
- 1 はい

V. アセスメント情報

V1. アセスメント担当者のサイン
_____

V2. アセスメント完成日
☐☐☐☐-☐☐-☐☐
　　年　　月　　日

☐ ［高齢者住宅版アセスメント］

はじめに

　施設から居宅への動きは世界各国で見られるが，壮年期を過ごした「自宅」でそのままケアを受けながら生活を継続するうえで多くの障壁がある．そこで，「自宅」としての自由度に加えて，バリアフリーなどの環境を整備し，効率的にサービスを提供できる高齢者住宅が各国において着目されている．そして，こうした新たなケアを提供する場において，どのように対応するべきかが模索されている．

　高齢者住宅版アセスメントは，日本の高齢者住宅におけるアセスメントのニーズの多様さを考慮し，現場の意見も入れて，英語のオリジナル版のアセスメントに，居宅版，施設版からそれぞれ項目を追加している．その結果，居宅版と施設版に共通する項目を全て網羅しており，高齢者専用賃貸住宅から介護付き有料老人ホームなどまで，様々なタイプの高齢者住宅における幅広いアセスメントに対応できる内容となっている．ただし，高齢者住宅側のそれぞれの判断によって，入居者全員に対して，居宅版，ないし施設版のアセスメントを使用することも可能である．

　インターライ方式のアセスメントは，アセスメント表と記入要綱，そしてCAPから構成される．アセスメント表は，利用者の精神的，身体的健康状態，支援状況やサービス利用状況における鍵となる分野をアセスメントできるようにつくられている．

　高齢者住宅版アセスメントでは，これらの情報を用いて利用者のニーズと適切なケアを特定することができる．すべての問題の分野に対応するケアサービスを提供することはできないかもしれないが，利用者の強みとニーズを含んだ包括的なアセスメントの実施は，サービスを組み立て，ケアの成果を評価するうえで役に立つだろう．

高齢者住宅版アセスメントの使い方

　このマニュアルは，さまざまな居住タイプの施設において，正確で統一された利用者のアセスメントを容易にするための情報を提供する．対象となる場には，さまざまな名称がついており，たとえば日本では高齢者専用賃貸住宅や養護・軽費・有料の老人ホーム，あるいは小規模多機能型施設などでの利用が考えられる．

　高齢者住宅版アセスメントの記入要綱には，下記のねらいがある．

- アセスメント項目とともにアセスメントの意図がアセスメント表に含まれている．
- アセスメント表を完成させるための補完的な定義や記入方法が示されている．
- 標準的な3日間の観察期間でないアセスメント項目の備忘として活用できる．
- 特別に意見を求めるべき情報源として活用できる．

アセスメント時の心得

初めて高齢者住宅版アセスメントを利用者に実施するときは，このアセスメントは当該高齢者住宅における全体のサービスプログラムに組み込まれていることを説明する．

- アセスメント担当者は訪問者としての礼儀を守るよう心がける．
- 訪問の目的は包括的アセスメントを実施することであり，その際の目標は以下になる．
    - 利用者の機能を最大化することによって可能な限り自立できるよう援助すること
    - 利用者のQOLを向上すること
    - 健康問題と機能の悪化や改善の可能性を認識すること
    - 可能な限り利用者が現居室に留まれるようにすること
- そのために必要なこと：
    - 訪問の目的を明確にすること
    - 現在障害されている，あるいは今後障害されそうな機能的，医学的，社会的な問題を明らかにすること
    - 利用者の強み，持っている能力を明確化すること
    - 正確なアセスメントにするために，見たことと聞いたことを総合的に判断すること
    - 利用者固有の状況や利用者の選択を考慮したうえで，障害やこれから障害をきたしそうなことの原因に対応するサービスプランを作成すること
    - サービスが確実に利用者のQOLと自尊心と尊厳を最大化するように計画され，提供されるようにすること
- 明らかにした機能的，医学的，社会的な問題のすべてに完全に対応することは，できないかもしれないし，本人が望まないかもしれない．より重要なことは，QOLを阻害しているあらゆる状況を把握することにより，今後の評価に役立てたり，問題に対応するためのサービスプランを作成することである．
- 急を要する医学的な問題がある場合は，治療が当該高齢者住宅で受けられるかどうかにかかわらず，適切な治療を求めるように積極的に働きかける．さらに虐待の兆候は特別で即座の対応を要することにも注意する．虐待の通報は，法に基づいて行う．

アセスメントの進め方

挨拶代わりの質問

利用者と家族との会話の手始めとして「挨拶代わりの質問」から始める．この質問に対する答えの中に，アセスメントに必要な多くの情報が入っていることもある．挨拶代わりの質問（これはアセスメント表には含まれない．国やその地方の風習によって異なるであろうし，初回アセスメントかその後のアセスメントかによっても異なる）

- 調子はいかがですか．こちらにいらしてから，いかがお過ごしですか．
- 前にお会いしたときから，何かお変わりはありませんか．
- やりたいことができるくらいお元気でいらっしゃいますか．
- やりたいことはできていますか．何かお手伝いできることはありますか．

アセスメントの順番

アセスメントする順番に配慮する．さまざまな要因を考えなければならないが，まず，情報の信頼性に関して，認知機能やコミュニケーション能力を考慮する必要がある．また，利用者のアセスメントへの反応にも十分注意する必要がある．セクションの正しい順番はない．

注：(1)可能な限り，本人に直接話しかける．(2)他の人と話すときは，アセスメント表で使っている「利用者」という言葉を使う必要はない．家族には○○さん，お母様など，他のケアスタッフには入居者，○○様などと置き換えることができる．(3)サービスの選択肢は限られていることがあるので，会話は現実に沿うように気をつける．(4)挨拶代わりの質問への利用者の答えをきっかけとしてそれを優先的にアセスメントするのもよい．頭に入れるべきは，これは質問紙調査ではないことである．もちろんアセスメントを完成するためにはすべての情報を聞かなければならないが，利用者のニーズによってそのペースもアセスメントの優先分野も決める必要がある．

アセスメントに慣れるために

このマニュアルは，常にアセスメント表を前に置いてアセスメント表と一緒に使う．アセスメント表自体に，十分な情報が含まれているので，正確なアセスメントのための定義や手順の多くについてアセスメント表を頼るようにする．このマニュアルにおけるより詳細な情報は，はじめてのアセスメントを完成する前に確認すべきである．その後はこのマニュアルをいつでも見られるところに置き，アセスメント時に疑問が生じたときに参照する．このマニュアルに慣れるために最初に投資する時間には，大きな見返りがある．

はじめに，アセスメント表自体を確認する．
- セクションがどのように並んでいて，どこにどの情報が記録されることになっているか目を通す
- 1度に1つのセクションに取り組む
- 項目の定義と選択肢を吟味する
- 記入の方法を観察期間，一般的な記入の決まりごとを確認する
- 項目の定義や記入方法は明確か．これまで施設で実施していた方法と違うか．更なる説明が必要な分野はどこか

高齢者住宅に居住している実在の利用者について模擬事例のアセスメント表を記入してみる．
- すでにあなたが高齢者住宅で働いていて，その人のことを個人的に知っているのであれば，すでに知っていることだけに基づいて記入してみる
- 何を知っていて，何を知らないかを考える．追加の情報があればより良くアセスメントできると思ったところは，それを書き留めておく．それらの情報をどこで手に入れられるか．ケアスタッフ，本人，家族に聞くことを考えてみる．医師からの情報は必要か

記入要綱を読む．
- 項目の定義を読み，始めてアセスメントしたときに生じた疑問を確認する．どのセクションが疑問の解消に役立ったかメモしておく
- セクションごとに説明を読み，一つのセクションを理解し終えたら次のセクションに進むようにする．模擬事例のアセスメントを見直してみる．今でも同じように記入するだろうか．マニュアルをすべて読むのは時間がかかるものである．急がないようにする．定義と方法を確実に理解できるよう，1度には1つのセクションについて作業するのもよい
- 記入要綱に書かれた項目の定義や記入方法，あるいは示された例の中に驚くようなことはあったか．たとえば，ADLや気分の記入の仕方など
- 模擬事例を記入するときに考えていたこととは違う定義や記入方法はあったか
- 今なら模擬事例のアセスメントの仕方は異なるか
- 普段高齢者住宅で使っている用語や実践のパターンと記入要綱の定義は異なるか
- 疑問に思ったことはすべてメモしておく．研修会でこの問題を取り上げてもらうように準備する

このマニュアルの情報の将来的な活用方法：
- アセスメント時にはいつでも参照できるようにする
- 必要なときは，疑問に思う項目の「目的」を確認する
- 本マニュアルは，高齢者住宅版を使用している限り参考になる．アセスメントの正確性を向上するために継続的に使用するようにする

記入の決まりごと：
　"8"は，アセスメント表を通し，利用者が答えられない／答えたくない，または，その活動が起こらなかったことを示すために用いられる．

高齢者住宅版 インターライ アセスメント表

[特に指示のない限り，3日間で評価する]

A. 基本情報

A1. 氏名

_____

A2. 性別
1 男性
2 女性

A3. 生年月日
☐☐☐☐－☐☐－☐☐
　　年　　　月　　　日

A4. 婚姻状況
1 結婚したことがない
2 結婚している
3 パートナーがいる
4 死別した
5 別居中，事実上婚姻関係にない
6 離婚した

A5. 介護保険証番号

_____

A6. 事業所番号

_____

A7. 要介護度
0 現在有効の認定結果はない
1 要支援1
2 要支援2
3 要介護1
4 要介護2
5 要介護3
6 要介護4
7 要介護5

A8. アセスメントの理由
1 初回アセスメント
2 定期アセスメント
3 再開時アセスメント
4 著変時アセスメント
5 終了時アセスメント
6 終了時の記録のみ
7 その他

A9. アセスメント基準日
☐☐☐☐－☐☐－☐☐
　　年　　　月　　　日

A10. 本人のケアの目標

┌─────────────────────────┐
│   │
│   │
│   │
└─────────────────────────┘

A11. アセスメント時の居住場所
1 自分の家／アパート／賃貸の部屋
2 高齢者住宅：有料老人ホーム（特定施設入居者生活介護無し）
3 高齢者住宅：有料老人ホーム（特定施設入居者生活介護有り）
4 認知症対応型共同生活介護
5 小規模多機能型居宅介護
6 介護老人福祉施設
7 介護老人保健施設
8 介護療養型老人保健施設
9 介護療養型医療施設
10 回復期リハビリテーション病棟／病院
11 精神科病院／病棟
12 緩和ケア病棟
13 上記（9〜12）以外の病院
14 精神障害者施設
15 知的障害者施設
16 ホームレス（シェルター利用の有無は問わない）
17 刑事施設
18 その他

A13. 退院後の経過期間
0 過去90日間に入院していない
1 31〜90日前に退院した
2 15〜30日前に退院した
3 8〜14日前に退院した

高齢者住宅版 インターライ アセスメント表

4 退院したのは7日以内
5 現在入院中

B. 相談受付

[注：このセクションは，初回アセスメント時のみ]

B2. 受付日

☐☐☐☐ - ☐☐ - ☐☐
　　年　　　月　　　日

B3. 相談受付時までの経過

B4. 相談受付内容

B5. 過去5年間の利用歴（短期は含まず）
0 いいえ
1 はい

- B5a. 介護施設，療養病院／病棟
- B5b. 認知症対応型共同生活介護，小規模多機能型居宅介護
- B5c. 高齢者住宅：有料老人ホーム（特定施設入居者生活介護有り・無し含む）
- B5d. 精神科病院，精神科病棟
- B5e. 精神障害者施設
- B5f. 知的障害者施設

B9. 教育歴
1 未就学：小学校中退を含む
2 小学校卒：高等小学校・新制中学中退も含む
3 高等小学校・新制中学卒：旧制中学・新制高校中退も含む
4 旧制中学・新制高校卒：専門学校・専修学校中退も含む
5 専門学校・専修学校卒：旧制高校・短大中退も含む
6 旧制高校・短大卒：大学中退も含む
7 大学卒：大学院中退も含む
8 大学院修了

B10. 医療機関受診時の送迎
1 家族
2 友人
3 施設等の職員
4 その他：送迎支援必要ない場合を含む

B11. 受診中の付き添いが必要
0 いいえ
1 はい

C. 認知

C1. 日常の意思決定を行うための認知能力
0 自立：首尾一貫して理にかなった判断ができる
1 限定的な自立：新しい事態に直面したときのみいくらかの困難がある
2 軽度の障害：特別な状況において，判断力が弱く，合図や見守りが必要である
3 中等度の障害：常に判断力が弱く，合図や見守りが必要である
4 重度の障害：判断できないか，まれにしか判断できない
5 認識できる意識がない，昏睡：セクションGへ

C2. 記憶を想起する能力
0 問題なし
1 問題あり

- C2a. 短期記憶：5分前のことを思い出せる，あるいはそのように見える
- C2c. 手続き記憶：段取りを踏んで行うべきことを合図がなくても初めから手順を踏んでほとんどすべてできる
- C2d. 状況記憶：よく顔を合わせる介護者の名前や顔を認識し，かつよく訪れる場所

高齢者住宅版 インターライ アセスメント表

(寝室や台所など)の位置がわかっている

C3. せん妄の兆候
[注:正確なアセスメントのためには,過去3日間の利用者の行動を知る家族らと会話する必要がある]
- 0 行動はない
- 1 行動はあるが,それは普段と同じである
- 2 行動はあり,普段の様子と違う:新たに出現した,悪化した,数週間前とは違うなど

C3a. 注意がそらされやすい:集中力がない,話がそれるなど

C3b. 支離滅裂な会話がある:会話が無意味で無関係,もしくは話題が飛ぶ,思考が脱線するなど

C3c. 精神機能が1日の中で変化する:時々良かったり,悪かったりする

C4. 精神状態の急な変化:通常とは異なり,不穏になった,無気力になった,起きあがれなくなった,周囲の環境への認識が変わった,などの変化
- 0 いいえ
- 1 はい

C5. 過去90日間(または前回アセスメント以降)の意思決定能力の変化
- 0 改善した
- 1 変化なし
- 2 悪化した
- 8 判定不能

D. コミュニケーションと視覚

D1. 自分を理解させることができる
- 0 理解させることができる:容易に考えを表現できる
- 1 通常は理解させることができる:十分に時間が与えられていないと,言葉を思い出したり,考えをまとめるのが困難.しかし,本人の考えを引き出す必要はない
- 2 しばしば理解させることができる:言葉を見つけたり,考えをまとめるのに困難.通常は本人の考えを引き出す必要がある
- 3 時々理解させることができる:その能力は具体的な欲求に限られる
- 4 ほとんど,あるいは全く理解させることはできない

D2. 他者を理解できる能力(理解力)
補聴器を用いている場合は使用した状態で.
- 0 理解できる:明解な理解力
- 1 通常は理解できる:会話の大部分は理解している.ほとんど,あるいは全く言い直す必要はない
- 2 しばしば理解できる:一部を理解できないことがあるが,言い直しによって,しばしば会話を理解できる
- 3 時々理解できる:単純で直接的なコミュニケーションには適切に反応する
- 4 ほとんどまたは全く理解できない

D3. 聴覚

D3a. 聴力
補聴器を用いている場合は使用した状態で.
- 0 適切:普通の会話,社会的交流,テレビを見ることに何の問題もない
- 1 軽度の障害:状況によって困難がある(相手が静かにしゃべったり,2メートル以上離れているときは困難,など)
- 2 中等度の障害:通常の会話を聞くのに問題があり,周りを静かにすると良く聞こえる
- 3 重度の障害:すべての状況で困難がある(話し手が大声を出したり,非常にゆっくり話す必要がある)
- 4 ほぼ聴こえない

D3b. 補聴器の使用
- 0 いいえ
- 1 はい(右耳のみ)
- 2 はい(左耳のみ)
- 3 はい(両耳)

D4. 視覚

D4a. 視力
眼鏡や拡大鏡等を使用した状態で.
- 0 適切:新聞や本の細字も含めて細かい部分まで見える
- 1 軽度の障害:見出しは見えるが,新聞や本の普通の文字は見えない

高齢者住宅版 インターライ アセスメント表

  2 中等度の障害：新聞の見出しは見えないが，周囲の物体を識別できる
  3 重度の障害：周囲の物体を識別しているかわからないが，目で動体を追っているようである．明かりや色，形を識別できるだけも含まれる

  4 視力がない：視力がない．目は物体を追わないように見える

D4b．眼鏡，コンタクトレンズ，拡大鏡などの使用
  0 いいえ
  1 はい

E．気分と行動

E1．うつ，不安，悲しみの気分の兆候
過去3日間に観察された兆候．原因は問わない[可能なら本人に聞く]
  0 ない
  1 あるが，過去3日間には見られていない
  2 過去3日間のうち1～2日に見られた
  3 過去3日間毎日見られた
E1a．否定的なことを言う
E1b．自分や他者に対する継続した怒り
E1c．非現実な恐れがあることを思わせる非言語を含む表現
E1d．繰り返し体の不調を訴える
E1e．たびたび不安，心配ごとを訴える（健康上の不安は除く）
E1f．悲しみ，苦悩，心配した表情
E1g．泣く，涙もろい
E1h．ひどいことが起こりそうだと繰り返し言う
E1i．興味をもっていた活動をしなくなる
E1j．社会的交流の減少
E1k．人生の喜びを失っているという非言語を含む表現（快感喪失）

E2．利用者自身が応えた気分
  0 過去3日間にはない
  1 過去3日間にはないが，しばしばそのように感じる
  2 過去3日間のうち1，2日あった
  3 過去3日間毎日あった
  8 答えられない（したくない）

"過去3日間どのくらい○○がありましたか"と聞く
E2a．普段楽しんできたことに興味や喜びが沸かなかったこと
E2b．不安だったり，落ち着かない感じ
E2c．悲しく，落ち込んで，絶望する感じ

E3．行動の問題
観察された兆候．原因は問わない．
  0 ない
  1 あるが，過去3日間には見られていない
  2 過去3日間に1～2日見られた
  3 過去3日間毎日見られた
E3a．徘徊
E3b．暴言
E3c．暴行
E3d．社会的に不適切な迷惑な行為
E3e．公衆での不適切な性的行動や脱衣
E3f．ケアに対する抵抗
E3g．無許可の退居・家出

E4．最近3日間における生活満足度（心身の健康度，日常生活の充実度や趣味活動への参加など）
  0 とても満足
  1 満足
  2 ある程度満足
  3 どちらとも言えない
  4 あまり満足していない
  5 とても不満である

F．心理社会面

F1．社会関係
[可能な限り，本人に聞く]
  0 全くない
  1 30日以上前にあった
  2 8日～30日前にあった
  3 4日～7日前にあった
  4 過去3日間にあった
  8 判定不能
F1a．長期にわたって関心のある活動への参加

高齢者住宅版 インターライ アセスメント表

F1b. 家族や友人の訪問 ☐
F1c. 家族や友人とのその他の交流 ☐

F2. 孤独 ☐
自分はさみしいと思っていると言うか，それを表す
0　いいえ
1　はい

F7. 過去90日間の大きなストレス ☐
深刻な病気に罹った，近い関係の人の中に重病にかかった人がいたり，亡くなった人がいた，家を失った，収入や資産が激減した，泥棒や詐欺の被害にあった，運転免許を失ったなど
0　いいえ
1　はい

F8. 強み（ストレングス）
0　いいえ
1　はい
F8c. 家族との強い支援的な関係 ☐

G. 機能状態

G1. IADLの実施状況と能力
(A) 実施：過去3日間に家や地域で日常の活動としてどの程度実施したか
(B) 能力：その活動を出来る限り自立して実施できる仮定の能力．アセスメントする者の推測が必要である
　0　自立：援助も準備も見守りも必要ない
　1　準備のみ
　2　見守り：実施時の見守り／合図が必要
　3　限定された援助：ときに援助が必要
　4　広範囲な援助：活動を通して援助が必要であるが，そのうち50%以上は自分で実施する
　5　最大限の援助：活動を通して援助が必要であり，自分で実施しているのはそのうち50%未満である
　6　全面依存：アセスメント期間内すべて他者にやってもらった
　8　本活動は1度も行われなかった：注：実施ではあり得るが，能力の欄にはこの選択肢はない
　　　　　　　　　　　　　　　　　(A)　(B)
G1a. **食事の用意**：献立を考える，材料を用意する，調理する，配膳する ☐ ☐
G1b. **家事一般**：皿洗い，掃除，布団の上げ下げ，整理整頓，洗濯など ☐ ☐
G1c. **金銭管理**：どのように請求書の支払いをし，貯金残高を管理し，家計の収支勘定をし，クレジットカードの管理をしているか ☐ ☐
G1d. **薬の管理**：薬の時間を思い出す，袋や薬ケースを開ける，1回服用量を取り出す，注射を打つ，軟膏を塗るなど ☐ ☐
G1e. **電話の利用**：必要に応じて数字部分を大きくした電話機，音の拡大装置など使ってもよい ☐ ☐
G1f. **階段**：1階分の階段（12～14段）を上り下りできるか．半分まで（2～6段）しかできない場合，自立とはしない ☐ ☐
G1g. **買い物**：どのように食べ物や日用品の買い物をしているか（店までの移動は含めない） ☐ ☐
G1h. **外出**：どのように公共の交通機関を使ったり，自分の運転（車の乗り降りも含む）によって外出するか ☐ ☐

G2. ADL
過去3日間に起きた当該ADLのすべての動作に基づいて評価する．一度でも6があり，他の場面ではより自立していた場合，5を記入．それ以外の状況は，最も依存的であった動作に着目する．その中で最も依存的な状態が1であれば1，そうでなければ2から5より最も依存していない援助レベルを記入する
　0　自立：すべての動作に身体援助，準備，見守りはなかった
　1　自立，準備の援助のみ：物品や用具を用意したり，手の届く範囲に置くのみで，すべての動作において身体援助も見守りもなかった
　2　見守り：見守り／合図
　3　限定的な援助：四肢の動きを助ける，体重を支えずに身体的な誘導をする
　4　広範囲な援助：利用者がタスクを50%以上実施し，1人の援助者による体重を支える（四肢を持ち上げることも含まれる）援助

| 高齢者住宅版 | インターライ　アセスメント表

　　5　最大限の援助：2人以上の援助者による体重を支える（四肢を持ち上げることも含まれる）援助，またはタスクの50％以上に及ぶ体重を支える援助
　　6　全面依存：すべての動作において他者がすべて行った
　　8　この動作はなかった

G2a．入浴：背中を洗う，洗髪は含めない　□
G2b．個人衛生：入浴とシャワーは含めない　□
G2c．上半身の更衣　□
G2d．下半身の更衣　□
G2e．歩行　□
G2f．移動　□
G2g．トイレへの移乗　□
G2h．トイレの使用：移乗は含めない　□
G2i．ベッド上の可動性　□
G2j．食事　□

G3．移動／歩行

　G3a．主な室内移動手段　□
　　0　器具なしで歩行
　　1　器具を使用して歩行：杖，歩行器，松葉づえ，車いすを押す
　　2　車いす，電動車いす，電動三輪車（スクーター）
　　3　寝たきり

　G3b．4メートルの歩行時間　□□
　利用者が第1歩を地面につけたときに計測を開始．4メートルのマークを超えた時点の秒数を記入する
　テストを始めたが終了できなかった場合，77
　テストを拒否した場合，88
　テストをしなかった場合（1人で歩けない場合），99

　G3c．歩行距離　□
　過去3日間において，支援を必要に応じて受けた状態で，途中1度も座ることなく歩くことができた最長距離
　　0　歩かなかった
　　1　5m未満
　　2　5〜49m
　　3　50〜99m
　　4　100m以上
　　5　1km以上

　G3d．車いす自操距離　□
　過去3日間に車いすを1度に自己操作して移動した最長距離
　　0　車いすを押してもらった
　　1　電動車いすや電動三輪車（スクーター）を利用した
　　2　5m未満　自己操作した
　　3　5〜49m　自己操作した
　　4　50〜99m　自己操作した
　　5　100m以上　自己操作した
　　8　車いすは使用しなかった

G4．活動状況

　G4a．過去3日間において体を動かした時間の合計（散歩など）　□
　　0　なし
　　1　1時間未満
　　2　1時間以上2時間未満
　　3　2時間以上3時間未満
　　4　3時間以上4時間未満
　　5　4時間以上

　G4b．過去3日間に家（建物）の外に出た日数（短時間でもよい）　□
　　0　1日もない
　　1　過去3日間は出ていないが，通常は3日間のうちには出ている
　　2　1〜2日間
　　3　3日間

G5．身体機能の潜在能力
　　0　いいえ
　　1　はい
　G5a．本人は自分の身体機能が向上すると信じている　□
　G5b．ケアスタッフは本人の身体機能が向上すると信じている　□

G6．過去90日間（または前回アセスメント以降）のADLの変化　□
　　0　改善した
　　1　変化なし
　　2　悪化した
　　8　判定不能

高齢者住宅版 インターライ アセスメント表

H. 失禁

H1. 尿失禁 ☐
- 0 失禁しない
- 1 カテーテルや瘻があり，失禁しない
- 2 まれに失禁する
- 3 ときに失禁する
- 4 頻繁に失禁する
- 5 失禁状態
- 8 尿の排泄はなかった

H2. 尿失禁器材（オムツやパッドは除く） ☐
- 0 なし
- 1 コンドームカテーテル
- 2 留置カテーテル
- 3 膀胱瘻，腎瘻，尿管皮膚瘻

H3. 便失禁 ☐
- 0 失禁しない：完全なコントロール．瘻なし
- 1 瘻があり，失禁しない：過去3日間瘻を用いてコントロールされている
- 2 まれに失禁：過去3日間失禁はないが，失禁したことがある
- 3 ときに失禁：毎日ではないが失禁
- 4 頻繁に失禁：毎日失禁するが，いくらかコントロールされている
- 5 失禁状態：コントロールはない
- 8 排便はなかった：過去3日間に排便はなかった

I. 疾患

疾患コード
- 0 なし
- 1 主診断である：現時点の主な診断（1つ以上も可）
- 2 診断があり，治療を受けている：治療には，投薬，療法，創傷のケアや吸引などその他専門技術を必要とするケアが含まれる
- 3 診断があり，経過観察されているが，治療は受けていない

I1. 疾患

筋骨系
- I1a. 過去30日間（または前回アセスメント以降）の大腿骨骨折 ☐
- I1b. 過去30日間（または前回アセスメント以降）のその他の骨折 ☐

神経系
- I1c. アルツハイマー病 ☐
- I1d. アルツハイマー病以外の認知症 ☐
- I1e. 片麻痺 ☐
- I1f. 多発性硬化症 ☐
- I1g. 対麻痺 ☐
- I1h. パーキンソン病 ☐
- I1i. 四肢麻痺 ☐
- I1j. 脳卒中／脳血管障害 ☐

心肺系
- I1k. 冠動脈疾患（CHD） ☐
- I1l. 慢性閉塞性肺疾患（COPD） ☐
- I1m. うっ血性心不全（CHF） ☐
- I1n. 高血圧症 ☐

精神
- I1o. 不安症 ☐
- I1p. 双極性障害 ☐
- I1q. うつ ☐
- I1r. 統合失調症 ☐

感染症
- I1s. 肺炎 ☐
- I1t. 過去30日間の尿路感染症（UTI） ☐

その他
- I1u. がん ☐
- I1v. 糖尿病 ☐

I2. その他の診断

診断名	疾患コード（1〜3）

高齢者住宅版 インターライ アセスメント表

J. 健康状態

J1. 転倒 ☐
- 0 過去90日間に転倒していない
- 1 過去30日間にはなかったが，31〜90日間に転倒した
- 2 過去30日間に1度転倒した
- 3 過去30日間に2度以上転倒した

J2. 最近の転倒 ☐
［注：前回アセスメントから30日経っている場合や初回アセスメントの場合は，J3へ］
- 0 過去30日間には転倒していない
- 1 過去30日間に転倒した

空白［初回アセスメントや，前回アセスメントが30日以上前の場合］

J3. 問題の頻度
過去3日間にみられた頻度
- 0 なし
- 1 あるが過去3日間には見られなかった
- 2 過去3日間のうち1日見られた
- 3 過去3日間のうち2日見られた
- 4 過去3日間毎日見られた

バランス
- J3a. 支えなしでは立位になることが難しいか，できない ☐
- J3b. 立位での方向転換が難しいか，できない ☐
- J3c. めまい ☐
- J3d. 不安定な歩行 ☐

心肺
- J3e. 胸痛 ☐
- J3f. 気道内分泌物の排出困難 ☐

精神
- J3g. 異常な思考 ☐
- J3h. 妄想 ☐
- J3i. 幻覚 ☐

神経
- J3j. 失語症 ☐

消化器系
- J3k. 胃酸の逆流 ☐
- J3l. 便秘 ☐
- J3m. 下痢 ☐
- J3n. 嘔吐 ☐

睡眠障害
- J3o. 入眠または睡眠の継続困難 ☐
- J3p. 睡眠過多 ☐

その他
- J3q. 誤嚥 ☐
- J3r. 発熱 ☐
- J3s. 消化管出血，尿性器出血 ☐
- J3t. 不衛生 ☐
- J3u. 末梢浮腫 ☐

J4. 呼吸困難（息切れ） ☐
- 0 症状はない
- 1 休息中にはないが，非日常的な活動により生じる
- 2 休息中にはないが，日常的な活動により生じる
- 3 休息中にもある

J5. 疲労感 ☐
日々の活動（ADLやIADLなど）を終えることができない程度
- 0 なし
- 1 軽度：体がだるく，疲れやすいが，通常の日々の活動を行うことはできる
- 2 中等度：通常の日々の活動を始めるが，体のだるさや疲労感のため終えることができない
- 3 重度：体のだるさや疲労感のため，通常の日々の活動のうちいくつかは始めることすらできない
- 4 通常の日々の活動を始めることが全くできない：体のだるさや疲労感のため

J6. 痛み
［注：頻度，程度，コントロールについて尋ねる．利用者を観察し，利用者と接する周囲の人に聞く］

- J6a. 痛みの頻度 ☐
  - 0 痛みはない
  - 1 あるが，過去3日間はなかった
  - 2 過去3日間のうち1〜2日あった
  - 3 過去3日間毎日あった

- J6b. 痛みの程度：最も重度のもの ☐
  - 0 痛みはない

高齢者住宅版 インターライ アセスメント表

1 軽度
2 中等度
3 重度
4 激しく，耐え難いことがある

J6c. 痛みの持続性
0 痛みはない
1 過去3日間に1回だけあった
2 断続
3 持続

J6d. 突破する痛み
0 いいえ
1 はい

J6e. 痛みのコントロール：現在の痛みのコントロールが効いている程度（本人の視点から）
0 痛みはない
1 痛みはがまんできる範囲であり，とくにコントロールを行っていないか，または変更の必要はない
2 コントロールは適切に効いている
3 コントロールは効くが，常に実施できていない
4 コントロールを行っているが，十分に効いていない
5 痛み時のコントロール方法はないか，効いていない

J7. 状態の不安定性
0 いいえ
1 はい

J7a. 認知，ADL，気分，行動を不安定にするような病態や症状がある（不安定，変動，悪化）
J7b. 急性症状が発生したり，再発性や慢性の問題が再燃した
J7c. 末期の疾患であり，余命が6ヵ月以下である

J8. 主観的健康感
「一般的にご自分の健康状態をどう思いますか」と聞く
0 とても良い
1 良い
2 まあまあ
3 良くない
8 答えられない（答えたくない）

J9. 喫煙と飲酒
J9a. 毎日喫煙
0 吸わない
1 過去3日間は吸っていないが，普段は毎日吸っている
2 吸う
J9b. 飲酒　過去14日間に最も飲んだ1回量
0 飲んでいない
1 1杯
2 2〜4杯
3 5杯以上

K．口腔および栄養状態

K1．身長と体重
K1a. 身長（cm）
K1b. 体重（kg）

K2．栄養上の問題
0 いいえ
1 はい
K2a. 過去30日間に5％以上か180日間に10％以上の体重減少
K2b. 脱水である，またはBUN/クレアチニン比が20以上
K2c. 1日1リットル未満の水分摂取
K2d. 水分排泄量が摂取量を超える

K3．栄養摂取の方法
0 正常（いかなる種類の食物も飲み込んでいる）
1 自分で加減
2 固形物を飲み込むのに調整を要する
3 液体を飲み込むのに調整を要する
4 裏ごしした固形物ととろみをつけた液体しか飲み込むことができない
5 経口摂取と経管栄養／経静脈栄養の混合
6 経鼻経管栄養のみ
7 腹部の栄養のみ
8 経静脈栄養のみ
9 この活動はなかった

高齢者住宅版 インターライ アセスメント表

K5．歯科口腔
　0　いいえ
　1　はい
　　K5a．義歯使用（取り外しのできる補綴物）　□
　　K5b．自分の歯が折れている，欠けている，ゆるいほか正常でない　□
　　K5d．口の渇きを訴える　□
　　K5e．咀嚼困難を訴える　□

K6．栄養管理（ダイエットタイプ）の必要
　0　いいえ
　1　はい
　　K6a．食物形態の加工（ソフト食，刻み，とろみ等の必要性）　□
　　K6b．低塩分　□
　　K6c．カロリー制限　□
　　K6d．低脂肪　□
　　K6e．その他　□

L．皮膚の状態

L1．最重度の褥瘡　□
　0　褥瘡はない
　1　持続した発赤部分がある
　2　皮膚層の部分的喪失
　3　皮膚の深いくぼみ
　4　筋層や骨の露出
　5　判定不能：壊死性の痂（か）皮で覆われているなど

L2．褥瘡の既往　□
　0　いいえ
　1　はい

L3．褥瘡以外の皮膚潰瘍　□
　静脈性潰瘍，動脈性潰瘍，動静脈混合性潰瘍，糖尿病性の足潰瘍など
　0　いいえ
　1　はい

L4．重要な皮膚の問題　□
　外傷，2度や3度の火傷，回復過程の手術創など
　0　いいえ
　1　はい

L5．皮膚の裂傷や切り傷（手術創以外）　□
　0　いいえ
　1　はい

L6．その他の皮膚の状態や変化　□
　挫傷(打ち身)，発疹，痒み，斑点，帯状疱疹，間擦疹（あせも），湿疹など
　0　いいえ
　1　はい

L7．足の問題　□
　外反母趾，槌状趾(ハンマートゥ)，つま先の重複，変形，感染，潰瘍など
　0　足の問題はない
　1　足の問題はあるが，歩行に支障はない
　2　足の問題があるため，歩行に支障がある
　3　足の問題があるため，歩行できない
　4　足に問題があるが，他の理由で歩いていない

M．アクティビティ

M2．好む活動
　0　好みではない，過去3日間行っていない
　1　好みである，行っていない
　2　好みである，過去3日間に行った
　　M2a．カード，ゲーム，クイズ　□
　　M2b．コンピュータ，インターネット関係　□
　　M2c．会話，電話　□
　　M2d．創作活動　□
　　M2e．ダンス，舞踏　□
　　M2f．人生についての議論／回顧（回想法）　□
　　M2g．運動　□
　　M2h．庭仕事，畑仕事　□
　　M2i．他者の手助け　□
　　M2j．音楽や歌　□
　　M2k．ペット　□
　　M2l．読書，執筆　□
　　M2m．宗教活動　□
　　M2n．旅行や買い物　□
　　M2o．屋外の散歩　□
　　M2p．テレビ，ラジオ，ビデオ／DVD鑑賞　□

|高齢者住宅版| インターライ　アセスメント表

M2q. 料理／お菓子作り □
M2r. パズル／クロスワード □
M2s. その他1
_____

M2t. その他2
_____

M4．興味・関心
　0　いいえ
　1　はい
　M4a. より多くのレクリエーションに参加することに興味がある □
　M4b. 転倒予防プログラムに参加することに興味がある □
　M4c. 記憶力改善のためのプログラムに参加することに興味がある □
　M4d. 身体機能向上プログラムに参加することに興味がある □

N．薬剤

N1．全使用薬剤のリスト
過去3日間に使用したすべての処方薬，非処方薬（市販薬）のリスト
各薬剤について
　N1a. 薬剤名
　N1b. 1日量
　N1c. 単位(cc, ml, mg, g, 滴, 押し, 枚, 単位など)
　N1d. 経路
　　1　経口（経口，舌下）
　　2　注射（静注，皮下注，筋注）
　　3　外用（坐薬［坐剤，軟膏剤，浣腸など］点眼，点鼻，外皮［塗布，貼付，スプレーなど］，口腔［含嗽，噴霧など］）など
　　4　経管（経鼻，PEG［胃ろう］など）その他
　N1e. 回数(1回/日，3回/日など，頓用の場合，過去3日間に使用した回数)
　N1f. 頓用
　　0　いいえ
　　1　はい

a. 薬剤名	b 1日量	c 単位	d 経路	e 頻度	f 頓用

N2．薬のアレルギー □
　0　わかっている薬剤アレルギーはない
　1　ある

O．治療とケアプログラム

O1．健診・予防接種
　0　いいえ
　1　はい
　O1a. 過去1年間の血圧測定 □
　O1b. 過去5年間の大腸内視鏡検査 □
　O1c. 過去1年間の歯科検査 □
　O1d. 過去1年間の眼科検査 □
　O1e. 過去2年間の聴力検査 □
　O1f. 過去1年間のインフルエンザワクチン □
　O1g. 過去2年間のマンモグラフィーか乳房検査（女性のみ） □
　O1h. 過去5年間か65歳以降の肺炎ワクチン □

O2．特別な治療・ケア（過去3日間）
　0　計画も，実施もされなかった
　1　計画されたが，実施されなかった
　2　過去3日間のうち1～2日実施した
　3　過去3日間毎日実施した
治療
　O2a. 抗がん剤療法 □
　O2b. 透析 □
　O2c. 感染管理 □
　O2d. 経静脈的薬物投与 □
　O2e. 酸素療法 □
　O2f. 放射線療法 □
　O2g. 吸引 □

高齢者住宅版 インターライ アセスメント表

O2h. 気管切開口のケア
O2i. 輸血
O2j. 人工呼吸器
O2k. 創のケア

プログラム

O2l. トイレ誘導
O2m. 緩和ケアプログラム
O2n. 体位変換／姿勢保持

O3. 過去7日間のサービス

	回数（A）	合計時間(分)(B)
O3a. 訪問介護		
O3b. 訪問看護		
O3c. 通所介護／リハ		
O3d. 食事／配食		

O4. リハビリテーション

	計画日数(A)	実施日数(B)	合計時間(分)(C)
O4a. 理学療法			
O4b. 作業療法			
O4c. 言語療法			
O4d. 心理療法			

O5. 受診・入院（過去90日間の回数を右詰めで記入）

O5a. 入院
O5b. 救急外来（入院に至ったものは含まない）
O5c. 医師の診察

O8. 身体抑制

四肢が抑制されている、ベッド柵で覆われている、椅子に座っている間縛られているなど

O8a. 身体抑制
　0　いいえ
　1　はい

P. 意思決定権と事前指示

P1. 意思決定権

P1a. 法定後見人等

　0　いいえ
　1　はい

U. 利用の終了

[注：終了時のみ記入]

U1. 終了日

☐☐☐☐－☐☐－☐☐
　年　　　　月　　日

U2. 今後の居住場所

1　自分の家／アパート／賃貸の部屋
2　高齢者住宅：有料老人ホーム（特定施設入居者生活介護無し）
3　高齢者住宅：有料老人ホーム（特定施設入居者生活介護有り）
4　認知症対応型共同生活介護
5　小規模多機能型居宅介護
6　介護老人福祉施設
7　介護老人保健施設
8　介護療養型老人保健施設
9　介護療養型医療施設
10　回復期リハビリテーション病棟／病院
11　精神科病院／病棟
12　緩和ケア病棟
13　上記（9〜12）以外の病院
14　精神障害者施設
15　知的障害者施設
16　ホームレス（シェルター利用の有無は問わない）
17　刑事施設
18　その他

U3. 退所後に居宅サービスを受ける予定

　0　いいえ
　1　はい

高齢者住宅版 インターライ　アセスメント表

V. アセスメント情報

V1. アセスメント担当者のサイン

_____

V2. アセスメント完成日

☐☐☐☐ーー☐☐ー☐☐
　年　　　　月　　　日

第 2 章

アセスメント表の記入要綱

　居宅版・施設版・高齢者住宅版のアセスメントの完成を容易にし，各項目を一貫して解釈できるようにするため，この章では以下の情報を提供している．

目的　この項目がアセスメント表に含まれている理由．この情報を用いての問題の特定やケアプランの作成についても触れている．

定義　キーワードの説明．

方法　正しいアセスメントをするための情報源と情報収集方法．情報源には以下が含まれる．
- 利用者本人と話す，観察する
- 家族や他の介護者，医師との情報交換
- 経過記録やその他の管理書類の確認
- ケアプラン・ケア記録・管理記録・必要に応じて施設から退所・転棟した場合に送付された退院・転院サマリー（医師の指示表，検査結果，処方箋や薬剤履歴，治療経過，バイタルサインや体重，水分摂取量などのチェック表など）の確認
- 利用者の家族，その他の介護者，かかりつけ医等との話し合い
- 病院，施設の担当医

記入　各項目の選択肢の説明と，正しく記録する方法．
　記入要綱はアセスメント表の順番に沿っている．セクションごとにページが分かれていることで，参照しやすいようにできている．

補足　本マニュアルは，居宅版・施設版・高齢者住宅版の共通マニュアルとして編集されている．ただし，特定のアセスメント種別にのみ該当する説明部分には以下のようなマークを記載した．

| 【居宅版】：居宅版　　【施設版】：施設版　　【高住版】：高齢者住宅版 |

　さらに，それぞれのアセスメントに関係する部分だけを読めるようにするため，以下のような工夫を行った．

> 1．居宅版の場合：居宅・施設・高齢者住宅に共通する黒字部分に加え，居宅版のみに該当する青色の枠線で示した項目を見る．ただし，居宅版には該当しない項目があり，その場合 居宅版にはない と記載した．
> 2．施設版の場合：居宅・施設・高齢者住宅に共通する黒字部分に加え，施設版のみに該当する緑色の枠線で示した項目を見る．ただし，施設版には該当しない項目があり，その場合 施設版にはない と記載した．
> 3．高齢者住宅版の場合：黒字で書かれている共通部分のみを見る．

セクション A　基本情報

A1.　氏名

定義　　利用者の戸籍上の氏名．

A2.　性別

記入　　1　男性
　　　　2　女性

A3.　生年月日

A4.　婚姻状況

記入　　利用者の現在の婚姻状況．長期にわたる関係であっても籍が入っていない関係や同性婚は3を選択する．
　　　　1　結婚したことがない
　　　　2　結婚している
　　　　3　パートナーがいる
　　　　4　死別した
　　　　5　別居中，事実上婚姻関係にない
　　　　6　離婚した

A5.　介護保険証番号

A6.　事業所番号

A7. 要介護度

0 現在有効の認定結果はない
1 要支援1
2 要支援2
3 要介護1
4 要介護2
5 要介護3
6 要介護4
7 要介護5

A8. アセスメントの理由

目的　　今回アセスメントする理由を記録する．

記入　　**1. 初回アセスメント**
【居宅版・高住版】サービスの開始時や相談受付時のアセスメント．

【施設版】入居時のアセスメントであり，入居後4日目までに完成させる．戻ってくることが予想されていなかった利用者が，再度入院・入居するときも選ぶ．

（注）：インターライ方式を新たに導入した等の理由により，すでに利用中の人に対して最初のアセスメントをした場合は，1ではなく2［定期アセスメント］を選択する．

2. 定期アセスメント　ケアプランをモニターするために行う定期的なフォローアップのアセスメント．ただし，その際に著変があった場合は，定期アセスメントであっても4［著変時アセスメント］を記入する．

3. 再開時アセスメント　利用者が病院から退院したときなど，計画的な空白期間の後に再開するときに行うアセスメント．

4. 著変時アセスメント　下記に示す利用者の状態や状況が顕著に変化したため，継続するケアの途中で行うフルアセスメント．
施設の場合は変化が起きてから3日以内に実施する．とくに多職種による検討を要するほどの変化の場合が相当する．
ただし，著変による入院後に退院した時のアセスメントは3を選ぶ．

著変時の基準

著変は，利用者のケアプランに影響する二つ以上の分野における改善や悪化がある下記の場合である．下記はその例である．なお，これらの変化がなくても，アセスメント担当者の判断で「著変」としてよい．

悪化の例：
- いずれかのADLが新たに4，5，6か8となった．
- 意思決定の能力が0か1から2，3，4，5となった．
- 尿失禁が0か1から2，3，4，5，か8となったか，採尿器を使うようになった．
- 計画していない体重減少があった（30日間で5％，180日間で10％）．
- 体幹部の抑制，立ち上がりを防ぐための椅子を使い始めた．
- 状態を不安定にする疾患や状態が発生した．
- 2度以上の褥瘡ができた．
- 全体状況が悪化してきている，またはより多くの援助を受けている．

改善の例：
- 4，5，6，や8であったいずれかのADLが0，1，2，3になった．
- 意思決定能力が3，4，5から0，1，2になった．
- 失禁が2，3，4，5から0または1になった．
- 全体状況が改善している．

---

5. **終了時アセスメント**　サービスの終了時（利用者の記録を閉じる）に，サービスの再開や戻ることが想定されないときに行うフルアセスメント．どのような場合に5の終了時アセスメントをするか，6の記録のみにするかは事業所によって異なってよい．このアセスメントは，利用者が移る際の先方への申し送り書類にもなる．

6. **終了時の記録のみ**　サービスの終了時（利用者の記録を終える）にフルアセスメントをせず，記録を残すだけの場合．死亡，介護施設への入居，退院・転棟後にサービス再開が予期されない入院時などが考えられる．

7. **その他**　質の評価，臨床研究，ケアプランの正当性の評価などを目的とし，通常の定期アセスメント以外でアセスメントを行う場合．

> **事例（施設） アセスメント終了前に退所となった場合**
>
> - 初回アセスメントを完成する前に退所した場合（入院の翌日に死亡したなど），セクションA，B，R，Sのみを完成させる．そのほかのセクションですでに記入したアセスメントはそのままにする．
> - 初回アセスメントを完成する前に退所したが，すでにすべてのアセスメントが完了している場合，セクションRを記入して終了する．あるいは，完成した初回アセスメントに追加して，終了時アセスメントを実施する．
> - 定期アセスメントのアセスメント期間内の退所した場合は，アセスメント理由を5に変更する．

A9.　　アセスメント基準日

目的　　利用者のアセスメントに参加するすべてのケアスタッフにとって共通の観察期間の開始日を設定する．それぞれのケアスタッフは，アセスメントを別の日にそれぞれ実施することがあるが，この基準日を設定することによって，すべてのケアスタッフが同じ期間における利用者の状態をアセスメントすることができる．

定義　　アセスメント基準日：アセスメントのための観察期間の最終日である．とくに指定しない限り，アセスメント期間はアセスメント基準日を含めて過去3日間である．

記入

> 【居宅版】在宅ケアにおけるアセスメントは通常1回の訪問で収集した情報を用いて記入することが多いが，もしいくつかの項目の記入を次回訪問時に先延ばしする場合は，すでに記入したアセスメント基準日における状態に遡ってアセスメントを行うこと．言い換えれば，アセスメントは何回かの訪問にわたって行われることがあるが，すべての項目はこのアセスメント基準日における状態に基づくことになる．

> 【施設版】初回アセスメントでは，入居3日後（初回アセスメントを完成できる最初の日）とする．定期アセスメントでは，アセスメントを終了すべき期限内の日付を設定する．この日は，すべての項目において参照すべき観察期間の終了日である．
> 初回アセスメントでは，入居当日から情報を収集し始めるだろうし，定期アセスメントでは，ケアスタッフはすでに多くの情報を得ている．このような場合でも，アセスメントの観察期間を決めることによって，す

> べてのケアスタッフが同じ 3 日間の状態に基づいて利用者を記述することに合意することができる．3 日間の観察期間の最終日がアセスメント基準日である．

【高住版】高齢者住宅におけるアセスメントは通常 1 回の訪問で情報収集するが，いくつかのアセスメント項目が残り再訪問をする場合でも，アセスメント基準日は最初に設定した日付を用いる．

A10.　本人のケアの目標

目的　アセスメントを受ける利用者本人は，ケアチームの重要なメンバーである．利用者に本人のケア目標は何であるかを理解してもらうことは重要であり，このことにより利用者をケアチームの積極的なメンバーになるように促すこともできる．この項目は利用者中心のケアプランやケアサービスをかたち作る出発点ともなる．

方法　利用者がサービスによって（入居することによって）どんなことを望んでいるかを記録する．動けるようになる，健康になる，自立する，今の家に住み続ける，人ともっと交わる，など．
利用者と話し，ケアの目標についてできる限り一般的な言い方で質問する．利用者には自分の言葉で表現するように促す．

> 【居宅版】「我々は何をしましょうか」「サービスを使うことになった（申し込むことになった）のはなぜですか」「どんなことを期待されますか」「○○さんにどんな変化が起こったらいいと思いますか」など．

> 【施設版】初回アセスメントでは，「どうしてこちらにいらっしゃることになったのですか」「どんな風になったらいいと思いますか」「我々は何をしましょうか」など．定期アセスメントでは，利用者はケアに満足しているか，生活の仕方やケアのされ方を変えたいかを尋ねる．

利用者の中には目標を設定したり，自分の期待を述べたり，さらにサービスを必要とする理由すら明瞭に表現できない人もいる．彼らは「わからない」や「人に言われたから申し込んだ」と言うかもしれない．これらはすべて，納得のいく答えである．くれぐれもアセスメント担当者や他のケアスタッフの解釈は入れないこと．利用者にサービスから何が期待できるのかを説明して欲しいと言われる場合もある．その際は，事業所・病院・施設の通常の方針に沿って説明する．

記入	利用者の言葉をできるだけ簡潔にまとめる．必要時略語も使用する．利用者が言葉にできない場合は，"不明"と記入する．

A11. アセスメント時の居住場所 施設版にはない

目的	現アセスメント時における居住場所を記録すること．この居住場所は，長期の場合も一時的な場合もある．
方法	利用者がどこに住んでいるのかが不確かな場合は，利用者や家族に尋ねたり，管理上の記録を調べる．

記入

1 **自分の家／アパート／賃貸の部屋** 家，分譲住宅，アパートや部屋など．持ち主は問わない．
2 **高齢者住宅 有料老人ホーム(特定施設入居者生活介護無し)**：介護保険の特定施設ではない高齢者住宅や養護・軽費・有料老人ホームなど．バリアフリー化され，共有のスペースがあるのが普通である．
3 **高齢者住宅 有料老人ホーム(特定施設入居者生活介護有り)**：介護保険の指定を受けた高齢者住宅，養護・軽費・有料老人ホーム．居住系施設．バリアフリー化され，共有のスペースがあるのが普通である．
4 認知症対応型共同生活介護
5 小規模多機能型居宅介護
6 介護老人福祉施設
7 介護老人保健施設
8 介護療養型老人保健施設
9 介護療養型医療施設
10 回復期リハビリテーション病棟／病院
11 **精神科病院／病棟** 精神科病院は，精神科疾患の診断や治療を専門とし，他の急性期の病院やリハビリテーション病院，療養病院の入院施設とは異なる．精神科病棟とは，一般病院・療養病院に設置されている精神科の病棟であり，精神科疾患の診断や治療をするためにある．
12 緩和ケア病棟
13 上記（9~12）以外の病院
14 **精神障害者施設** たとえば，精神障害者グループホームなど，見守りや一部の生活サービス（食事や掃除など）を必要とする精神障害のある成人のための居住場所．
15 **知的障害者施設** 知的障害のある人に対するサービスを提供する場所であり，典型的には24時間ケアスタッフがいる集団生活である．可能な限り自立し活動的な生活をするように促されている．
16 **ホームレス(シェルター利用の有無は問わない)** 定住場所をもたない

A 基本情報

　　　　　　　ホームレス．路上やテントでの生活，車内や廃屋などの暮らしも含む．
17. **刑事施設**　刑務所．
18. **その他**　上記に含まれない．

A12.	同居形態

目的　利用者が同居している人とその人との同居期間を記録する．これらの項目は，利用者に対しサービス量をより多くする必要性や逆に減らせる可能性，あるいは別のサービス体系を検討する必要性を判断するのに役立つ．

方法　利用者か家族に尋ねる．

A12a.	同居者

記入　利用者が現在誰と一緒に暮らしているのか記録する．在宅サービスが開始するまでの一時的な居住形態はここには含まない．

1　**1人暮らし**　ペットと暮らす，ホームレスも含まれる．
2　**配偶者のみ**　配偶者／パートナーと同居している．婚姻関係は問わない．
3　**配偶者とその他と**　配偶者やパートナーと，さらにその他の人と同居している．その他の人は家族であるかは問わない．
4　**（配偶者なし）子供と**　配偶者やパートナーではなく，子供（たち）と，あるいは子供（たち）とその他の人と一緒に住んでいる．
5　**（配偶者なし）親や保護者と**　配偶者やパートナーや子供は一緒ではなく，親や保護者と，あるいは親や保護者とその他の人と一緒に住んでいる．
6　**（配偶者なし）兄弟と**　配偶者やパートナーや子供や親（保護者）は一緒ではなく，兄弟（たち）と，あるいは兄弟（たち）とその他の人と一緒に住んでいる．
7　**（配偶者なし）その他の親族と**　配偶者やパートナー，子供，親や兄弟は一緒ではなく，それ以外の親族（たち）と住んでいる（叔母や叔父，甥，姪など）．
8　**（配偶者なし）親族以外と**　集団生活（介護施設やグループホーム，刑務所など）や親族以外（たち）との同居（ルームシェアなど）．ホームレスのシェルター利用など1日の宿泊は含まない．

A12b.	**90日前（または前回アセスメント時）と比較して同居形態の変化**
定義	90日前（前回アセスメントが90日以内であれば，前回アセスメント時）と比較して，同居形態に変化があったかどうか．たとえば，利用者が娘家族の家に同居のため引っ越した，逆に別居していた家族が利用者の家に引っ越した，過去90日間に配偶者が亡くなり独居になった，など．
記入	0　いいえ 1　はい
A12c.	**利用者や家族，身内は，利用者は他のところに住むほうがいいのではないかと思っている**
方法	利用者と家族や介護者に，現在の居住環境を変えるべきと思っているかを別々に尋ねる．質問の仕方に気をつける．「○○さんは別のところに住んだほうがいいと思いますか」の質問のバリエーションとして，そのほうが幸せ，寂しくない，ニーズが満たされる，より安全，栄養をちゃんととれるようになる，などがあろう．
記入	0　いいえ 1　はい，他の居住場所 2　はい，施設入所

A13.	**退院後の経過期間**
目的	過去90日間に起きた直近の入院（病院・有床診療所）がいつであったかを記録する．利用者の状態の安定性および亜急性期ケアの必要性を評価する項目である．
方法	【居宅版】利用者にの直近の退院日からの経過期間を尋ねる．アセスメント基準日からさかのぼった日数を数える． 【施設版】ここでいう入院は，介護保険施設（介護療養病床を含む）は対象外であり，医療保険施設（病院・有床診療所）への入院を意味する．記録を確認する．入手できれば，退院サマリーを見るのが最も確実な方法である．記録がなければ，本人や家族と話す．

記入 過去90日間の直近の入院について記録する．アセスメント基準日からの日数を数える．過去90日間に入院していなければ"0"を入れる．

0 過去90日間に入院していない
1 31～90日前に退院した
2 15～30日前に退院した
3 8～14日前に退院した
4 退院したのは7日以内
5 現在入院中

セクション B　相談受付表

注：

【居宅版】このセクションは，本事業所の利用者となったとき，または居宅版を初めて用いるときのみ記入する．サービスを受けている間に変化することがない基本情報を提供している．

【施設版】このセクションは，初回アセスメント時のみ記入する．入居にかかわる情報や属性など変化しない情報を含む．

【高住版】このセクションは，初回アセスメント時のみ記入する．入居に関わる情報や属性など変化しない情報を含む．

B1.	**入居に対して本人の意思が関与した度合い**
目的	今回の入居を取り巻く意思決定過程を理解する．これは利用者の施設生活への適応や満足度に大きく影響することがある．利用者が抱える問題を明らかにできる可能性がある．
方法	利用者に今回の入居がどのように決まったか聞く（どうしてこちらにいらっしゃることになったのですか，など）．答えられない場合は，家族や居宅介護支援専門員，入居事務室などに聞く．
記入	本人が唯一または主な決定者である場合は"0"，本人が意思決定に積極的に参加している場合は"1"，決まった後に相談されたり，他に選択肢がなかったと感じている場合は"2" 0　完全 1　いくらか関与 2　ほとんどなし 8　答えられない（答えたくない）

B2.	**受付日**
目的	【居宅版】当該事業所が利用者の記録を開始した日．
	【施設版】入居してきた日を記入する．施設に戻ることを前提として一時的に入院した場合は，該当しない．同一病院内であっても一般病棟から当該療養病棟に転棟してきた場合は，転棟日が開始日となる．

| 方法 | 【高住版】入居を始めた日．一時的な退室（入院のためなど）後の再入居は該当しない． |

| 方法 | 【居宅版】当該事業所に初めて紹介された日を記入する．紹介されていない場合は，事業所が初めてその利用者にアセスメントが必要と判断した日．別の事業所から移ってきた場合は，移ってきた日となる． |

【施設版・高住版】記録を確認する．はっきりしなければ事務部門に聞く．

B3.　相談受付時までの経過

| 目的 | 当該事業所・病棟・施設がかかわるまでの経過の概略を記録する． |

| 方法 | これまでの介護，医療に関する経過を簡単に記述する． |

B4.　相談受付内容

| 目的 | 相談受付時の本人，家族からの希望の内容，または当該事業所・病棟・施設がかかわるきっかけを記録する． |

| 方法 | 当該事業所・病棟・施設がかかわるきっかけとなったことを簡単に記述する．介護の相談がしたい，認定がおりたのでサービスを使いたい，前の事業所から移りたい，転居してきた，リハビリテーション期間が終了した，在宅介護が困難となった，一人暮らしが不安になった，在宅介護が困難になった，別の施設を退去しなければならなくなった，家族の近くで暮らしたい，特養が空くまでの間預かって欲しい，など． |

B5.　過去5年間の利用歴（短期は含まず）

| 目的 | 過去に施設や集団生活の経験があるか記録する． |

| 定義 | B5a．介護施設，療養病院／病棟
B5b．認知症対応型共同生活介護，小規模多機能型居宅介護
B5c．高齢者住宅：有料老人ホーム（特定施設入居者生活介護有り・無し含む）
B5d．精神科病院，精神科病棟
B5e．精神障害者施設
B5f．知的障害者施設
※それぞれの定義はA11を参照 |

方法	利用者と介護者に尋ねる．記録を確認する．
記入	受付日（B2）の前5年間に住んだ（短期入居は含まない）施設や集団生活の場所にすべてチェックする．その時点で戻る家があり，治療やリハビリテーションのための一時期な滞在は含まない場所を選ぶ． 0　いいえ 1　はい

B6.	**入居直前と通常の居住場所**
目的	当該病棟・施設に入居する直前の居住場所（B6a）と通常の居住場所（B6b）を記録する．この居住場所は，長期の場合も一時的な場合もある．
記入	1　**自分の家／アパート／賃貸の部屋**　家，分譲住宅，アパートや部屋など．持ち主は問わない． 2　**高齢者住宅：有料老人ホーム（特定施設入居者生活介護無し）**　介護保険の特定施設ではない高齢者住宅や養護・軽費・有料老人ホームなど．バリアフリー化され，共有のスペースがあるのが普通である． 3　**高齢者住宅：有料老人ホーム（特定施設入居者生活介護有り）**　介護保険の指定を受けた高齢者住宅，養護・軽費・有料老人ホーム．居住系施設．バリアフリー化され，共有のスペースがあるのが普通である． 4　**認知症対応型共同生活介護** 5　**小規模多機能型居宅介護，精神障害者施設** 6　**介護老人福祉施設** 7　**介護老人保健施設** 8　**介護療養型老人保健施設** 9　**介護療養型医療施設** 10　**回復期リハビリテーション病棟／病院** 11　**精神科病院／病棟**　精神科病院は，精神科疾患の診断や治療を専門とし，他の急性期の病院やリハビリテーション病院，療養病院の入院施設とは異なる．精神科病棟とは，一般病院・療養病院に設置されている精神科の病棟であり，精神科疾患，精神科疾患の診断や治療をするためにある． 12　**緩和ケア病棟** 13　**上記（9〜12）以外の病院** 14　**精神障害者施設**　たとえば，精神障害者グループホームなど，見守りや一部の生活サービス（食事や掃除など）を必要とする精神障害のある成人のための居住場所．

15 **知的障害者施設** 知的障害のある人に対するサービスを提供する場所であり，典型的には24時間ケアスタッフがいる集団生活である．可能な限り自立し活動的な生活をするように促されている．

16 **ホームレス（シェルター利用の有無は問わない）** 定住場所をもたないホームレス．路上やテントでの生活，車内や廃屋などの暮らしも含む．

17 **刑事施設** 刑務所．

18 **その他** 上記に含まれない．

B6a． 入居直前の居住場所

B6b． 通常の居住場所

方法　　記録を確認する．記録にない場合には家族や本人に聞く．

事例（施設）

　Fさんは奥さんと2人暮らしをしていたが，脳血管障害を起こし急性期病院に入院し，半年後，当該施設に入居となった．

　Fさんは当該施設に急性期病院から転院してきたので，B6a「入居直前の居住場所」には13が入る．

　急性期病院に入る前は自分の家に住んでいたので，B6b「通常の居住場所」には1を入れる．

B7． 入居前の同居形態

方法　　入居の記録を確認する．利用者か家族に尋ねる．

記入　　利用者が入居時まで誰と一緒に暮らしていたのか記録する．ただし，入居の準備が整うまでの一時的な同居は除外し，それ以前の形態を記入する．

1 **1人暮らし** ペットと暮らす，ホームレスも含まれる．

2 **配偶者のみ** 配偶者／パートナーと同居している．婚姻関係は問わない．

3 **配偶者とその他と** 配偶者やパートナーと，さらにその他の人と同居している．その他の人は家族であるかは問わない．

4 **（配偶者なし）子供と** 配偶者やパートナーではなく，子供（たち）

と，あるいは子供（たち）とその他の人と一緒に住んでいる．

5. **（配偶者なし）親や保護者と** 配偶者やパートナーや子供は一緒ではなく，親や保護者と，あるいは親や保護者とその他の人と一緒に住んでいる．

6. **（配偶者なし）兄弟と** 配偶者やパートナーや子供や親（保護者）は一緒ではなく，兄弟（たち）と，あるいは兄弟（たち）とその他の人と一緒に住んでいる．

7. **（配偶者なし）その他の親族と** 配偶者やパートナー，子供，親や兄弟は一緒ではなく，それ以外の親族（たち）と住んでいる（叔母や叔父，甥，姪など）．

8. **（配偶者なし）親族以外と** 集団生活（介護施設やグループホーム，刑務所など）や親族以外（たち）との同居（ルームシェアなど）．ホームレスのシェルター利用など1日の宿泊は含まない．

B8. 精神疾患歴

目的 　主診断名か副診断名として，アルツハイマー病などの認知症以外の精神疾患や発達障害があり，それがニーズやケアプランに影響している場合には記録する．

定義 　利用者は統合失調症，気分障害，妄想性障害，パニック障害その他の重度の不安障害，心身症，人格障害，その他の精神病，慢性障害をもたらすその他の精神的な障害があり，かつ以下のいずれかにあてはまる：
- □ 過去3ヵ月から6ヵ月の間に，その障害によって，本人の発達段階にふさわしい人生の重要な活動が支障をきたしている
- □ 過去2年間に一度以上の外来ではない集中的な精神科治療を受けた（入院治療など）．
- □ 過去2年間に精神疾患が理由で，正常な生活状況が甚大に侵害され，在宅生活を維持するのに公的な支援サービスが必要となったり，法的介入を受けたことが記録されている．

方法 　入手可能な記録だけを確認する．「はい」を選ぶには，記録に書かれていることが必要である（本人や本人の家族が口頭で言っただけでは，含めない）．

記入 　0　いいえ
　　　　1　はい

B9. 教育歴

目的　利用者の受けた最終学歴を記入すること．教育歴を知ることは，アセスメント（認知状態の把握など）やケアプランの作成（活動の焦点の当て方を決めるなど），また利用者に身の回りのことをする技能について教育する時などに役立つ．

定義
1. 未就学：小学校中退を含む
2. 小学校卒：高等小学校・新制中学中退も含む
3. 高等小学校・新制中学卒：旧制中学・新制高校中退も含む
4. 旧制中学・新制高校卒：専門学校・専修学校中退も含む
5. 専門学校・専修学校卒：旧制高校・短大中退も含む
6. 旧制高校・短大卒：大学中退も含む
7. 大学卒：大学院中退も含む
8. 大学院修了

方法　利用者と家族に尋ねる．別の記録にある場合，その記録を参照する．

B10. 医療機関受診時の送迎

定義
1. 家族
2. 友人
3. 施設等の職員
4. その他（送迎支援の必要ない場合を含む）

B11. 受診中の付き添いが必要

定義
0. いいえ
1. はい

セクションC　認知

　利用者の記憶力や意思決定の実際，日々どのように自分のことを自分でしているかを把握することは重要であり，これらの項目はケアプランを作成するうえで欠かせない．それは，認知能力が，利用者がケアプランに従ったり，自立して判断する能力に大きく影響するためである．

目的　　利用者の記憶力や思考の一貫性の実際，日々どのように自分のことを自分でしているかを把握する．これらの項目はケアプランを作成するうえで欠かせない．

方法　　すべての項目は利用者の実際（たとえば，利用者に最近の出来事や昔のことを聞いたり，鍵となる意思決定をしてもらうなど）を測定する．
　認知機能や記憶の質問に対して，構えたり，興奮したり，ひどく感情的になる人もいる．利用者は納得のいく答えができないとき，自分がさらし者になっている，あるいは恥をさらしていると感じているかもしれない．
　利用者との話はプライバシーが守られる静かな場所で，邪魔が入らないように行う．1人になることで興奮することがなければ，家族や他の人たちから離れて行う．利用者に信頼の感情を抱いてもらうために，これらの項目のアセスメントでは中立的なアプローチを用いる．本人の反応を得た後，必要時，家族やその他の人と過去3日間の利用者の認知機能に関する情報の妥当性を確認する．家族やそのほかの人から話を聞くことは，本人のコミュニケーション能力が限られていたり，言語の壁がある場合にはとくに必要である．
　以下が勧められるアセスメントのアプローチ法である．

- まず世間話からはじめ利用者と打ち解ける
- アセスメントを形作るために手がかりとなることに積極的に耳を傾け，そして観察する．利用者が言うことを繰り返したり，注意が不足する，もごもごしゃべる，身構える，興奮する，など面接をしていて難しいと感じることは，認知機能に関する重要な情報でもあることに注意する
- 利用者との会話では，率直にかつ支援的に，そして安心させるような方法をとる（たとえば，「物覚えが悪くなったと思いますか？」「どんなことがありましたか？」「何かできることがあるかもしれません」など）
- 会話中に利用者が興奮し始めたら，認知機能に関する話題は一旦やめる．情報収集は1度で完結する必要はなく，全体のアセスメントをする中で継続する．興奮した利用者には「では，別のことを話しましょう」「それについて今話していただく必要はありません．後にしましょう」などという．その後利用者の認知機能を観察し，落ち着いたら質問に戻るようにする

C1.　日常の意思決定を行うための認知能力

目的　毎日の暮らしにおける課題や活動を利用者が実際にどの程度判断して行っているのかを記録する．これは，追加のアセスメントの必要性を判断したり，ケアプランを作成するのにとくに重要な項目である．さらに，利用者の能力と実際の援助状況とのギャップや，家族／ケアスタッフが利用者の依存心を増長している事実に気づかせてくれることもある．

定義　毎日の暮らしにおける判断の例
- 服を選ぶ
- いつ食事をすればよいか知っている
- 屋内の空間がどうなっているかわかっていて，適切に使っている
- 予定を立てるためにまわりにあるもの（時計やカレンダー）を使っている
- まわりになければ家族やケアスタッフなどから予定を立てるための情報をもらう（ただし，繰り返してはもらわない）
- 自分にできることと，できないことがわかっている（たとえば，必要時に援助を求めるなど）
- 【施設版】食堂などの行き方に関して分別ある判断をする
- 【施設版】歩行器その他の用具を使用する必要性を理解し，正確に使う
- 【高住版】外出するときや，その方法について分別ある判断をする
- 【高住版】歩行器その他の用具を使用する必要性を理解し，正確に使う

方法　まず利用者と話し，観察する．次にケアスタッフおよび可能な家族と話す．それぞれの日に起こったことを確認する．このとき「利用者が自ら決めたのか」ということと，「利用者はできるはずだとの思い込みはないか」という点に注意する．この項目のアセスメント目的は，本人がやっていること（実際のレベル）を記録することである．家族やケアスタッフが利用者から意思決定する場面を奪っている場合や，利用者が意思決定しようとしない場合，意思決定能力はないものとする（実際の能力レベルにはかかわらない）．

記入　最も正しい反応に相当する選択肢を1つ選ぶ．5の場合，セクションCの残りおよび，D，E，Fを飛ばし，セクションGに進む．

 0　自立　利用者が自分の日課を立て，意思決定する判断力は，首尾一貫し，理にかなっており，安全である（ライフスタイルや文化，価値観を考慮する）

1 **限定的な自立** 慣れ親しんだ日常生活状況のもとでは，日課を組み立て妥当な判断をする．しかし，新しい課題や状況に直面したときだけ意思決定するのにいくらか困難がある
2 **軽度の障害** 意思決定はできるが，ある特別の（繰り返す）状況においては判断力は弱まり，合図や見守りを必要とする
3 **中等度の障害** 常に意思決定が弱く，安全性を損なうことがある．日課を計画し，組み立て，実行するためには常に促したり，合図，見守りが必要である
4 **重度の障害** 意思決定を全く（もしくは稀にしか）しない
5 **認識できる意識がない，昏睡** 利用者は反応をしない（Gに飛ぶ）

日常の意思決定を行うための認知能力の例

服を選ぶ．いつ食事をすればよいか知っている．自宅での室内空間の使い方．予定を立てるためにまわりにあるもの（時計，カレンダー，予定を書いたメモ）を使っている．まわりになければ，家族から日課を立てるための情報をもらう（ただし，繰り返してはもらわない）．自分にできること，できないことがわかっている（たとえば，必要時に援助を求めるなど）．外出のし方がわかっている．歩行器が必要であることをわかっている．歩行器を正しく使えるなど．

事例（高齢者住宅）

Mさんは，高齢者住宅に2年間居住しており，自室でも事業所内での活動においても特に問題なく，むしろきちんとした生活ができている．たとえば，日常生活における判断は適切で，服装もTPOに応じている．また，近所の商店にジュースとスナックを買いに行くのが習慣であるが，その道中も安全性に気をつけている．しかし，最近娘と義理の息子がMさんを親戚の結婚式に出席するために連れ出し，ホテルに泊まった翌朝，Mさんが駐車場をパジャマにレインコートを羽織った姿でうろうろしているところをホテルの従業員に発見された．Mさんは，近所の商店を探していたと述べている．

C1は 1となる

Fさんは弟と同室である．Fさんと弟は，食堂ではもう2人の入居者と一緒に食事をし，食後トランプを楽しんでいる．他の何人かの入居者ともポーカーをすることがある．またFさんは毎朝ある友人と散歩に出かけている．こうした活動時のFさんの判断は適切である（天候に応じて何を着るか，どこで休憩するかなど）．しかし，大勢の中にはいるとFさんは興奮し，動揺してしまう．たとえば，映画上映会や歌の夕べの会などでは，ケアスタッ

フや弟に言われるまでどこに座っていいか決められなかったり，中座しようとする．

C1は　2となる

C2.　記憶を想起する能力

注：C1が5（認識できる意識がない，昏睡）の場合，C2〜C5およびセクションD, E, Fは記入せず，Gに飛ぶ

目的　　　　利用者が最近の出来事を覚えているか(短期記憶)，段取りを踏んで行うべきことを自分でできるか（手続き記憶）を把握する．

C2a.　短期記憶

定義　　　　5分前のことを思い出せるようにみえる．

方法　　　　短期記憶の構造的テストを実施する(以下の例を参照)．実施できない場合，アセスメントする者が知り得る最近の出来事（新しい首相や祝日など）や後で答えが合っているかを確認できる事（たとえば，お昼のメニューは何であったか）について利用者に話してもらう．

記入　　　　記憶があることを示せなければ（複数の物を思い出せない，5分前の指示に従えないなど），1とする．
　　　　　　0　問題なし
　　　　　　1　問題あり

C2b.　長期記憶

定義　　　　昔のことを覚えているようにみえる．

方法　　　　本人にとって意味のある会話をする．（他のケアスタッフや，利用者の家族，記録，あるいは一般常識として）合っているかを確認できることを質問する．コミュニケーションが限られている利用者の場合は，ケアスタッフや家族に聞くか，非言語の反応を引き出す（たとえば，子供の数を聞いて，何本指を立てるかなど）．

記入　　　　記憶があることを示せなければ，1とする．
　　　　　　0　問題なし
　　　　　　1　問題あり

C2c. 手続き記憶

定義　段取りを踏んで行うことのすべて，あるいはほとんどのステップを合図なく行うことができる．

方法　段取りを踏んで行うべき，たとえば着替えなどを，実施する認知能力があるか，ケアスタッフや家族に聞く．

記入　0（記憶に問題ない）を記入するには，それらのステップのすべてもしくはほとんどすべてを実施できるか，実施することを覚えていなければならない．二つ以上のステップに困難があるなら，1（記憶に問題がある）を記入する．注：身体機能が障害されているために動作ができない場合もあるが，そのような身体機能の障害と手続き記憶を混乱しないようにする．

0　問題なし
1　問題あり

C2d. 状況記憶

定義　人と場所を認識するオリエンテーション能力を評価する．よく顔を合わせるケアスタッフの名前／顔を認識し，かつよく訪れる場所（寝室・居室，台所・食堂など）の位置がわかっている．

介護者の名前と顔を認識できる：ケアスタッフと家族や知らない人，面会者，他の利用者や患者と区別できる．すべてのケアスタッフの名前を覚えている必要はないが，他の人たちと事業所・病院・施設のケアスタッフ（看護師である，ヘルパーであるなど）を区別して認識している．

よく訪れる場所の位置がわかる：定期的に訪れる場所に行くことができるか，その目的がわかる（寝室・自分の居室への道がわかる，食堂がわかるなど）．

場所については，家・施設の住所や居室の部屋番号を覚えている必要はないが，自分の家や部屋への道がわかり，特定の場所の目的（食事をするところなど）がわかる必要がある．

記入　記憶があることを示せなければ，1とする．
注：2つの状況（介護者の名前／顔かつ場所）の両方がわからなければ，1とする．

0　問題なし
1　問題あり

短期記憶の構造的テストの例

　利用者に数分の間，相互に関連の無い3つの物（たとえば，本，腕時計，机など）を覚えておくようにお願いする．アセスメント担当者がそれらの名前を言い，利用者に復唱してもらう（利用者がその言葉を聞いて，理解したことを確認するため）．その後，他のアセスメントに移るなど関係のないことに話を進める．黙っていたり，部屋を出たりしない．5分後に，3つの物の名前を言ってもらう．もしくは，利用者とアセスメント担当者の両方が最近経験したこと，それが合っているかを確認できることを利用者に聞く．たとえば，朝ごはんは何だったか，鎮痛薬を最後に使ったのはいつか，たった今行ったことなど．コミュニケーションができない利用者の場合，ケアスタッフや家族に聞く．言語のコミュニケーションが難しい人の場合，非言語であってもよい（思い出すべき物が置いてあった場所を指し示すように言うと，それができるなど）．3つの物すべてを思い出せなかったら，1を記入する．

事例

　若いころ図書館員をしていた90歳のL夫人は，大腿骨骨折後リハビリ入院をし，2日前に退院した．アセスメントのため訪問すると，Lさんは骨折の一連の出来事について事細かに話してくれ（運ばれた病院の名前やリハビリのために転院した病院の名前，担当医や担当看護師の名前を含む），現在服用している薬をいつ飲むかも含めて列挙し，そうした服薬は自分で行っていると話した．さらに一緒にいた2人の娘をアセスメントする者に名前を挙げて紹介し，自分の人生についても触れた．娘との会話や病院が送ってきた退院サマリー，または薬袋を見ることでその内容の信憑性は確認できた．

C2aは0　問題なし
C2cは0　問題なし
C2dは0　問題なし

　63歳のIさんは，離婚した男性で，30年間のアルコール依存症歴がある．3週間前にアパートで寝たばこをし，火事を出し，自身も左耳と首と胸部に2度の火傷を負った．火傷と煙の吸入，せん妄状態の治療のため救急車で運ばれ，集中治療室に入った．集中治療室において心肺停止となり，人工呼吸器を5日間装着したが，13日前には一般病棟に移り，10日間入院し回復を待って退院した．在宅ケアのアセスメントは，退院2日後に行われた．Iさんは火事については覚えているが，入院中や治療についての記憶はまだらである．短期記憶のテストで使用した3つの物はいずれも覚えていられなかった．Iさんは，若いころのこと，たとえば，10年間結婚していたことや現在仲たがいしている3人の息子の名前，会計士であった以前の職業（本当のことであることは確認ずみ）などはよく覚えている．さらにIさんは，生活援助のヘルパーや他のケアスタッフの顔と彼らの役割（看護師であると

か，リハビリの人など）を認識している．家までの道のりもわかる．リハビリや受診の日を覚えていることができ，お昼ご飯は誰の助けも借りずに用意し，食べることができる．

C2aは1　問題あり
C2cは0　問題なし
C2dは0　問題なし

C3. せん妄の兆候

目的　せん妄があることを示す可能性のある行動の兆候を記録する．せん妄（急性の錯乱状態）は，感染症など治療可能な疾患や薬剤の反応として起きていることが多い．

せん妄は行動に現れることが多いので，観察が可能である．たとえば，支離滅裂な思考は，とりとめのない，無関係の，一貫性のない会話として現れることがある．

最近の，おそらくは急激に起こった認知機能の悪化は，せん妄を暗示していると考えられ，タイミングを逃さず発見し，治療し，回復させることが重要である．せん妄の兆候は，認知機能が正常な利用者の場合は発見しやすいが，もともと認知障害があったり，行動の問題（不穏，叫ぶなど）がある利用者の場合は察知が難しい．しかしそうした利用者の場合であっても，普段の様子に最近変化があったか，という視点から，せん妄の兆候を察知することは可能である．たとえば，普段騒々しく，けんか腰の利用者が突然静かになり，無気力で無頓着になったとき，逆に普段静かで，にこにこしていた利用者が突然不穏になったり，騒々しくなったりしたときなど，である．

定義
- **C3a. 注意がそらされやすい**　集中力がない，話がそれるなど．
- **C3b. 支離滅裂な会話がある**　会話が無意味で，無関係，もしくは話題が飛ぶ，思考が脱線するなど．
- **C3c. 精神機能が1日の中で変化する**　時々良かったり，悪かったり，行動があったり，なかったりする．

方法　利用者か利用者を知る他の人に，過去3日間にこれらの行動に気づいたか尋ねる．気づいたという回答ならば，その行動が普段とは違うかを把握する．

記入　　　　　　　過去3日間の利用者の行動について，普段の利用者と違うかを考慮してコードを選択する．考えられる原因は問わない．
　　　　　　　　　0　行動はない
　　　　　　　　　1　行動はあるが，それは普段と同じである
　　　　　　　　　2　行動はあり，普段の様子と違う　新たに出現した，悪化した，数週間前とは違うなど．

> **事例（居宅）**
>
> 　Tさんは過去3日間のうち2日間，日中や夕方に無意味なとりとめのない会話をしていた．このようなことはときに見られ，およその頻度も変わっていない．Tさんは，夜はよく寝ており，他のときはヘルパーと会話もできている．
> C3a　0　行動はない
> C3b　1　行動はあるが，それは普段と同じである
> C3c　0　行動はない
>
> 　Sさんは，話しかけられると服をひっぱり，起きている間とりとめなく一貫性のない話しをしている．家族によれば，このようなことは今まで見られなかったという．
> C3a　2　行動はあり，普段の様子と違う
> C3b　2　行動はあり，普段の様子と違う
> C3c　0　行動はない

> **事例（施設）**
>
> 　92歳のKさんは未亡人で心疾患があり重度の要介護状態である．彼女の担当ケアスタッフによるとこの2日間Kさんの様子がいつもと違う．担当ケアスタッフによれば，Kさんは日中居眠りをする回数が増え，その時間も長くなった．しかも，起こすのも困難で，起きても，しゃべっていることがもごもごしていてよくわからないということである．注意力もなくなっている様子がみられる．たとえば，このところまるで箸の使い方がわからないようで，食事時間には食べ物をつついているだけで，数分すると眠りこんでしまう状態である．逆に夜ははっきり目が醒め，ケアスタッフを呼び夫を連れてきてくれ（死亡しているにもかかわらず）といったり，ベッドを乗り越えようとした．
> C3a　2　行動はあり，普段の様子と違う
> C3b　2　行動はあり，普段の様子と違う
> C3c　2　行動はあり，普段の様子と違う
>
> 　Dさんはアルツハイマーであり，ずいぶん前から意思決定の能力は乏しい．アクティビティなどに集中していることは難しく，歩き回っていることが多い．他の人としゃべるこ

とは滅多になく，しゃべっても不明瞭で，意味をなさない．もごもご口を動かしているのはよく観察されている．Dさんは不穏で，落ち着きがないが，それは彼にとって新しいことではなく，夜はよく眠れている．

C3a 1 行動はあるが，それは普段と同じである
C3b 1 行動はあるが，それは普段と同じである
C3c 1 行動はあるが，それは普段と同じである

C4. 精神状態の急な変化

定義　利用者の普段の精神機能が突然もしくは最近になって変化したかどうか．不穏になった，無気力になった，起きあがれなくなった，周囲の状況への認識が変化した，などが含まれる．

記入
- 0 いいえ
- 1 はい

C5. 過去90日間（または前回アセスメント以降）の意思決定能力の変化

目的　現在の意思決定能力を90日前と（前回のアセスメントが90日以内であれば，前回アセスメント時と）比較する．変化には固定しているものも一時的なものも含まれ，その原因がわかっているもの（向精神薬の服用が始まった，痛みの発生など）もわかっていないものも含まれる．

新規の利用者の場合，変化には，当該事業所・病棟・施設に紹介されてからアセスメントする日までの変化と紹介される前の期間における変化が含まれる．

方法　利用者および家族と話す．利用者の意思決定の状況を90日前（前回のアセスメントが90日以内であれば，前回アセスメントから）と比べてもらう．90日という期間を頭においてもらうため，3ヵ月前に起こった出来事を思い浮かべてもらい，その出来事に対する利用者の能力を関連づけて考えてもらう．たとえば，3ヵ月前にある家族を訪問するために旅行に出ていたら，その旅行中本人の意思決定の状況はどうであったか尋ねる．

記入
- 0 改善した
- 1 変化なし
- 2 悪化した
- 8 判定不能

事例（施設）

　Gさんはおよそ30日前に肺炎に伴ってせん妄を経験した．抗生剤治療と輸液，静かで支援的な環境により回復した．Gさんの認知機能は，肺炎以前よりも良くなったわけではなく，肺炎を患う以前と同様意思決定はできない状態であるが，肺炎は確実に回復している．この場合 1（**変化なし**）を記入する．

　Pさんには知的障害がある．2ヵ月半前にPさんの娘は，Pさんの近所に住み，Pさんとずっと仲良くしていた友人が旅行中に亡くなったことを知らせた．そのニュースはPさんにとって大きな衝撃であり，Pさんは数日間ひどく混乱したが，家族やケアスタッフの支援のおかげでようやく落ち着いた．この場合 1（**変化なし**）を記入する．

　Fさんはアルツハイマーである．およそ3ヵ月前までは自分の部屋がわかっていたが，今はそれができず，食堂に行くのに迷うようになった．この場合 2（**悪化した**）を記入する．

セクション D　コミュニケーションと視覚

　コミュニケーションを悪化させる要因は多い．老化に関連するものもあれば，進行性の身体，神経，精神障害と関連するものもある．加齢に伴い，コミュニケーションの問題は複数の要因によって起こることが多い．たとえば，難聴に加えて失語症の場合もあれば，認知症で言葉を見つけることが難しいうえ難聴の場合もある．個人の身体，感情，社会状況もコミュニケーションの問題を複雑にする．さらに，騒々しかったり，逆に孤立した環境は効果的なコミュニケーションを阻害する．

　理解をする能力の不足（相手からのコミュニケーションがわからない）は，聴力，理解力（話された内容，書かれた内容）や表情認識の低下と関連する．人に理解してもらう能力の不足（コミュニケーションを伝えられない）は，声が小さい，構音障害がある，正しい言葉を見つけることができない，文章を作ることができない，書くことやジェスチャーをすることができないなどと関連する．

D1.	**自分を理解させることができる（伝達能力）**
目的	話す，書く，手話，あるいはそれらの組み合わせによって（文字盤やワープロを含む），要求やニーズ，意見，緊急の用事を表現したり，伝達し，日常的な会話をする能力が利用者にどの程度あるかを記録する．
方法	利用者と交流し，アセスメント担当者とコミュニケーションするための利用者の努力を観察し，傾聴する．可能なら，利用者と家族が交流している場面を観察する．コミュニケーションの補助具を使用している場合は，アセスメントしている間使用するように促す．利用者と周囲の人の交流を異なる場面（一対一，集団，家族の中など）と異なる周囲の状況（静かなとき，騒々しいときなど）で観察する．担当のケアケアスタッフ（可能ならすべてのシフト）や家族，言語療法士（いる場合）と話す．ただし，この項目はアセスメントする者と利用者の言語が異なるとき，利用者の言語能力をアセスメントすることは目的でないことに留意する．
記入	0　**理解させることができる**　問題なく明瞭に考えを表現する． 1　**通常は理解させることができる**　適切な言葉を見つけたり，考えをまとめたりするのに困難があるが（結果として返答が遅れる），十分に時間が与えられれば，本人の考えを引き出す必要はほとんど，あるいは全くない． 2　**しばしば理解させることができる**　言葉を見つけたり，考えをまとめるのに困難であり，通常は本人の考えを引き出す必要がある． 3　**時々は理解させることができる**　能力は限定されているが，少なくとも基本的欲求（食べ物，飲み物，寝ること，トイレなど）にかかわる具体

的な要求は表現できる．

4 **ほとんど，あるいは全く理解させることはできない** 最良の状態でも，本人特有の身体的表現（痛みがあることやトイレに行きたいことを示す合図など）に留まる．

D2. 他者を理解できる能力（理解力）

目的 言語，記述，手話，点字によって利用者に伝えられた言語的な情報を理解する能力を把握する．この項目は聴覚だけでなく，言語を処理し，理解する能力も含む．

定義 補聴器が必要な場合，それを使用した状態で，言語的な（あるいはサインの）内容を理解する能力を含む．ただし，この項目では，ある特定の言語の理解に関する問題をテストすべきではない（外国人の利用者の日本語の能力など）．

方法 利用者と交流する．家族，ケアスタッフ(可能ならすべてのシフト)，言語療法士（いれば）と相談する．

記入
0 **理解できる** 話し手のメッセージを明確に理解し，言葉や行動によって理解したことを示す．
1 **通常は理解できる** 理解の促しが無い状況では，メッセージの一部や目的を理解できないことがあるが，ほとんどは理解できる．利用者は情報をまとめることが周期的に困難になるが，普通は理解したことを言葉や行動によって示す．
2 **しばしば理解できる** メッセージの一部や目的を理解しない．しかし，理解の促し（繰り返したり，より詳細に話す）によって，しばしば会話を理解する．
3 **時々は理解できる** 頻繁に情報をまとめることが困難であり，単純で直接的な質問や指示にのみ適切に反応できる．メッセージを言い換えたり，単純化したり，身振りを加えることで，理解力は高まる．
4 **ほとんどまたは全く理解できない** コミュニケーションを理解する能力が高度に障害されている．あるいは，アセスメントする者は，利用者がメッセージを理解したかどうかを，言語的，非言語的な反応に基づいて把握することが困難である．音を聞くことができるが，メッセージを理解しない場合も含まれる．

D3. 聴覚

目的 過去3日間における利用者の聴覚（必要な環境調整をしたうえで）を評価する．

D3a. 聴力

方法 補聴器を使用している場合，使用している状態で聴覚を評価する．補聴器はバッテリーが入っていて，耳にしっかり入っているか確かめる．利用者との面接や観察のほか，耳が聞こえるか直接尋ねたり，家族と相談し，判定する．利用者と会話しながら，判定の正確さを確かめる．

利用者に聴覚について尋ね，会話の中で聴覚を観察する．さまざまな状況下で（一対一や集団など）観察し，可能なら他者と交流している場面を観察する．環境要因（直前の会話の内容，外の騒音など）がアセスメントに影響し得ることを念頭におく．必要時，家族や言語聴覚士に相談し，利用者の正確な聴覚レベルを明らかにする．

利用者とコミュニケーションするときに，アセスメントする者は自分がしなければならないことを考える．よりはっきり，ゆっくり話さなければいけない，大きな声を出す，身振りを使うなどは聴覚に問題があるときの合図である．聴覚に問題ある利用者は相手が何を言っているのかを知ろうとして，顔をのぞくことがあり，話し合いをするのに静かな部屋に連れていく必要があることもある．また，可能であれば，誰か別の人と話している場面を観察する．

記入
0 **適切** 普通の会話，社会的交流，テレビを見ることに何の問題もない．
1 **軽度の障害** 状況によって困難がある（相手が静かにしゃべったり，2メートル以上離れているときなどに困難）．
2 **中等度の障害** 通常の会話を聞くのに問題があり，周りを静かにするとよく聞こえる．
3 **重度の障害** すべての状況で困難がある（話し手が大声を出したり，非常にゆっくり話す必要がある．あるいは利用者は，言われていることはすべてこもっているようにしか聞こえないなどと言う）．
4 **ほぼ聴こえない**

事例

　Tさんを呼び止めるには大きな声を出さなければならない．Tさんの周りにいる人はTさんは，静かな状況で，ゆっくり大きな声をだしてもらうとより聞こえるようだ，という．この場合3を記入する．

理由：静かな環境を必要とする（これだけであれば2）うえ，声を大きくしたりスピードを抑えなければならないため．

D3b. 補聴器の使用

定義　補聴器その他の聴力補助具があり，定期的に使用している．

記入
- 0　いいえ
- 1　はい（右耳のみ）
- 2　はい（左耳のみ）
- 3　はい（両耳）

D4. 視覚

目的　近くの物を適切な明かりの下，習慣的な補助具（眼鏡や拡大鏡）を使用して見る能力を評価する．

D4a. 視力

定義　適切な明かり：通常の視力の人にとって，十分で快適な明るさ．

方法　過去3日間に通常の視力に変化があったか，利用者，家族，ケアスタッフに尋ねる（新聞の見出しや年賀状などをまだ読むことができるか）．

本人に自分の視力について尋ねる．判定の正しさを裏付けるために，近いところを見るときに使用している補助具を使用した状態で，本や新聞の通常の大きさの文字を見てもらう．次に，大見出しから始めて，だんだん小さい文字を声に出して読んでもらう．

識字障害がある場合や日本語が読めない人もいることに留意する．そのような場合，日付やページ番号などの数字を読んでもらったり，小さな絵の中にある物の名前を言ってもらう．

コミュニケーションがとれない，あるいはアセスメントする者の指示に従えない場合は，動く物体を目が追うかどうか目の動きを観察する．この方法は正確ではないが，利用者に視力があるのか評価するのに役立つ．

記入	0	**適切** 新聞や本の細字も含めて細かい部分まで見える．
	1	**軽度の障害** 見出しは見えるが，新聞や本の普通の文字は見えない．
	2	**中等度の障害** 視力は限られている．新聞の見出しは見えないが，周囲の物体を識別できる．
	3	**重度の障害** 周囲の物体を識別しているかわからないが，目で動体（特に目の前を横切る人）を追っているようである．明かりや色，形を識別できるだけも含まれる．

> 注：重度の認知症があると，指示に従ったり，何が見えているかを言うことができないので，視力のアセスメントに参加できない．しかし，そのような人の多くは，周囲の動体を目で追うように見える．そのように見える場合，**3（重度の障害）**とする．限られた設備の中における最善のアセスメントである．

	4	**視力がない** 視力がない．目は物体を追わないように見える（とくに目の前を横切る人）．

事例

Cさんに視力のことを尋ねると，いつも眼鏡が必要で，眼鏡がなければ何もできないという．座って新聞を読んでいる．この場合**0**となる．
理由：眼鏡があれば，問題がないため．

D4b. 眼鏡，コンタクトレンズ，拡大鏡などの使用

目的	眼鏡，コンタクトレンズ，拡大鏡などがあり，定期的に使用しているか記録する．
定義	過去3日間に使用したすべての眼鏡，コンタクトレンズ，拡大鏡などを含む．
記入	0　いいえ 1　はい

セクションE　気分と行動

　気分障害は深刻な問題であり，QOLの低下，治療に反応しない，または順守しない，悪い治療成果と関連する．うつは，効果的な治療があるにもかかわらず，しばしば発見されず，結果として治療されないことがある．気分障害に関連する要因はさまざまで，たとえば，生活環境になじめない，機能障害，介護されることへの抵抗，ひきこもり，社会的孤立，内科疾患のリスクの増大，認知障害，身体的な疼痛に過敏になるなどである．

　ケアスタッフが気分障害や行動面の評価方法を訓練されていない場合は，精神科医の指示に従う．その場合，精神関係のCAP（気分，行動など）を十分に確認することが役に立つ．このアセスメントをすることが，気分や行動の問題が存在していることを発見するうえで重要な契機となりえる．

E1.　うつ，不安，悲しみの気分の兆候

目的　過去3日間にみられた兆候を記録する．原因は問わない．過去3日間にはみられないが，その兆候が存在しており，現在の利用者のケアニーズに影響を及ぼしている場合もあるだろう．それらの兆候は他のアセスメント項目と考え合わせることで，利用者の重症度についての情報となる．目的は，可能な限り本人とこの問題を話し合うことである．

定義　精神状態の指標は，直接言語で表現されることがあるが，非言語的なこともあり，日課の間に本人を観察して見られた行動によって表現されることもある．

- **E1a．否定的なことを言う**　たとえば，「どうなってもいい」「こんな風に生きているなら死んだほうがまし」「長く生きたことを後悔している」「死なせて」など．言葉は同じである必要はないが，意味は同じであるべきである．
- **E1b．自分や他者に対する継続した怒り**　たとえば，すぐにいらいらする，受けているケアに対して怒る，など．
- **E1c．非現実な恐れがあることを思わせる非言語を含む表現**　たとえば，捨てられる，一人あるいは他の人と取り残される，ある特定の対象や状況に対する激しい恐れ，など．
- **E1d．繰り返し体の不調を訴える**　たとえば，常に医療的な関心をひきたがる，絶え間なく体調を心配する，など．
- **E1e．たびたび不安，心配ごとを訴える（健康上の不安は除く）**　たとえば，予定や食事，洗濯，衣服，対人関係などで人の注意を常に求め，だいじょうぶと言ってもらいたい．
- **E1f．悲しみ，苦悩，心配した表情**　たとえば，眉をひそめる，常にムスッとしている．

E1g. **泣く，涙もろい** このような非言語の表現がされることがある．

E1h. **ひどいことが起こりそうだと繰り返し言う** たとえば，もうすぐ死ぬ，心臓の発作が起こるなど．

E1i. **興味をもっていた活動をしなくなる** 長期に行ってきた活動や，家族や友人と一緒にいることを含む．

E1j. **社会的交流の減少** 家族や友人その他の人との通常の交流をしなくなるか，関与することに興味を失う．

E1k. **人生の喜びを失っているという非言語を含む表現（快感喪失）** たとえば，もう何も楽しめないと言うなど．

この兆候は，快感喪失であり，通常であれば楽しいと感じる活動や状況を楽しむことができない状態である．

方法　精神的な苦悩の感情は，うつや不安や悲しみのある人によって直接表現されることもあるが，言語によらない兆候を通して表現されることもある．利用者が以前に話していたことや観察されたことを念頭に，利用者と会話することから始める．利用者の中には感情表現をしやすく，苦悩を言葉にしたり，聞かれれば話すことができる人もいる．そのような利用者の場合，どのくらいの期間その症状があるのか直接尋ねる．

一方で，感情を表現できない利用者もいる（感じていることを表す言葉を見つけられない，洞察力や認知能力が欠けているなど）．この場合アセスメント時や過去3日の間で利用者と直接接触したときに，利用者になんらかの兆候がないか注意深く観察する．利用者にかかわっている医療職や，利用者の通常と現在の状態を直接知っている家族や利用者を知る医師等（かかりつけ医など）から情報を得る．

これらの兆候の現れ方には文化的な相違があることに留意する．文化的な規範のため，精神的な心配ごとや感情や自分の気持ちを誇張して表現する人もいれば，表現しない人もいる．利用者に文化的背景があるという予断から兆候を過少に解釈しないように気をつける一方で，感情表現に厳しい文化をもつ人の場合，その人の兆候には特別に注意を払うことが重要である．

利用者と接するケアスタッフや医師，利用者の通常の行動を知る友人や家族と話す．詳細は得られないかもしれないが，記録にも目を通す．利用者が言ったことと，観察したこと，他の人が言ったこととが異なっていたら，総合的な判断をする．

記入　利用者とのかかわりと観察に基づいて，過去3日間の利用者の行動を記入する．アセスメントする者が見たことや報告されたことに基づいて判断し，原因は問わない．1日のうちに何回見られたかは問わない．

0　ない

1 あるが，過去3日間には見られていない　過去3日間に観察されていないが，その状態があり，活動中であることがわかっている場合につける．
2 過去3日間のうち1〜2日に見られた
3 過去3日間毎日見られた

事例

Fさんはつい最近入院した．娘が来ると興奮し，怒り出す．先週，娘は毎日訪問に来た．Fさんは娘とケアスタッフに「俺を厄介払いしたんだ」と文句を言い，娘に「恩知らずめ」と叱責する．娘が帰ると急にしょんぼりとし涙ぐみながら「俺はもう何にも役に立たない．だめだ．妻が死んだときに一緒に死ねばよかった」という．E1a，E1b，E1f，E1gに3を記入する．

E2.　　利用者自身が応えた気分

目的　　過去3日間における，利用者自身が応えた気分を記録する．過去3日間にそのような気分があったことは否定するが，問題は続いていると言う人もいる．

定義　　これらの項目は，過去3日間において3つの気分の側面に対する利用者の主観的な言語による評価とする．
"過去3日間にどのくらい○○がありましたか"と聞く
E2a．普段楽しんできたことに興味や喜びが沸かなかったこと
E2b．不安だったり，落ち着かない感じ
E2c．悲しく，落ち込んで，絶望する感じ

方法　　このセクションにある他の項目によって利用者の気分の状態を客観的に評価した後，直接利用者にこれらの質問をする．利用者がそれに反応したときだけ，それぞれの項目の判定をする．利用者の気分の状態に対する自分の推論や家族や友人など他の情報提供者からの情報に基づいて判定しない．これらの項目は厳格に自己申告したことに限る．もし本人が答えられない（認知障害など）あるいは拒否する場合，8を記入する．

記入　　それぞれの項目で表している感情を過去3日間に経験したか，それはどのくらいの頻度であったかに対する利用者の答えから判断する．それらの感情の根本原因が何であるかは問わない．また，1日のうちの頻度は問わない．答えたくない，または答えられない利用者の場合8を記入する．
0　過去3日間にはない

1 過去3日間にはないが，しばしばそのように感じる　過去3日間に経験しなかったが，その感情が頻繁にあることを本人が示す場合につける．
2 過去3日間のうち1，2日あった
3 過去3日間毎日あった
8 答えられない（したくない）

E3.　行動の問題

目的　利用者の苦痛の原因となり，同居者を悩ませている問題行動の過去3日間における頻度を把握する．このような問題行動には，潜在的に本人に危険を及ぼしたり，周囲に迷惑をかけているものも含む．これらの項目はある医療職が「闘争的あるいは興奮状態」とみなす利用者が表出する問題行動をとりあげている．行動の症状に気づき，記録しておくことは，今後の更なる評価や問題行動を修正するケアプランの作成，および一貫性のある適切なケアの提供の基礎となる．

これらの行動は肯定的にも否定的にもとらえる必要はない．この項目は，ケアに対する利用者の反応についての情報を提供し，原因となることに対するケアプランを作成することが目的である．原因には，痛みへの恐れ，転倒の恐れ，理解力不足，怒り，人間関係ができていない，ケアの決定により多く参加したいという熱意，誤薬や受け入れられないほどのケアを受けた過去の経験，提供されているケアを変えてほしいという願い，などがあるだろう．

定義

E3a.　**徘徊**　説明がつく合理的な目的もなく動き回る．徘徊している人は，自分の体が欲していることや安全が必要なことに気づかないことがある．徘徊と，目的のある行動は区別する（お腹の空いた人が，食べ物を探してアパートの中を歩き回るなど）．車椅子で徘徊することもある．ただし，落ち着かない場合などのように，同じ場所を行ったり来たりすることは徘徊には含まない．

E3b.　**暴言**　他者を脅かす，どなる，ののしるなど．

E3c.　**暴行**　他者をぶつ，押しのける，ひっかく，性的に虐待するなど．

E3d.　**社会的に不適切な迷惑な行為**　邪魔になる音や騒音をたてる，叫ぶ，食べ物や糞便を塗りたくったり，投げつける，他人の所有物を貯め込んだり，かき回すなど．

E3e.　**公衆での不適切な性的行動や脱衣**

E3f.　**ケアに対する抵抗**　服薬や注射を拒否する，食事や体位変換などの身体介助時に介護者を押しのけるなど．この項目には，あらかじめケアを受けないことをインフォームドチョイスしている場合は含まない（治療の拒否権を行使しており，治療しようとする周囲の人からは

否定的にとらえられている場合など)．抵抗は言語的または身体的に行われる(言葉で拒否する，介護者を押しのける，ひっかくなど)．

E3g. 無許可の退居・家出またはその恐れ　不適切な時間に，危険を省みずに施設・居宅から去る(逃亡するなど)ことを試みた，またはその恐れがある．

方法　　家族やケアスタッフにそれぞれの行動が起きたか尋ねる．客観的な視点で，利用者の行動の目的でなく，行動自体に焦点をあわせる．特定の行動の問題の背後にある意味を見つけるのは難しいことが多い．家族やケアスタッフがその行動に慣れ，利用者の意図を好意的にとらえていたとしても(傷つけるつもりではなく，怖がっているだけ，など)，記入する際には考慮に入れない．こうした行動があるのか，ないのか，という事実だけを見る．家族やケアスタッフがケアをしようとしたときに利用者がどのように反応しているか観察する．ケアスタッフに過去3日間昼夜を問わず，何が起こったか知っているか尋ねる．特に夜間の状況を把握することが重要であるので，必要に応じて複数のケアスタッフから聞き取る．この質問は，可能なら利用者がいないときにする．利用者がいるときに得た答えは，後で再度確かめる必要がある．このアセスメントの実施時に複数のケアスタッフがいると，それぞれのケアスタッフは正確な返答をしないことがある．

【施設版】ケアスタッフは，行動面に問題があっても，それは病棟や施設としては一般的なことなので，とくに報告しないこともあるので注意する．たとえば，認知症病棟での徘徊や騒々しい音をたてるなど．

記入　　それぞれの行動が過去3日間に見られたか記録する．根本原因が何であるかは問わない．また，1日のうちの頻度は問わない．

0　ない
1　あるが，過去3日間には見られていない　過去3日間に身体的には現れていないが，その状態があることがわかっている場合につける．
2　過去3日間に1〜2日見られた
3　過去3日間毎日見られた

事例(居宅)

　Wさんは，認知症で日常生活の意思決定能力は重度に障害され，一日中アパートの中で徘徊している．難聴があって，ほとんど聞こえないのだが，補聴器はつけたがらない．他人が来るとすぐに怯えてしまい，じっとしていられない．1週間以上前のこと，徘徊を矯正しようと何度も試みたが，それは家族をたたいたり，押しのける結果で終わった．今で

は家族は，本人がアパートの決まった場所を徘徊しているのであれば，それが一番落ち着く方法と考えている．

E3a（徘徊）　3　過去3日間毎日見られた
E3b（暴言）　0　ない
E3c（暴行）　1　あるが，過去3日間には見られていない
E3d（社会的に不適切な迷惑な行動）　0　ない
E3e（公衆での不適切な性的行動や脱衣）　0　ない
E3f（ケアに対する抵抗）　0　ない
E3g（無許可の退居・家出またはその恐れ）　0　ない

事例（施設）

ケアスタッフは，夜間にNさんが起きだし，同室者の引き出しをいじっていると報告した．このことは過去3日間で2日あった．ケアスタッフがNさんを居室に連れ戻そうとすると，Nさんは怒り出し，怒鳴り続けた．Nさんはケアスタッフが自分のものを盗ったと言う．

E3a（徘徊）　0　ない
E3b（暴言）　2　過去3日間に1～2日見られた
E3c（暴行）　0　ない
E3d（社会的に不適切な迷惑行動）　2　過去3日間に1～2日見られた
E3e（公衆での不適切な性的行動や脱衣）　0　ない
E3f（ケアに対する抵抗）　0　ない
E3g（無許可の退居・家出またはその恐れ）　0　ない

E4.　最近3日間における生活の満足度（心身の健康度，日常生活の充実度や趣味活動への参加など）

目的　　この項目は，利用者自身が応えた過去3日間の幸福感の程度を測定するものである．利用者の生活全般，特に，身体的健康，心理的幸福感，社会生活，レクリエーション活動への参加，その他利用者が大事にしている個人的事項に注意を払う．

方法　　利用者に，「過去3日間の生活全体にどのくらい満足していますか？」と聞く．身体的健康，心理的幸福感，社会生活，レクリエーション活動への参加，その他利用者が大事にしている個人的事項を含む生活全般を考慮に入れて回答するように促す．

記入　　0　とても満足　過去3日間，非常に高い満足度．

1 **満足** 過去3日間，高い満足度．
2 **ある程度満足** 過去3日間，ほとんどの時間で満足であったが，ずっとではなかった．3日間のうち，不満を感じたこともあった．
3 **どちらとも言えない** 過去3日間，満足と不満が同程度であった．
4 **あまり満足していない** 過去3日間，ほとんどの時間で不満であったが，ずっとではなかった．3日間のうち，満足を感じたこともあった．
5 **とても不満である** 過去3日間，強い不満状態にあった．

セクションF　心理社会面

F1.　社会関係

目的　　利用者の社会環境とのかかわり方と適応性を記録し，社会的な活動や意味ある役割，毎日の暮らしぶりを把握する．

記入
- **F1a．長期にわたって関心のある活動への参加**　長期にわたって関心のある活動に関与しているか．活動の内容は幅広くとらえてよく，少なくとも一人との交流があれば数に入れる．たとえば，仲間内の会合に出席したり，お寺の行事に参加したり，将棋や囲碁のクラブに行ったり，町内会のボランティアをしたり，近所の奥さんと玄関先で噂話をしたりなどである．
- **F1b．家族や友人の訪問**　家族，友人，旧知の間柄の人（近所の人や町内会の仲間，同僚など）が訪ねてきたり，利用者が訪ねたりすることはあるか．ここでは，ケアスタッフやボランティアなど，最近できた知り合いではなく，昔から続くインフォーマルな人間関係に焦点をあわせる．
- **F1c．家族や友人とのその他の交流**　電話やメール，手紙など．家族，友人，旧知の間柄の人（近所の人や町内会の仲間，同僚など）との直接顔を会わせる以外の交流．F1bと同様，ここでもケアスタッフやボランティアなど，最近できた知り合いではなく，昔から続くインフォーマルな人間関係に焦点をあわせる．
- **F1d．家族や友人との葛藤や怒り**　捨てられてしまった，家族の誰かを恩知らずと思っている，親しい友人に理解されていない，家族や友人との関係に関して敵対心を抱いているなどの感情を表出する．
- **F1e．家族や近い知り合いに対する恐れ**　利用者が言葉や行動によって家族や近しい人への恐れを表現する．恐れの表現はさまざまで，本人が怖いという場合もあるし，その人が近くにいるときにはひきこもっているように見えることもある．恐れには，身体的・精神的虐待，あるいは放置に対するものなどが考えられる．恐れの原因を特定する必要はなく，あるかないかだけ判定する．
- **F1f．ネグレクト（遺棄・放置），粗末に扱われる，虐待される**　利用者は，放置されていたり，適切な対応がないまま重大なまたは生命の危険を脅かされている状況にある．この状況は，利用者を死亡を含めさまざまな合併症の危険性にさらし，身体や精神面に影響を与える．

方法	利用者に本人の考えを尋ねる．どんな活動に参加するのが楽しいのか．最後に参加できたのはいつか．よく来てくれる人は誰か．最後にその人が来てくれたのはいつか．本人が家族や友人と連絡をとる方法はあるか（電話やメールなど）．本人は一般的に家族や友人との関係に満足しているか，不満に思っているか．不満の場合，とくに何が不満か．一般的な反応を得た後に，どの期間に当てはまるかに集中する． 可能なら，訪ねて来たり，よく電話で連絡をとっている家族や友人などとも話す．主介護者や担当ケアスタッフは，誰が利用者のところに来ているか，接触しているかについての最もよい情報をもっていることがあり，利用者が最近参加した活動についてもよく知っていることがある．
記入	0　全くない 1　30日以上前にあった 2　8日～30日前にあった 3　4日～7日前にあった 4　過去3日間にあった 8　判定不能

> 注：本人や他の情報提供者から利用者の社会関係についていかなる情報も得られない場合は，8となる．

事例（居宅）

Hさんは，娘の言うことをきかないと娘に怒られると言う．彼が言うには，毎週末に娘はやって来て，自分の生活を牛耳っているという．娘と話した限りではなんの問題もない．アセスメントは木曜日に行われた．

　F1d．3　4日～7日前にあった

F2. 孤独

定義	利用者が自分はさみしいと思っていると言うか，それを表すことがある．利用者は，たとえ定期的に他者が訪問していたとしても，訪問が十分でないとか，もっと人と接したいという願いをもっていることがある．周囲の人が，本人は寂しいと言っていると報告するかもしれない．
方法	本人が寂しいと思っているかを判定するために本人と話す．可能なら，家族やインフォーマルな関係の人々（近所など）と話し，本人が寂しいと思っているか彼らの認識を得る．

記入 　　　　　　　　0　いいえ
　　　　　　　　　　1　はい

事例

　Gさんの娘は，よく来ていて，アセスメントの間も居室にいて洗濯をしていた．聞くと娘は週2回母親に会いに来て，週末には子供も連れてきているという．しかし，Gさんと話すと，Gさんはとても寂しい思いをしているという．Gさんが言うには，「去年妹が亡くなってしまった．友人のほどんどは，亡くなっているか介護施設に入っている．娘や孫が来るとここは動物園みたくなる．孫たちはテレビでアニメを見ているだけで，私と話そうともしない．娘がしてくれるのは，忙しく動き回って片付けたり，埃をとったり，洗濯をしたり，買ってきたものを台所に置いておくことで，1時間もすれば，慌しく子供たちに帰る支度をさせて，いなくなってしまう．私のことを思ってくれているのはわかるけど，彼女は忙しすぎる」とのことである．アセスメント担当者は，「この3日間のことですけど，寂しいと思いましたか」と尋ねると，Gさんは「ほとんどいつも寂しいです」と答えた．
　F1b．家族や友人の訪問　4　過去3日間にあった
　F2．孤独　　　　　　　1　はい

F3.	過去90日間（または前回アセスメント以降）の社会的活動の変化
目的	社会的，宗教的，あるいは仕事や趣味の活動への参加レベルに最近変化があったか（90日前と比べて，前回のアセスメントが90日以内であれば，前回アセスメントと比べて）把握する．参加の程度が落ちていたら，それによって苦悩しているか判定する．
定義	参加とは，さまざまな社会活動の量（何回か），活動の質（どれだけ深くかかわっているか）を指す．その場にいない「参加」も，利用者の役割遂行意識や自尊心において同様に重要である（外出が難しい利用者が，宗教的，政治的，社会的活動に関与することなど）．苦悩は，こうした参加の低下による悪影響として現れることがあり，悲しみや意気消沈，不安やうつなどがある．
方法	変化が起こったかどうか，その変化に対する主観的反応を判定するために利用者と話す．可能なら，家族やその他のインフォーマルな関係の人々（近所など）と話し，利用者の参加が落ちていないか，そうであるなら利用者はそれに対してどう反応しているかに対する彼らの意見を得る．

| 記入 | 0 **減っていない** 社会活動への参加は変化ないか，向上している．
| | 1 **減っているが，悩んでいない** 社会活動への参加の低下を経験しているが，それに相応する苦悩の増加はない．
| | 2 **減っており，悩んでいる** 低下と苦悩の両方が観察されるか，報告されている．

F4.　日中，1人きりでいる時間

| 目的 | 利用者が一人でいる実際の時間を把握する．

| 定義 | 文字通り，その家の中に利用者がたった1人でいる時間．高齢者住宅や介護施設など利用者の部屋に他人がいる状況では，本人がその部屋の中に1人きりになる時間とする．

| 方法 | まず，利用者に1人きりでいる時間を尋ねる．このとき「1人きり」の意味を明確にすること．次に介護者に利用者が1人でいる時間について確認する．

| 記入 |
| | 0　1時間未満
| | 1　1〜2時間
| | 2　2時間以上8時間以内
| | 3　8時間以上

F5.　自発性・参加意識

| 目的 | 施設での生活へのかかわり方とさまざまな活動への自発的な参加の仕方を評価する．利用者の交流パターンや環境への順応性を記録する．活動や意味ある役割，日々の娯楽への参加の度合いを評価する．

| 定義 | F5a.　**他者と付き合う際に落ち着いている**　アセスメント担当者と一緒にいる間，利用者がどうふるまっているか，また他の利用者やケアスタッフ，訪問者・面会者と一緒のときの様子はどうか．人と一緒にいる機会を避けたり，ほとんどの時間1人でいたり，人が訪れると動揺する利用者は，この項目には当てはまらない．

F5b.　**計画された，あるいは組織だった活動に落ち着いて参加する**　レクリエーションなどの組織だった活動への反応はどうか．言葉や言葉以外の決めごとのある活動に利用者はどの程度落ち着いて参加しているように見えるか．集団の中で静かに座っていることができない，秩序を乱すような行動をとる，その場から去ろうする，ある

いは参加しようとしない利用者は，この項目には当てはまらない．

F5c. **大部分のグループ活動への誘いを受ける**　グループ活動を喜んで始めようとする（後になって，自分には合わないと止めても構わない），あるいはグループ活動への参加を普通は拒否しない場合も当てはまる．

F5d. **施設内の生活に積極的に参加する**　たとえば，友人をつくる，グループ活動に参加する，新しい活動に肯定的に反応する，行事の手伝いをするなど．一般的に，施設内の行事に参加したり，他の入居者と交流する，当該施設の一員として活動について意見を交わしているか，などをみる．利用者がこの施設や棟，高齢者住宅のコミュニティに帰属しているという印象を与える場合に該当する．

F5e. **他者との交流を自分から始める**　利用者がどの程度他の人に自分から近づき，会話に入ったり，活動（運動のグループやパーティなど）を一緒にしようとするか．

F5f. **他者が始めた交流に肯定的に反応する**　自分からは積極的でないが，他の人が近づいてきてくれたときには，提案された活動に参加したり，次回に参加することに同意するなど．

F5g. **日課の変化に対応できる**　日常生活が変更になっても順応し，落ち着いている．日常生活の変更（たとえば，ケアスタッフの異動，退職，新しい治療の開始や薬剤の変更，アクティビティのプログラムや献立の変更，新しい同室者，家族や友人の面会パターンの変更など）に対して，怒ったり，混乱が長引く，動揺するのは，変化に対応できていないことを意味する．

方法　過去3日間のさまざまな場所（利用者の居室，ユニットの食堂，娯楽スペースなど）のさまざまな状況（1人きり，一対一，グループなど）での利用者の振る舞い（言語的，非言語的）を客観的に観察する．第一の情報源は利用者本人である．したがって，まず利用者と話し，どのようにしたいのか，ある場面でどう反応しているのか，本人の認識を尋ねる．次に，本人と定期的に接するケアスタッフ（ケアスタッフ，レクリエーション担当者，ソーシャルワーカー，事務，リハビリを受けている場合療法士など）と話す．適切なら家族とも話す．利用者が自分をどう見ているかと，実際にどう振る舞っているかは違うことがある．その場合，アセスメント担当者が総合的に判断する．

記入
0 なし
1 あるが過去3日間には見られなかった
2 過去3日間に1〜2日見られた
3 過去3日間毎日見られた

> **事例（施設）**
>
> Ａさんはこの6ヵ月間，白い錠剤を2錠と青い錠剤を1錠，黄色の錠剤を1錠内服し，オレンジ色の吸入薬を2回吸引している．最近薬品会社が吸入薬のデザインを変え，パッケージが青色になった．Ａさんに色が違うが中身は同じであると説明したが，Ａさんはすっかり動揺してしまい，先週は吸入薬を使うたび，辛抱強くＡさんを安心させなければならなかった．この場合Ｆ5ｇは1とする．

F6.　対人関係の不安定

目的　ケアスタッフや家族，他の利用者との間の対人関係の質や性質に悪影響を与えている要因を把握する．

定義

F6a．他の利用者との対立，批判を繰り返す　他の利用者に直接向かう敵意や批判（言葉やジェスチャーで表す）で，適度に一貫性のあるもの．これはトイレを共有している同室者に対するものも含む．こうしたことは，他の利用者と言い合ったり，同室者を変えてくれという要求を頻繁にしたり，トイレを長い時間占拠したり，自分のものをいじる同室者に対する不満や，同室者の身体的，精神的，行動的特徴に対する不満，あるいは早起きな同室者と遅くまでテレビを見ている同室者，自分のものをきちんと片づける同室者とだらしがない同室者との間の価値観の対立，同室者がずっと電話をしている，いびきがうるさい，失禁や不潔で臭いなど．この項目は，通常の批判の範囲を超えているとき（繰り返す，継続する）に該当する．

F6b．ケアスタッフとの対立，批判を繰り返す　1人以上のケアスタッフに直接向かう敵意や批判（言葉やジェスチャーで表す）で，適度に一貫性のあるもの．あるケアスタッフの悪口を別のケアスタッフに言ったり，そのケアスタッフと言い争ったり，どなったり，グループ活動中にケアスタッフを批判し，活動を中断させたり，棟の日常生活に常に反対するなど．この項目にチェックを入れることは，問題が起きている理由やどのように対応するかについての一切の前提を必要としない．

F6c．ケアスタッフは利用者との対応に不満がある　1人以上のケアスタッフが，利用者と交流するのにあたり，今現在であれ，繰り返しであれ，ずっとその状態が続いている場合であれ，不満の感情を抱いている．ケアスタッフは言語以外の表情や態度で，その利用者との交流が困難であることを示している場合もある．

F6d．家族や近い友人は利用者の病気によって憔悴している　1人以上

の家族や近い友人は，利用者の病気と向き合うのに問題があることをケアスタッフに言葉で示している．彼らは，打ちのめされている，あるいはストレスがたまっているといった感情を口に出すかもしれない．

| 方法 | 利用者に自分はどう思うか聞く．利用者はケアスタッフや家族との関係性に一般的に満足しているか，不幸せに感じているか．不幸せや不満足の場合，とくに何にそれを感じているか．
利用者を訪れたり，頻繁に電話で連絡をとっている家族に話を聞くことも重要である．過去3日間にどのような関係であったか．
日常のケアの場面で，利用者がどのようにケアスタッフや他の利用者と接しているか観察する．対立があるように見えるか．ケアスタッフに利用者の人間関係はぎすぎすしたものか，和んだものかを観察してもらうのもよい．ただし，ケアスタッフによっては関係性の表現にバイアスがかかっている場合もあることを念頭におく．評価者として全体像を得るようにする．
「ケアスタッフは利用者との対応に不満がある」を正確に記入するには，利用者と定期的に接触するケアスタッフと話すべきである．また他のケアスタッフにも，利用者に不満を感じているケアスタッフがいるか聞く． |

記入　　　0　いいえ
　　　　　1　はい

F7. 過去90日間の大きなストレス

目的　　過去90日間に自分の生活に大きな影響を及ぼしたと利用者が考えるストレスを把握する．

定義　　ストレス：利用者の日常生活を崩壊させたり，崩壊の危険にさらし，ある程度の再調整を強いた経験．

方法　　過去90日間にストレスのある出来事があったか尋ねる．たとえば，深刻な病気にかかった，近い関係の人の中に重病にかかった人がいたり，亡くなった人がいた，家を失った，収入や資産が激減した，泥棒や詐欺の被害にあったなど．

記入　　　0　いいえ
　　　　　1　はい

F8.　強み（ストレングス）

目的　本人のもっている強み（ストレングス）を把握する．

定義

> F8a　**一貫して前向きである**　利用者は，病気が重くなっても，機能低下をしても，自分を前向きに維持する人格である．いかなるときも自分の強みに着目し，現実的に到達可能な医学的なあるいは個人の目標に向けて取り組んだり，自分の人生や他の人との関係に感謝する．
>
> F8b　**日々の生活に意味を見出す**　本人の日常の生活に対する見方を考える．価値を置き続けている意義ある活動や対人関係を見つけられているか．施設内外の行事に関与したり，興味をもっているか．

F8c．**家族との強い支援的な関係**　本人や主たる介護者の様子からわかる．利用者と家族が支えあっている関係であることが，利用者は家族を「頼れる」と感じているかもしれない．家族は，身体的ケアや家の維持，金銭管理，医学的な決定事項に積極的に関与していることもある．1人以上の家族が定期的に本人と連絡をとり，快適さや助言を提供し，心を許せる人として行動している．

方法　入居する前の生活について本人と話す．利用者にどんなことをするのが楽しみか，誰が来てくれるときが楽しいか尋ねる．周囲にあるものをきっかけとして使うことは往々にして役に立つ（家族写真や，孫からの手紙や絵など）．他のアセスメント項目からもこのような会話は生まれるかもしれない．もちろんケアスタッフや家族からの情報も有益である．

記入
0　いいえ
1　はい

事例（施設）

　Pさんは進行した多発性硬化症のため重度の機能低下を来している．彼女の娘は定期的に面会にきて，彼女を病院の喫茶室に連れて行き，紅茶を一緒に飲んでいる．Pさんは娘から孫の話を聞くのが何よりも楽しみで，先日は娘に助けてもらって孫に誕生日のカードを贈った．彼女は自分が悪化していることはしっかり認識しているが，他の人と交流しているときは健康状態について思いわずらうことはない．
F8a，F8b，F8c．それぞれに1が入る．

セクション G　機能状態

G1.　IADL の実施状況と能力 施設版にはない

目的　　自立生活と最も関連する機能分野を調べる（手段的日常生活能力，IADL）．

定義
- **G1a. 食事の用意**　どのように食事が用意されるか（献立を考える，材料を用意する，調理する，配膳する）．この項目は，食事の質や栄養価を問わず，食事を組み立てる利用者の能力についてアセスメントするべきである．たとえば，もし朝と昼は菓子パンとジュース，夕食はカップラーメンを援助なしに用意していたら，この項目は自立となる．
- **G1b. 家事一般**　どのように通常の家事が行われているか（たとえば皿洗い，掃除，布団の上げ下げ，整理整頓，洗濯など）．
- **G1c. 金銭管理**　どのように請求書の支払いをし，貯金残高を管理し，家計の収支勘定をし，クレジットカードの管理をしているか．
- **G1d. 薬の管理**　どのように薬剤を管理しているか（たとえば，薬の時間を思い出す，袋や薬のケースを開ける，1回服用量を取り出す，注射を打つ，軟膏を塗るなど）．
- **G1e. 電話の利用**　どのように電話をかけたり，受けるか（必要に応じて数字部分を大きくした電話機を使ったり，音の拡大装置など使ってもよい）．
- **G1f. 階段**　1階分の階段（12～14段）を上り下りできるか．半分まで（2～6段）しかできない場合，自立とはしない．
- **G1g. 買い物**　どのように食べ物や日用品の買い物をしているか（物を選び，お金を支払う）．この項目には店までの移動は含めない．
- **G1h. 外出**　どのように公共の交通機関を使ったり（乗換や運賃の支払い），自分の運転（家から出て，車の出し入れも含む）によって外出するか．

方法　　過去3日間の施設や居宅周囲，地域の中での通常の活動における利用者の実施状況を尋ねる．家族がいる場合，家族とも話す．ほかのアセスメント項目から得られた自分の観察も活用する．

事業所によっては，これらの活動をする機会を利用者に与えていないこともある（食事は提供されたり，階段を上る必要がないなど）．あるいは事業所の方針として，利用者の能力にかかわらず，薬剤の管理をさせていないこともある．

記入　　それぞれの項目に対して2つの側面から回答する．

(A) **実施** 過去3日間に利用者自身がどの程度それぞれのIADLを実施したか．できるかもしれないという判断に基づかないこと．

(B) **能力** その活動を実施する仮定の能力に基づく．これはアセスメントする者の推測が必要である．

技術や経験がないために，ある活動をしていないが，適切な訓練を受ける機会があればできる能力があるかもしれない．したがって，（健康上の問題で）能力が障害されたために自分でやっていないことと，その他の要因で（健康上の問題と関係なく）やっていないことを区別することが重要である．たとえば，調理をしたことがない男性や金銭管理をしたことがない女性がいる．ときに自立してできるが，そうでない活動もある．まず，その活動を本人が実際にしているのかを判定し，そうでなければ，それを実施する能力があるか評価する．

0 **自立** 援助も準備も見守りも必要ない．
1 **準備のみ**
2 **見守り** 実施時の見守り／合図が必要．
3 **限定された援助** ときに援助が必要．
4 **広範囲な援助** 活動を通して援助が必要であるが，そのうち50%以上は自分で実施する．
5 **最大限の援助** 活動を通して援助が必要であり，自分で実施しているのはそのうち50%未満である．
6 **全面依存** アセスメント期間内すべて他者にやってもらった．
8. **本活動は1度も行われなかった** アセスメント期間内．注：実施ではあり得るが，能力の欄にはこの選択肢はない．

IADLのアセスメント方法（居宅での事例）

Q夫人は，買い物に自分で行かず，週末に来る娘にリストを渡し，やってもらっている．娘には感謝しているものの，自分でもやろうと思えばできると思っている．この場合，実施の欄には6（**全面依存**）が入るが，能力の欄には0（**自立**）が入る．

食事の支度に関するアセスメント時の会話の例1

アセスメント担当者：お食事の支度はご自分でしていますか．たとえば，何を食べるか決めて，材料を集めて，調理して，食卓に並べていますか．
利用者：いや，それは無理です．
アセスメント担当者：では朝ごはんの支度をしてくれるのは誰ですか．
利用者：朝はパンをかじるだけなので，自分でやっています．
アセスメント担当者：お昼ご飯はどうですか．
利用者：平日は配食サービスが来てくれます．

アセスメント担当者：週末はどうしているのですか．
利用者：　　　　　残り物を温めたり，お隣さんが何か持ってきてくれたりします．
アセスメント担当者：夕飯の支度をしてくれるのは誰ですか．
利用者：　　　　　ヘルパーさんが作ってくれた食事を温めたり，お弁当の残りを食べたりしています．
アセスメント担当者：もしやってくれる人がいなかったら，自分で食事の用意はできますか．
利用者：　　　　　菓子パンをかじったり，冷蔵庫から出して温めるくらいはできますが，なにしろ立っていられないので調理は無理ですね．

この場合実施には5（最大限の援助），能力の欄には4（広範囲な援助）が入る．

食事の支度に関するアセスメント時の会話の例2

アセスメント担当者：ご自分で食事の支度をしていますか．
利用者：　　　　　いや，妻がやってくれています．
アセスメント担当者：奥さんはお昼いらっしゃいませんよね．お昼ごはんはどうしていますか．ご自分で用意されるのですか．
利用者：　　　　　いや，妻が簡単なものをこしらえておいてくれるので，自分ではしません．
アセスメント担当者：では，今まで1度も食事をつくったことがないんですか．
利用者：　　　　　そりゃあときには妻がいないときには自分でやりますよ．
アセスメント担当者：この3日間ではどうですか．
利用者：　　　　　いいえ，していません．
アセスメント担当者：つまり，奥さんがすべてのお食事の支度をしているというわけですね．
利用者：　　　　　はい．
アセスメント担当者：もし自分でやらなければならなくなったら，自分でできますか．
利用者：　　　　　はい．もちろん妻のようにはいかないですけど，なんとかなると思いますよ．

この場合実施の欄には6が入り，能力の欄には0が入ることになる．

事例

IADL	実施	能力
Yさんは，過去3日間は自分で食事を全然作っていない．娘が来て，料理をしてくれているからである．Yさんは自分でもできると言っている．	過去3日間食事を作っていないので，6（**全面依存**）	普段は自分の食事は自分で作っていると言っている．0（**自立**）
Dさんは姪に請求書の支払いや口座の管理を手伝ってもらっている．Dさんは，デイサービスの請	過去3日間に金銭管理が発生しなかったので，8（**本活動はなかった**）	姪が手伝い，金銭管理の半分以上をしている．この場合5（**最大限の援助**）

G 機能状態

求書が来ると，現金を用意し，おつりがないように封筒に入れることができるが，現金を銀行から下ろしてくるのは姪である．姪は，そのほかにも口座振替の手続きなど銀行や郵便局にいかなければならないことを担当している．Dさんは自分でできることは自分でして，姪に手伝ってもらっていることに満足し，姪がいなければ自分ではできないと思っている．この3日間は何も金銭に関することはなかった．		
Aさんは毎週訪問看護を受けている．訪問看護師は1週間分の薬を服薬ケースに入れている．看護師が薬の補充を連絡し，薬局が配達する．Aさんは服薬時間を覚えており，服薬は自立している．看護師は3日前に薬を補充している．服薬ケースが無ければ，正しく服薬するのは難しい．	Aさんは，自分で服薬ケースから取り出し，正しい時間に飲み込むことができるが，自立しているのは服薬管理の全体の流れのうちの最後の服薬のみで，そのほかは看護師がしている．この場合，服薬管理は5（**最大限の援助**）となる．	Aさんにとって実践と能力に違いはない．能力も5（**最大限の援助**）となる

G 機能状態

IADLのアセスメント方法

例1

　Dさんは姪に請求書の支払や口座の管理を手伝ってもらっている．Dさんは，事業所から請求書が来ると，現金を用意し，おつりがないように封筒に入れることができるが，現金を銀行から下ろしてくるのは姪である．姪は，そのほかにも口座振替の手続きなど銀行や郵便局にいかなければならないことを担当している．Dさんは自分でできることは自分でして，姪に手伝ってもらっていることに満足し，姪がいなければ自分ではできないと思っている．この3日間は何も金銭に関することはなかった．

記入　実施の欄には 8（**活動はない**），能力の欄には 5（**最大限の援助**）がはいる．
理由　過去3日間に金銭管理が発生しなかったので，実施は 8（**本活動はなかった**）．姪が手伝い，サブタスクの半分以上を行っているので，能力は 5（**最大限の援助**）．

例2

　Aさんは毎週訪問看護を受けている．訪問看護師は1週間分の薬を服薬ケースに入れている．看護師が薬の補充を連絡し，薬局が配達する．Aさんは服薬時間を覚えており，服薬は自立している．看護師は3日前に薬を補充している．服薬ケースが無ければ，正しく服薬するのは難しい．

記入　実施は 5（**最大限の援助**），能力は 5（**最大限の援助**）
理由　Aさんは，自分で服薬ケースから取り出し，正しい時間に飲み込むことができるが，自立しているのは服薬管理のサブタスクの最後のタスクのみで，そのほかは看護師が行っている．この場合，服薬管理は5（**最大限の援助**）となる．Aさんにとって実践と能力に違いはない．能力も5（**最大限の援助**）となる．

G2. ADL

利用者の多くは機能状態が悪化する危険性がある．同時に多くの人はさまざまな慢性疾患を抱え，自立度に大きな影響を与える要因を有している．たとえば認知障害は，利用者のセルフケアを遂行する能力や実施する意思にも影響し，ケアプランの課題を理解できなくさせる．身体的，神経的疾患も，体力や筋力，バランス力，骨の強さなどに重大な影響を及ぼす．さらに薬剤やさまざまな治療も，自立度を不必要に低下させることがある．

こうしたマイナス要因により，利用者のもつ潜在的な能力は，家族やケアスタッフ，そして利用者本人からも過少評価されていることが多い．したがって，ADL自立度の維持・拡大に焦点をあわせたリハビリを組み込んだ個別的で効果的なケアプランは，利用者のADLと他者からの援助量を正確にアセスメントしたときだけ，作成することができる．

目的　　過去3日間におけるADLの自立度（利用者が何を自分のためにしたか，何を援助されたか）を記録する．

定義　　ADL自立度　過去3日間に起きたすべてのADLの状態に基づく．

- **G2a. 入浴**　どのように入浴をしたり，シャワーを浴びるか．浴槽やシャワー室への出入り，体の各部分（腕，大腿，膝下，胸部，腹部，陰部）をどう洗うかを含む．**背中を洗うことと洗髪は含めない．**
- **G2b. 個人衛生**　どのように個人衛生を保つか．髪を梳かす，歯を磨く，ひげを剃る，化粧をする，顔や手を乾かす．**入浴とシャワーは含めない．**
- **G2c. 上半身の更衣**　どのように上半身の衣類（普段着，下着）を着たり，脱いだりするか．義手や装具，ファスナー，セーターなど．
- **G2d. 下半身の更衣**　どのように下半身の衣類（普段着，下着）を着たり脱いだりするか．義足や装具，ベルト，ズボン，スカート，靴，ファスナーなど．
- **G2e. 歩行**　屋内の平面をどう歩くか．
- **G2f. 移動**　どのように居宅・施設の中（階段を除く）を移動するか．車椅子を使用している場合，車椅子に移乗した後，どのように移動するか．
- **G2g. トイレへの移乗**　どのようにトイレやポータブルトイレに移乗するか．
- **G2h. トイレの使用**　どのようにトイレ（ポータブルトイレ，便器，尿器）を使用するか．排泄後の始末，オムツの交換，人工肛門やカテーテルの管理，衣類を整える，など．**トイレへの移乗はここには含めない．**
- **G2i. ベッド上の可動性**　横になった状態からどのように動くか．寝返りをうったり，起き上がったり，ベッド上で体の位置をどのように調整するか．

G2j. 食事 どのように食べたり，飲んだりするか（うまい下手は問わない）．その他の方法での栄養摂取も含む（経管栄養や完全経静脈栄養など）．

準備の援助：利用者がある動作を行うのに必要な物品や機材を用意したり，その他の準備をすることをさす．これには，援助者が利用者に物を手渡した後，利用者がその動作を1人で実施するように利用者のもとを立ち去ることが含まれる．もし誰かが残って，利用者を見ていたら，それは「見守り」となる．個人衛生を例にとると，準備の援助とは，洗面器や整容グッズを用意することであり，歩行では歩行器や杖を渡すこと，トイレの使用では便器を渡したり，ストーマの交換に必要な物品を手の届く範囲に置いたりすることがこれに当たる．食事の準備の援助とは，出されたものを刻む，食事のときに容器のふたを開ける，食卓にお盆で食事を運ぶ，1度に1皿ずつ出す援助などが含まれる．

体重を支える：ADLの身体援助にはさまざまなレベルがある．こうした援助レベルを判定する鍵は，どの程度援助者が体重を支えなければならないかである．「体重を支える」とは，座位の場合，1人の援助者が利用者の片腕を持ち上げている（体重を支えている）間に，別の援助者がシャツの袖に腕を通す，といった介助の方法が当てはまる．立位や歩行の場合は，利用者の脇の下で体を支えたり，利用者を援助者の腕に寄りかからせることが考えられる．ただし，最小限の身体的接触で利用者の動きを誘導したり，断続的な身体援助は「体重を支える」とは考えない．

方法

正しいアセスメントをするには，まず過去3日間のすべてのADLの動作について全体像をつかむ必要がある．つまり，利用者が自身では実際に何をして，（もしあれば）どんな援助が実際に提供されたかを把握するようにする．

あるADLにおいて過去3日間における自立度がさまざまであったら，最も依存的な3回の動作に着目する．依存的とは，利用者が他者から最も大きな援助を受けた，という意味である．最も依存的な3回の動作に焦点を当てることで，ADLを実施するうえで利用者が必要とする援助の全体像をつくることができる．ADL自立度を記入するには以下のように情報を収集する．

情報源は複数にする．本人や家族，ケアスタッフ，その他と話す．

そのADLが含んでいるすべての側面を踏まえた質問をする．たとえば，個人衛生であれば，朝に顔を洗い，髪を梳かし，歯を磨き，ひげを剃る，というすべての動作について尋ねる．あることはできても，あることには広範囲は援助を要することがある．

利用者がどのように身体を使っているか観察する．

それぞれのADLにおいて利用者が自分自身で行っていることと援助されていることを確かめるために，本人と話す．

可能なら，直接介護しているケアスタッフや家族と話す．

最後に，これらすべての情報を，各分野でアセスメントされたそれぞれの動作において，利用者のADL自立度の全体像と一致するように考察する．

記入　　以下はADL自立度の記入ルールである．

- 過去3日間すべての動作が同じ援助レベルで行われていたら，その援助レベルを記入する．
    - "**0**"（**自立**），"**6**"（**全面依存**），と"**8**"（**動作は起こらなかった**）は，すべての動作が同じレベルでなければつけることができないので，このルールのみが当てはまる．
    - このルールは，過去3日間に1回しか動作が起こらなかった場合にも当てはまる．たとえば，過去3日間寝たきりで，部屋の中を移動したのは1度だけであれば，G2f（移動）はその人が移動したたった1度の動作に基づく．
- 何度かあった動作に1回でも"**6**"（**全面依存**）があり，他の動作ではより自立していた場合，このADLには"**5**"（**最大の援助**）が入る．
- これら以外は，最も依存的な3回の動作に着目する（もし2回しか起こらなかったら，2回でよい）．これら3回の動作のうち最も依存的な状態が，準備のみの援助であれば，"**1**"（**自立，準備の援助のみ**）を記入する．そうでない場合は，2から4のうちの最も軽いもの（依存的でないもの）を選ぶ．

これらのルールと以下のガイドラインに沿って，コードを選ぶ．

0　**自立**　すべての動作に身体援助，準備，見守りはなかった．

1　**自立，準備の援助のみ**　物品や用具を用意したり，手の届く範囲に置くのみで，すべての動作において身体援助も見守りもなかった．

2　**見守り**　見守り／合図．

3　**限定的な援助**　四肢の動きを助ける，体重を支えずに身体的な誘導をする．

4　**広範囲な援助**　利用者が必要な動作を50%以上実施し，1人の援助者による体重を支える（四肢を持ち上げることも含まれる）援助．

5　**最大限の援助**　2人以上の援助者による体重を支える（四肢を持ち上げることも含まれる）援助，または50%以上に及ぶ体重を支える援助．

6　**全面依存**　すべての動作において他者がすべて行った．

8　**この動作はなかった**　全面依存と区別すること．たとえば，経管栄養中で食べ物も飲み物も経口摂取していない場合でも，食事（栄養摂取）として経管栄養の実施に対する援助レベルを判定する．つまり"**8**"では

ない．もしある利用者が経管栄養の注入に関与しているのであれば"6"ではなく，より軽いスコアが入るべきである．

下記はADL自立度の正確な記録のための一般的な注意事項である．

- ADL自立度は，過去3日間に利用者が実際にセルフケアに関与した程度と実際に受けた援助の量を記録する．
- あるべき能力，つまり自分でできるはずだとアセスメントする者が信じていること，に基づかない．
- 本来受けるべき援助の量，つまりケアプラン上受けているはず，あるいは家族が期待する援助の量，を記録しない．ケアプランに書かれていることは，実際のケア量とは異なることがある．実際に起こったことを記録する．
- 在宅であれば家族（可能なら，過去3日間のケアに携わったケアスタッフ），施設であればケアスタッフ（可能なら全シフトにわたる）をADLについての話し合いに引き込む．その際，家族たちには過去3日間のことだけに着目するように気をつけてもらう．それぞれのADLについて理解したことを明確にするため，一般的なことからより詳細なことに進む探る質問をぶつける．

会話の例（施設・高齢者住宅）

以下はアセスメント担当者とケアスタッフのベッド上の可動性に関する会話の例である．

アセスメント担当者：Lさんのベッド上の可動性について教えてくれますか．彼女がベッドに戻って，ベッドに座った姿勢から横になったり，逆に横になっている姿勢から起き上がったり，それから，寝ながら向きを変えたり，ベッドの上で体の位置を調整したり，を自分でできるということなのですか．

ケアスタッフ：横になったり，起き上がったりは自分でできていますよ．でも，横に向くときはお手伝いしています．

アセスメント担当者：Lさんは言葉で促したりとか，ちょっと手を出すというお手伝いもなしで，横になったり，起き上がったりできるのですか．

ケアスタッフ：いえ，毎回このぶら下りの手すりを持つように言わないとだめです．でも1度言えば，自分でできます．

アセスメント担当者：横向きになるときのお手伝いはどうしてますか．

ケアスタッフ：Lさんはベッド柵をつかんで，自分でなんとか横を向こうとするんです．それもそういう風に私が言えばですけど．ただお尻と脚はこ

ちらでいい位置にもっていってあげています．
アセスメント担当者：それは1人でしますか．それとも他の人にも手伝ってもらいますか．
ケアスタッフ：　　　1人ですよ．
アセスメント担当者：この1週間は，どのくらいその援助をしましたか．
ケアスタッフ：　　　毎日です．

　Lさんのベッド上の可動性は4（**広範囲な援助**）となる．最初の2回のやりとりに注意してほしい．アセスメント担当者がつっこんで聞かなければ，Lさんが自分でやっている範囲やケアスタッフが実際にやっている援助を正しくアセスメントすることはできなかっただろう．このような情報が，個別性のあるケアプランの立案に欠かせないのである．

G3.　　　移動／歩行

G3a.　　　主な室内移動手段

目的　　　居宅内，施設，高齢者住宅内での主な移動手段と過去3日間に使用した器具を記録する．

定義　　　杖：手にもつ細長い棒で歩行時の支えのために使われる．
　　　　　　松葉杖：歩行を助けるための器具．通常クッションのついた半月状の上部を脇の下に当てて用いる．
　　　　　　電動車いす，電動三輪車（スクーター）：移動のために本人が操作する電動の乗り物．
　　　　　　歩行器：歩行を補助するために使われる可動用具．通常足を踏み出している間につかむことができる金属製チューブのフレームで作られている．歩行器を前に押し出し，次の一歩を踏み出す．

記入　　　過去3日間に屋内で使用した主な移動手段を選ぶ．歩行器のほか車いすを支えるために押して移動したり，その他の歩行タイプの用具を利用している場合は，1を記入する．
　　　　　　0　**器具なしで歩行**
　　　　　　1　**器具を使用して歩行**　杖，歩行器，松葉杖，車いすを押す
　　　　　　2　**車いす，電動車いす，電動三輪車（スクーター）**
　　　　　　3　**寝たきり**

G3b.　　　4メートルの歩行時間

目的　　　このテストは，利用者の体力を測るものである．再アセスメント時に比較

するための客観指標を確立するために行う．

方法 まず，直線で，障害物のないコースをつくり，メジャーで4メートルの長さを測る．可能なら，スタート地点とゴール地点に跡がつかないテープや後ですぐに取り除くことができる物で印をつける．このテストを実施するときは，本人のすぐ脇に立つ必要がある．また椅子を用意し，利用者が疲れてこれ以上できないときにすぐに座ってもらえるようにする．
次に，"はい歩き始めてください，と私が言ったら，普通のスピードで歩き始めてください（使用しているなら杖や歩行器を使って）．これはどれだけ早く歩けるかというテストではありません．結構ですと言ったら，歩くのをやめてください．よろしいでしょうか？"と言い，どのように行うのかデモンストレーションして見せる．
そして，スタート地点に両足が着くように利用者に立ってもらい，「歩き始めてください」と言う．利用者が第一歩を地面につけたときにストップウォッチを押す（もしくは，秒を読み上げる）．4メートルのマークを超えたら「結構です」と言う．

記入 体をどんな形でも支えなければ歩行できない利用者にはこのテストは行わない．その場合，**99** を記入する．身体的にはテストは可能であるが，やらないことを選んだ場合 **88** を記入する．
テストを実施した場合，以下に従って記入する．
テストが30秒以内に終了したら，秒数を記入する（10秒以内の場合，09など二桁になるようにする）．
30秒以上かかった場合，**30** を記入する．
テストを始めたが終了できなかった場合 **77** を記入する．

G3c. 歩行距離

目的 歩行の自立性（援助が必要なら受けた状態も含めて）をアセスメントする．

定義 過去3日間において，必要時支援を受けた状態で，途中1度も座ることなく歩くことができた最長距離．

方法 利用者や家族，ケアスタッフに過去3日間に行った歩行について尋ねる．1度も座らずに歩いた最長距離を記録する．

記入 0 歩かなかった
1 5m未満
2 5〜49m

3 50〜99 m
4 100 m 以上
5 1 km 以上

G3d. 車いす自操距離

目的 電動以外の車いすで家の中や地域を移動する際の自立性を把握する．

定義 過去3日間に車いすを1度に自己操作して移動した最長距離．

方法 利用者や家族に過去3日間に家や地域を移動したことについて尋ねる．長く休むことなく移動した最長距離を記録する．

記入
0 車いすを押してもらった
1 電動車いすや電動三輪車（スクーター）を利用した
2 5 m 未満　自己操作した
3 5〜49 m　自己操作した
4 50〜99 m　自己操作した
5 100 m 以上　自己操作した
8 車いすは使用しなかった

G4. 活動状況

目的 毎日の暮らしの中に適度な運動を取り入れることは，多くの意味で利用者の調子を保つことに役立つ．ある活動量以下になると，機能低下は加速度的に進むが，逆に利用者が運動のプログラムに参加することで，筋肉や持久力を大幅につけることも可能である．運動は激しくなくても効果はある．定期的な散歩や車椅子を自己操作する時間は，理学療法やよりカジュアルな形態の運動とともに，G4aの体を動かす時間に含めることができる．
利用者に意欲があるか，どんなニーズがあるのか，克服しなければならない壁は何か，健康教育が必要か，について理解することが必要である．
多くの利用者は，健康維持に関心があり，生活習慣が重要であることは一般論として理解しているが，自分たちの生活習慣がどんなに健康維持に重要かについてはしばしば具体的な情報を必要としている．たとえば，運動や栄養が重要だということは頭では理解しているが，ある種のサポートや援助がなければ，自分たちの生活習慣を変えたくないし，変えようともしないだろう．

G4a. 過去3日間において体を動かした時間の合計（散歩など）

定義   体を動かす：少なくとも適度の身体的な運動となるあらゆること．散歩，水泳，ヨガ，運動教室，筋トレなど．

方法   利用者や家族，ケアスタッフに過去3日間における身体的活動量を尋ねる．

記入   体を動かすのは1日に1度で行う必要はなく，何度かに分けて行われたことを合計する．
- 0 なし
- 1 1時間未満
- 2 1時間以上2時間未満
- 3 2時間以上3時間未満
- 4 3時間以上4時間未満
- 5 4時間以上

G4b. 過去3日間に家（建物）の外に出た日数（短時間でもよい）

定義   家や建物の外に出る：外に出ることであり，外で過ごす時間は短くても構わない．裏庭に出たり，玄関先に立ったり，あるいは道を歩くことなどが含まれる．

方法   利用者や家族，ケアスタッフに過去3日間に利用者が外に出たか尋ねる．

記入   この3日間は病気や悪天候など（積雪やどしゃぶりなど）で外に出られなかったが，通常であれば外に出ているという場合は，1を記入する．
- 0 1日もない
- 1 過去3日間は出ていないが，通常は3日間のうちには出ている
- 2 1～2日間
- 3 3日間

G5. 身体機能の潜在能力

目的   利用者がより自立し，自分のことを自分でできるようになる可能性を把握する．G5aには利用者自身の意見，G5bには本人を知るケアの専門家の意見を記録する．

定義   G5a．本人は自分の身体機能が向上すると信じている　現実的でなくても，これは純粋に本人の自己評価に基づく．

G5b. ケアスタッフは本人の身体機能が向上すると信じている　ケアの専門家（療法士や医師など）を含めることができる．

方法　利用者が自分自身はもっと自立できると考えていることをアセスメントする．医師やケアスタッフは本人や家族に何と言っているかを尋ねる．それぞれが言っていることは明瞭で筋が通っているか．利用者の気分ややる気の問題が解決されたら，より自立できるようになるか．

介護者たちと話す．介護者たちはどのように本人の能力をみているか．それは本人の認識やアセスメント担当者が観察したことと矛盾しないか．

本人の身体能力は最近変化したか．調子を狂わせるような突発的な出来事があったか．現在の病気や状態から回復する可能性はどのくらいあるか．

- □ 過去3日間にADLの自立度が異なったことはないか（たとえば，普段2人介助が必要であるのに，ある日は1人介助で移乗ができたなど）
- □ 日中のほとんど疲れているか．
- □ 身体的や認知機能的に可能であるにもかかわらず，ADLを行うのを避けることがあるか（たとえば，転ぶのを怖がって，1人で歩かない，やってもらうほうが上手くできるので人に頼っているなど）．
- □ いずれかのADLが改善しているか．

記入
0　いいえ
1　はい

事例（居宅）

S夫人はこの数年間アルツハイマー病のため短期と長期の記憶を失っている．彼女は「やらせてもらえば，自分でできるわ」と言うが，娘は母親のことはすべて世話しないといけないと話している．
G5a　本人は自分の身体機能が向上すると信じている　　　　1　はい
G5b　ケアスタッフは本人の身体機能が向上すると信じている　0　いいえ

事例（施設）

Nさんは認知障害があり，安全のため，移動や歩行時はケアスタッフが付き添っている．しかし，本人は1人で歩けると思っており，ケアスタッフが見ていないところでは，しばしば1人で立ち上がり，歩いている．
G5a　1　はい

> Wさんに摂食において全面介助を受けているが，あるケアスタッフはこの数週間にWさんが何度か指で食べ物をつまもうと試みていることに気がついている．このケアスタッフは，Wさんが食事摂取のリハビリを受けたり，少人数のグループで見守りや合図を受けながら食べることができれば，自分で食べられるのではないかと思っている．
> G5b 1 はい

G6. 過去90日間（または前回アセスメント以降）のADLの変化

目的 現在のADLが90日前（もしくは前回アセスメントが90日以内なら，前回アセスメント時）と比べて変化しているか把握する．変化には，さまざまな形があり，たとえば，本人がよりADLにかかわるようになった，ケアスタッフの援助時間が減ったなどである．

方法 新規の場合，サービスを利用する以前の状態も含めて検討する．
利用者と話す．利用者に90日前はどのくらいADLができていたか考えてもらう．現在のADLは90日前と比べてどうか．必要なら，家族やケアスタッフとも話す．
記録を参照し，変化の兆候があるか確認する．前回のセクションGのアセスメント結果を見て，今回のアセスメントと比較する．初回アセスメントの場合，家族やケアスタッフに聞く．

記入 最も適切なコードを選ぶ．ある分野は改善し，ある分野は悪化している場合，全体としての変化の方向性を選択する．
　　0　改善した
　　1　変化なし
　　2　悪化した
　　8　判定不能

> **事例（施設）**
>
> ○Bさんはほとんどすべてのアで立していたが，7週間前にすべって転倒し，右手首を捻挫してしまった．その後数週間はADLに対して広範囲の援助を受けていたが，現在は転倒前の状況に戻っている．この場合 **1（変化なし）** を記入する．
> ○Zさんは，3週間前に大腿骨を骨折し，移乗，移動，更衣，トイレの使用，個人衛生，入浴に体重を支える援助を必要とした（著変時アセスメント実施）．しかし，リハビリを懸命にこなし，大幅に機能改善がみられている．が，まだ骨折以前のレベルには到達していない．この場合 **0（改善した）** を記入する．（90日前と比較すると悪化であるが，前

回アセスメントは著変時であるので，改善という判断になる）
○Lさんのお気に入りの看護師が3週間前に異動になってしまった．Lさんは口では，本人のためにそれでよかったと言っているが，それ以降すっかり元気がなくなり，とくに身なりに気を使わなくなってしまった．日中きちんとした服を着ていたのが，今はシミのついた服の平気で着ているため，着替えを促す必要があったり，髭を剃るのも髪を梳かすのも言われないとしなくなった．これらの悪化した分野にかかわらず，Lさんの移動能力は向上した．なぜなら，その看護師の異動先に週に2回会いに行くからである．この場合 **2（悪化した）** を記入する．

理由：
週に2回発生する1つのADL（移動）は改善したが，1日に複数発生する2つのADL（更衣と整容）が悪化しているので，全体として悪化と判断する．

事例（居宅）

○Jさんは6月10日に脳梗塞を起こし，4週間リハビリテーション病院に入院し，7月10日自宅に戻った．今回の定期アセスメントはアセスメント基準日が9月2日である．90日前は脳梗塞を起こす前なので，ADLは完全に自立し，近くのスーパーでパートの仕事もしていたが，過去3日間のJさんは，三点杖を用い，入浴に援助が必要であるが，補助具を用いれば更衣は自立している．記入は **2（悪化した）** となる．

○アセスメント基準日は9月4日である．過去3日間においてHさんは，個人衛生，上半身，下半身の更衣，トイレの使用，歩行において自立していたが，2日前の入浴時，1人の援助者による体重を支える援助を必要とした．90日前の援助状況は過去3日間のものと同様である．しかし，7月14日に肺塞栓で入院し，その入院中は個人衛生，更衣，移乗に援助を要した．記入は **0（変化なし）** となる．

○Yさんは5月28日に居室内ではしごから落ち，左大腿骨を骨折した．5日間入院し，ADL訓練を受け，自宅に戻った．左脚にギプスをはめていた5週間は，補助具を使って更衣や個人衛生を行い，Yさんの息子が週に2回来て，シャワー浴の援助をし，Yさんは松葉杖を使って歩いていた．しかし7月5日にギプスがとれて以来は，ADLは完全に自立に戻っている．アセスメントは9月の始めに行われた．90日前はギプスをはめていた時期なので，記入は **1（改善した）** となる．

G7. 自動車の運転

目的 　地域での自立性の一側面を評価し，利用者の運転は問題となっているか把握する．

定義 　G7a．過去90日間に車を運転した　買い物に行く，友人を訪問する，受

　　　　　　　　診するなど．
　　　　　　G7b．過去90日間に運転した場合，運転を制限したり，やめたほうがい
　　　　　　　　いと誰かに言われている様子があった．

方法　　　利用者に車の運転状況と今後運転する予定があるか尋ねる．運転の問題はデリケートな話題であることに留意する．ある状態は運転能力を一時的にまたは永久に阻害する．利用者に現在運転できる状態であるか尋ねる．本人がよくわかっていなかったら，運転に復帰する前に医師に確認すること，教習所で運転の練習をすること，作業療法士やその他の運転能力を評価できる専門家に相談することを勧める．

記入　　　0　いいえ，または運転していない
　　　　　1　はい

セクション H　失禁

H1.　　　　　　　尿失禁

目的　　　　　　過去3日間における尿失禁の状況を把握し，記録する．

定義　　　　　　この項目は，トイレ誘導や失禁トレーニング，採尿器具などの使用を考慮にいれたうえで，利用者の尿失禁状況を把握する．この項目は，利用者がトイレに一人で行けるかどうかは問わない．たとえばトイレまで広範囲の援助を必要とする場合であっても，この項目は自立となることもある．尿失禁には，ちびりからびしょぬれまでのあらゆるレベルの尿の漏れを含む．

方法　　　　　　この話し合いはプライバシーが守られるようにする．尿漏れは，とくにそれをどうにかしようとしている人にとっては非常にデリケートな話題である．多くの人は尿の問題があっても恥ずかしさから，あるいはそのことで施設にいれられはしないかという心配や，罰を受ける恐れから隠そうとするものである．また，尿漏れは年や病気に伴うものでどうすることもできないという誤解から報告しない場合もある．多くの人はケアの専門家がデリカシーをもって率直にこの問題の性質を尋ねるように十分配慮すれば，安心するものである．
以下の順番で行う．週末を含む過去3日間，1日24時間にわたる失禁のパターンを考慮することを忘れない．
【居宅版・高住版】
1．利用者の尿の排泄パターンについて本人と確認する．
2．本人をよく知る人(家族や介護者など)に本人が言ったことを確認する．

【施設版】
1．経過記録，排泄記録を確認する．
2．利用者にトイレが間に合わないことがあったか，また，尿がちょっとでも漏れたこと，とくに咳をしたときや，いきんだとき，笑ったとき，運動をしたときになかったか聞く．
3．本人をよく知る人（ケアスタッフなど）に尿失禁のパターンを聞く．
4．もし情報が不一致，とくにケアスタッフが，本人が言っていない失禁があると報告したら，利用者に失禁があるかどうかを示す物理的な兆候を確認するように最善をつくす．これは，定時排泄誘導時に同行したり，着替えのとき観察するなどが含まれる．

記入　　　　　　0　**失禁しない**　完全なコントロール．排尿を促されたり，排尿訓練を受けるなどの合図や見守りによって達成されたコントロールも含む．カテー

テルや採尿する用具を使用していない．

1 **カテーテルや瘻があり，失禁しない** カテーテルや採尿する用具の使用や瘻があることで，コントロールされている．

2 **まれに失禁する** 過去3日間に失禁はないが，失禁したことがある（最近失禁した既往がある）．

3 **ときに失禁する** 毎日ではないが，失禁があった（過去3日間のうち1～2日に失禁があった）．

4 **頻繁に失禁する** 毎日失禁するが，いくらかのコントロールがある．
例：日中はおむつをぬらすことはないが，夜間はベッドをぬらしているなど．

5 **失禁状態** 膀胱のコントロールがない．1日に何度もまたはほとんど常に．

8 **尿の排泄はなかった** 過去3日間に尿の排泄はなかった．

　採尿用具を使用しているなら使用している状態における実際の尿失禁パターンを記録する．このパターンは過去3日間において利用者が下着やおむつをぬらした頻度である．もし～であったら失禁しなかった，という仮定は取り入れない（たとえば，24時間介護者がいたら，あるいはトイレに連れて行っていたら，など）．

　もし"4"（頻回な失禁）と"5"（失禁状態）で迷った場合，いくらかのコントロールがあるかないかで判断する．ある場合"4"でない場合"5"となる．

尿失禁のアセスメント例

- Qさんは毎食後，就寝前と寝ている間に1回トイレに連れて行ってもらっている．いつも成功していて，漏らしていない．この場合 **0（失禁はない）** となる．
- Rさんは，留置カテーテルが挿入されており，漏れていない．この場合 **1（カテーテルやストマがあり，失禁していない）** となる．
- Fさんは通常は失禁しないが，ときに（先週4日前と6日前に）トイレに間に合わなかった．利尿剤を開始したところである．この場合 **2（まれに失禁する）** となる．
- Aさんは毎日ではないが尿失禁しており，とくに夕方の疲れたときに失禁してしまう．この2日間は失禁しなかったが，3日前には失禁があった．この場合 **3（ときに失禁する）** となる．
- Sさんは昏睡であり，尿による汚染を防ぐために留置カテーテルを入れている．このカテーテルは抜けてしまうことが多く，維持が困難である．これまでさまざまなメーカーのものを試したが，なかなか上手くいかない．過去3日間では日中毎日濡れてしまっているのが確認されている．この場合 **4（頻繁に失禁する）** となる．
- Uさんはアルツハイマーの末期である．全身状態は悪く，四肢は堅く痛みを伴う拘縮を

している．ウォーターマットレスに寝たきりであり，1時間おきに体位変換されている．トイレに行くことはなく，すべての尿は失禁している．**5（失禁状態）**となる．

H2. 尿失禁器材（オムツやパッドは除く）

定義　外部（コンドーム型）カテーテル：陰茎に被せる採尿器材．
留置カテーテル：持続的に排尿させることを目的として膀胱内に留置するカテーテル．尿道のほか，恥骨上切開により挿入されるカテーテルを含む．
膀胱瘻：外科切開によって作られた腹壁の膀胱開口部を採尿バッグで覆うもの．
腎瘻：尿管閉塞時に腎臓から尿を排出させるためのチューブ，ステント，カテーテル．カテーテルによって体外のドレナージバッグに尿を排出させることもあるが，直接膀胱に尿を流すこともある．
尿管皮膚瘻：膀胱から尿管を切り離して腹壁につなぎ，採尿バッグで覆うもの．

方法　利用者やケアスタッフに尋ね，診療情報などの記録物と照らし合わせる．採尿バッグは通常服の下に隠れているので，それぞれについて尋ねるようにする．

記入
0　なし
1　コンドームカテーテル
2　留置カテーテル
3　膀胱瘻，腎瘻，尿管皮膚瘻

H3. 便失禁

目的　過去3日間の便の自制力を把握し，記録する．

定義　便の自制力とは，利用者が便通をコントロールできるかどうかを意味する．この項目は，排泄誘導や失禁訓練プログラム，便秘薬等を使用した状態での利用者の便の自制力パターンを把握するものであり，利用者がトイレに1人で行けるかどうかは問わない．たとえばトイレまで広範囲の援助を必要とする場合であっても，便の自制は保たれていることがある．

方法　尿失禁パターンのアセスメントと同時に行う．経過記録や排便チェックリスト（あれば）の確認が含まれる．これらの記録物が合っているか，本人に聞く．排便についての話題も尿同様にデリケートである．デリカシーを

もって率直にこの問題を尋ねるようにすることを忘れない．必要なら本人をよく知る人（家族やケアスタッフなど）に確認する．その際，過去3日間，24時間の排便状況をとりあげることを念頭におく．

記入
0 **失禁しない** 完全なコントロール．瘻なし．
1 **瘻があり，失禁しない** 過去3日間瘻を用いてコントロールされている．
2 **まれに失禁** 過去3日間失禁はないが，失禁したことがある．
3 **ときに失禁** 毎日ではないが失禁．
4 **頻繁に失禁** 毎日失禁するが，いくらかコントロールされている．
5 **失禁状態** コントロールはない．
8 **排便はなかった** 過去3日間に排便はなかった．

事例

- Pさんは先週毎日排便があった．この3日間は1度も失禁はないが，前の病院からのサマリーでも便失禁があったことは記録されていない．**0**を記入する．
- Wさんはストーマがあり，自分でうまく処理し，漏れはない．**1**を記入する．
- Zさんは，過去3日間にトイレで排便が2回あったが，1日だけトイレに間に合わず，下着の中に排便してしまった．この場合 **3**を記入する．

H4.	**オムツやパッドの使用**
定義	あらゆる種類の吸収性のディスポ（使い捨て）もしくは再利用可能の下着や素材で，利用者が着用するか(オムツや失禁パンツなど)，失禁用にベッドや椅子に敷くものを含む．ただし，ほとんど，もしくは全く失禁することのない利用者のベッドに日常的に敷いている防水シーツなどは含めない．
記入	0　なし 1　あり

H5.	**ストーマ**
目的	腹部に開口する排便路の存在を記録する．
定義	便を排出するために外科的に作成された腹部の開口（ストーマ）．
記入	0　なし 1　あり

セクションI 疾患

I1.　疾患

目的　現在のADLの状態，認知状態，気分，行動の状況，医学的治療，看護の観察，死の危険性に関連する疾患や感染症の有無を記録する．一般に，これらの状態は利用者が必要とするケアのレベルと関連する．すでに解決された状態やすでに利用者の機能やケアニーズと関連していないものは除く．

定義

筋骨系

I1a.　過去30日間（または前回アセスメント以降）の大腿骨骨折　過去30日間（もしくは前回アセスメントから30日経っていなければ前回アセスメント以降）に起こり，現在の状態や治療，観察と関係するすべての大腿骨骨折を含む．大腿骨骨折には，大腿骨頸部骨折，骨転子部位の骨折，骨頭直下骨折を含む．

I1b.　過去30日間（または前回アセスメント以降）のその他の骨折　転倒やがんのために骨がもろくなっているなどあらゆる理由で起こった大腿骨以外のすべての骨折（例えば手首など）．

神経系

I1c.　アルツハイマー病　他の認知症や認知症の生理学的理由を除外することによって診断された変性進行性の認知症．

I1d.　アルツハイマー病以外の認知症　器質性脳症候群(OBS)，慢性脳症候群(CBS)，老衰，老年性認知症，多発性脳梗塞による認知症，神経疾患と関連した認知症（ピック病，クロイツフェルト・ヤコブ病，ハンチントン病など）などが含まれる．

I1e.　片麻痺　身体の片側上下肢の麻痺（知覚，機能，運動の一時的もしくは永久的な障害）．通常，脳の出血や梗塞，腫瘍によって起こる．

I1f.　多発性硬化症　中枢神経系全体に脱髄がみられる疾患．典型的な症状は疲労，失調，感覚障害，言語障害，視力視野障害である．

I1g.　対麻痺　両下肢を含む下半身の麻痺（能動運動の一時的もしくは永久的な障害）．

I1h.　パーキンソン病　振戦，歩行や動きの障害，失調症が特徴である脳疾患．

I1i.　四肢麻痺　四肢と体幹の麻痺（知覚，機能，運動の一時的もしくは永久の障害）．

I1j.　脳卒中／脳血管障害　脳内血管の突然の破裂や血流阻害によって起こる重度の出血や局所の閉塞．

心肺系

- **I1k.　冠動脈疾患（CHD）**　冠動脈の肥厚と弾力低下を特徴とする慢性的な状態．コレステロール，類脂質材料，およびリポファージを含むプラーク（アテローム）の沈着によって起こる．
- **I1l.　慢性閉塞性肺疾患（COPD）**　肺への空気の流入流出が阻害される長期にわたる状態．
- **I1m.　うっ血性心不全（CHF）**　心臓に入ってきた血液のすべてを送り出せない状態．血管内に血液がたまり，体組織の浮腫，肺のうっ血をひき起こす．
- **I1n.　高血圧症**

精神

- **I1o.　不安症**　非精神病性精神障害．下記の5つの種類がある．
  - 全般性不安障害
  - 強迫性障害
  - パニック障害
  - 恐怖症
  - 心的外傷後ストレス障害（PTSD）
- **I1p.　双極性障害**　双極性障害か躁うつ病の診断がある．"双極性障害"は躁うつ病の現在名である．
- **I1q.　うつ**　気分障害はしばしば抑うつ気分（たとえば，悲嘆にくれる，空虚感にさいなまれる，涙ぐむなど），思考や集中する能力の低下，通常の活動に対する興味や喜びの喪失，不眠または過眠，エネルギーの喪失，食欲の変化，絶望感，無価値感，罪悪感，自殺念慮・希死念慮も含むことがある．
- **I1r.　統合失調症**　幻覚，妄想，支離滅裂な会話，ひどく奇妙な行動，思考の障害，行動の異常，思考の異常，感情の鈍磨などが特徴．この項目には統合失調症のサブタイプ（妄想，無秩序，緊張，未分化，残留）が含まれる．

感染症

- **I1s.　肺炎**　肺の炎症．細菌性またはウィルス性のものが最も一般的である．
- **I1t.　過去30日間の尿路感染症（UTI）**　過去30日間の慢性および急性の症候性感染を含む．この項目は現在有効な検査の所見や診断がある場合にのみチェックする．

その他

- **I1u.　がん**　異常でコントロール不良の細胞分裂によって生じた悪性増殖または腫瘍．悪性増殖や腫瘍はリンパや血管を通じて体の各部分に広がることがある．
- **I1v.　糖尿病**　持続する口渇感と多尿を特徴とするあらゆる代謝性疾患

方法	利用者と話し，入手可能な診療情報を確認する．かかりつけ医や訪問看護師に相談する．家族と話す．
記入	以下の疾患コードを用いて記入する．

- **0　なし**
- **1　主診断である**　現時点の診断（1つ以上も可）．
- **2　診断があり，治療を受けている**　治療には，投薬，療法，創傷のケアや吸引などその他専門技術を必要とするケアが含まれる．
- **3　診断があり，経過観察されているが，治療は受けていない**　診断があり，経過観察されているが（たとえば，定期検査や測定など），治療は受けていない．

I2.　その他の診断

目的	現在のADLの状態，認知状態，気分，行動の状況，医学的治療，看護の観察，死の危険性に関連する疾患や感染症で，I1に含まれていない状態を記録する．繰り返しになるが，すでに解決された状態やすでに利用者の機能やケアニーズと関連していないものは除く．
記入	記入欄に診断名と1，2，3を入れる．可能であれば，ICD-CMコードも記入する．

> 注：欄が足りない場合は追加すること

- **1　主診断である**　現時点の診断（1つ以上も可）．
- **2　診断があり，治療を受けている**　治療には，投薬，療法，創傷のケアや吸引などその他専門技術を必要とするケアが含まれる．
- **3　診断があり，経過観察されているが，治療は受けていない**　診断があり，経過観察されているが（たとえば，定期検査や測定など），治療は受けていない．

セクション J　健康状態

目的　現在の ADL の状態，認知状態，気分，行動の状況，医学的治療，看護の観察，死の危険性に関連する健康状態を記録する．一般に，これらの状態は利用者が必要とするケアのレベルと関連する．すでに解決された状態や，すでに利用者の機能やケアニーズと関連していないものは除く．

J1.　転倒

目的　転倒や傷害のリスクをアセスメントするうえで重要な要因である転倒の既往歴を把握する．1回でも転倒したことがあれば，将来転倒するリスクは高い．転倒は，在宅ケア利用者ならびに介護施設入居者が寝込むきっかけや死亡する主な原因である．転倒件数の6〜10％は重傷を負い，その約半数は大腿骨骨折である．

定義　本人が最終的に床や地面その他の低い場所に着いてしまう意図しない姿勢の変化．他者に援助されている間の転倒も含む．

方法　初回アセスメント：本人や家族に聞く．依頼してきた機関の記録を確認する．
定期アセスメント：記録を確認する．本人と話す．転んでいても，ちょっとすべっただけ，と転倒したことを報告しない利用者もいる．したがって，記録だけに頼らず，本人に直接この期間内に転倒したか聞く．ただし，本人の報告は臨床的に妥当な場合に採用する．

> 【施設版】ヒヤリハット報告，月間記録なども参照する．

記入
- 0　過去90日間に転倒していない
- 1　過去30日間にはなかったが，31〜90日間に転倒した
- 2　過去30日間に1度転倒した
- 3　過去30日間に2度以上転倒した

J2.　最近の転倒

> 注：前回アセスメントから30日以上経っている場合や初回アセスメント時はこの項目を飛ばし，J3に進む．

目的　最近転倒したか把握する．30日未満しか経過していない再アセスメントでのみ用いる．

定義	本人が最終的に床や地面その他の低い場所に着いてしまう意図しない姿勢の変化．他者に援助されている間の転倒も含む．
記入	初回のアセスメントであったり，前回アセスメントから 30 日以上経っている場合この項目は飛ばす．定期アセスメントで，前回アセスメントから 30 日未満しか経過していない場合に，正しい選択肢を選ぶ． 0　過去 30 日間には転倒していない 1　過去 30 日間に転倒した 空白（初回アセスメント，前回アセスメントから 30 日以上前の場合）

J3.　問題の頻度

目的	利用者の健康状態や機能状態に影響する，あるいはするかもしれない問題を記録し，疾患や事故や機能低下の危険性を把握する．これらの問題は薬剤の副作用と関連することがある．
定義	**バランス** 　J3a.　支えなしでは立位になることが難しいか，できない 　J3b.　立位での方向転換が難しいか，できない 　J3c.　**めまい**　自分自身が回っているか周囲が旋転している感覚の経験． 　J3d.　**不安定な歩行**　転倒の危険性のある歩き方．不安定な歩行はさまざま形態をとる．バランスが悪いように見えたり，振動して歩いている人もいれば，非協調的あるいは痙攣的動きの歩行もある．不安定な歩行の例には，大股で不注意な早歩きや異常に遅いひきずり歩行，もたつく酩酊歩行も含まれる． **心肺** 　J3e.　**胸痛**　胸部のあらゆる種類の痛み．燃えるような，押されるような，刺すような，もやもやした不快感などと表現されることがある． 　J3f.　**気道内分泌物の排出困難**　過去 3 日間に，気道内分泌物を効果的に排出する咳ができない（虚弱や痛みのためなど）と本人が言うか，そのように観察されたか，口の中の痰や分泌物を動かすことができない（嚥下困難や痛みのためなど）か，気管切開している（喀痰の粘度のため，気管切開口から分泌物を除去することが物理的にできない）．例として，肺炎の利用者が体が弱りすぎて，咳ができず，痰を出せない，あるいは ALS の利用者が分泌物を吸引しているなど．

J　健康状態

精神

- **J3g. 異常な思考** 利用者の考えを表現する方法が明らかに異常であると観察されたとき．連合弛緩，思考途絶，観念奔逸，脱線思考，支離滅裂，迂遠，語音連接，新語症，語意連接など．
  - 連合弛緩：明白な関連性なしにある話題から別の話題に飛ぶ．
  - 思考途絶：話の途中で突然止まり，言おうとしていたことに戻ることも，他の考えを完遂することもできない．
  - 観念奔逸：非常に早く考えを表現するので，聞いているほうがついていけない．
  - 脱線思考：議論の途中でその話題から脱線し，関連の無い，ごまかしと思える考えを導入する．
  - 迂遠：目標志向を欠き，不必要な詳細を組み入れ，会話の最終地点にたどり着くことが困難．
  - 語音連接：思考の間のつながりが希薄．話すときにリズムや語呂合わせを使うかもしれない．
  - 支離滅裂：話すことがはっきりしないか，混乱している．コミュニケーションは相手に意味をなさない．
  - 新語症：いくつかの言葉を凝縮したかもしれない言葉をつくる．新語は聞いている者には理解できない．
  - 語意連接：音が似ているが，別の意味の言葉を用いる．

- **J3h. 妄想** 他人とは共有しない固定した虚偽の信念．たとえ正反対のことを示す証拠や根拠があってもその信念をもち続ける．たとえば，自分は末期である，夫や妻が不倫している，レストランや共同の食堂で出される料理に毒が入っている，など．

- **J3i. 幻覚** 実際の刺激なしに生じる虚偽の認識．幻覚は聴覚（声が聞こえるなど），視覚（人や動物が見えるなど），触覚（虫が体を這っているなど），嗅覚（毒性のある臭いがするなど），味覚（変な味がするなど）などに現れる．

神経

- **J3j. 失語症** 脳の疾患や傷害によって起こる言語障害であり，考えを表現すること（話す，書く）や，話し言葉や書き言葉を理解することが困難である．

消化器系

- **J3k. 胃酸の逆流** 胃から喉に少量の酸が逆流すること．
- **J3l. 便秘** 3日間便通がないか，硬い便の排泄が困難．
- **J3m. 下痢** 水様便の頻繁な排泄．理由を問わない．
- **J3n. 嘔吐** 胃内容物の逆流．因果関係を問わない（薬物毒性，インフルエンザ，心因性など）．

睡眠障害

- **J3o.** **入眠または睡眠の継続困難**：覚醒が早すぎる，眠れない，熟睡できない　たとえば，
  - 眠りにつこうとした時間と実際に眠り始めた時間との間のギャップが大きくなっている．
  - 望まれる時間よりも早くはっきりと目が覚めてしまう（誰かに起こされることを除く）．
  - 寝返りを繰り返したり，動揺や覚醒状態を惹き起こす夢を伴う睡眠．このような人は，寝ている間にリラックスできず，目覚めたときに休んだという感じがない．
  - 音や動きによって目が覚めやすく，眠り始めてから何度か起きる．
- **J3p.** **睡眠過多**　利用者の正常の機能を妨げる過剰な睡眠．

その他

- **J3q.** **誤嚥**　食べ物や飲み物を肺に吸い込むこと．
- **J3r.** **発熱**　体温の上昇であり，感染を示すことが多い．
- **J3s.** **消化管出血，尿性器出血**　消化管出血は，消化管の検査で診断されたり，直腸診や潜血検査によって現在出血している証拠があるとして記録された出血である．出血は明らかな場合（明るい赤色の血液など）と潜在的な場合（黒い，潜血反応が陽性など）がある．尿性器出血は，尿性器系のいずれかに起こった出血である．尿の色が暗かったりにごっている場合は血液の存在をテストすべきである．尿中に血が見えることもあるし，尿道開口部から鮮血が流れ出ることもある．
- **J3t.** **不衛生**　通常でない不衛生さ，だらしない身なり，ボサボサ頭など．文化的に適切と思われる範囲を大きく超えた不衛生さをさす．不衛生は皮膚の損傷やその他の健康および心理的問題のリスクを高める．
- **J3u.** **末梢浮腫**　足，足首，脚の組織に異常な水分を溜めている状態．

方法　利用者に尋ねる：こうした症状を他人には話したことがないかもしれない．家族やケアスタッフに尋ねる．手に入る記録物を確認する．

記入
- 0 なし
- 1 あるが過去3日間には見られなかった
- 2 過去3日間のうち1日見られた
- 3 過去3日間のうち2日見られた
- 4 過去3日間毎日見られた

J4. 呼吸困難（息切れ）

目的 呼吸困難の程度を記録する．

定義 本人が息切れがすると報告したか，息が切れていると観察されている．

方法 息が切れるか本人に尋ねる．もしそうであったなら，症状が特別な活動中に起こるか，通常の日常活動で起こるか，休んでいる間に起こるかを把握する．本人が応えられない場合は，診療情報を確認したり，医師や家族から情報を得る．

記入 過去3日間に何度か起きているときは最もひどい状態（数字が大きい）のコードを選択する．過去3日間には起きていないが，活動したら起きただろうという場合は，通常息切れを引き起こす活動レベルに応じて選択する．
"非日常的な活動"には，長距離の散歩，一続きの階段を2階分昇ること，庭仕事などが含まれる．
"日常的な活動"には，すべてのADL（入浴，移乗など）とIADL（食事の用意，買い物など）が含まれる．
0 症状はない
1 休息中にはないが，非日常的な活動により生じる
2 休息中にはないが，日常的な活動により生じる
3 休息中にもある

J5. 疲労感

目的 体のだるさや疲れやすさの程度を把握する．疲労感は慢性疾患と終末期と関連する．

定義 疲労感：圧倒的な，もしくは持続する疲労感であり，身体および精神的労働能力を低下させる．
通常の日々の活動：すべてのADL（入浴，移乗など）とIADL（食事の準備，買い物など）

記入 過去3日間に疲労がなくても，もしある活動をしていたら，疲労していただろうという状態であれば，普段利用者を疲労させる活動レベルに応じてコードを選択する．
0 なし
1 **軽度** 体がだるく，疲れやすいが，通常の日々の活動を行うことはできる．

2 **中等度** 通常の日々の活動を始めるが,体のだるさや疲労感のため終えることができない.

3 **重度** 体のだるさや疲労感のため,通常の日々の活動のうちいくつかは始めることすらできない.

4 **通常の日々の活動を始めることが全くできない** 体のだるさや疲労感のため.

J6. 痛み

> 注：常に利用者に頻度，程度，コントロールについて尋ねる．利用者と観察し，利用者と接する周囲の人に聞く．

目的 痛みの頻度と程度を記録する．この項目は，痛みの有無の把握にも，痛みがケアに対してどう反応しているかを経過観察することにも使うことができる．多くの人は痛みがあるにもかかわらず，コントロールが不十分であるか，全くコントロールされていない．とくに慢性の，がんと関連しない痛みは，見過ごされがちである．最大の理由は，多くの人は痛みは年のせいであり，痛みはなくならないと間違って信じていることである．

痛み："不快な感覚的情動的体験"であり，通常は実際もしくは潜在的な組織の損傷を伴う．

方法 痛みは非常に主観的である．利用者が言った通りである．痛みがあることやその程度を測る客観的なマーカーやテストは存在しない．利用者が経験することは，基底にある組織損傷の種類や程度とは比例しないこともある．慢性的な痛みは原因を特定できないこともある．しかしながら，たとえ原因がわからなくても，本人が拒否しない限り，痛みは常に手当てされるべきである．

最も正確で信頼できる痛みの存在を示す証拠は，本人があなたに言うことである．認知症がある場合であっても，痛みの自己報告は信頼性があるととらえるべきである．

しかし，単純に「痛みがありますか」と聞いただけでは，本当の答えは得られないことがある．それは，「痛み」というものが，たとえば，手術の後や足首をひねったときの激しい痛みのことを言うものだと思っていることがあるからである．たとえば，ある女性は足に傷があり，車椅子からトイレに移るときに痛むが，ほとんどの時間は支障がない．この場合彼女は，痛みがあることを否定するであろう．また，痛みは「痛む」だけでなく，"つらい"，"焼けつくような"，"電気が走るような""しめつけられるような"，"重くのしかかるような""じんじんひりひりする""ずきずきする""さされるような"，感じがするということもある．利用者が痛みがあると表明

したら，次はそのコントロールの程度を聞く．

もし利用者がどんなタイプの痛みの感覚を経験しているのか話すことができないのであれば，うめく，顔をしかめる，よけようとする，など痛みがあることを示す行動を観察する．痛みの存在を見分けるのが困難な人たちもいる．例えば，認知症の人は，大きな声を出すなど特殊な行動によって痛みを示すかもしれないが，痛みがあることを言葉では表現できないことがある．これらの行動は痛みだけを示しているわけではないが，アセスメント担当者はその行動は痛みに続いて起こっているか，(アセスメントを通じて) 判断を下す必要がある．必要時，利用者と頻繁に接触する人に，利用者が過去3日間痛みを訴えたか，あるいは痛みを示す行動があったか尋ねる．しかし，痛みの頻度や程度に関して最初に尋ねるべきなのは，本人である．

J6a. **痛みの頻度** 痛みの訴えや痛みを示す行動の頻度を測定する(しかめっ面，歯をくいしばる，うめく，触ると引っ込める，その他非言語の痛みを示すサインを含む)

記入
0 痛みはない
1 あるが，過去3日間はなかった
2 過去3日間のうち1〜2日あった
3 過去3日間毎日あった

J6b. **痛みの程度** 利用者が訴えた，あるいは観察された痛みのうち最も重度のものの程度を測る．

記入
0 痛みはない
1 軽度
2 中等度
3 重度
4 激しく，耐え難いことがある

J6c. **痛みの持続性** 本人からみた痛みの頻度（周期性）
記入
0 痛みはない
1 過去3日間に1回だけあった
2 断続
3 持続

J6d. **突破する痛み** 過去3日間に1回以上突然の急激な痛みの再燃を経験したか．突破する痛みは，鎮痛薬で対応できる痛みのレベルを超える劇的な痛

みの悪化や薬剤の効果の減弱に伴う痛みの再発として現れることがある．

記入　　　　　0　いいえ
　　　　　　　1　はい

J6e.　　　痛みのコントロール　現在の痛みのコントロールが効いている程度（本人の視点から）．痛みのコントロール法は，薬剤の使用，マッサージ，TENS（経皮的通電刺激法），鍼灸などその他の療法を含む．

記入　　　　　0　痛みはない
　　　　　　　1　痛みはがまんできる範囲であり，とくにコントロールを行っていないか，または変更の必要はない
　　　　　　　2　コントロールは適切に効いている
　　　　　　　3　コントロールは効くが，常に実施できていない
　　　　　　　4　コントロールを行っているが，十分に効いていない
　　　　　　　5　痛み時のコントロール方法はないか，効いていない

> **事例（施設）**
>
> Gさんには短期および長期記憶に障害があり，認知機能に中等度の障害がある．過去3日間毎日看護師に「痛みがあるので痛み止めをください」と言っており，投薬記録をみると，毎晩鎮痛薬を服薬している．看護師は，Gさんは左の腰をさすりながら，痛み止めを欲しがるという．しかし，アセスメント担当者が痛みについてGさんに尋ねると，Gさんは「大丈夫よ．痛みなんてぜんぜんありません」という．
> 痛みの頻度　3，痛みの程度　1
> 理由：Gさんは過去3日間痛みがあったことを忘れているようであるが，軽度の痛みはあったと思われる．
>
> Tさんには認知障害はない．彼は日中起きて，動き回り，身の回りの支度をしたり，レクリエーションにも参加している．過去3日間彼は元気で，活動的であった．夜部屋を見に行くとよく寝ている様子である．しかし，調子はどうかと聞くと，ひどい痙攣が毎晩あって，休んだ気がしないと言う．
> 痛みの頻度　3，痛みの程度　4
> 理由：
> ケアスタッフの見た目には元気そうであるが，本人はひどい痙攣があると言っている．本人が言っていることを反映させる．

J7. 状態の不安定性

目的 過去3日間の疾患や健康状態が急性で，不安定であったり，悪化しているか把握する．

定義

J7a. **認知，ADL，気分，行動を不安定にするような病態や症状がある（不安定，変動，悪化）** 利用者の状態がさまざまであり，変化するため，治療でコントロールすることが難しい状態．たとえば，ある利用者はさまざまな痛みの程度を経験していたり，鎮痛薬への反応がその時々で異なるかもしれない．その場合，調子の良い日はADLプログラムに参加し，余暇活動も楽しめるが，悪い日は依存的になり，興奮したり，泣いたりすることもある．また，依存性やうつ状態をもたらす痛みを生じたり，運動や感覚を障害する状態（たとえば潰瘍性大腸炎，リウマチ性関節炎，多発性硬化症など）も考えられる．

J7b. **急性症状が発生したり，再発性や慢性の問題が再燃した** 急性の健康状態（心筋梗塞の発作，薬の副作用の出現，インフルエンザに罹患など）にあるか，再燃性の急性症状（誤嚥性肺炎や尿路感染症など），慢性症状の悪化や再燃（気管支喘息のある人に新たな呼吸困難の出現，うっ血性心不全の人の足の浮腫が悪化したなど）．これらは通常突然起こり，ある限られた期間続く．医師の診察および看護師の観察時間の大幅な増加を必要とする．

J7c. **末期の疾患であり，余命が6ヵ月以下である** 本人か家族は医師から，利用者は終末期であり，長くても6ヵ月もつかどうかだろうと言われている．この判断は記録された疾患の診断と悪化している臨床経過によって裏付けられるべきである．

方法 利用者と家族と話す．記録を参照する．利用者を観察し，可能な限り医師と相談する．終末期であるかを本人に尋ねるべきかは，アセスメント担当者が判断する．

記入
0 いいえ
1 はい

J8. 主観的健康感

方法 利用者に「一般的にご自分の健康状態をどう思いますか」と聞く．利用者の反応に応じて，コードを選択する．利用者の身体的な健康状態からアセスメント担当者が得た印象や家族らがどう考えるかに基づかない．この項目は厳密に自己評価とする．利用者が質問に答えられない（認知障害など）

や答えたくない場合には，利用者の回答を推測することなく，8を選択する．

記入
0 とても良い
1 良い
2 まあまあ
3 良くない
8 答えられない（答えたくない）

J9. 喫煙と飲酒

J9a. 毎日喫煙

目的　　　喫煙しているか把握する．

定義　　　たばこ：葉巻（シガー），（紙巻き）たばこ，その他すべてのたばこ製品．

方法　　　利用者に直接聞く．この情報は本人にとってデリケートであったり，アセスメント担当者にある感情を抱かせることがある．こうした感情があることを心に留めるようにする．まず喫煙について利用者に偏見をもたずに「たばこを吸いますか」と聞くことからはじめる．もし答えが「はい」なら，その次に頻度を把握する．利用者に自分は評価を受けているとか，何か悪いことをしているという感情を抱かせないように丁寧に質問する．たとえば，「これまでお尋ねしてきたほかの質問と同じように，このことも聞いておきたいです．あなたがしていることが悪い，という意味ではありません」など．本人の喫煙についての回答を家族や介護者に確認する．この話し合いは，本人の前ではしないようにする．

記入
0 吸わない
1 過去3日間は吸っていないが，普段は毎日吸っている
2 吸う

J9b. 飲酒

目的　　　利用者のアルコール摂取量が，問題かどうか把握するために，過去14日間に最も飲んだ1回量を特定する．

定義　　　アルコール：ビール，ワイン，カクテル，酒，焼酎，リキュールなど
1回量：夕食時，仕事の後，宴会で，テレビを見ながらなど，1場面での飲酒

方法　　　　利用者にアルコールを飲むか直接聞く．必要時家族にも相談する．本人と家族を別々に聞くほうが賢明なことがある．利用者に「アルコールは飲まれますか」と聞くことから始め，答えが「はい」なら，「この14日間1番たくさん飲んだときは，どれくらい飲みましたか」と聞く．

記入　　　　0　飲んでいない
　　　　　　1　1杯
　　　　　　2　2〜4杯
　　　　　　3　5杯以上

J 健康状態

セクション K　口腔および栄養状態

K1.　　　　身長と体重

目的　　　　栄養，水分の状態，体重の安定性をモニターするために身長と体重を記録する．たとえば，浮腫があった人は利尿剤の使用により体重減少が予期される．体重減少はカロリー摂取制限や運動プログラムへの参加による望ましい場合もあれば，摂取不足や栄養不良による望ましくないものもある．過去 30 日間に測定した直近の測定値，または推定値を記録する．

K1a.　　　　身長（cm）

方法　　　　身長計や巻尺等によって測定した身長．前回測定が 1 年以上前であれば，再度測定する．実際の測定が望ましいが，できない場合本人，家族，介護者の推定値を用いる．
靴を脱ぐかどうかは，事業所・施設の方針に一致していればよい．

記入　　　　数字を入れる．

K1b.　　　　体重（kg）

方法　　　　過去 30 日間に測定した直近の体重．事業所の方針に沿って一貫した測定方法をとる（排尿後，食前など）．実際の測定が望ましいが，できない場合本人，家族，介護者による推定値を用いる．

記入　　　　数字を入れる．

K2.　　　　栄養上の問題

目的　　　　意図していない著しい体重減少は，衰弱や潜在的な重篤な疾患，身体的・認知的・社会的要因による栄養摂取不足などが考えられるため，明らかにする．

K2a.　　　　過去 30 日間に 5％以上か 180 日間に 10％以上の体重減少

方法　　　　利用者か家族に過去 30 日間と 180 日間の体重変化について尋ねる．体重測定値の記録があるなら，それを用いるが，ない場合は本人や介護者の主観的推定値で代用してもよい．およそ 6 ヵ月前の出来事を思い出してもらう（たとえば正月ごろなど）と，180 日前のおよその体重を思い出すのに役立

つことがある．「（そのころの）体重はどのくらいでしたか」と尋ね，頭の中で，測定した，あるいは主観的に推定した体重の値と比較する．あるいは「ずいぶん体重が落ちたと思いますか」「やせたような感じがしますか」「洋服がぶかぶかになった感じがしますね．半年くらい前はもっと太っていましたか」などとも質問することができる．

体重減少の計算例

体重減少の程度を把握するには，減少した体重分を以前の体重で割り，100 をかける．小数点以下は四捨五入する．

たとえば，3ヵ月前 50 kg だった人が，今 45 kg であったら，3ヵ月で 5 kg 減であるので，

体重減少の程度は，5/50×100＝10％となる．

K2b. 脱水である，または BUN／クレアチニン比が 20 以上

方法 脱水の把握は難しいことがある．兆候や症状に基づいてアセスメント担当者の臨床判断を記録する（重症の嘔吐をしているなど）．もし検査データが手に入る場合は，BUN／クレアチニン比が 20 を超える場合にチェックする．

K2c. 1日1リットル未満の水分摂取

定義 過去 3 日間全く，あるいはほとんど水分を摂取していない．

K2d. 水分排泄量が摂取量を超える

定義 水分の喪失が摂取量を超える場合．たとえば，嘔吐，発熱，下痢の喪失が補液量を超える場合．

K3. 栄養摂取の方法

目的 安全に物を飲み込める能力は，多くの疾患や身体機能低下の影響を受ける．嚥下能力の変化は，窒息や誤嚥につながることがあり，これらは合併症や死亡の原因となり得る．嚥下困難があると，多くの人は食事や飲み物の粘度を調整し経口摂取を行う．この項目は嚥下困難に対応するために行っている摂取方法や食形態の変更を詳らかにするものである．

定義	経管栄養：消化管に直接食べ物／栄養剤／水分／薬剤を届けることができるあらゆるタイプのチューブがあること．たとえば，経鼻経管栄養，胃ろうチューブ，空腸ろうチューブ，PEG（胃ろう）など．

調整：経口摂取を促進するため食べ物の硬さを変えること．固形物をやわらかくする，裏ごしする，ひき肉にするなど．窒息予防にとろみをつけた液体しか摂取できない場合も，この定義に含まれる．

非経口栄養のみ：PEG（胃ろう）や中心静脈栄養（TPN）などすべての非経口摂取を含む．

方法	利用者を観察し，話す．可能なら医師や栄養士，言語療法士らと利用者の診療録を再度調べる．

記入	嚥下困難のために行っている摂食方法や食形態の変更を最もよく表すコードを選択する．

    0　**正常**　いかなる種類の食物も飲み込んでいる．
    1　**自分で加減**　たとえば，液体を少しずつすする，限られた固形物しか食べないなど．調整の必要性はわからないことがある．
    2　**固形物を飲み込むのに調整を要する**　たとえば，裏ごししたり，刻む必要がある，ある特別な食べ物しか食べることができない，など．
    3　**液体を飲み込むのに調整を要する**　たとえば，液体はとろみをつけるなど．
    4　**裏ごしした固形物ととろみをつけた液体しか飲み込むことができない**
    5　**経口摂取と経管栄養／経静脈栄養の混合**
    6　**経鼻経管栄養のみ**
    7　**腹部の経管栄養のみ**　たとえば，PEGチューブ．
    8　**経静脈栄養のみ**　中心静脈栄養（TPN）など，あらゆる種類の腸管外の栄養摂取方法を含む．
    9　**この活動はなかった**　過去3日間食事ほかあらゆる栄養補給をしなかった．

K4. 経静脈／経管栄養摂取量

目的	過去3日間に経静脈または経管によって摂取したカロリー割合と平均水分量を記録すること．

定義	カロリー割合：過去3日間に経静脈または経管によって利用者が実際に消費したカロリーを全カロリー摂取量と比較したときの割合．

方法	利用者の食事記録を参照する．全く経口摂取していないか，水分を口に

含む程度ならば，1となる．より実質的な栄養摂取を経口からしている場合，経静脈または経管によって摂取したカロリーを，栄養士に相談し計算する．

記入　　　0　経静脈／経管栄養はない
　　　　　1　経静脈／経管栄養のみ．経口はなし
　　　　　2　全カロリーの1%から25%未満
　　　　　3　全カロリーの25%以上

事例

Hさんは手術後であり経管栄養中である．現在は回復し，経口摂取を始めた．栄養士は過去3日間の栄養摂取割合は以下のように算出した．

```
ステップ1     経口         経管
日曜日        500    +    2,000 kcal
月曜日        250    +    2,250 kcal
火曜日        250    +    2,250 kcal
合計         1,000        6,500 kcal
```

ステップ2
合計カロリー　1,000＋6,500　7,500 kcal

ステップ3
経管のカロリー割合
6,500/7,500（×100）86.7%

ステップ4
3（全カロリーの25%以上）を記入する．

K5.　歯科口腔

目的　　過去3日間の問題を記録する．

定義　　**K5a．義歯使用（取り外しのできる補綴物）**　上顎や下顎の歯の全部や一部に代わる補綴物．義歯は本人や援助者が取り外すことができる．
　　　　K5b．自分の歯が折れている，欠けている，ゆるい，ほか正常でない　利用者は自分の歯を残しているが，折れていたり，欠けていたり（歯が部

分的にない），ゆるい（触ると動く）など．

> K5c. 口や顔の痛み／不快感を訴える

K5d. **口の渇きを訴える** 口の中の渇きや口の中で食べ物の塊を動かしづらいと報告する．

K5e. **咀嚼困難を訴える** 理由を問わず，食べ物を容易に噛むことができず，痛みを伴ったり，難しい（たとえば，入れ歯が合わない，咀嚼機能を障害する神経疾患がある，側頭下顎関節が痛い，歯が痛いなど）．

> K5f. 歯に隣接する歯肉の炎症または出血

方法　これらに問題があるか本人に尋ねる．可能なら利用者が食事中に観察する．咀嚼や嚥下の問題，口腔内の痛みに関連する異常がないか口の中を見せてもらう．口の中を調べるときはディスポの手袋を使用する．

記入
0　いいえ
1　はい

K6. 栄養管理（ダイエットタイプ）の必要

定義
K6a. 食物形態の加工（ソフト食，きざみ，とろみ等の必要性）
K6b. 低塩分
K6c. カロリー制限
K6d. 低脂肪
K6e. その他

方法　本人に聞き，入居時の書類や医師の指示を見る．必要時ケアスタッフに聞く．

記入
0　いいえ
1　はい

K 口腔および栄養状態

セクションL　皮膚の状態

目的　利用者の皮膚の状態を把握し，潰瘍の有無とステージを明らかにするほか，その他の皮膚の問題と足の問題を記録する．

L1.　最重度の褥瘡

目的　身体のあらゆる部位における褥瘡のうち最も重度のものを記録する．

定義　褥瘡：圧迫によってできる組織の損傷．褥瘡は通常骨の突出部にでき，観察し得る損傷組織の程度によってステージを判定する．
持続した発赤部分：持続して赤く見える皮膚があり，圧迫を取り除いても消失しない．皮膚に損傷はない．ステージ1の褥瘡といわれている．
皮膚層の部分的喪失：皮膚層の部分的な喪失で，臨床的には擦過傷，水泡，浅いくぼみとして現れる．ステージ2の褥瘡といわれている．
皮膚の深いくぼみ：全皮膚層の喪失．皮下の組織が露出している．隣接する組織に及んでいることもあれば，及んでいないこともある深いくぼみとして現れる．ステージ3の褥瘡といわれている．
筋層や骨の露出：全皮膚層と皮下組織が損傷し，筋層や骨が露出している．ステージ4の褥瘡として知られている．

方法　【居宅版】褥瘡の有無について本人や家族，ケアスタッフと話す．褥瘡がある場合，ステージを判定するためにアセスメント担当者は実際にその部分を観察する必要があるだろう（下記"記入"を参照）．
利用者が褥瘡その他の皮膚の状態について，検査を受けているか尋ねる．全身の皮膚を見せてもらうのは難しいことが多い．認知機能がしっかりしている利用者の場合は，皮膚を見せてもらわずに皮膚の状態についての十分な情報を得ることができるだろう．座ったまま，あるいは寝たきりの利用者の場合は，特に骨盤部，臀部，太腿部，腰部，かかとに注意を払う．

【施設版】記録を確認し，ケアスタッフに褥瘡の有無を聞く．本人の皮膚を確認し，最重度の褥瘡のステージを判断する．全身を見なければ，とくにステージ1の褥瘡は見逃されがちである．
肌の黒い利用者の場合，発赤部分（ステージ1）の有無を把握するのが難しいときがある．その場合ステージ1の褥瘡は以下のように認識する．
　　□ハイリスク部分の組織の感触の変化
　　□ハイリスク部分の外見上の変化，たとえばみかんの皮のような，微

妙に紫がかった色調など
□ よく見ると組織の損傷を覆うように極端に乾燥した堅いパンのような部分がある，など

記入
0 **褥瘡はない**
1 **持続した発赤部分がある** 持続して赤く見える皮膚があり，圧迫を取り除いても消失しない．皮膚に損傷はない．ステージ1の褥瘡といわれている．
2 **皮膚層の部分的喪失** 皮膚層の部分的な喪失で，臨床的には擦過傷，水泡，浅いくぼみとして現れる．ステージ2の褥瘡といわれている．
3 **皮膚の深いくぼみ** 全皮膚層の喪失．皮下の組織が露出している．隣接する組織に及んでいることもあれば，及んでいないこともある深いくぼみとして現れる．ステージ3の褥瘡といわれている．
4 **筋層や骨の露出** 全皮膚層と皮下組織が損傷し，筋層や骨が露出している．ステージ4の褥瘡として知られている．
5 **判定不能** たとえば，壊死性の痂（か）皮で覆われているなど．

L2.　褥瘡の既往

目的　　将来の褥瘡発生のリスク要因である褥瘡の既往を記録する．

方法　　これまで（現在は治癒している）褥瘡があったか尋ねる．過去の書類（退院サマリーなど）や経過記録，ケアプランにこれらの情報がある場合がある．必要時，以前の利用者の皮膚の状態を知る家族や介護者に確認する．

記入
0　いいえ
1　はい

L3.　褥瘡以外の皮膚潰瘍

目的　　褥瘡以外の皮膚潰瘍の有無を把握する．たとえば，静脈性潰瘍，動脈性潰瘍，動静脈混合性潰瘍，糖尿病性の足潰瘍など．

定義　　下肢の循環不全による開放創．

記入
0　いいえ
1　はい

L4. 重要な皮膚の問題

定義 重要な皮膚の問題：外傷，2度や3度の火傷，回復過程の手術創など．
火傷：温熱，電気，化学薬品，放射性の爆発によって起こる組織の傷害．
傷害は局所性の場合と全身性の場合がある．

記入
0 いいえ
1 はい

L5. 皮膚の裂傷や切り傷

定義 皮下組織に貫通する外傷性の皮膚の傷．手術創は含まない．

記入
0 いいえ
1 はい

L6. その他の皮膚の状態や変化

目的 潰瘍，裂傷，切傷など前述の皮膚の問題以外の皮膚の問題を記録する．

定義 その他の皮膚の状態や変化：たとえば，挫傷（打ち身），発疹，痒み，斑点，帯状疱疹，間擦疹（あせも），湿疹など．
打撲傷 青あざ．
発疹 過性の皮疹．皮膚の炎症または発疹等を含み，色・斑・水疱が変化することがあり，かゆみ・熱感・痛みをときに伴う場合がある．どんな原因であろうと，発疹を記録する．
間擦疹 わきの下や腿の間など，接触している2つの皮膚間・表面間の擦傷．
斑 皮膚の色が異なる部分がある状態．
湿疹 主な特徴は，搔痒，非典型的形態と分布，乾燥と痒みの傾向であり，皮膚の苔癬化も起こることがある．

記入
0 いいえ
1 はい

L7.　足の問題

定義　　　　外反母趾，槌状趾（ハンマートゥ），つま先の重複，変形，感染，潰瘍など

記入　　　　0　足の問題はない
　　　　　　1　足の問題はあるが，歩行に支障はない
　　　　　　2　足の問題があるため，歩行に支障がある
　　　　　　3　足の問題があるため，歩行できない
　　　　　　4　足に問題があるが，他の理由で歩いていない

セクション M　アクティビティ

目的　　興味のあることや現在楽しんでいる活動とともに，現在の病院・施設ではできないがやってみたいと思っている活動を記録する．

定義　　アクティビティとは，幸福感を高めるために追及するADL以外のあらゆる活動をさす．自信，快楽，癒し，知的好奇心，創造性，達成感，金銭的あるいは情緒的な自立を高めるものである．

M1.　活動への平均参加時間

目的　　(過去3日間の)典型的な1日において，ほとんど覚醒しており，ADL(入浴，着替え，食事)やリハビリ，処置等をしていない時間を把握する．この情報は，ケアプランを作成する際，以下の少なくとも2点で活用できる．

- ☐ ほとんどの時間起きている利用者であれば，（個人やグループ単位の）活動にもっと精神的に，あるいは身体的，社会的に関与するよう促すことができる．
- ☐ 居眠りばかりしている利用者は，退屈しているか，抑うつ状態であり，活動への関与により大きな効果が得られる可能性がある．

方法　　利用者と話すとともに，ケアスタッフや家族とも話す．さまざまな娯楽への関与時間を聞く．

記入　　この項目への記入では，個人やグループの活動に使うことができる利用者の時間に焦点をあわせる．つまり，治療(投薬，リハビリテーション)やADLに費やす時間を除外する．自立した趣味や娯楽（植木に水をやる，読書をする，手紙を書くなど），人との交流(訪問，面会，電話など)，グループや一対一，または個人で行うレクリエーション，組織だった活動への参加（太極拳のクラブなど）などが含まれる．1時間以上居眠りしている時間は含めない．

0　なし
1　ほとんど：2/3よりも多い
2　半分くらい：1/3から2/3
3　少し：1/3未満

M2. 好む活動

目的 利用者が（1人で，あるいは他の人と一緒に）やりたいと思っている，もしくは行っている活動と，過去3日間にどの程度関与したかを把握する．現在の参加の有無やそれが提供できるかということに限らずに選択する．

定義

M2a. **カード，ゲーム，クイズ** 麻雀，トランプ，花札，将棋，囲碁，チェスや卓上ゲーム，クイズを解く，ビンゴなど．

M2b. **コンピュータ，インターネット関係** メールによる友人との交信，ゲーム，調べごとをするなど．携帯電話でのメール．インターネットでのテレビ電話も含む．

M2c. **会話，電話** 家族や友人やそのほかの人，あるいはケアスタッフとの世間話や議論で，自分の話をしたり，人の話を聞いたりすること．一対一の場合もグループの場合も，電話の場合もある．普段のおしゃべりから，公式な場で行われるものまで含む．

M2d. **創作活動** 塗り絵，デッサン，写生，パッチワーク，刺繍，木工，裁縫，編み物，ちぎり絵，書道，その他の工芸や芸術．

M2e. **ダンス・舞踊**

M2f. **人生についての議論／回顧（回想法）**

M2g. **運動** 山登り，ウォーキング（散歩ではなく運動としてのウォーキング），ヨガ，フィットネス，スポーツ（相撲，野球，サッカー，ゴルフなど）などあらゆる種類の身体的活動を含む．

M2h. **庭仕事，畑仕事** 野菜や果物を育てる，盆栽をする，園芸クラブへの参加，定期的な園芸番組の視聴を含む．

M2i. **他者の手助け** 他の利用者やケアスタッフを助けたり，聞き役になったり，棟の日課を手伝うことを含む．

M2j. **音楽や歌** 音楽を聴くことと音楽を作り出すこと（歌う，ピアノを弾くなど）を含む．

M2k. **ペット** ペットと戯れたり，見て楽しむことを含む．

M2l. **読書，執筆** 読書には，自分で読んだり，他の人に読んでもらうほかに，グループで朗読することも含む．執筆には，手紙や詩，俳句など以外に，グループで朗読したものを筆記する形もあり得る．盲目や片麻痺，失行のある場合には，ボランティアが手紙や雑誌に代筆することもある．

M2m. **宗教活動** 宗教の行事に参加したり，テレビやラジオを聞いたりすることを含む．

M2n. **旅行や買い物** コンサートや映画，ショッピング，レストランなどへの外出．個人のものや贈り物を選ぶ買い物も含む．

M2o. **屋外の散歩** 1人や他の人と外を歩くこと．外で車椅子を自走する

こととも含む．

M2p. **テレビ，ラジオ，ビデオ／DVD鑑賞**　テレビやDVDなどを見たり，ラジオ番組を聴いたりすることを含む．

M2q. **料理・お菓子作り**

M2r. **パズル，クロスワード**

M2s. **その他1**

M2t. **その他2**

方法　利用者，家族，ケアスタッフに聞く．利用者には，利用者が何をするのが好きか，どんなことをしてみたいと思っているか，そして，そうした活動にこの3日間どれだけ関与したかについて我々は興味があり，知りたいと思っているということを説明する．その際，利用者には，好きなことや嫌いなことを考えるとき，現在の環境でできることに限る必要もなければ，実際今自分ができるかどうかということも考える必要がないことを話す．実際多くのことは，さまざまな身体的な状態に応じてできることを説明する．たとえば，読書が好きだったが，最近は小さい字が見えないのでしなくなったという場合は，オーディオブックや大きな文字を採用した本もあることを話す．

認知症や失語症の利用者の場合は，利用者が以前に好きだったことについて家族に聞く．昔好きだった音楽は，ケアプランに組み入れることができる（たとえば，ベッドサイドにプレーヤーを置く，一緒に歌うなど）．また，現在の活動における利用者を観察する．ある活動中に利用者が満足しているように見えたら（笑っている，音楽の間手をたたいているなど），その活動の項目にチェックを入れる．

記入
0　好みではない，過去3日間行っていない
1　好みである，行っていない
2　好みである，過去3日間に行った

M3.	**日中寝ている時間**
記入	0　いつも，あるいはほとんど起きている（1度以上の居眠りはしない） 1　何回も居眠りする 2　ほとんどの時間寝ているが，起きている時間もある（食事の時間だけなど） 3　概ね寝ているか，反応がない

M4.	興味・関心

定義　　　　　M4a．より多くのレクリエーションに参加することに興味がある
　　　　　　　M4b．転倒予防プログラムに参加することに興味がある
　　　　　　　M4c．記憶力改善のためのプログラムに参加することに興味がある
　　　　　　　M4d．身体機能向上プログラムに参加することに興味がある

記入　　　　　0　いいえ
　　　　　　　1　はい

セクションN　薬剤

　高齢者は，複数の医師から多数の薬剤を処方され，さらに市販薬やサプリメントを服用していることが多い．薬の不適切な処方，量，組み合わせ，服用時間などにより，重大な悪影響を及ぼし，入院理由の3割にも達すると報告されている．薬剤の種類が増えるに従って副作用の危険性は高まり，モニターする必要性も高まる．さらに，服用を忘れたり，拒否する場合もあるので，処方内容と服用の実態を把握することは不可欠である．

N1.　全使用薬剤のリスト

目的　利用者が使用している処方薬と市販薬のすべてを一覧にすることで薬剤履歴の評価をしやすくする．このセクションは薬剤の使用や使用しなかったことに関連した潜在的な問題（1種類以上の服薬をしている利用者が経験する身体的心理的問題など）を把握するのに役立つ．たとえば，頓用で処方されている鎮痛薬や睡眠薬あるいは下剤の使用頻度を把握することは，それらの使用に至った要因の根本的な問題を検討するきっかけとなる．さらに，失禁やせん妄などある種の問題は，薬剤が原因である可能性があり，それを把握することにも役立つ．

定義　薬剤：利用者が過去3日間に消費したすべての処方薬，非処方薬，市販薬．投与には経口，皮膚への塗布，点眼，注射，点滴などの形態がある．処方は中止されているが，過去3日間に使用したものや，この期間に服用した頓用の薬剤も含まれる．月に一度のビタミン注射など過去3日間には受けていないが長期の維持を目的とするものも含まれる．

方法　過去3日間に使用したすべての薬剤の一覧を利用者や適切なら家族に依頼する．その際，処方された薬だけでなく，どこで手に入れたかにかかわらず使用した薬剤はすべて含むということ強調する．
　薬局でもらう薬の一覧を持ってきてもらうように依頼する．これは，正確な薬剤の名前や容量や指示量を知るうえで役立つ．一覧がどこに行ったかわからない場合は，再発行してもらうことも検討する．アセスメントのためにこれらの薬剤を写させてもらっている間に，本人に，それぞれの薬を実際に指示通りに使用しているか確認する．とくに頓用処方のものに留意する．さらに，処方薬は当該薬局だけからかを確認する必要がある．また入手経路は問わず処方以外のすべての薬剤を知る必要があると利用者に話し，ドラッグストアやインターネットで購入した市販薬の服用についても確認する．
　もしなんらかの症状があること（便秘，アレルギー，肌のできもの，水虫など）がアセスメントの会話に出てきたら，どんな薬を使っているか聞く．

過去数日間にどこかに受診している可能性もあり，その場合は薬剤の変更はなかったか確認する．あった場合，どの薬が追加されたり，中止になったか確認する．ただし，アセスメント期間中に開始していない薬については記録しない．

利用者が過去3日間に実際に使用した（実際に飲み込んだ，吸い込んだ，注射した，皮膚や目などにつけた）すべての薬剤を記録する．また，定期的な薬剤治療（ビタミンB12の月1回の投与など）は，過去3日間に使用していなくても記入する．

頓用薬は過去3日間に実際に使用したときのみ記録する

アセスメント表に記録したり，コンピュータに入力する際は，見逃しがないか再度チェックする．処方が中止されていても，過去3日間に使用したのであれば，含めることを忘れない．

> 注：薬草類はいかなる形態（錠剤，液体，粉，茶など）でも含めない．

N1a.　薬剤名

定義　薬剤の名前．ジェネリック（後発薬）の名前でも商品名でもかまわない．

N1b.　1日量

定義　1日量 0.5, 5, 150, or 300　など．

記入　医師が指示した1日量．過去3日間に1日量が変更された場合は別の行に記録する．

N1c.　単位

記入　cc, ml, mg, g など．もしくは滴（点眼）や押し（吸入薬など），枚（貼付薬など），単位など．

N1d.　経路

記入
1．経口（経口，舌下）
2．注射（静注，皮下注，筋注）
3．外用（座薬［坐剤，軟膏剤，浣腸など］，点眼，点鼻，外皮［塗布，貼付，スプレーなど］，口腔［含嗽，噴霧など］）など
4．経管（経鼻，PEGなど），その他

N1e. 回数

定義 過去3日間における使用回数．

記入 毎日定時服用の場合，1日当たりの回数（　/D）で記入．たとえば，1日朝1回であれば1/D，1日3回毎食後であれば，3/Dなど．
同じ薬剤の服用回数が日によって異なる場合，別の行とする．
頓用の場合，過去3日間に使用した回数．

N1f. 頓用

記入 　0　いいえ
　　　　　1　はい

例

8月11日から8月13日の使用薬剤
- マイランタ 15 cc　食後，経口
- ザンタック（150 mg）12時間ごと　Gチューブから
- ニトロパッチ 2.5，毎日1枚
- ヒューマリンN 15単位　朝食前　皮下注射
- ラシックス 80 mg　経静脈
- アセトアミノフェン座薬（650 mg）必要時4時間ごと（過去3日間に2回使用）

a. 薬剤名	b. 1日量	c. 単位	d. 経路	e. 頻度	f. 頓用
マイランタ	15	cc	1	3/d	0
ザンタック	150	mg	4	2/d	0
ニトロパッチ	1	枚	3	1/d	0
ヒューマリンN	15	単位	2	1/d	0
ラシックス	80	mg	2	1/d	0
アセトアミノフェン座薬	650	mg	3	2	1

N2. 薬のアレルギー

目的 処方薬か市販薬にアレルギーがあるか把握する．

定義 アレルギーは，ある特定の薬剤やある種の系統の薬に対し，重篤な反応が起こった既往があるかによって把握する．

方法	薬剤にアレルギーがあるか，あるいは反応を起こしたことがあるか本人に尋ねる．投与経路は問わず，処方薬か市販薬かも問わない．
記入	0　わかっている薬剤アレルギーはない 1　ある

N3.　処方薬の順守

目的	医師が処方した薬を服用しているか把握する．
定義	処方された通りに薬を使用している．
方法	N1の薬剤一覧の作成時，利用者が服用している薬について情報を出してもらい，指示通りに服薬しているかについて利用者や家族から聞いているので，その反応と指示の内容を比較する．残っている薬の量は，処方量と処方日を考えた場合に適切か．利用者や介護者は薬剤の使用について正確な情報をくれていたか．この項目は処方の適切性を評価するものではないことを念頭におく．
記入	0．常に従う 1．**80％以上は従っている**　過去3日間，1日24時間において，処方された薬の服用方法から逸脱した程度は20％未満である． 2．**80％未満しか従っていない，処方薬を取りに行き損ねたことも含む**　過去3日間，1日24時間において，処方された薬の方法から20％以上逸脱している． 8．**薬剤は処方されていない**　利用者は薬の処方を受けていない．

セクション O　治療とケアプログラム

O1.　健診・予防接種

目的　保健指導や予防接種の必要性があるか把握する．

方法　利用者にこれらのことを受けたか尋ねる．

　O1a. **過去1年間の血圧測定**　医師や看護師による血圧測定．

　O1b. **過去5年間の大腸内視鏡検査**　内視鏡による大腸全体の検査．

　O1c. **過去1年間の歯科検査**　歯科医，口腔外科医，歯科衛生士らによる歯の検査．

　O1d. **過去1年間の眼科検査**　眼科医，視能訓練士，医師らによる眼の検査．

　O1e. **過去2年間の聴力検査**　言語聴覚士らによる聴力の検査．

　O1f. **過去1年間のインフルエンザワクチン**　インフルエンザ予防のためのワクチン接種．

　O1g. **過去2年間のマンモグラフィか乳房検査（女性のみ）**　マンモグラフィか，医師による乳房検査．

　O1h. **過去5年間か65歳以降の肺炎ワクチン**　肺炎予防のためのワクチン接種．

記入　0　いいえ
　　　　1　はい

O2.　特別な治療・ケア（過去3日間）

目的　指示・計画された治療やケアプログラムを確認し，さらに実施された程度を把握する．この項目には，過去3日間に予定されたか実施された在宅や外来等における治療やケアプログラムが含まれる．

定義　<u>治療</u>

　O2a. **抗がん剤療法**　あらゆる種類の化学療法．投与経路は問わない．

　O2b. **透析**　在宅または透析機関で行われる腹膜もしくは腎透析．

　O2c. **感染管理**　たとえば，隔離や検疫，消毒など．強制隔離，活動制限は伝染性の疾患の伝播を防ぐために行われる．

　O2d. **経静脈的薬物投与**　あらゆる薬剤や生物製剤（たとえば，造影剤も含む）を末梢または中心静脈からの注射や点滴によって注入すること．ただし，確保した静脈を維持するための生理食塩水やヘパリンのフラッシュや薬剤が入っていない点滴は含めない．

O2e. **酸素療法** マスクやカニューラなどを用いて持続的に，あるいは断続的に酸素を投与すること．

O2f. **放射線療法** 放射線治療や放射性線源のインプラントを含む．

O2g. **吸引** 口咽頭，鼻咽頭および気管吸引を含む．

O2h. **気管切開口のケア** カニューラを外し，切開部と周辺皮膚を適切な液を用いて清拭することを含む．

O2i. **輸血** 全血またはあらゆる種類の血液製剤を含む．

O2j. **人工呼吸器** 自発呼吸ができない，あるいはできなくなる可能性のある人に十分な呼吸を確保するように作られた機器．電気的または含気性に稼働する閉鎖式の人工呼吸器をすべて含む．過去3日間に離脱した人も含まれる．

O2k. **創のケア** ガーゼ交換（たとえば，乾燥ガーゼ，生理食塩水等で浸したドレッシング，透明フィルム，ハイドロジェルドレッシング，ハイドロコロイドやハイドロアクティブ微粒子など），傷口の洗浄，皮膚の状態を治療するための軟膏や外用剤の塗布（ステロイドや抗真菌薬，化学療法の薬剤など），傷口から異物や壊死組織を除去するデブリドマン（化学的または外科的），抜糸を含む．

プログラム

O2l. **トイレ誘導** 定期的に継続して利用者をトイレに連れて行き，排尿させたり，トイレに行くように思い出させること．在宅ではトイレ誘導は家族やケアスタッフなどが行っているかもしれない．あらゆるトイレ習慣をつけるトレーニングや排泄訓練を含む．

O2m. **緩和ケアプログラム** 痛みやほかの不快な症状（呼吸困難など）を和らげることに焦点をあわせたケアプログラム．緩和ケアを受けている人は通常終末期であるが，余命は6ヵ月未満とは限らず，長期に存命することもある．

O2n. **体位変換／姿勢保持** 臥床中に体の向きを定期的に変えること．新たな向きになったときには，頭部，胴，四肢の位置が，痛みが少なく，機能を亢進し，骨の突出部への圧迫が最小限になるようにする．

方法　これらの特別な治療やケアプログラムを受けているか利用者に尋ねたり，記録を確認する．

記入
0 　計画も，実施もされなかった
1 　計画されたが，実施されなかった
2 　過去3日間のうち1~2日実施した
3 　過去3日間毎日実施した

O3. 過去7日間のサービス 施設版にはない

目的 　過去7日間に利用者に提供されたサービスの時間を把握する．

定義 　サービス：介護保険以外のサービス（医療保険，支援費等）も含む．家族らのインフォーマルなケア時間はセクションQで把握するので，ここには含めない．

　O3a. 訪問介護 　身体介護，生活援助．
　O3b. 訪問看護 　看護師によるアセスメント，複雑あるいは侵襲性のあるケアの提供，指導等．
　O3c. 通所介護／リハ 　回数のみ把握．
　O3d. 食事／配食 　準備された食事が利用者のもとに運ばれてくる．回数のみ把握．

方法 　利用者や家族にどのようなケアサービスをどれくらい受けたか尋ねる．可能であれば，提供元に確認する．

記入 　得られた情報に基づいて，適切な数値を記入する．

事例

　過去7日間に介護保険の訪問介護を週に3回，2時間（120分）ずつ受け，入浴介助をしてもらった．訪問看護は週に1回訪問し，薬剤を利用者と家族と確認し，身体的アセスメントを行い1時間15分（75分）かかった．週末に家族が訪問し4時間すごした．

　下記のように記入する

	実施回数	合計時間（分）		
O3a. 訪問介護	3	3	6	0 分
O3b. 訪問看護	1	0	7	5 分
O3c. 通所介護／リハ	0			
O3d. 食事／配食	0			

O4. リハビリテーション

> 注：入院・入居前のリハビリテーションは含まない

医師の指示があり，有資格者によって実施されたリハビリテーション

目的	(A) 予定された日数, (B) 実施した日数 (1日に15分以上), (C) 過去7日間に実施した合計時間 (分数) を記録すること.
定義	**O4a. 理学療法** 理学療法士が行うまたは直接監視下での理学療法.
	O4b. 作業療法 作業療法士が行うまたは直接監視下での理学療法.
	O4c. 言語療法 言語療法士が行う言語療法. 嚥下能力や聴力の評価, 嚥下療法, 言語療法, コミュニケーション療法, 補聴器の調整や指導を含む.
	O4d. 心理療法 精神科医, 精神療法に熟練した心理療法士, ソーシャルワーカー, 看護師による療法.
	O4e. 呼吸療法 訓練を受けた看護師による咳, 深呼吸, 温めたネブライザー, エアロゾル(噴霧)治療, 機械的呼吸法などの訓練. 吸入器を持たせるだけの援助は該当しない. 当該看護師が利用者に費やした時間のみを数える.
	O4f. 看護師等による機能リハ・歩行訓練 利用者の潜在的な機能を最大にすることを援助し, 促進するために看護師等の機能訓練指導員が行うケア. 療法士が行うものは含めない. 歩行訓練は, 補助具の利用の有無を問わず, 利用者の歩行機能を維持または改善するための活動である.
	ここに含めるには以下の基準を満たす必要がある.
	・測定可能な客観的目標がケアプランや経過記録に記載されている.
	・経過記録に看護師等が定期評価を記録している.
	・看護師等が実施するか, 監督下で行われなければならない. ときに監督下で他のケアスタッフやボランティアがさまざまな利用者を担当することがある.
	・職員1人当たり4人を超える集団訓練は含まない.
方法	記録を確認し, それぞれの療法士と話す.
記入	(A): 過去7日間に計画された日数
	(B): 過去7日間に実際に1日15分以上実施された日数
	(C): 過去7日間に提供された合計時間 (分数). (B) に0を記入しても, ここに数値が入ることはある (毎日15分未満実施した場合など)

事例

Fさんは脳梗塞後のリハビリテーション期にあり，老人保健施設に入居した．入居後毎日1日2回（各30分）の言語療法，週3回の作業療法と週3回の1日2回の理学療法（各30分）を受けた．また1日10分の呼吸療法を3日間受けた．先週Fさんは予定されたすべてのリハビリテーションに参加した．

		A	B	C
a.	理学療法	3	3	180
b.	作業療法	3	3	90
c.	言語療法	7	7	420
d.	心理療法	0	0	0
e.	呼吸療法	3	0	30
f.	看護リハ	0	0	0

O5.　　受診・入院（過去90日間）

O5a.　　入院

目的　　過去90日間（前回アセスメントが90日以内であれば，前回アセスメント以降）に入院した回数．

> 【施設版】同一病院内の一般病床への転棟も，入院に含める．

定義　　医師の指示で1泊以上病院に入院した場合．

方法　　本人と家族と入院について確認する．可能なら退院サマリーなどを確認する．病院からの請求書などがある場合もある．

記入　　回数を記入する．入院していなければ，0とする．

事例（施設）

○Dさんはインシュリン依存性の糖尿病であり，昨日自宅から入居した．在宅では6週間前に左足に潰瘍ができ，入居前の90日間に2回入院した．"02"を記入する

○Wさんは，2年間入居している．血液の悪液質であり，ひと月に2回救急室で輸血を受けている．先月輸血中に発熱のため2日間入院した．"01"を記入する

O5b.　救急外来

目的　過去90日間に，救急外来を受診した回数．入院になった場合はここに含めない．

方法　利用者と家族に尋ね，もし関連する書類があれば確認する．

記入　救急外来受診後そのまま入院になった場合は，ここに含めない．

事例（施設）

- Xさんはある晩，胸痛と呼吸困難を訴え，検査のために救急室で受診した．救急室でXさんはラシックスの静注，ニトレートおよび酸素療法を受けた．症状が落ち着いたときには夜であったので，観察のため1泊入院し，翌日の午後施設に戻ってきた．"00"を記入する．
- 夜勤帯のこと，Fさんはトイレに行く途中すべって転倒し右の臀部の痛みを訴えたため，救急室で受診した．レントゲンの結果骨折は否定されたため，数時間後には戻ってきた．"01"を記入する．
- Pさんは過去90日間に1度胃ろうチューブが抜けてしまい，施設のケアスタッフが再挿入を試みたがうまくいかなかった．Pさんは救急室で受診し，当直医が再挿入した．"01"を記入する．

O5c.　医師の診察　施設版にはない

目的　過去90日間に医師が診察した回数を記録する．入院中の診察はここに含めない．

定義　診療所，病院への受診，利用者の自宅での訪問診療を含む．

O6.　受診（過去14日間）

目的　過去14日間（入院・入居後14日未満であれば，入院・入居後）に医師が診察した頻度を記録する．診察場所は，施設でも病院や診療所の診察でも構わない．医師の診察回数は医学的重症度の指標となる場合がある．

定義　**診察**　施設内の担当医，当直医による診察，および施設外の病院・診療所の外来における診察，ただし，救急外来の受診についてはO4bに記入されるので除外する．

記入	診察した回数を記入する．ない場合0を記入する．

O7. 医師の指示変更（過去14日間）

目的	過去14日間（入院・入居後14日未満であれば，入院・入居後）に医師が指示を変更した回数を記録する．指示変更回数は，医学的重症度の指標となることがある．
定義	**医師の指示** 書面や電話，ファックス，メール，話し合いにおける新たな指示や指示変更．変更のない処方更新は含まない．
記入	変更した回数を記入する．ない場合0を記入する．

O8. 身体抑制

O8a. 身体抑制 施設版にはない

定義	たとえば，四肢が抑制されている，（自分ではおろせない）ベッド柵で覆われている，椅子に座っている間縛られているなど．
記入	過去3日間に身体的に抑制されたか記録する．抑制の当初の目的は問わない． 0　いいえ 1　はい

O8b～d. 身体抑制

目的	過去3日間の昼夜を問わず下記にあげたあらゆる器具によって利用者が抑制された頻度を記録する．
定義	利用者が簡単に取り外すことができず，動くことや自分のからだに触れることを制限するために利用者の体に装着したり，隣接させたりする物理的または機械的な用具である． たとえば，四肢が抑制されている，（自分ではおろせない）ベッド柵で覆われている，椅子に座っている間縛られているなど． **O8b. すべてにベッド柵**　ベッドの両側の柵で，頭から足までの長さの3/4以上にわたるもの．壁に接しているベッド（その側からは利用者は出入りができない状態）で，反対の側がベッド柵で同様に塞がれていれば，この項目に当てはまる．小児科で使うような檻も含ま

れる．

- O8c. **体幹部の抑制** 利用者が簡単には外せないあらゆる装置や用具，素材（たとえば，ベストやウェスト抑制帯など）．
- O8d. **立ち上がりを防ぐ椅子** 太腿の上を覆う机やクッションがついている椅子や，立ち上がりを制限するように利用者を横臥位にする椅子，柔らかくて床に置く椅子（ビーズクッションなど）．

方法	記録と抑制記録を確認する．看護師と話す．利用者を観察する．
記入	0　使用しなかった
	1　毎日でなく使用した
	2　毎日使用した：夜間のみ
	3　毎日使用した：昼間のみ
	4　昼夜使用したが，常時ではない
	5　常時使用した（24時間継続使用（定期の取り外しを含む））

セクションP　意思決定権と事前指示

P1.　意思決定権

目的　利用者が自身の財産や医療サービスの決定に関して責任があるか，あるいは裁判所に申し立てた意思決定の代理人がいるか把握する．なお，日本では法定後見人が存在しても，延命治療について決定権があるかどうかは不明確であり，また，事前指示についても法制化されていない．しかし，本人や家族等の意思を確認することは重要である．

定義

P1a.　**法定後見人等**　精神上の障害（認知症・知的障害・精神障害など）により判断能力の不十分な人を代理し，契約などの法律行為をしたり，本人が自分で法律行為をするときに同意を与えたり，本人が同意を得ないでした不利益な法律行為を後から取り消したりすることによって，本人を保護・支援する．法定後見人制度は本人の判断能力の程度などに応じて後見，保佐，補助に分かれる．法定後見制度を利用するには，本人の住所地の家庭裁判所に後見開始の審判等を申し立てる．

P1b.　**任意後見**　この制度は，本人が十分な判断能力があるうちに，将来，判断能力が不十分な状態になった場合に備えて，あらかじめ自らが選んだ代理人（任意後見人）に，自分の生活，療養看護や財産管理に関する事務について代理権を与える契約（任意後見契約）を公証人の作成する公正証書で結んでおくというもの．

P1c.　**家族などの代理決定**　利用者が家族やその他の人を意思決定の責任者として選定している．意思決定の責任は本人と家族で分割されることもある．

方法　本人と家族に聞く．記録を確認する．
利用者の状態により，いろいろな選択肢があり得る．たとえば，中等度の認知症の利用者は，ある部分の判断をできる能力はあるかもしれないが，残りすべてについては家族に判断の責任をとることを前提とした権限が与えられていることもある．あるいは，法的行為のみ他者に代理権を与えていることもある．

記入

0　いいえ
1　はい

P2. 事前指示

目的

延命治療についてのコミュニケーションができなくなったときに，どのようにケアが提供されるべきかについての手引きを利用者が用意しているどうか把握する．利用者の治療選択に関する本人または法的な代理人が作った法的な事前指示を記録する．現行で拘束力があると考えられる事前指示には，書類が必要である．事前指示がない場合は，ケアスタッフは利用者の希望について本人と家族との話し合いをするべきである．本人が現在述べていることと，法的書類の中に書かれていることに違いがある場合は直ちに解決すべきである．

定義

P2a. **蘇生術をしない**　心肺停止時に，本人か家族か法定後見人が，利用者の呼吸・循環機能を回復するために心肺蘇生術（CPR）あるいはその他の延命処置を用いないことを指示している．

P2b. **挿管しない**　利用者か責任者（家族か法定後見人）は，彼らは利用者の呼吸を促進するためにチューブを挿入することを希望しないと示している（気管内チューブ，気管チューブ）．

P2c. **入院しない**　通常入院治療が必要となる医学的な状態になっでも入院をしないことを示す書類がある．

P2d. **経管栄養をしない**　利用者か責任者（家族か法定後見人）は，利用者が経口で栄養がとれなくなったときに人工的な方法を使うこと（チューブ，静脈栄養など）を望まない．

P2e. **薬剤制限**　利用者か責任者（家族か法定後見人）は，利用者が延命のための薬剤（抗生剤，抗がん剤など）を受けることを望まない．これらの薬剤は，安楽のために用いることもあるので，この制限は適切でないこともある．その場合，この事前指示は責任者とともに再度見直す．

方法

本人か家族に事前指示があるか尋ねる．これらの指示が現行で拘束力があるとみなされるには関連する法に沿った書類が利用者の記録になければならない．

記入

0　いいえ
1　はい

セクションQ　支援状況

Q1.　インフォーマルな援助者

目的　利用者がもつインフォーマルな支援体制を評価する．これは介護サービス事業者との間にあるフォーマルな関係とは異なる．

定義　主：主なインフォーマルな援助者であり，家族，友人，近所の人はあり得るが，介護事業所や家政婦などは含まれない．同居している必要はないが，その場合定期的に訪れ，本人のニーズに対応している必要がある．誰が最も助けてくれるか（頼りになるか）は，個人的な見方である．
副：主なインフォーマルな援助者に続く，インフォーマルな援助者であり，本人が援助や相談相手として頼りにしている人である．

方法　利用者に，2人の最も重要なインフォーマルな援助者をあげてもらう．その際以下のような具体的な質問をする．「誰が買い物を助けてくれますか」「家の中の片付けをしてくれるのは誰ですか」「食べたり，お風呂に入ったり，着替えをするのは誰が助けてくれますか」「請求書の支払いは誰がやってくれるのですか」「車で出かけるとき，運転してくれるのは誰ですか」．もし現時点で手助けが不要の利用者の場合，「もし必要になったら助けてくれるのは誰ですか」と聞く．利用者は何人か名前を挙げることができるかもしれない．
質問を理解できない，答えられない，あるいははっきりしなかったり，ごまかしの，本当とは思えない答えしかできない利用者の場合（たとえば，すでに亡くなっている夫の名前を挙げるなど），事業所にある情報を確認したり，いればインフォーマルな援助者自身に尋ねる．
実際は本人の生活を支えているが，本人からは援助者とは認識されていないこともあるので注意する．たとえば，本人は娘や妻がするのは当然だと思っている場合である．したがって，ただ単に「介護者」や「援助者」という言葉を使うのではなく，誰が実際に手伝い，生活を支えてくれているのか，を利用者に尋ねることが重要である．

Q1a.　本人との関係

定義　法律や社会規範によって定められた関係だけでなく，本人との関係の質も考慮する．

方法　利用者とその当人に関係を聞く．彼らが言う関係の意義を確認する．

| 記入 | 両方の欄に，関係を最もよく表すカテゴリーのコードを記入する．1人しかいない場合，副の援助者には **9** を記入する． |

1　子，義理の子
2　配偶者
3　パートナー
4　親／後見人
5　兄弟
6　その他の親戚
7　友人
8　近所
9　いない

Q1b.　同居

目的	利用者がインフォーマルな援助者とどのくらいの期間同居しているか評価する．
定義	家やアパートの同じスペースを両者が共有している場合，同居という．隣接するあるいは近所のアパートや家は含まない．
記入	0　いいえ 1　6ヵ月未満 2　6ヵ月以上 8　いない

過去3日間のインフォーマルな援助分野

Q1c.　IADLの援助

定義	食事の支度，家事，金銭管理，服薬管理，電話の利用，買い物，外出などの活動を含む．
方法	利用者とインフォーマルな援助者（いれば）に，食事の支度，家事，金銭管理，服薬管理，電話の利用，買い物，外出に対して過去3日間援助があったか尋ねる．援助は，少し手伝う程度から，買い物や家事のすべてを引き受けることまで含まれる．
記入	0　いいえ 1　はい 8　いない

Q1d. ADLの援助

定義 ベッド上での可動，移乗，歩行，更衣，トイレの使用，個人衛生，入浴などの活動を含む．

方法 利用者とインフォーマルな援助者（いれば）に，ベッド上での可動，移乗，歩行，更衣，トイレの使用，個人衛生，入浴などのADLに援助を受けているか尋ねる．援助は，念のためにそこにいた（安心や安全のためなど）ことから，すべてを担う援助まで含まれる．

記入
0　いいえ
1　はい
8　いない

Q2. インフォーマル援助者の状況

目的 インフォーマルの支援体制の余力を評価する．

定義
Q2a. **インフォーマル援助者（たち）はこれ以上ケアを続けられない**　たとえば，介護者／援助者の健康上の理由で継続が難しいなど．介護者か本人かアセスメント担当者のいずれかに，これ以上インフォーマルな援助は続けることができないと信じるに足る理由がある．これにはいろいろな理由が考えられ，介護者に継続する意思がない，物理的に遠くて来られない，仕事や育児などその他にやるべきことがある，個人の健康問題など．

Q2b. **主なインフォーマル援助者は苦悩，怒り，うつを表現する**　主なインフォーマル援助者は，自分が悩んでいること，怒っていること，うつであること，あるいは利用者をケアすることで葛藤が生じていることを表現する．表現はいかなる方法であってもかまわない．

Q2c. **家族や近い友人は利用者の病気によって憔悴している**　家族や近い友人はその病気を向き合うのに問題があることを示している．彼らは，打ちのめされている，あるいはストレスがたまっているといった感情を口に出すかもしれない．

方法 インフォーマルな介護者と本人を別々にして，介護者（たち）が今後もケアを続けていけるか尋ねる．その際，現在のケアニーズと予想される将来のニーズの両方を考えなければならない．介護者は続けたいと思っており，できるかもしれないが，利用者自身が自分が負担になっていることを心配して，介護者はもう続けられないと言うかもしれない．アセ

スメント担当者は，これらの情報を検討し，総合的に判断する．これはデリケートな話題なので，慎重に取り扱う．どのようなことを言っているかに耳を傾ける．

記入	0　いいえ 1　はい

Q3.　過去3日間のインフォーマルな援助量

目的	過去3日間に利用者のIADLやADLの援助に費やしたインフォーマルな援助量を記録する．利用者の様子を見に来ることによる積極的な監視も含む．
定義	インフォーマルな援助：家族，友人，近所の人などが利用者に対して提供したすべての援助．主介護者による援助を含む場合も含まない場合もある．施設のケアスタッフは含めない． IADL：食事の支度，家事，金銭管理など ADL：ベッド上での可動，更衣，トイレの使用など
方法	ケア時間について利用者と相談する．この情報を主な介護者に確認する．
記入	過去3日間に利用者が家族，友人，近所の人から受けた時間の合計を記録する．たとえば，家族，友人，近所の人は毎日あわせて2時間援助をしたら，3日間で6時間となる．複数の人が同時にケアを提供していたら，それぞれの個人の時間を集計する．たとえば，近所の人が2人一緒に1時間利用者のために家の整理をしたら，これは2時間とする．分数は四捨五入する．12時間30分であったら13時間とする． 過去3日間インフォーマルな援助を受けていなかったら，0を記入する．

セクションR　退所の可能性

R1.　退所の可能性

目的　3ヵ月以内に退所する可能性のある利用者を把握する．入院・入居時にこの見通しがたっている利用者もいるが，入院・入居後数ヵ月経って状態の改善が見られてからこの見通しがたつ利用者もいる．

定義　退所：自宅，その他の介護施設，知人の家など．死亡退所は予測されていても含めない．
支援者：配偶者や家族その他．

方法　入院・入居したばかりの利用者には，本人に直接尋ねる．長く入院・入居しているほど，地域に戻りたいかは聞きづらくなる．1年以上入院・入居している利用者の場合，利用者は施設を自分の家と思っていることもあるが，そのような利用者でも地域にうまく戻すプログラムも存在する．同時に地域に戻ることができそうもない利用者には非現実的な期待を抱かせないように注意する必要がある．この場合直接的な質問でなく，むしろ遠回りな質問を投げかけることで利用者の思いを汲むほうがよい．たとえば，「お目にかかってから1年以上になりますね．ここでの生活はいかがですか」など．
また，居宅のケアマネージャーや市町村の福祉の職員，家族らとも話し合う．退院・退所の計画は，診療記録や看護記録，ほか管理部門の記録に記載されていることもある．

R1a．利用者は地域に戻りたい／留まりたいと言うか，それを示す
R1b．退所に対して，または地域にある住宅の維持に対して積極的な支援者がいる
R1c．地域に住む家がある

記入
0　いいえ
1　はい

R2.　地域に退所するまでの予測期間

記入　アセスメント基準日を含めて数える．
0　1〜7日
1　8〜14日
2　15〜30日
3　31〜90日

4　91日以上
5　予測されていない

事例（施設）

65歳のF夫人は，2ヵ月前に脳血管障害を患った．1週間前にリハビリ専門病院から当療養病院に転院になり，移乗や歩行，車いすでの移動の訓練を受けている．F夫人はとても家に帰りたがっており，彼女の夫もそれを支え，家を改修して待っている．2ヵ月後には退所する予定である．

R1a, R1b, R1c　すべて1
R2.　3

Dさんは67歳の未亡人で，末期がんの骨転移がある．現在の主な問題は痛みのコントロールと麻薬の使用に伴う意識の混濁である．Dさんは，思い出したように誰かを呼び自分の家の自分のベッドに連れて帰ってほしいと言う．彼女の娘は，Dさんの終末期を家で看取る余裕も意思もない．骨転移による骨折のため，ADLは摂食以外全面依存である（ストローを持つことができる）．

R1a. は1であるが，R1bとR1cは0
R2. は5
理由：Dさんは死亡退所が予想されるが，5をつける．退所の可能性に死亡退所は含めないためである．

Sさんは70歳男性で，大腿骨骨折後の手術を受け2週間前に大学病院から転院になった．Sさんにはアルコール依存症と肝硬変の既往がある．娘によれば，Sさんは40年にわたって，飲むと奥さんを口汚くののしっていたそうである．Sさんは家に帰りたいと思っているが，奥さんはそれを拒否し，Sさんに帰ってきてほしくないと思っている．彼に家族のもとに戻る選択肢は基本的にない．福祉施設の可能性を探っているが，このアセスメント時点でいつ退所になるかは不明である．

R1aは1であるが，R1bとR1cは0
R2は4

セクションS　環境評価

S1.　屋内の環境

目的　家の環境が危険か，住めない状況か把握する．

定義

- S1a. **家の荒廃**　たとえば，危険な乱雑さ，居間や寝室，トイレ，廊下に明かりがなかったり，不十分，床に穴が開いている，水道管がもれているなど．

- S1b. **不潔**　極端に汚い．尿や便，干上がった食べ物が床に落ちていたり，虫やねずみが横行している状態．通常の散らかり方よりもいっそう荒廃しており，埃とごみが蓄積されている．

- S1c. **不十分な冷暖房**　暖房と冷房が不十分（夏に暑すぎる，冬に寒すぎる）または不適切（夏に寒すぎる，冬に暑すぎる，本人や介護者によってはコントロール不能）．

- S1d. **安全の欠如**　たとえば，暴力を受ける危険性がある，近所に出るのに身の危険がある，家の前の交通量が非常に多いなど．家のすぐ外に危険がある（あるいはそう思う）状態．知らない人の家屋侵入や家の出入り時に襲撃される実際の危険性がある，あるいは危険性を感じることが含まれる．

- S1e. **家や家の中の部屋へのアクセスが制限されている**　たとえば，家の中に入ること，家を出ることに困難がある，階段を上れない，部屋の中を動くのに問題がある．この項目は，アクセスを制限している建物の物理的な問題（バリアフリーの有無など）も含まれる．たとえば，2階に住んでいて，不安定な外階段を使用しないと外に出られないとか，上層階に住んでおり，エレベーターがよく壊れているとか，階段に必要な手すりがついていないなど．

方法　利用者（または家族に）家の中を歩き回ることの許可を得る．このセクションで取り上げている問題があるか探す．見て回ってわからなかった部分は利用者と（必要なら家族とも）と話す．

記入
- 0　いいえ
- 1　はい

S2.　バリアフリー仕様の住宅に居住

記入
- 0　いいえ
- 1　はい

S3. 周辺環境

定義
- **S3a. 緊急通報** 電話回線，緊急アラーム装置など．利用者が緊急時に援助を求めるアクセスが存在するか．通常の電話でも，短縮ボタンのついた電話でも，緊急通報システムでもよい．
- **S3b. 援助なしで行ける日用品の店がある** 援助なしでいける範囲に日用品店があり，日用品を購入できる．援助なしであれば，歩く以外にも，自転車，車，バスや地下鉄，タクシーに乗ってもよい．
- **S3c. 日用品の配達を頼むことができる** 現在そうしたサービスを頼んでいる，いないにかかわらない．

記入
- 0 いいえ
- 1 はい

S4. 経済状況

目的
必要な医学的，環境的支援を受けられない経済的な困窮状態があるかを把握する．

定義
経済的な困窮状態：過去30日間にお金がないことが理由で，利用者は次の項目のうち，1つを得るためにほかの1つをあきらめなければならなかった．十分な食事，住むところ，服，処方薬の購入，十分な暖房や冷房，必要な治療．

方法
利用者，または介護者に，処方薬や十分な冷暖房(電気代，ガス代)，必要な治療，十分な食事が経済的事情でとれなかったか尋ねる．経済的なことを聞くのはデリケートなことなので，慎重に，本人に敬意を払って尋ねる．

記入
- 0 いいえ
- 1 はい

セクションT　今後の見通しと全体状況

T1.　過去90日間（または前回アセスメント以降）におけるケア目標の達成

目的	過去90日間に利用者やケアチームのメンバー（たとえば，介護支援専門員，看護師，理学・作業療法士，医師など）によって立てられたケアおよび治療の目標のいずれかが達成されたか把握する．
方法	本人を含めたケアカンファレンスで確認したり，さまざまな記録物を見直す．機能が改善したり，健康になったことに関する本人の認識を問う．ケアチームのカンファレンスは，発言や判断に偏りや歪みが生じる場合があることも念頭におく（改善していると，サービス終了になるので，していないというなど）．
記入	0　いいえ 1　はい

T2.　90日前（または前回アセスメント時）と比較した自立度の変化

目的	利用者の全体的な自立度の変化を記録する．もし今回が初回のアセスメントであれば，当該事業所に紹介される前の期間を含める．
定義	全体の自立状況　ADLの自立度や援助の程度，失禁，活動への参加状況，治療の状況などを含む．
方法	本人と話し合う．可能なら，診療録，退院サマリー，前回アセスメントやケアプランのノートを確認する．必要時，家族や介護者とも話し合い，総合的に判断する．
記入	"0"か"1"の場合，セクションUまで飛ぶ．"2"の場合，セクションTの残りを記入する． 0　改善した（セクションUまで飛ばす） 1　変化なし（セクションUまで飛ばす） 2　悪化した

> **事例（居宅）**
>
> アルツハイマー病のTさんはこの4ヵ月間で状態が少し改善した．認知機能は変わらないが，気分は良くなった．幸せそうに見え，不穏になることも少なくなった．また夜間はよく眠り，日課活動に夫や近所の人と参加できるようになった．
> **0** を記入する．
>
> 同じくアルツハイマー病のDさんは，多くの分野において他者の援助を必要としているが，最近までは服を着たり，歩いたり，見守りのもと食事をすることはできていた．しかし，この90日間に徐々に歩行が依存的になり，誰かに腕を支えられないと歩けなくなってしまった．2週間前には転倒し，歩行器の使い方を学べないため，誰かが歩行器を持ってきて，付き添って出かけるまでは座ったきりでいる．再転倒を怖がっているようである．
> **2** を記入する．

注：次の3項目［T3．〜T5．］は，過去90日間に（または前回アセスメント以降）悪化した場合のみ記入する．それ以外の場合は，これらの項目は飛ばして，セクションUに進む．

T3. 悪化する前に自立していたADLの数

定義　　　10のADL：G2の入浴（G2a）から**食事**（G2j）まで．

記入　　　悪化する前に自立であったADLの数を記入する．

T4. 悪化する前に自立していたIADLの数

定義　　　8つのIADL：G1の食事の仕度（G1a）から**外出**（G1h）まで．

記入　　　悪化する前に自立であったIADLの数を記入する．

T5. 増悪原因の起こった時期

記入　　　0　過去7日以内
　　　　　1　8〜14日前
　　　　　2　15〜30日前
　　　　　3　31〜60日前
　　　　　4　60日前より以前
　　　　　8　増悪原因ははっきりしない

セクション U　利用の終了

> 注：終了時のみ記入する．

U1.　終了日

記入

> 【居宅版】当該事業所におけるサービス終了日を記入する．

> 【施設版】退所日を記入する．同一病院であっても一般病棟への転棟は，転棟日を退所日とする．

U2.　今後の居住場所

目的

> 【居宅版】当該事業所のサービスが終了した後の居住場所を記録すること．

> 【施設版】U1の日付の後にどこに行くかを記録する．

定義

1. **自分の家／アパート／賃貸の部屋**　家，分譲住宅，アパートや部屋など．持ち主は問わない．
2. **高齢者住宅－有料老人ホーム(特定施設入居者生活介護無し)**　介護保険の特定施設ではない高齢者住宅や養護・軽費・有料老人ホームなど．バリアフリー化され，共有のスペースがあるのが普通である．
3. **高齢者住宅－有料老人ホーム(特定施設入居者生活介護有り)**　介護保険の指定を受けた高齢者住宅，養護・軽費・有料老人ホーム．居住系施設．バリアフリー化され，共有のスペースがあるのが普通である．
4. **認知症対応型共同生活介護**
5. **小規模多機能型居宅介護**
6. **介護老人福祉施設**
7. **介護老人保健施設**
8. **介護療養型老人保健施設**
9. **介護療養型医療施設**
10. **回復期リハビリテーション病棟／病院**
11. **精神科病院／病棟**　精神科病院は，精神科疾患の診断や治療を専門とし，他の急性期の病院やリハビリテーション病院，療養病院の入院施設とは異なる．精神科病棟とは，一般病院・療養病院に設置されてい

る精神科の病棟であり，精神科疾患の診断や治療をするためにある．
- 12 緩和ケア病棟
- 13 上記（9～12）以外の病院
- 14 **精神障害者施設** たとえば，精神障害者グループホームなど，見守りや一部の生活サービス（食事や掃除など）を必要とする精神障害のある成人のための居住場所．
- 15 **知的障害者施設** 知的障害のある人に対するサービスを提供する場所であり，典型的には24時間ケアスタッフがいる集団生活である．可能な限り自立し活動的な生活をするように促されている．
- 16 **ホームレス（シェルター利用の有無は問わない）** 定住場所をもたないホームレス．路上やテントでの生活，車内や廃屋などの暮らしも含む．
- 17 **刑事施設** 刑務所．
- 18 **その他** 上記に含まれない．

方法　　　今後どこに住むのかわからない場合は，利用者や家族に聞く．

U3.　退所後に居宅サービスを受ける予定　居宅版にはない

記入　　　0　いいえ
　　　　　1　はい

セクション V　アセスメント情報

V1.　　　アセスメント担当者のサイン

V2.　　　アセスメント完成日

第 3 章

CAP（ケア指針）

☐ はじめに—インターライ CAP の新たな時代へ

インターライは，すべてのアセスメント手法を更新する長年にわたる計画の成果として，各アセスメント表のいずれにおいても用いることのできる新たな Clinical Assessment Protocols（ケア指針, CAP）を開発した．新しい CAP は，従来の施設版（MDS 2.1）や在宅版（MDS-HC 2.0）にも使用することも可能であるので，従来からの利用者も，新たにインターライのアセスメント手法を試みる方々も，我々の研究プロジェクトの成果を享受することを願っている．

新たな CAP は，2007 年 5 月にカナダのオタワで開かれた会議（インターライ・カナダ保健情報研究所 Canadian Institute for Health Information（CIHI）合同会議）において初めて世に出た．現在のところインターライは，インターライ MH（精神保健版），インターライ CMH（地域精神保健版）とともに用いる新しい CAP を 2008 年に発表した．さらにインターライ AC（急性期ケア版），インターライ PC（終末期ケア版），インターライ ID（知的障害版）のための CAP は開発途中にある．

新たな CAP の開発は，John N. Morris を委員長とする多国籍・多職種から成るインターライ版及びシステム開発委員会（ISD）とその支援部会が担当した．

- オーストラリア （Len Gray, MD PhD）
- カナダ （Katherine Berg, PhD PT; John P Hirdes, PhD; Trevor Frise Smith, PhD）
- フィンランド （Harriet Finne-Soveri, MD PhD; Magnus Björkgren, PhD）
- フランス （Jean-Claude Henrard, MD）
- オランダ （Dinnus Frijters, PhD）
- スウェーデン （Gunnar Ljunggren, MD PhD）
- スイス （Ruedi Gilgen, MD）
- 米国 （Pauline Belleville Taylor, RN MS CS; Brant E Fries, PhD; Catherine Hawes, PhD; John N Morris, PhD MSW; R Knight Steel, MD; Sue Nonemaker, RN, MS; Terry Rabinowitz, MD; David Zimmerman, PhD）

CAPの開発にあたっては，世界中の第一線の臨床家や研究者を含めた関係者からのフィードバックを得ている．たとえば，米国では，ボストンのヘブリュー・シニアライフの臨床家たちがCAP案を見直し，カナダではカナダ保健情報研究所（CIHI）がカナダ国中のケアの専門家とともにCAP案に対してフィードバックを行っている．

さらに，ISDとその部会はCAPが最新のエビデンスを含むガイドラインとなるように，学術論文や国際的ガイドライン，及び当該分野の専門家からの情報を得る多大な研究上の努力を行った．こうした努力の中でも，CAP再開発における最大の特徴は，カナダ，米国，ヨーロッパ11ヵ国，香港からの大規模な実際の利用者データに基づいたCAPトリガーの再設定やケアの成果の関連要因の分析を行っている点である．カナダとヨーロッパからの50万件以上のデータは，居宅サービス利用者のケアの成果を分析するために使用され，30万件を超すカナダオンタリオ州の複合継続ケアのデータと約100万件のアメリカのナーシングホームのデータは，介護施設および継続ケアに対する大きな理解をもたらしている．各CAPに記されているCAPのトリガーの設定は，これらのデータに基づいたものである．

以上のようにCAPの再開発は，虚弱な人々のケアの質と人生の質を改善することに主眼をおいた非常に大きな国際的研究事業であった．12の新しいアセスメント表の発表と合わせ，この事業は真の統合されたケア情報システムに向けた大きな一歩になるだろう．

□ CAPの使い方

インターライ アセスメント

インターライCAPは，下記のインターライアセスメント表と一緒に用いるように作られている．

- *interRAI HC*（居宅版）
- *interRAI LTCF*（介護施設版）
- *interRAI AL*（高齢者住宅版）

これらのアセスメント表を開発するにあたり，インターライはアセスメント表がそれを使用する人とって使いやすく，信頼性があり，そして利用者中心の仕組みになるように心がけた．それは，各ケアの場所における包括的なケアプラン作成を支援し，導くような仕組みである．一方CAPは，利用者のニーズと強み，そして本人の選択を評価することによって利用者の機能とQOLに注目している．インターライアセスメント表とCAPは，必要なときは専門家に助言を仰ぐことを促がすとともに，連続して使用することにより，ケアやサービスに対する利用者の反応を評価する基礎データも提供する．

インターライCAPの概要

インターライのアセスメントは，利用者の機能状態や健康状態，社会的支援の状態，サービス利用状況，そしてQOLといった利用者の人生における重要な要因を取り扱っている．各CAPにおけるアセスメント項目とその組み合わせは，ケアによって効果の可能性のある利用者を選定する上で，トリガーとなっている．トリガーの詳細についてはコンピュータプログラム

が用意されている．

CAPトリガー：ケアの目標はCAPによって異なるが，それは問題を解消するか，あるいは，悪化の危険性を軽減または改善の可能性を向上させるかのいずれかである．CAPトリガーと呼ばれる，いくつかのアセスメント項目の組み合わせは，アセスメント表で収集した情報をCAPで取り扱う問題につなげる役割を担う．旧版のCAPトリガーとは異なり，今回のCAPトリガーは次の2種類の利用者を特定するように作られている．第一は予想以上に悪化が進んでいる人たちであり，長期入所者がその典型である．第二は急性疾患等による最近の悪化がみられた人（せん妄や精神病，転倒，肺炎など）を含め改善の可能性がある利用者で，これらの問題に対応がなされれば，CAPで扱う問題状況も軽減することが考えられる人たちである．このような考え方に基づいてトリガーが再設定された結果，すべてのケアの場所においてCAPのトリガー率は低下している．たとえば，以前のMDS 2.0（日本ではMDS 2.1）における18のCAPのトリガー率は，今回のトリガーでは半減する．最後に，CAPガイドラインで示しているケアの方法は，成果が実証された臨床的問題やケアの方法に応じて更新されている．これは，これまでのデータの蓄積や我々やそのほかの人々のもつ知識の質の向上に伴って，ガイドラインに継続的な磨きをかけた努力の結果である．インターライは，ケア実践を向上していくために，これらのCAPを（テキストもトリガー方法も）今後も継続的に見直し，更新していく予定である．

CAPガイドライン：それぞれのCAPは，トリガーされた人々に対して，根本となっている問題を考え，ケアプランを導くためのケアガイドラインが含まれている．CAPは問題を解消し，悪化の危険性を軽減し，改善の可能性を向上するためのケアプランのガイドである．

　インターライCAPは次の4つの領域に及ぶ問題を扱っている．

- **機能面**
- **臨床面**
- **精神面**
- **社会面**

　多くの場合，利用者は複数のCAPにトリガーされる．一般的にトリガーされる率は，その人の状態とケアを受けている場所によって異なる＊．

- 北米の介護施設の入所者では，22のCAPのうち平均4 CAPにトリガーされる．
- 介護施設入所をスクリーニングするのにインターライHCを用いた場合では，27のCAPのうち平均7 CAPにトリガーされる．
- 介護施設の代替ケアとしての居宅ケアを受けている人は，27のうち平均6.5のCAPにトリガーされる．
- カナダ，ヨーロッパ，香港の典型的な居宅サービスの利用者では，27のうち平均5.5のCAPにトリガーされる．
- 地域の一般高齢者であってもCAPにトリガーされるが，平均すると2つのCAPである．

＊ 北米，ヨーロッパ，環太平洋地域で収集されたデータに基づいてインターライが分析した結果は，各CAPにおいて報告されている．これはCAP再開発を支援するために行われた研究事業から得られており，詳細な技術的記述を含む一連のピアレビュー論文は準備中である．

CAPの一覧：ケアの場所とCAPの対応を示す

CAP	居宅版 （インターライHC）	施設版 （インターライLTCF）	高齢者住宅版 （インターライAL）
機能面			
1. 身体活動の推進	○	○	○
2. IADL	○	−	○
3. ADL	○	○	○
4. 住環境の改善	○	−	−
5. 施設入所のリスク	○	−	○
6. 身体抑制	○	○	−
精神面			
7. 認知低下	○	○	○
8. せん妄	○	○	−
9. コミュニケーション	○	○	○
10. 気分	○	○	○
11. 行動	○	○	○
12. 虐待	○	−	−
社会面			
13. アクティビティ	−	○	−
14. インフォーマル支援	○	−	−
15. 社会関係	○	○	○
臨床面			
16. 転倒	○	○	○
17. 痛み	○	○	○
18. 褥瘡	○	○	−
19. 心肺機能	○	○	○
20. 低栄養	○	○	○
21. 脱水	○	○	−
22. 胃ろう	○	○	−
23. 健診・予防接種	○	○	○
24. 適切な薬剤使用	○	○	−
25. 喫煙と飲酒	○	○	−
26. 尿失禁	○	○	−
27. 便通	○	○	−

　その75％は健診・予防接種のCAPであり，15〜20％が，社会関係，痛み，転倒，気分のCAPである．

　CAPを使う目的は，CAPガイドラインに書かれた情報を用いてケアプランを作成し，必要かつ可能な場合に，サービスを提供したり，適切な紹介手続きを行うことである．同時にCAPを使うケアスタッフは，要介護認定や給付範囲がケアの選択肢を狭めている現実にも対面しており，トリガーされた問題におけるすべてのニーズに完全に対応できないこともある．そうであっても，利用者の強みと選択とニーズを含んだ包括的アセスメントを実施することは，できることの優先順位を決め，サービスの予定を組み，適切な紹介手続きをとり，ケアの成果を評価するために有用であることには違いない．

　ケアプランの作成は，ケアスタッフと本人，インフォーマルな支援者たちとの協力で行われるべきである．その際，可能かつ適切であるならば，本人の選択と優先順位をケアプランの出発点とし，本人特有のニーズに対応することを目的として，本人のもつ強みに基づいて作成するようにする．

A

機　能　面

CAP 1　身体活動の推進
CAP 2　IADL
CAP 3　ADL
CAP 4　住環境の改善
CAP 5　施設入所のリスク
CAP 6　身体抑制

CAP 1　身体活動の推進

I　問題

　対象は，過去3日間の身体活動量の合計が，家事や散歩，運動プログラムへの参加などすべて含めて2時間未満の利用者である．このような状態の利用者は，さまざまな健康問題や要介護状態を悪化させる危険性が高い．

　こうした利用者が身体活動量を増加することにより，心肺機能の強化や気分の向上，転倒リスクの低下，体重のコントロール，要介護状態の進行の遅延といったさまざまな効果が見込まれる．ウォーキングなどの定期的な運動を実践している人のバランス能力や移動能力，脚力は優れていることが知られている．

　介護施設に入居している要介護利用者であっても，焦点を絞った運動プログラムは有用であり，それを通じて更衣や歩行など日常生活におけるADLの悪化を遅らせることができる．認知障害のある場合でも身体活動の増加は効果がある．これはすべての人に共通することでもあるが，認知障害のある利用者は，以前行っていたか，現在楽しんでいる活動には参加することが多い．たとえば，ゴルフが趣味であった人はパッティングの練習を楽しむ可能性がある．介護施設におけるウォーキングプログラム，徘徊者を対象とした夕方の散歩，五感を活用した運動は研究においてその効果が実証されている．

　しかしこうした習慣のない人に，1日最低1時間の身体活動を習慣づけることは，なかなか難しいことであり，このCAPにトリガーされた人には，4段階のプログラムが必要であろう．
1）身体活動量を増やすことの効果についての学習
2）非活動となっている理由の特定
3）本人に受け入れられる身体活動のメニューを少しずつ日常生活に組み込む
4）受け入れ状態をみながら励まし，期間を長くしてメニューを継続する

　身体活動量の増加についての話し合いは，本人に自分の目標達成のために具体的に何をしたらいいのかを考える機会を与えるとともに，「妨げ」となっている障害を乗り越えるための道筋をみつけることにつながる．身体活動量を増やすことへの障害には，興味がない，大切な人が反対している，時間がない，天気が悪くて外で運動できない，体調が不安定である，安静が必要となる予期できない健康問題がある，脳梗塞や認知障害などのため計画したプログラムを実行する理解力や能力がない，などが挙げられる．このCAPの目標は，どのような障害がある人に対してもそれぞれの個人の生活にあった適切な身体活動をその人とともに見つけることにある．

> **全体のケア目標**
> - 身体活動量を増やす
> - IADL，ADL，移動能力の低下を防止する
> - 具体的な目標と潜在的な障害に対応する計画を立てる
> - 具体的な計画の例には，家事や買い物，屋内および屋外における移動などに対する本人の関与の度合いを高める，歩行距離（または車いすの自走距離）を伸ばす，歩行速度を速める，などがある
> - 身体機能が低い利用者の場合は，どんな活動をしたらよいか，あるいは障害となっていることをどう克服するかの話し合いに家族や他のケアスタッフらも巻き込むようにする

II　トリガー

　本CAPの目標は，機能的には可能であるにもかかわらず，身体活動が少ない利用者の身体活動量を向上することにある．効果をあげるためには，健康問題をクリアする必要があり，そのためには医師の協力が必要である．

◉トリガーされる利用者
　以下の2つの基準に当てはまる
- 過去3日間の身体活動が2時間未満であった［G4aが0～2］
- 下記の1つ以上に該当する
    - 居住場所を援助や合図なしに移動することが可能［G2f＝0か1］
    - 援助なしに階段昇降している［G1fa＝0か1］
    - 本人は自分はより自立できると信じている［G5a＝1］
    - 介護者は利用者がより自立できると信じている［G5b＝1］
    - 現在の病気や状態から回復できる見込みがある［―］

　上記に該当する利用者は，身体活動量を増やせる可能性は高い．実際にはこうした利用者のうち，その後の90日間に活動量を増やしているのは少数（約11％）であるが，ケアの焦点は基本的にその実現可能性を高めることにあわせるべきである．

> 《諸外国での割合》
> 居宅サービス利用者：30％，介護施設入居者：25％，一般高齢者：15％

◉トリガーされない利用者．その他すべて．

III　ガイドライン

本人の選択　身体活動量の増加を促進するために，利用者本人が目標設定やそのための計画作成に参加することが必要不可欠である．利用者にかかわる専門職としての目標は以下のようになる．

- 運動することの健康上の効用に対する意識を向上させる．
- 運動が日常生活の一部になっている将来の生活像をイメージする手助けをする．
- 以前はどんな活動や運動を楽しんでいたのか，いま挑戦したいと思っているものは何か（たとえば，近所で行われている行事，ウォーキング，ダンス）といった会話に利用者を誘う．
- 身体活動量の増加を妨げている可能性のある障害について話し合う．押しつけがましくない「控えめ」なかかわりは，本人（や家族）の自覚を促し，その後の受け入れをスムーズにする．

機能状態が良い場合　以下のことから運動や身体活動に対する本人の関心の度合いを判断する．

- 運動に関する本人の嗜好を話し合う．たとえば，ダンス，ウォーキングは生活の一部としてしたいのか，あるいは決まった時間に計画的にしたいのか（1人で，誰かと，他の用事と合わせて，決められたプログラムに沿ってなど），自転車こぎ，運動教室への参加など．以前に運動習慣のあった人ほど，再び運動をするようになりやすい．
- 現在の自立状態と本人の関心事の一致点を話し合う．
- 生活変容の準備レベルを特定する．
  - 提案する運動や活動の内容は，現実的であり，かつ対応可能であること．
  - 本人にとって意味ある活動は，その後においても継続されやすい．
  - 動機づけができていない場合は，小さなことから始めるとよい．たとえば，歩く頻度を増やすなど．
  - 家にこもりがちな利用者は，身体活動量を低下させている日常生活習慣を変化させることを話合うことが役に立つ可能性がある．
  - 運動に対する関心がほとんど，あるいはまったくない利用者でも，運動以外の目標についてや，運動がどのようにその目標達成に役立つかを話すことには積極的であることがある．
  - 動機づけがされている利用者には，自宅や地域における個人に合った運動プログラムに参加することのほか，どうしたら適切な身体活動を日常生活に組み入れられるかについて話し合うようにする．
- 現在の健康状態を踏まえたうえで，どうすれば目標達成できるかについての具体的な助言を必要とする人もいる．
- 運動の目標を立てることができたら，次は達成を妨げる可能性のある問題は何かについて話し合い，それぞれについて解決策を考える．
- 本人に合った，入手可能な運動プログラムについてできるだけ多くの情報を提供する．

- どんな年齢であっても，運動プログラムは，事故や障害を防ぐべく慎重に実施される必要がある．したがって，実施前には主治医に相談し，共同でふさわしいスクリーニングがなされるようにすべきである．
- 地域のプログラムに意欲があり，参加可能な利用者には，それらの紹介手続きをとる．
- 地域によっては，特定の慢性疾患患者を対象としたプログラムがあり，宿泊施設があることもある．
- 屋外歩行が不安な場合は，家族やボランティアに協力を仰ぐ．
- グループでの活動に参加したがらない場合は，ビデオなどを活用した居室での運動も可能である．

□ 身体活動メニューを作成する：
- 有酸素運動．最低30分の中程度の速さのウォーキングを週に4，5回など．
- 少しずつ強度を強める筋力増強トレーニングを少なくとも週2日（連続しない2日とする）．たとえば重さを少しずつ重くするダンベルトレーニング．
- 柔軟体操は筋力増強トレーニングと組み合わせること．
- 週に数回のバランス運動．

IADLやADL障害がある場合

IADLやADLのCAPにトリガーされている場合，それらのガイドラインをまず参照する．そうでない場合は以下を検討する．

□ 機能低下が起こったのが最近の場合は，リハビリ専門職に個別メニューを作成してもらえないか検討し，紹介手続きをとる．
□ 痛みが原因の場合，痛みのCAPを参照．
□ バランス能力に問題がある場合，転倒のCAPを参照．
□ 栄養状態が不良の場合，低栄養のCAPを参照．
□ 症状の再燃や急性憎悪の危険がある慢性疾患がある利用者は，疾病の自己管理プログラムを紹介する．症状の自己管理に自信がつけば，運動プログラムを継続する可能性は高まる．
□ ほんの少しの活動量の増加であっても効果があることを念頭に置く．やりすぎは，その後の継続を妨げるばかりか，事故などの危険性をひき起こす．

可能であればフィードバックや見返りを用意する

□ 目標と時間軸をつけたグラフや表を書いた紙をつくる．そうすることによって本人や家族，他のケアスタッフが，身体活動の実施状況を日々記録し，その達成状況を本人が確認できるようになる．
□ 成果を本人と家族にフィードバックするのを忘れない．成果は，バランスがとれるようになった，転倒をしていない，移動できるようになった，耐久力がついた，痛みが和らいだ，表情がよくなった，など本人固有の目標に応じて複数を準備する．

参考資料

Heyn P. 2003. The effect of a multisensory exercise program on engagement, behavior, and selected physiological indexes in persons with dementia. *American Journal of Alzheimer's Disease and Other Dementias* (18,4): 247–51.

Holmberg SK. 1997. A walking program for wanderers: Volunteer training and development of an evening walker's group. *Geriatric Nursing* (18,4): 160–65.

MacRae PG, Asplund LA, Schnelle JF, Ouslander JG, Abrahamse A, Morris C. 1996. A walking program for nursing home residents: Effects on walk endurance, physical activity, mobility, and quality of life. *JAGS* (44,2): 175–80.

Martin JL, Marler MR, Harker JO, Josephson KR, Alessi CA. 2007. A multicomponent nonpharmacological intervention improves activity rhythms among nursing home residents with disrupted sleep/wake patterns. *The Journals of Gerontology Series A: Biological Sciences and Medical Sciences* 62: 67–72.

Miriam Hospital Physical Activity Research Center: www.lifespan.org/behavmed/researchphysical.htm

Nelson ME, Rejeski WJ, Blair SN, Dubcan PW, et al. 2007. Physical activity and public health in older adults. Recommendations from the American College of Sports Medicine and the American Heart Association. *Circulation*: 116.

University of Rhode Island Cancer Prevention Research Center: www.uri.edu/research/cprc/transtheoretical.htm

---

執筆

Katherine Berg, PhD, PT

John N. Morris, PhD, MSW

CAP 2 IADL

I 問題

　IADL（Instrumental Activites of Daily Living：手段的日常生活自立）をより自立して実施できる可能性があり，かつそのことへの関心をもつ利用者に着目する．IADL には，食事作り，普段の家事(皿洗い，布団やベッドの整頓，掃除，片付けなど)，買い物，公共の交通手段の利用や運転による外出が含まれる．こうした IADL を自分で十分にこなせなくなるのは，その後に生じるより広い範囲にわたる身体機能低下に先だって起こる現象であることが多い．地域の一般高齢者の 17％から 30％に IADL 障害があり，この割合は高齢者住宅の入居者では 50％，居宅サービスの利用者では 95％にのぼる．ADL のほとんどは自立しているが入浴(早期に低下する ADL)にのみ援助を要する人のほとんど（98％）は，IADL 障害がある．

　IADL の自立に関心と能力のある利用者には，高い可能性で改善が期待できる．

全体のケア目標

- 現在の IADL レベルを可能な限り長く維持し，能力があっても実践していない場合，実践の機会を増やす
- 機能状態に影響を与える最近の急性疾患や慢性疾患，症状（痛みなど）を管理する
- 薬剤を確認し，管理する
- やる気や気分が機能状態に与える影響を評価する
- 身体活動や運動の重要性を本人に助言し，自己管理についての教育をする
- 実践が能力を下回っている利用者でとくに最近悪化した場合（過去 3 ヵ月など）は，機能レベルに応じて地域で利用できるプログラムや運動，カウンセリング，理学療法や作業療法などを紹介する
- IADL を実施することやその役割を担うことに意欲がない場合，別の住環境に移る希望について話し合う

II トリガー

　IADL の CAP は，居宅サービス利用者，高齢者住宅の居住者，そして地域の一般高齢者とする．なかでも，これらの活動の実施能力を向上することに関心がある人々が中心となる．そうした人々を見つけるには，以下の 4 つが鍵となる．まず，自分はもっとできるはずだという信念（最近悪化した人も含む）であり，これは本人の動機づけややる気を表すものである．2 番目に，IADL の実施を少なくとも誰かに頼っていること．3 番目に，更衣などの ADL が全面依存でないこと．最後に認知能力が多少残されていること，である．

- **トリガーされる利用者**　下の4つの基準すべてに当てはまる
  - *今後改善する可能性がある*　以下の1つ以上に当てはまる：
    - 本人は自分はもっと自立できると信じている［G5a＝1］
    - アセスメントする者は利用者はより自立できると信じている［G5b＝1］
    - 現在の疾患からの回復の見通しが明るい［─］
    - ADLが悪化している［G6＝2］
  - *IADLの困難（能力）*　調理，家事，買い物，外出の能力欄の合計（選択肢8は7として計算）が7以上［G1a（B）＋G1b（B）＋G1g（B）＋G1h（B）が7以上］
  - *ADL*─ADLスコアが0〜3（早期低下のADLが自立から広範囲の援助の範囲であることを表す）［ADL-H（activities of daily living self-performance hierarchy scaly；日常生活自立段階，付録編347ページ参照）＝0から3］
  - *認知機能*─CPS（Cognitive Performance Scale；認知機能尺度，付録編348ページ参照）が0〜2［CPS＝0から2］

> 《諸外国での割合》
> 居宅サービス利用者：20％，一般高齢者：2％
>
> トリガーされた利用者の15％はその後の90日間にIADL機能が向上している．この数値を上げることが目標となる．

- **トリガーされない利用者**　IADL障害があってもトリガーされない利用者に対する対応は，家族や友人から提供されている援助を補完するサービスの提供に限られる．

III　ガイドライン

このCAPにトリガーされた利用者は，IADLの自立度を高めることのできる能力があるので，次のガイドラインを適用する．

IADLの実践レベルを向上するためのアプローチ：
- 本人と家族と最近の変化について話す．新たな医学的問題の発生や薬の変更，慢性的な症状の再燃はなかったか．これらの問題が起きた後にIADLが低下したかに留意し，そうであれば，そうした問題が解決すればIADLの改善が見込め，逆に問題を放置すれば，更なる悪化の危険性を生むことになる．
- モニタリングを実施する．

急性の健康上の問題を繰り返したり，慢性的な問題の再燃があれば管理する　とくに最近の転倒，痛み，気分の問題，感染，せん妄，薬剤，低栄養，視覚の問題に注意を払う．
- **転倒**　転倒の既往がある場合には，バランス，起立性のめまい，筋力，体力の低下，体を動かすことへの過度な心配，関節可動域（曲げる，伸ばすなど）の制限などの問題に

対応したケアプランが必要となる．転倒のCAPを参照し，これらの改善が見込めるか検討する．

- *痛み*　一般高齢者の1/3から半数には痛みがある．痛みのCAPがトリガーされている場合，対応したケアプランを実施することにより，しばしば痛みのレベルは軽減することがある．痛みの管理によりIADLの改善が見込めるか検討する．
- *気分*　うつがある場合，ひきこもりや，うつに関連する倦怠感のためIADLの実施レベルが低下することがある．しかし，その逆も起こることがある．つまり，IADLができなくなることが気分を落ち込ませ，幸福感が低下し，うつにつながっている可能性である．逆にいえば，IADLが向上すれば，気分の状態にプラスの影響を与える可能性もある．
- *感染等の急性症状*　感染症などの急性症状は活動を妨げ倦怠感をもたらすため，その結果としてIADLの実施が低下する．
- *せん妄*　日常生活を営めず，IADLにも影響する．
- *薬剤*　抗不安薬や抗うつ薬，睡眠薬などの薬剤には副作用があり，IADL低下をもたらすことがある．めまい，低血圧，失神，バランス障害，歩行障害，転倒と関連する薬剤を服用していないかを確認する．また，服薬を順守していないこともIADL低下と関連する可能性がある．適切な薬剤使用のCAPを検討して薬剤とIADL低下との関連性を判断する．
- *栄養状態*　最近の体重減少はなかったか，低BMI（Body-Mass Index；体格指数）でないかを確認する（低栄養のCAP参照）．
- *視覚*　視覚の問題や視力の低下は，IADLの実施を難しくする．この場合でも，回復するための訓練・治療や補助具の利用により，IADLレベルを改善できる可能がある．

強みを特定する　認知能力があり，とくに意欲がある場合は，IADLの低下をただすケアプランを立案し，遂行できることが多い．また，金銭的に余裕のある場合は，介護用品を購入したり，民間の運動プログラムなどへの参加など選択肢が広がる．協力的な家族や友人の存在は，利用者を励まし，一緒に参加したり，援助したりなど大きな役割を果たす．

機能問題に対応する　IADLの改善の半数は，ADLや認知機能，コミュニケーション機能の改善に伴うものである（ADL，認知低下，コミュニケーションのCAPを参照）．これら3つのCAPには，本人の機能状態を改善するための有益な情報が含まれている．IADLを検討する上でのポイントは，これら3つの領域における改善とIADL改善の可能性を関連づけることである．たとえば，ADLの改善に気づいたのなら，「これはIADLを自分で行えるようになるきっかけなのではないか」と問いかけてみる．その場合，より基本的なIADLから関与する機会を与えるよう工夫する．たとえば，食事の支度において，食材を取り出す手伝いをしてもらう，食材を混ぜる，食卓の用意（配膳）をするなど．

ADLに対するケアプランは，しばしばIADLの向上をもたらす．もし身体機能の制限がIADLの阻害要因となっている場合，ADLと転倒のCAPを参照し，バランス，筋力，体力を向上する運動プログラムを実施できるか検討する．こうした運動プログラムは，利用

者の機能状態によって，居室，コミュニティセンター，フィットネスクラブなどで行うことが考えられ，理学療法士による個別のプログラムを必要とすることもある．

- ☐ *IADLへの関与や機会をより詳細にアセスメントする*：IADL に問題がある場合，動作分割を試みる．たとえば，食事の支度は，単純にすれば，「棚や冷蔵庫から食材を取り出す」「洗う，切るなど下ごしらえをする」「必要時混ぜる」「焼く，炒めるなど調理する」「皿にもる」などの動作に分けることができる．本人が自信をもってできるようになるまで，それぞれの動作に関与するよう励ます．そのうえで，力がない，バランスがとれない，動作の問題，認知能力の問題，あるいは，それらを統合する能力に問題があるのかを判断する．こうした分析を通じて，再訓練の有用性（ADL の CAP 参照）や IADL 動作を補助する用具の導入や家屋の修繕を見極める．作業療法士は，こうした分析の専門家であり，可能な範囲で助言を受けるべきである．

- ☐ *本人の知識とスキルをアセスメントする*：IADL の問題は，それまで配偶者などが行ってくれていたために，本人にスキルや知識がないことが原因となる場合がある．これらは，家事や調理，買い物などしたことがない男性が妻と死別したり，離婚したときに多い．同様のことは高齢の女性が庭仕事や金銭管理（請求書の支払いや銀行口座の管理など）をしたことがない場合にも当てはまる．この場合，新しいスキルを身につける意志と能力が本人にあるかをまずアセスメントする必要がある．その上で，スキルを獲得するための実践練習をスケジュールに組みこんでみる．たとえば，スーパーマーケットに一緒に行く，書類を記入するのを手伝う，一緒に投函するなど．

- ☐ *慢性症状を自己管理（セルフケア）するための知識・技術を向上させる*：これはとくに症状の再燃を繰り返している人の場合に重要である．自己管理を促進するプログラムが地域にあるか確認する．

- ☐ *IADLを自分で実施する機会を探す*：インフォーマルな介護者が本人ができるか，少なくとも一部はできる IADL を，完全に担ってしまっていることがある．本人の能力の範囲内で IADL を遂行していくこと，そして，さらに IADL を拡大し，その能力を広げていくことが重要である．

- ☐ *やる気*：本人のやる気は重要な鍵である．やる気があり，自分には潜在能力があると信じている人のほうが，実際に改善をみることが多い．認知機能が高い人も，活動プログラムに引き込みやすい．しかし，すべての人が以前の IADL レベルに戻ろうと思っているわけではない．これまでに十分やってきたのだから，もうこれ以上はしたくない，誰かにやってもらいたいと思っている場合もある．また，すでに援助を受けている人々でも，IADL のアセスメントは重要である．なぜなら，いま以上の援助を求めている可能性もあるし，内容もトレーニングやサービスを必要とする人もいれば，相談したり安心が欲しい人もいるからである．また，家族や友人は利用者の IADL を手伝うことで，本人と一緒にいる時間をつくったり，生活の安心感を与えたりもしている場合もある．しかしながら重要なことは，その人のためにやってあげることが，不適切な結果に結びつく可能性を知ることである．利用者が積極的に日常生活に参加する効用について，家族等に教育していくことが重要である．

認知トレーニングプログラム：推論，意思決定，記憶，視覚処理を促進するプログラムには，IADL の機能低下を軽減する効果のあることが証明されている（認知低下の CAP を参照）

代替案：IADL を担うことにこれ以上関心がなかったり，これまでに 1 度も関心をもったことがない場合は，代替案を探る．このようなことは，調理や掃除，庭仕事をすべて担っていた配偶者を亡くした後に起こりがちである．
- 身体活動と運動の重要性についての話し合いを始める．とくに IADL を今は担わなくなっているか，活動量が低下している場合には必須である（身体活動の CAP を参照）．
- インフォーマルな援助を受けることができるか，あるいは他の有料サービスがあるか調べる．
- 高齢者住宅などのうち，食事と家事サービスを受けられる住環境への転居についての話し合いを開始する．
- 転居を検討している場合は，それぞれの候補において確認すべきポイントを提案する．たとえば，トレーニングルームがあるか，散歩のグループなどのアクティビティやダンスや運動のプログラムがあるかなど．理想的には，過去に楽しんでいた活動や，現在楽しんでいるか，挑戦することに関心がある活動ができるところを探す．
- 将棋や囲碁，麻雀，クロスワード，数独，コンピュータゲームなど，認知機能を刺激する活動に利用者が関心をもつように話しをむける．こうしたことは金銭管理や薬剤管理などの IADL を維持するのに役立つ．
- 慢性症状の自己管理プログラムを紹介することで，症状の再燃やその他の急性症状による変化にうまく対応して回復が進むようになる．

参考資料

> **Elzen H, Slaets JP, Snijders TA, Steverink N.** 2007. Evaluation of the chronic disease self-management program (CDSMP) among chronically ill older people in the Netherlands. *Soc Sci Med.* 64(9): 1832–41. Epub 2007, March 13.
> **Fujita K, Fujiwara Y, Chaves PH, Motohashi Y, Shinkai S.** 2006. Frequency of going outdoors as a good predictor for incident disability of physical function as well as disability recovery in community-dwelling older adults in rural Japan. *J Epidemiology* 16(6): 261–70.
> **Graff MJL, Vernooij-Dassen MJM, Thijssen M, Decker J, Hoefnagels WHL, Rikkert MGMO.** 2006. Community based occupational therapy for patients with dementia and their caregivers: Randomized controlled trial. *BMJ* 333: 1196.
> **Tinetti ME, Allore H, Araujo KL, Seeman T.** 2005. Modifiable impairments predict progressive disability among older persons. *Journal of Aging Health* 17(2): 239–56.
> **Williams CS, Tinetti ME, Kasl SV, Peduzzi PN.** 2006. The role of pain in the recovery of instrumental and social functioning after hip fracture. *Journal of Aging Health* 18(5): 743–62.
> **Willis SL, Tennstedt SL, Marsiske M, Ball K, Elias J, Koepke KM, Morris JN, Rebok GW, Unverzagt FW, Stoddard AM, Wright E.** 2006. ACTIVE study group: Long-term effects of cognitive training on everyday functional outcomes in older adults. *JAMA* 296(23): 2805–14.

執筆
John N Morris, PhD, MSW
Katherine Berg, PhD, PT
Catherine Hawes, PhD
Brant E Fries, PhD

CAP 3　ADL

I　問題

　このCAPは，更衣や個人衛生，歩行，移乗，トイレの利用，寝返り，摂食などの基本的日常生活動作を実施する際の自立度を扱う．

　ADL自立度の低下は，ADLだけでなく広範囲に及ぶ深刻な問題と関係する．たとえば，失禁，コミュニケーションができないこと，認知の低下，社会的な孤立，うつ，転倒，褥瘡などである．居宅サービス利用者にとってADL自立度の低下は，より手厚い環境(同居を開始する，ケア付き住宅や介護施設に移るなど)が必要となる主なきっかけであり，また居宅サービスの量を増やす必要性につながる．

　多くの状態がADL自立度に関連する．なかでも重要なのは，認知障害，慢性疾患の発症や再燃（うつなど），急性疾患の発症（脳卒中など），その他の健康問題（大腿骨の骨折など），不適切な薬剤使用である．これらの状態（とくに認知症の進行）があると，ADL改善のケアプランにより機能低下を遅らせたり，ときには一時的な向上がみられたとしても，最終的には慢性的なADL自立度の低下に至る．

全体のケア目標

- 可能な限り長く現在のADLの自立度を保つ
- 改善可能な急性問題を管理する
- 最近の急性症状の結果起こった機能低下を回復させる
- 急性症状や慢性症状の再燃に伴う更なる機能低下を防ぐ
- 実践が能力を下まわっている場合，実践レベルを上げる
- 特定のADLをとりあげ，能力と実践の差に基づいてADLを改善するケアプランを立てて，実行する
- 3ヵ月前と比べて悪化した人や，実践レベルが能力を下まわっている人には理学療法や作業療法の導入を検討する

II　トリガー

　このCAPの目標は，すでにADL障害のある人々の機能改善や避けられる機能低下を防ぐことにある．対象は，地域の一般高齢者，居宅サービスの利用者，高齢者住宅の入居者，介護施設入所者のすべてである．トリガーする利用者には以下の2つのグループがある．違いは初期アセスメントにおいて不安定な機能状態や症状があったり，急性疾患の存在が疑われるかどうかである．

◉ **機能回復のためにトリガーされる利用者**：下記のすべてに当てはまる場合
　❑ ADL に何らかの援助を受けている（ただし全面援助ではない）［1≦ADL-H＜6］
　❑ いくらかなりとも認知機能はある（CPS は6以外）［CPS が6以外］
　❑ 終末期ではない［J7c＝0］
　❑ 最近の状態や機能水準の急変（以下2つ以上該当）：
　　▪ 急性の変化（症状，徴候など）があるか，慢性症状の再燃がある［J7b＝1］
　　▪ せん妄［C3a＝2］
　　▪ 認知機能が変化している（改善でも悪化でも）［C3c＝2］
　　▪ 精神状態の急な変化［C4＝1］
　　▪ 肺炎［I1s＝1か2］
　　▪ 転倒［J1＝1〜3］
　　▪ 大腿骨骨折［I1a＝1か2］
　　▪ 理学療法を受けている［O4a（B）が1以上］
　　▪ 最近の入院［O5aが1以上］
　　▪ ADL の変動（改善でも悪化でも）［G6＝0か2］
　　▪ ケアニーズの変動（サービスの増加でも減少でも）［T2＝0か2］

> 《諸外国での割合》
> 居宅サービス利用者：20%，介護施設入居者：20%，一般高齢者：1%未満
>
> 　次のアセスメント時（90日後）の改善率は，介護施設入居者では33%，居宅サービス利用者21%であり，悪化率は介護施設入居者33%，居宅サービス利用者20%である．

▪ アプローチの基本

　まず新たな急性問題の発症を管理し，もとの状態に戻るための支援をすることである．次に，利用者が ADL 低下の悪循環に入り込まないようにすることである．急性問題が発症した人の70%は，90日後には ADL が低下するか，低下の高い危険性におかれている．急性問題への対応が以前の ADL に戻るためのもっとも重要な鍵である．急性問題が解決したら，本人の機能状態を出来る限り以前の状態に戻すよう取り組む．

　それと同時に，急性の問題に関連して生じた ADL の低下をすべて避けられないことを認識する必要がある．優れたプログラムであったとしても，約20%の人は ADL が低下する．しかし，トリガーされたすべての人にとって，急性問題の解決と ADL 状態の回復はケアの目標として必要である．

◉ **機能維持のためにトリガーされる利用者**　下記のすべてに当てはまる場合
　❑ ADL に何らかの援助を受けている（ただし全面援助ではない）［1≦ADL-H＜6］
　❑ いくらかなりとも認知機能が残されている（CPS が6以外）
　❑ 終末期ではない［J7c＝0］
　❑ 上記の急性の変化に当てはまらないか，1つしか当てはまらない

> 《諸外国での割合》
> 居宅サービス利用者：15％，介護施設入居者：60％，一般高齢者：1％未満
>
> 次のアセスメント時(90日後)の改善率は，介護施設入居者では33％，居宅サービス利用者12％であり，悪化率は介護施設入居者32％，居宅サービス利用者20％である．

■ アプローチの基本
2段階のアプローチが勧められる．
1．現在のADL自立度を維持するためのケアプランを実施する．
2．ADL低下を引き起こしかねない急性の健康問題(せん妄，認知機能の変化，肺炎，入院など)や新たな薬剤の使用などがないか注意して見守り，あれば早期に対応する．このような急性問題は，数ヵ月先の機能低下の主な原因となる．

● **トリガーされない利用者**　機能回復や維持がケア目標とならない人である．これには以下の3つの異なる人々が含まれる．
- 更衣や個人衛生など早期に喪失するADLも含め，すべてのADLが自立している人
- 身体，認知機能が残されていない人
- 終末期にある人

介護施設入所者でこのCAPにトリガーされない人のほとんどは，後者2つのグループである．

> 《諸外国での割合》
> 居宅サービス利用者：65％，介護施設入居者：20％，一般高齢者：99％
>
> 次のアセスメント時(90日後)の改善率は，介護施設入居者では12％，居宅サービス利用者14％であり，悪化率は介護施設入居者25％，居宅サービス利用者14％である．

- 適切にADLを観察し維持するケアを行うことは，これらの回復が見込めないADL障害をもつ人々にとってもちろん必要である．

Ⅲ　ガイドライン

このCAPにより，ADLの改善や維持が見込める人を的確に捉え，不必要な機能低下を防ぐことがより一層可能になるであろう．このCAPでは，集中的なアセスメントとモニタリング，介入により効果が見込める人に着目する．このようなケアは，ケアの場所にかかわらず実施が可能である．

ADL改善に向けたアプローチ
- 新たな急性の変化（症状）を特定するため本人や家族，介護者と話をする．新たに発症

した内科的，薬物的，または視覚の問題は，身体機能の低下につながるので，そのような急性の変化のあとに ADL 低下が起こったのかどうかを注意深く確認する．そうであれば，急性問題の解決に伴い，改善が見込める．逆に問題への対応がなされなければ，更なる低下が起こることになる．病状の変化とともに身体機能の低下の情報を添えて，医師に受診をすることが勧められる．

- 以下のモニタリングを実施する：
  - せん妄，肺炎，転倒，大腿骨の骨折など身体機能の低下をもたらす急性問題の発症に注意する必要性を家族や介護者に伝え，もしあるなら受診させる．
  - 白内障や股関節/膝関節の炎症など，機能低下をもたらすが，回復可能な慢性症状について，悪化の兆候をみつけることの重要性を家族や介護者に伝える．
  - 身体機能低下を惹き起こす不適切な薬剤使用がないか経過を追う（新たな投薬，または中止薬剤）．
  - 退院後の ADL 低下や活動レベルの低下を確認する．
- せん妄の場合，せん妄の CAP のガイドラインに沿ったケアプランを実施する．そのケアプランの一部として，せん妄に関与し機能を低下させている可能性のある薬剤があるか見極める．
- めまい，転倒，最近の大腿骨骨折がある場合，転倒の CAP を参照する．
- 最近の機能低下の場合や，本人の能力よりも実践レベルが低い場合，可能であれば，理学療法士や作業療法士に相談する．このような人々が理学療法や作業療法を受けると，その改善率は約 2 倍となる．
- 医師は根本にある医学的原因を評価し，治療する必要がある．
- 不適切な栄養状態の徴候がみられるなら，その問題へ介入する（低栄養の CAP を参照）．
- 痛みの管理が不適切であるなら，管理方法を見直す（痛みの CAP を参照）．

身体機能の潜在能力について，本人とケアスタッフの評価を確認する　本人とケアスタッフが，改善の可能性を信じている場合，ADL の改善あるいは悪化の遅延につながりやすい．これらのアセスメント項目は，ケアプランを作成し，実行するのに役立つ．

慢性的な認知低下の程度を把握する　認知能力の低下があると，ADL の改善可能性に悪影響を及ぼし，ADL の悪化を防止しにくくなる．アセスメント表から算出される認知機能の尺度である CPS は，ADL の改善可能性を探るうえで有用である．

- 認知機能が高度に障害されている（CPS が 6）場合，ADL を改善する能力は最低限であるためこの CAP にトリガーされない．
- そのほかの場合，ADL の改善，少なくとも維持は可能である．
- 認知機能の障害がないか，あるいは軽度の場合（CPS が 0，1，2 に相当），ADL 改善の能力は最も高い．
- 中等度の障害がある場合（CPS が 3，4，5），高度に構造化された ADL のケアプランが必要である．

能力と実際自分で行っていることを比べることにより，更なる悪化を防ぎ自立度を改善するケアを実施するADLを選ぶ（目標となるADL）．ADLは通常段階的に低下する．典型的には早期喪失のADL（入浴，更衣，個人衛生）の次に中期喪失のADL（歩行，移動，トイレの利用），最後に後期喪失のADL（食事，ベッド上の可動性）が低下する．

- 全体のADLの自立度を維持または改善するため，ある1つのADLを目標にする．
  - 歩行が完全に自立している場合は，早期喪失のADL（たとえば更衣）に着目する．
  - 歩行はできるが，完全に自立しているわけでない場合は，歩行に着目する．
  - 歩行ができない場合，後期喪失のADL（通常は食事）に着目する．たとえば，まだ固形物を消化できる能力があるなら，自分で食べる機会を与え，励ます．低栄養のCAPにトリガーされている場合は，そのガイドラインに従う．
- 目標となるADLを選択したら，改善を促進する適切な方法は多くある．
  - 考えられる方法の中で最も正式な手続きを踏むものとしては，リハビリ科の受診や訪問リハビリの利用などが考えられる．また，目標となるADLに着目し，下記の「状況に応じたADLの維持・改善プログラム」をつくりあげることも検討する．
  - 考えられる方法の中でより身近なのは，本人と主な家族に対する教育である．まず最初に自立度の改善が可能であることを説明する．適切な期待をもたせることは，変化の鍵である．そして，下記のプログラムの実施を提案する．重要なのは，改善したいADLの動作の流れを分割し，まず出来そうな部分について，本人が実践する機会を与え，その達成度を追跡し，成功実例を積み重ねていくこと，である．

状況ベースのADL維持・改善プログラムの例

- ある特定のADL機能を対象としたプログラムの各ステップについて口頭での指示やきっかけを与える．
- 必要時援助しながら，本人自身がそのステップを始められる機会を与える．
- 本人が反応できるようなジェスチャーを使ったり，声かけをする．
- あるステップに援助を必要とする場合，そのステップをさらに分割してみる．改善目標をステップと分割したステップの両方の中に設定する．
- そのADLが実施されるときは，どの介護者や家族であっても同じアプローチをする．
- 同一のアプローチを少なくとも1ヵ月続ける．
- 分割した各ステップにおいて，本人が実践した割合の進捗を記録する．ステップを開始した方法の変化についても注意する．つまり合図や援助が必要であったかや，一度始めたら完遂できたかなど．かかった時間を記録するのも，進捗をみるのに役立つことがある．
- 改善状況を介護者，本人，家族と共有する．小さな改善は全員が気づかないこともあるので，記録に残すことによって，かかわるすべての人を励ますことができる．

ADLの機能低下の影響　ADLの機能低下は，失禁や社会的孤立，うつ，転倒，事故，褥瘡などを含めた新たな問題の発症にもつながる．このような問題がみられているか，そしてADLの改善がみられた場合はそれに伴ってこうした問題も改善してはいないか確認する．

> 執筆
> John N. Morris, PhD, MSW
> Katherine Berg, PhD, PT
> Jean-Claude Henrard, MD
> Harriet Finne-Soveri, MD, PhD
> Dinnus Frijters, PhD

CAP 4　住環境の改善

I　問題

　このCAPは，一般的に危険と考えられる住環境に着目する．これらには，未修繕，照明不足，安全でない床やカーペット，不十分な冷暖房，誤った器具の使用，一般的に汚れた状態などが含まれる．これらの確認をする目的は，生命の安全性，転倒，健康状態，基本的なQOLといった多くのことに影響するためである．

　これらの問題の解決はしばしば困難を伴う．収入が多くない人は，現在の環境を選択せざるを得ないことがある(冷暖房よりも食物，など)．そのような人には問題を解決するための物理的，金銭的な蓄えはないだろう．公的な援助は，住環境の改修に限られていたり，対象者や支出の対象を制限している．さらに別の住居に移るという選択肢は常に供給不足であり，長期間の待機や対象者の基準が厳しく，また家族内で利用者に別の場所を用意することはできないことが多い．

　この住環境のアセスメントは，危険な環境のうち比較的対応が可能な問題点を見つけることに主眼を置いている．

　居住環境の改善を成功させるには，鍵となるインフォーマル介護者を巻き込む必要がある．改善策を本人が受け入れるのには時間がかかることもある．重要なことは，失うことへの恐れ，辱め，無能力感，問題否認といった環境変化への本人の抵抗を評価者が理解することである．

全体のケア目標
・利用者が住む環境の安全性を向上させる

II　トリガー

　このCAPは，問題のある住環境での暮らしにおいて，身体や精神状態の問題と相まって危険な状況が予測される利用者をトリガーする．

◉ **トリガーされる利用者**　以下の両方に当てはまる．
　❑ 以下の1つ以上の住環境の問題に当てはまる[S1a＝1またはS1b＝1またはS1c＝1]
　　■ 照明の問題
　　■ 床やカーペットの問題
　　■ 浴室やトイレの問題
　　■ 台所の問題
　　■ 冷暖房の問題
　　■ 家屋の未修繕

- 不潔
- 以下の2つ以上の虚弱性を示す指標に当てはまる
  - 階段を上ることができない［G1fb＝6］
  - 過去3日間の身体活動時間が2時間未満［G4a＝0から2］
  - 不安定な歩行［J3d＝1から4］
  - 体調が悪い［J8＝3］
  - 不安定な状態や疾患［J7a＝1］
  - 家へのアクセスが困難
  - 屋内の部屋へのアクセスが困難［S1e＝1］
  - うつのスケール（DRS；Depression Rating Scale；うつ評価尺度，付録編349ページ参照）が3以上［DRSが3以上］
  - 妄想，幻覚，異常思考のいずれかの精神症状に当てはまる［J3g，J3h，J3iのいずれかが1から4］

《諸外国での割合》
居宅サービス利用者：15％，一般高齢者：2％

該当者の半数は床と浴室に問題がある．

III ガイドライン

このCAPで扱うすべての住環境に関する問題状況が，即座に対応する必要があるわけではない．明らかに危険な状況（たとえば，猛暑の夏に冷房がないなど）もあるが，他は危険性は軽度であったり，本人の機能状態への影響は小さい（車いす利用者にとってドアノブが高すぎる，家に物があふれているなど）．このような考えに立って，以下のアプローチを実施する．

冷暖房 室温を適切に保たないと，高齢者は低体温や高体温になる危険性にさらされる．危険性がある場合，問題を解決する行動を即座にとる必要がある．
- 室温を感じにくい医学的な状態があったり，感じられないほど体が弱っているか．
- 温度調整装置を設置するなどの基本的な行動もできない状態にあるか．たとえば，うつ（うつ評価尺度：DRSが3以上），重度の低栄養状態（低栄養のCAPにトリガーされる），過剰飲酒（喫煙と飲酒のCAPにトリガーされる）など．
- 経済的な問題があるか．そうであるなら，解決策はあるか．
  - 地域に低所得者を対象とした電気代や燃料代の助成，環境耐用仕様の家屋や住宅改修への助成はあるか．
  - 冷暖房を管理したり，公共料金の経済支援をしてくれる親族はいるか．
  - お金の使い方が間違っていたり（お酒の購入に使ってしまうなど），そもそも金銭管理ができないことはないか．その場合介護者や親族，友人は，適切な予算管理の方法に

関する助言や援助ができるかもしれない．

照明　必要としていることは，往々にして単純なことがある．たとえば電球を交換する，常夜灯をつける，より多くの明かりを入れるなど．

床とカーペット　検討すべき簡単な方法には以下が含まれる．
- 敷物の配置を見直す．
- 敷物は両面テープを用いて床に接着する．
- 滑り止め加工された浴室マットを使う．
- きしむ床やカーペットの穴は補修する．そのためのお金がなかったら，助けてくれる人を探す（地域のボランティアグループ，親族など）．
- 可動性に問題がある人の場合，ドアや廊下の幅やスペースの確保，段差や傾斜の解消，手すりやタラップ，その他の安全装置の導入が必要となる．
（一般的に必要とされるスペース：車いすや歩行器など移動補助具を自立使用するには，部屋の中，廊下，浴室に広いスペースが必要である．たとえば，車いすで向きを変えるのに半径1.5 m以上が必要である．そのためには敷居やドアを外したり，家具の配置を変える必要があろう．こうしたスペースづくりの調整を怠ると，車いす利用者がけがをする危険性を高めることになる）．

浴室　深刻な転倒事故の約半数は浴室内で起こっている．設置が難しいこともあるが，可能なら固定の手すりやつかまり棒を設置する．介護保険が使えない場合，地域にこうしたことを助けてくれる人がいるか探すとともに，本人や家族が購入できるかについて話し合う．

台所　ガスコンロからの引火が最も危険である．防ぐ手段として，タイマーを使う，他の人に調理してもらう，誰かが側にいるときだけ調理をするなどがある．過去にガスコンロの危険な使用を行った人には，チャイルドロックや自動消火装置の導入または電子レンジやIH調理器の使用を検討する．
- 煙感知装置や消火器があること，それらがきちんと作動すること，そしてどこにあるか場所を確認する．火災の際の緊急対応について，一般的な対応方法（119番など）も含めて，家族と本人と話し合う．
- 必要な消火グッズが手に届く範囲にあること，ガス台の上に可燃性の物を置いてないことを確認する．台所における配置や構造上の修理の必要性も検討する．
- 独居の場合，または家屋に修繕を施せない場合は，転居が必要になることもある．

未修繕や不潔な家屋　一般的な乱雑さのほかに，タコ足配線，壊れた階段，開けられない窓，水漏れ，ねずみや虫の横行，排水管やトイレの詰まり，ペットの糞，古いゴミがないかを探す．まず，なぜこのような状態になっているのか理由を見極め（たとえば，認知障害，身体障害，経済的困窮，他に住むところがないなど），次に可能な改善手段を提案する．

うつや精神科疾患があるために自己否認していることが大きな障壁になっている場合は，医師に知らせ，精神科の診断を受けられる手はずを整えることを検討する．

近所の安全性　地域や近所の安全性のアセスメント

参考資料

AARP Home Design. www.aarp.org/families/home_design/

Berg K, Hines M, Allen SM. 2002. Wheelchair users at home: Few home modifications and many injurious falls. *American Journal of Public Health* 92: 48.

Gitlin LN, Winter L, Dennis MP, Corcoran M, Schinfeld S, Hauck WW. 2006. A randomized trial of a multicomponent home intervention to reduce functional difficulties in older adults. *JAGS* (May) 54(5): 809–16.

Misset B, De Jonghe B, Bastuji-Garin S, Gattolliat O, Boughrara E, Annane D, Hausfater P, Garrouste-Orgeas M, Carlet J. 2006. Mortality of patients with heatstroke admitted to intensive care units during the 2003 heat wave in France: A national multiple-center risk-factor study. *Critical Care Medicine* (April) 34(4): 1087–92.

Van Bemmel T, Vandenbroucke JP, Westendorp RG, Gussekloo J. 2005. In an observational study elderly patients had an increased risk of falling due to home hazards. *Journal of Clinical Epidemiology* (January) 58(1): 63–67.

執筆
Catherine Hawes, PhD
Brant E Fries, PhD
Dinnus Frijters, PhD
R Knight Steel, MD
Rosemary Bakker, MS
John N Morris, PhD, MSW
Katherine Berg, PhD, PT

CAP 5　施設入所のリスク

I　問題

　このCAPは，今後数ヵ月間のうちに介護施設に入所するリスクが高い利用者を把握する．こうした利用者は典型的には身体機能，記憶，意思決定および健康状態に問題を抱えている．このCAPは，こうした利用者が介護施設に入所する可能性を低くするために書かれている．

　このCAPにトリガーされる利用者のほとんどは，家族のインフォーマルケアとそれを補完する限られた居宅サービスを受けながら地域で暮らしている．しかし，利用者の抱える問題が複雑化してくれば，介護施設入所の可能性は高まる．

　介護施設入所の多くは，長期にわたる機能低下の過程を経て起こっている．機能低下は，IADLのわずかな困難から始まるのが典型的である（掃除や日々の買い物など）．こうした困難に気がつくと，利用者の家族や親しい友人は，それを補うために利用者の生活の中にかかわってくるようになる．機能低下は通常非常にゆっくりしたものなので，この状態での援助が長期に継続することが多い．その後時間が経つにつれて，日々判断すべきことや記憶に障害が生じ，最終的には1つ，2つとADLの自立を失う．本人や周囲の人がこの低下に気づくと，インフォーマルケアの量はそれに伴って増加する．援助を必要とする最初のADLは，通常個人衛生と更衣であるが，行動の問題が発症すると状況はさらに複雑になる．

　家族は，本人の能力の変化に応じて援助レベルを調整していくが，本人のニーズは，やがてインフォーマルケアの提供能力を超えてしまうことがある．この時点で，本人や主介護者である家族は，介護施設への入所が一番本人にとっていいかもしれないと思い始める．こうしたことは，急性疾患や慢性疾患の増悪で病院に入院した後にも起こることが多い．きっかけとしては，転倒や骨折，肺炎，その他長期にわたる不活動や寝たきりを余儀なくされるような出来事がある．身体的自立がもう望めない状況と判断すると，本人や家族，あるいは専門職者は介護施設への入所を検討することになるが，適切な介入と地域での支援があれば入所を回避できることも多い．

> **全体のケア目標**
> 　家族の努力を支え，地域における介護サービスを提供することによって，介護施設やその他の施設への早すぎる入所を避ける

II　トリガー

　このCAPは，今後数ヵ月間のうちに入所するリスクが高い利用者を特定する．

◉**トリガーされる利用者**　下記の4つ以上に当てはまる．

- 過去5年間に介護施設を利用したことがある［B5a＝1］
- 短期の記憶障害がある［C2a＝1］
- 日々の意思決定のための認知機能に何らかの障害がある［C1＝1から5］
- アルツハイマー病である［I1c＝1か2］
- 自分を理解させることに何らかの制限がある［D1＝1から4］
- 他者を理解するのに何らかの制限がある［D2＝1から4］
- 次のいずれかの行動の問題がある（頻度は問わない）―徘徊［E3a＝1から3］，暴言［E3b＝1から3］，暴行［E3c＝1から3］，社会的に不適切な行動［E3d＝1から3］，公衆の中での性的行動［E3e＝1から3］，ケアに対する抵抗［E3f＝1から3］
- 移乗に援助が必要（あるいは本動作がなかった）［G2g＝3，4，5，6，8］
- 移動に援助が必要（あるいは本動作がなかった）［G2f＝3，4，5，6，8］
- 個人衛生に援助が必要（あるいは本動作がなかった）［G2b＝3，4，5，6，8］
- 過去90日間にADLが低下した［G6＝2］
- 屋内の車いす操作を人にしてもらっている［G3a＝2］
- 外出していない［G4b＝0］
- 過去90日間に1回以上転倒した［J1＝1から3］
- ときに，頻回，毎日の尿失禁［H1＝3から5］

《諸外国での割合》
居宅サービス利用者：40％，一般高齢者：1％未満

介護施設への新規入所者の80％はこのトリガーに該当している．

居宅サービス利用者でトリガーされた利用者の約20％は1年以内に入所しており，この率はトリガーされない人の2倍である．一般高齢者でトリガーされた人の場合1年以内に30％が入所に至り，この割合はトリガーされない人の4倍である．

III　ガイドライン

介護施設入所を検討している利用者と家族への関わり　以下は，時期尚早な介護施設入所の決定の方針を転換させる際に活用できるアプローチである．

- 入院中の場合，病状の発症前の機能レベルと発症後の変化をアセスメントする．部分的か完全な回復は期待できるかを検討する．大半の人にとって機能低下は最近のものであり，認知機能に大幅な障害がないのであれば，改善の可能性は高く，入所は必要ない．しかし病状の発症前から要介護状態の場合，家族やその他の介護者が日常的に提供できる支援レベルを判断する
    - 転倒があったら，転倒のCAPを検討
    - せん妄があるなら，せん妄のCAPを検討
    - うつ状態であるなら，気分のCAPを検討

- ADLが低下してきているなら，ADLのCAPを検討
- 家族が苦悩し，インフォーマルケアを継続できないようなら，インフォーマル支援のCAPを検討する
- 退院直後ではない場合
  - 利用者の機能低下は以下と関連しているか見極める
    ・家族が必要以上に本人を援助しすぎていないか（たとえば，本人の安全を考えて頼まれないのにやってあげるようになった，あるいは，本人の動きがあまりに遅くて待っている忍耐力がないなど）
    ・薬剤の最近の変更が，利用者の動きを遅くしている可能性はないか
  - 利用者の残された強みを強調することを忘れない（たとえば，意思決定できる，歩ける，明るい見通しがある，孫に愛されている，資産がある，地域に住む決心がある，など）
  - 以前の悪化のときに受けたリハビリテーションについて尋ねる（ADLのCAPを参照）

他のCAPを通じての問題解決　介護施設入所のハイリスクであると考えられている利用者に対するケアの目標は，こうした問題が地域で対応可能かどうかを見極めることである．トリガーされたほかのCAPの検討の一部として，介護施設入所のリスクを検討する．同時にトリガーされることの多いCAPは，以下である．
- ADL低下
- 転倒
- 認知低下
- せん妄
- コミュニケーションの低下
- 尿失禁
- 行動

　上記の分野を扱うケアプランにおいて，基本的にしなければならないことは，施設入所のリスクを強調することである．介護施設入所のリスクがあると知れば，この問題への対応がより確実になる．

トリガーとなった状況がその後悪化していないか注意する　ADL，記憶，意思決定，コミュニケーション，転倒，行動，膀胱の機能である．
- 状態の悪化や新たな問題を可能な限り早く特定する．
- 要因となる健康状態やケア方法の変更（新しい疾患や薬剤など）はないか，あるいは指示された治療方針に従っていないことはないか見極める努力をする．
- 慢性的な状態を自己管理する方法を本人や家族に指導する必要性を検討する．

家族の役割　多くの人々には支援が必要になったときに自然と関わってくれる家族のネットワークがある：

- 現時点で家族が支援しているならば，その家族は近い将来まで支援し続けるだろう．新たなニーズが発生すると，家族は自分自身も驚くほど多くの支援をするようになる．こうした状況においても，家族や本人に対し，自己管理の方法や生活習慣の変更，対処方法，今後予想される悪化や回復の見通しについて指導をすることは有用である．
- 頻度は少ないが，家族や友人からの支援が極端に少ないこともありうる．そのような乏しいインフォーマルの支援体制を改善することはできないので，居宅サービスを増やすように調整する必要がある．
- 主介護者の多くは，どのような変化が要介護者に予想されるのか，それに対してどのように対応すれば良いかに関する情報が不足している．個人やグループでのカウンセリングや情報提供（随時，ホットライン，要点を書いたパンフレットなどを通して）が役に立つ．
- 利用者は，介護施設や高齢者住宅に移れば自分が家族らの負担にならずに済むということを口にすることがある．しかし，居宅サービスを利用している状況では，家族がもう援助を続けられないのでは，という本人の認識は，往々にして間違っている．こうした本人の認識について本人やインフォーマルな介護者を交えて話し合う必要がある．
- レスパイトケア（介護者の休息）を定期的に（1日のうちの数時間自宅やデイで利用者を預かる，あるいは，介護施設に数日や数週間入所する）計画することによって，インフォーマルな介護者はその役割をより長期にわたって続けられる可能性がある．

緊急事態の一時的な対応　新たな問題の突発的な発生によって家族の困難度が深刻になったときは，ケアマネジャーやその他の専門職に利用可能なサービスや住宅について問い合わせをする．レスパイトケアや居宅サービスの増量は，家族が利用者の介護にかかわり続けるために重要であるが，病気や仕事でインフォーマル介護者が介護を継続できない場合や，現在の住宅の立ち退きを要求されるなどの緊急事態では，利用者は一時的に他の住環境に移る必要があるだろう．その場合は，利用者が戻ってきたときに家族が彼らの責任や義務，そして今後どうしたいのかということに対する現実的見通しが立てられるよう援助が必要である．

高齢者住宅等　地域にその選択肢がある場合，検討する．高齢者向けの住宅（バリアフリーの自立したアパートで，支援サービスへのアクセスがある）は，介護施設への入所リスクを低下させる．本人の認知障害が軽度で，身体機能障害が軽度から中等度であれば，こうした住宅においてインフォーマルケアと居宅サービスを活用して支援することができる．

介護および疾病予防　多くの研究によって，循環器疾患やその合併症，転倒，更なる身体機能低下のリスクを顕著に低下させる生活習慣や医学的介入方法が示されている．こうした合併症の予防は，介護施設への入所リスクも下げることがある．

参考資料

Barusha AJ, Pandav R, Shen C, Dodge HH, Ganguli M. 2004. Predictors of nursing facility admission: A 12-year epidemiological study in the United States. *JAGS* 52: 434–39.

Laukkanen P, Leskinen E, Kauppinen M, Sakari-Rantala R, Heikkinen E. 2000. Health and functional capacity as predictors of community dwelling among elderly people. *Journal of Clinical Epidemiology* 53:257–65.

Payette H, Coulombe C, Boutier V, Gray-Donald K. 2000. Nutrition risk factors for institutionalization in a free-living functionally dependent elderly population. *Journal of Clinical Epidemiology* 53: 579–87.

Soto ME, Andrieu S, Gillette-Guyonnet S, Cantet C, Nourhasheni F, Vellas B. 2006. Risk factors for functional decline and institutionalisation among community-dwelling older adults with mild to severe Alzheimer's disease: One year of follow-up. *Age and Ageing* 35(3): 308–10.

執筆

John N Morris, PhD, MSW

Jean-Claude Henrard, MD

Brant E Fries, PhD

CAP 6　身体抑制

I　問題

　このCAPは，身体抑制をされている利用者を把握する．抑制具とは，利用者が簡単に取り外すことができず，動くことや自分のからだに触れることを制限するために，利用者の体に装着・使用する物理的または機械的なあらゆる用具である．重要なのは抑制具を設置した理由ではなく，その用具が利用者にどのような影響を及ぼしているか，を考えることである．抑制具には，立ち上がらせない椅子などの受動的な方法も含まれる．このCAPの目的は，利用者の身体および認知能力に応じて他の適切な手段を用いることにより，抑制具の使用を排除することである．

　身体抑制は，身体的，心理社会的な状態を悪化させる．身体抑制の必要性は，まずないと判断してよく，どうしても行う場合は，短期の一時的なケアにおいて使用すべきである．長期間の使用は，筋肉の衰退，拘縮，移動能力や体力の低下，バランスの障害，皮膚の損失，便秘，失禁などの身体的な悪影響につながる．さらに身体抑制から自由になろうとする際には転倒や事故を起こす危険性がある．

　抑制の心理社会的影響として，恥辱感，絶望感，偏見，不穏がある．ときに抑制使用の理由となっている問題行動は，身体抑制によってさらに悪化する．ケアスタッフの不足も抑制の理由となっているが，実際には抑制の使用はケアスタッフの必要数をむしろ増加させるという研究報告も多い．それは，抑制により利用者の身体および精神的健康状態は悪化することと，抑制の使用中は利用者の状態を通常よりもより頻繁にチェックする必要性が昼夜を問わずにあることにある．

全体のケア目標
- 身体抑制を使用することに関連した症状を明らかにし，対応する
- 代替のケア方法を明らかにし，実行する（リハビリ，椅子の形状やポジショニングの工夫，個別化したアクティビティ，ケアスタッフやボランティアによる常時の見守りなど）
- 代替のケア方法の成果を継続的に評価する

II　トリガー

　利用者のADLスコアに基づき2種類のグループがある．両グループとも，アセスメントの時点で，体幹の抑制や立ち上がりを防ぐ椅子などの用具によって動きが制限されている．違いは，ADLの自立度である．

　［O8a＝1またはO8c＝1から5またはO8d＝1から5］かつ［C1≠5］かつ［I1i＝0］

◉ *中期または早期喪失のADL（個人衛生，更衣，歩行など）を実施できる利用者*　このグ

ループの人々は，転倒の危険性や徘徊，問題行動（ケアへの抵抗，暴行，社会的に不適切な行動など）の懸念のために抑制されていることが多い．身体抑制されている人の5分の1がこのグループに入る．効果的な抑制廃止プログラムを実施している施設では，このグループの人々の身体抑制を排除できている．［ADLH（※付録［尺度］参照）＝0から3］

《諸外国での割合》
居宅サービス利用者：2％，介護施設入居者：1％

⦿ **中期または早期喪失のADLを実施できない利用者**　このグループの70％は重度の認知障害があり，同様の割合が歩行できないか，車いすを使用している．40％は1人で座っていられず，4分の1以上は視力と他者を理解する能力に重度の障害がある．15％は経管栄養中である．効果的な抑制廃止プログラムがあれば抑制を必要とする人はほとんどいない．［ADLH（※付録［尺度］参照）＝4から6］

《諸外国での割合》
居宅サービス利用者：1％，介護施設入居者：6％

⦿ **トリガーされない利用者**　身体抑制も，立ち上がれない椅子も使っていない利用者である．さらに，四肢麻痺と昏睡状態の利用者もトリガーされない．これらの利用者のケアプランでは，適切な椅子と姿勢を支える用具の使用を含む必要がある．

Ⅲ　ガイドライン

抑制の一時的利用をする前に検討すべきこと

　緊急避難的に身体抑制の適用が必要な状況は，限定的だがあり得る．たとえば，他者への暴力を防いだり，利用者自身への危害や自殺企図を防ぐため（このような緊急時の対策については施設の方針を参照），または不可欠な治療を円滑にすすめるためである．しかし，こうした切迫した必要性がなくなり次第，身体抑制を解除するための評価を行い，下記に示すケアを検討すべきである．

身体抑制の使用を検討する際，まず抑制しないケア方法を検討するため徹底的なアセスメントを実施する　以下は検討する課題の例である．

- *座位*：利用者は別のタイプの椅子を必要としているかを考える．ポジショニングの用具はしばしば抑制具として使用されている．
    - 利用者の身体状況に応じた適切な椅子や座り方を知るため理学療法士による評価を受けることを検討する．
    - 車いすは移動にのみ使用する―移動時のみ車いすを使用し，日中長い間座るためには別の椅子に移るよう促す．ただし，特別に利用者仕様になっている車いす（リクライニングやクッションがついている）の場合は，この限りではない．そのような車いす

は，既製の家具と比べて，利用者の最も適切な姿勢をしばしば保つことがある．利用者が姿勢を変えられるようにできるだけ多くの種類の椅子を，できればさまざまな環境において用意する．
- ***毎日の日課，体位変換***：利用者はどのように1日を過ごしているか，考える．このことにより，利用者が援助なく自分で行う前に，移乗や歩行，体位を整えるために必要な援助を提供できるようになり，置かれている環境の中で転倒の危険性を減らすための利用者独自の方法を見つけ出すことにつながる．昼夜を問わず，抑制以外の方法で危険性を減らすことができる時間帯はあるか，検討する．
  - 普段いつベッドから起き出し，トイレに行き，活動をし，食事をし，ベッドに戻って寝るか．
  - 食事中や活動中など，利用者は体位を整えてもらっているか．
  - 移動のための杖や歩行器を含めた適切な移動補助具を用いているか．（必要時）その補助具の使い方を習っており，適切な使用のチェックを受けているか．
  - 利用者は適合した滑り止め付きの，足に合った靴を履いているか．

すでに抑制されている利用者には，抑制の理由を明らかにする　このCAPの検討をした後に身体抑制の一時的利用を決めた場合，ケアプランにおいて以下を明らかにしなくてはならない．
- 抑制を使用する詳細な理由．
- 抑制を使用する時間帯と，利用者の状態をチェックするスケジュールの詳細．たとえば，最初の2日間は15分ごと，その後5日間は1時間ごとなど．
- 抑制に対する利用者の身体的および感情的な反応の経過記録（たとえば，興奮状態を評価する，大声で叫ぶ，抑制帯をひっぱる，涙ぐむなど）．
- 抑制を使用することに本人の同意があるか判断する（本人が同意できない場合は代理同意）．
- できるだけ早期の抑制解除のためのステップをケアプランの中に入れる．
- 目標とする抑制解除日を設定する．その日が経過したら，抑制の必要性を再度詳細に評価し，なぜその目標の日までに外せなかったのか理由を記録する．

身体抑制の実施に伴う検討
転倒の既往があるために抑制している場合（転倒のCAPを参照）　この場合，次の2つを行う．1）その利用者の転倒のリスクを高めている状況を列挙する，2）それぞれの状況に対する身体抑制以外のケア方法を考える．抑制はこれらの状況に対応する正しいケア方法では決してない．以下はよく挙げられる条件である．
- 転倒により重度の傷害を負う危険性のある医学的要因がある．たとえば，骨粗鬆症，重度の視覚障害，ワーファリン・ヘパリン・アスピリンを含めた抗凝固剤の治療中，最近の大腿骨骨折，最近の失神など．
- 転倒の危険性を高める機能制限がある．たとえば，移動や移乗の顕著な制限など（ADLのCAPを参照）．

・運動やリハビリテーションを受けることで，それらの問題は改善できないか．たとえば，筋緊張を改善する柔軟体操，持久力をつける有酸素運動，歩行の安定性を向上させるための歩行やバランス訓練など．

徘徊を防ぐために抑制している場合　徘徊を防ぐために抑制が必要となることはまれであり，あったとしても，多くの状況において数分間の問題である．徘徊対策用の技法や器具は多い．

1) 利用者が近づくとドアが閉まるように，利用者に付けるセンサー，
2) 利用者が施設の外に出ることなく歩き続けられるような，外につながるドアのない回廊式の廊下，
3) 患者を間違えないようにするための医療用のリストバンドにならい，徘徊者がすぐわかるような表示がある（行動のCAPを参照）．

☐ 認知機能の低下のために徘徊しているのか．認知障害の程度（短期記憶，意思決定能力，1日の中での精神機能の変動）を評価し，改善可能な障害に対応する（せん妄と認知のCAPを参照）．

☐ 利用者には理解力および伝達能力があるか．明瞭な話し方をするとともに，利用者が会話をしたり，指示を理解する能力があるかに気を配る．必要に応じさまざまな方法でコミュニケーションをとるようにする(壁に張り紙をして，利用者を方向転換させるなど)（コミュニケーションのCAPを参照）．

☐ 利用者の動きたい衝動は，散歩プログラムなどの目的のあるアクティビティの参加を通して解消される可能性があるか判断する．

☐ 徘徊や行動の障害に何かパターンがあるか．何がきっかけ，動機づけとなっているか考えてみる．特定の時間帯があるなら，その時間帯に日課を予定してみる．利用者のこれまでの日課から，利用者が興味をもつかもしれないアクティビティを検討する．

☐ 徘徊や行動の問題は薬剤の副作用ではないか判断する（行動のCAPを参照）．

☐ 最近入院・入所したり転居している場合，利用者は喪失体験を穴埋めしようとしたり，未知の恐れを抱いているのではないか．この場合，ケア環境が利用者にとって安心で快適になるようケアの方法を見直すべきである．

興奮または攻撃性の行動のために抑制している場合（行動のCAPを参照）

☐ 精神科診断の既往がある場合，正しい薬剤が使われているか薬歴を確認する．

☐ そうした行動が，ある満たされないニーズ(たとえば，痛みや不快感，疲労感，空腹感，口渇感，恐れ，排便や排尿のニーズ，退屈あるいは刺激がありすぎる，動きまわりたいだけなど）のために起きているか見極め，ニーズを満たす方法をプランに入れる．

☐ 急性の内科的疾患はせん妄をもたらし，急性の精神症状は行動変化をもたらす．したがって，攻撃的な行動が最近になって起こった場合，すぐに医師に受診する(せん妄のCAPを参照)．

☐ 増悪要因を把握し，可能な限りそれを環境から取り除く．ケアのスケジュールを利用者個人のニーズが反映されるように調整しなおす．たとえば，以下のプランなど：

- 朝起きる時間やお風呂に入る時間を利用者に決めてもらう．
- 興奮状態の利用者には，穏やかで，単純で，かつはっきりとした，安心させるような指示を出して気をそらすようにし，利用者の周辺から危ないものや他の人を避難させる．利用者に自分の感情を心配しないで表現してもらうようにする．
- 利用者が受けられるケアを，一対一を基本として提供する．興奮して歩き回っている人の多くは，自分の怒りやフラストレーションを言葉で発散しながらも，1人のケアスタッフについていてもらうのは嫌がらないことが多い．
- 大声や威圧的な言い方，あるいはせかすような言い方は利用者をさらにいらいらさせるので避ける．利用者が身体的な暴力をふるうなら，いったん利用者から離れ，利用者に落ち着かせる空間を与えるようにする．このことによって利用者の追い込まれたような気持ちを和らげることができる．その場から他の人も避難させる．落ち着いたら，穏やかに安心させるような方法で利用者に近づく．

□ **他者に向かう攻撃的な行動が何かに誘発されている場合** 誘発要因の把握は，今後の攻撃的行動を防ぐ適切なプラン作成に有効である．たとえば，以下のプランなど：
- 他人の部屋に入ってしまう利用者の場合，その部屋の人からのとげとげしい目線が利用者の攻撃的行動を誘発している可能性がある．
- 誘発要因が見あたらない場合は，ケアスタッフや他の利用者の安全性を確保する手はずを整えながら，すぐさま医師にみせることを検討する．
- 利用者には，穏やかに，静かに，なだめるような方法で対応する．人の行動は，往々にして周囲の人の行動を映し出しているものである．
- 物理的な環境を考え，刺激がありすぎるか，逆になさすぎることが利用者の攻撃性を誘発していないか見極める．この場合の適切なケアプランは，以下が含まれるが，これに限らない．起床や就寝時間の調整，食事時間の変更，一対一のアクティビティの提供，現在のアクティビティスケジュールに多様性をもたせる，服薬調整，内科・精神科的評価と治療のための受診など．
- ケアの継続性を向上する（たとえば，担当制）．1人のケアスタッフが長期にわたってその利用者の担当となり，その人のもつ強みや選択，ニーズ，さらにはその人特有の表現を理解するようにする．同じ介護者に対する親しみの感情は，攻撃的な行動を減らしたり，ときにはなくすことにつながる．

重要な医療器具の抜去を防止するために抑制している場合（点滴，気管内チューブなど）
□ 利用者はそれを抜去することで何を伝えようとしているのか，考えてみる．挿入部の痛みをどうにかしようとしているのではないか．チューブが挿入される前にそれをしない希望を表明してはいないか．利用者は自分の希望を伝えようとしているのか．本人，家族，ケアチームとともに，ケアの目標と治療に関する本人の希望について話し合いをもつことを検討する．
□ 家族の誰かが，本人のそばにいて本人をなだめ，安心させるようにできないか．
□ その医療器具が必要と判断された場合，それを利用者が抜去しないようにするケアには，以下が含まれる．

- 腕に入っている点滴を隠すように，長袖の服を着てもらう．
- 留置カテーテルの抜去を思いとどまらせるように，尿バックは脚に装着するタイプのものを用い，長ズボンをはいてもらう．
- 鎖骨下のラインが入っている場合，手が届かないようにタートルネックのシャツを着てもらう．
- 何か握る物を持ってもらう（お手玉，未使用のチューブの切れ端，握れるサイズの本人の持ち物など）．
- 気がまぎれるように，アクティビティに誘う．
- ボランティア等に見守りをお願いしたり，ビデオモニターを活用する．
- 治療が一時的で(抗生剤の点滴など)，上記のケアプランがうまくいかないときは，最も制限の少ない抑制を実施し，できるだけ早い解除の計画を考案する．

参考資料

"Everyone wins! Quality care without restraints." 1995. The Independent Production Fund, in association with Toby Levine Communications, Inc., New York, NY.

Tideiksaar, R. 1998. Preventing falls, avoiding restraints. *Untie the Elderly* newsletter. (September) 10(2).

"Untie the elderly." The Kendal Corporation, PO Box 100, Kennett Square, PA 19348. www.ute.kendal.org

Williams CC, Burger SG, Murphy K. 1997. Restraint reduction. In Morris JN, Lipsitz LA, Murphy KM, Belleville-Taylor P, eds. *Quality care in the nursing home.* St. Louis, MO: Mosby.

執筆

Beryl D Goldman, PhD, RN

Neil Beresin, MEd, BA

Janet Davis, BA, ACC

Harriet Finne-Soveri, MD, PhD

Brant E Fries, PhD

John P Hirdes, PhD

Karen Russell, LPN

Sara Wright, MSN, GNP

Katharine Murphy, PhD, RN

John N Morris, PhD, MSW

R Knight Steel, MD

B

精神面

CAP 7 　認知低下
CAP 8 　せん妄
CAP 9 　コミュニケーション
CAP 10　気分
CAP 11　行動
CAP 12　虐待

CAP 7　認知低下

I　問題

　自立した生活において認知機能は，最近起こったことを覚え，安全な判断をする能力を支えている．老化の過程は軽度の障害と関連する可能性はあるが，そうでなければ，認知低下は，せん妄や精神疾患，脳卒中，腫瘍性病変，代謝異常，認知症などその他の要因によって起こる．

　認知症（Dementia）は，ある特定の病気ではなく，症状である．数々の原因と関連している可能性がある．DSM-IV-TR（Diagnostic and Statisctical Manual of Mental Disorders）によれば，認知症は下記の3つの基準によって定義されている*：
- 短期記憶の問題
- かつ，少なくとも1つの認知機能における問題（抽象的思考，判断，見当識，言語，行動，性格変化など）
- かつ，こうした問題が日常生活に支障をきたしている

　認知能力の低下や悪化は個人の自立生活を脅かし，介護施設への入所リスクを高める．低下の理由にかかわらず，適切な診断に基づいたケアは適切な計画を作成するうえで必要不可欠である．

全体のケア目標
- 日常生活を営み，活動的な社会生活を送る能力を最大限にする
- 更なる認知や身体機能の悪化を防ぐ
- 安全で自立した意思の決定を支援する

II　トリガー

　本CAPは，ある程度認知機能を保持している人，つまりCPS（※付録［尺度］参照）が2以下（MMSE；Mini Mental State Examination 19以上相当）である人が，可能な限り長く，可能な限り自立した状態を保てるように支援することに焦点をあわせている．つまり，残された認知機能を失うリスクの高い人々に焦点を絞ったケアプランの立案が目的である．これらの人々は，認知症であるか，あるいは今後認知症になるリスクが高い．身体的な原因がないにもかかわらずIADLやADLの低下がみられたら，認知障害の進行を疑うべきである．したがって，こうした活動をどのように行っているか経時的に観察することは，認知低下の存在を示す重要なきっかけとなる．

---

* 認知機能が悪化しているが，これら3つの基準すべてには当てはまらない場合，「認知障害」や「認知低下」と言う，またこうした問題が慢性的でなく，変動する場合，せん妄がより疑われる．

◉悪化を予防するためにトリガーされる利用者：

- CPSが0，1，2（MMSEが19以上）かつ
- 以下に挙げる「認知低下のリスク要因」の2つ以上に当てはまる：
  - アルツハイマー［I1c=1から3］
  - アルツハイマー以外の認知症［I1d=1から3］
  - ときどき，またはまったく/まれにしか他者を理解できない［D2=3，4］
  - ときどき，またはまったく/まれにしか自分を理解させることができない［D1=3，4］
  - 不満や不安を日々繰り返す［E1e=3］
  - 質問を繰り返す［―］
  - 悪いことが起こりそうだと日々繰り返し話す［E1h=3］
  - 徘徊［E3a=1から3］
  - 暴行［E3c=1から3］
  - （最近始まった）注意がそらされやすい［C3a=2］
  - （最近始まった）周囲の環境に対する認識の変化［―］
  - （最近始まった）支離滅裂な会話［C3b=2］
  - （最近始まった）落ち着きがない［―］
  - （最近始まった）無気力［―］
  - （最近始まった）精神機能が1日の中で変化（精神機能の突然の変化）［C3c=2かC4=1］
  - 過去90日間に認知状態が悪化［C5=2］
  - 過去90日間の自立度の変化［T2=2］
  - 余命が6ヵ月以内［J7c=1］

これらの人々には認知問題の前兆があるといえるので，近い将来さらに低下するリスクが高い．

《諸外国での割合》

居宅サービス利用者：10%，介護施設入居者：5%，一般高齢者1%未満

介護施設でこの基準でトリガーされた人の25%がその後90日間に認知機能が低下している（同様に記憶や日常の意思決定能力も低下した）．居宅サービス利用者の場合は16%である．

◉認知低下のリスクをモニターするためにトリガーされる利用者：

- CPSが0，1，2（MMSE 19以上相当）かつ
- 上記の「認知低下のリスク要因」に当てはまらないか，1つだけ当てはまる．

これらの人々は，上記の「認知低下のリスク要因」への当てはまりが増えた後，認知低下をきたす傾向があるため，こうしたリスク要因の発症の有無を観察することがケアのポイントとなる．

介護施設入所者の35%，居宅サービス利用者の75%，一般高齢者の98%が該当する．介護

施設入所者でこのグループに入った人の13%が次の90日間に認知機能の低下をきたし，居宅サービス利用者ではこの数値は10%である．

- **トリガーされない利用者．　CPS 3以上（MMSE 19未満）**
  介護施設入居者の60%，居宅サービス利用者の15%を占める．どちらもその8%しかその後の90日間に認知機能の低下を経験していない．

III　ガイドライン

認知症の診断がされてない場合の受診の必要性

CPSのスコアが低くても早期の認知症の可能性はある．認知の障害が疑われたら，更なる評価を受けるため医療機関を受診することが推奨される．本人や家族が提供する情報が曖昧な場合は，医師と直接連絡をとる必要がある場合もある．

認知症の診断がされていない場合で，以下の状況に当てはまるときは，検査のための受診を検討すべきである．：

- CPSが0，1，2と低いが，「その他の認知の障害を示す出来事」（最近の認知低下など）がある場合．そうした認知障害の原因の説明がほかにつかないのであれば，受診をし，治療可能な原因の診断（あるいは除外診断）と最善の処方を特定するための包括的な医学検査を受けるべきである．
- 「その他の認知障害を示す出来事」には，上記の「認知低下のリスク要因」のほか，身体的な疾患や障害によっては説明できないIADLやADLの実施レベルの低下も含まれる．

こうしたアプローチの必要性がはっきりしないのであれば，医師に相談する．本人の診療記録と直近のアセスメント表を再度見直し，認知障害以外にIADLやADLの実施レベルが低下した以下のような理由はないか探る．

身体的疾患：
- 筋骨格系の疾患
- 神経系の疾患
- 外傷後

ライフスタイルや習慣に関連する要因：
- アルコールの過剰摂取
- 向精神薬の使用（適切な薬剤使用のCAP参照）
- 家庭内の役割（たとえば，同居者が家事や金銭管理などある特定の役割をもっているなど）

これらに該当した場合でも，認知や身体機能の悪化のサインを継続して見逃さないようにする．

もしCPSが1か2であり，その理由について適切な説明がつかないのであれば，全員が受診し，治療可能な原因の精査と薬剤の特定をするための包括的な医学検査を受ける必要がある．受診は，診察を1度受けるだけで済む場合もあれば，神経心理テスト，血液検査，脳画

像診断に及ぶ広範な検査を要することもある．

認知低下の回復可能な原因の追及

新規に使用を開始した薬剤は認知機能によくない影響を与えうる（適切な薬剤使用の CAP を参照）．

ビタミン B 12，カルシウム代謝，甲状腺機能，アルコール摂取過剰によって起こった認知低下のある種類のものは回復可能なことがある．

悪化を予防するためにトリガーされた人々には，リスク要因とその後に起こった認知低下との関連を再度検討する．

認知状態は不安定か

せん妄，または急性の錯乱状態は，潜在的に回復可能の状態であるが，それが本人の典型的な，あるいは通常の認知障害の状態といった間違った印象を与えやすい．せん妄が回復すれば多くの場合認知機能の改善が見込まれる（せん妄の CAP 参照）．

いずれかの認知症がすでに診断されている場合，認知機能の低下の兆候があるか評価する

- ケアスタッフに対し，認知状態の最近の低下の原因で回復の可能性のあるもの（認知症の原因となっている疾患自体以外）を尋ねる．介護者や家族の行動は，機能の多少の低下を過度に埋め合わせてしまうことがある．目標は，本人に日常生活において認知機能を最大限に活用してもらうことであり，こうした種類の最近の低下を回復不可能とするのは誤りである．
- 変化があるのかを特定することは，本人の制限されている認知や身体機能に対する介護者の意識を高めるとともに，もう一度本人に日々の意思決定や活動にかかわってもらう機会を与えることになる．認知低下について知ることは，周りの人に利用者の能力について現実的な期待感をもたせ，本人の日々の意思決定への参加を最大限にするアプローチを模索する手助けとなる．

日常生活やケアの提供，活動への参加に支障をきたす行動の問題はあるか（行動の CAP を参照）

- 行動の問題の対症療法やせん妄の治療は，こうした問題を効果的に対処するとともに，認知能力を改善する可能性がある（せん妄と行動の CAP 参照）．
- 痛みは認知に悪影響を与える．認知が障害されている人に痛みがあると行動の問題をひき起こし，いらいらした状態や機能低下につながる（痛みの CAP 参照）．
- 回復不可能な問題行動もある（行動の CAP 参照）．こうした行動が毎日起きている場合は，住環境を変えるのが適切であることがある．しかし，認知障害が軽度の場合，どこに住むかを含めた自分の人生に関する決定の多くは自分自身がするべきであろう．
- 問題となる行動の中には，本人の身の安全や健康，生活習慣，周囲の安全等に影響がなく，とくに対応を要しないものもある．しかし，もしこうした行動と認知低下の間に時間的な関係がみられるならば，行動を治療することを検討すべきである．以下を検討する．

- 問題行動に対応するプログラム（たとえば向精神薬の治療）を開始したあとに，認知のスキルが低下したか．
- 低下はその治療の結果起こったか（たとえば，薬の副作用）．
- 問題行動に対応するプログラムを開始した後，認知のスキルは向上したか．
- 介護者は利用者の自立を支えるように援助しているか．

うつ症状はないか
- うつ症状は認知低下の原因となることがあり，認知症と誤認されることがある（気分のCAP参照）．

その他の医学的な問題はないか
- その他の医学的な問題を特定し，治療することで，認知機能やQOLが向上することがある．たとえば，慢性心不全や慢性閉塞性肺疾患の治療は身体機能や認知機能の向上につながり，慢性的な肝臓疾患や腎不全は認知低下の原因となったり，悪化をもたらす．これらに対してほぼすべて医師の治療が必要である．したがって，新たな認知低下がみられたときは，新たに開始したか，または変更した治療があったかどうか，それと認知低下の関連性の可能性を医師と相談する．
- 痛みの増強は活動への関与度合いを低下させるため，間違って認知低下とみられることがある（痛みのCAP参照）．

周囲と効果的にコミュニケーションできているか
認知の障害をもつ多くの人は，意味のある完全なコミュニケーションを行うのは無理なようだ．結果的に，一見したところ不可解な行動（叫ぶなど）が唯一のコミュニケーション手段となってしまうことがある（コミュニケーションのCAP参照）．効果的にコミュニケーションができていないのは，聴力障害や失語症のためではないことを確認する．
- 本人との最善のコミュニケーション手法について介護者や家族と話す．彼らは本人とのコミュニケーション方法をよく知っているが，新たなコミュニケーション方法を探るための援助を必要としていることもある．
- 本人は意味のあるコミュニケーションをしたい気持ちがあるか，あるいはできる能力があるか．
- 介護者は利用者の反応を引き出すために非言語的なコミュニケーション手法を使っているか（たとえば，触れる，ジェスチャーをするなど）．

認知機能に影響していると考えられる薬剤を調べる
服薬履歴を見直すには医師と相談するか，薬歴管理をする薬剤師を紹介してもらうことを検討する．
- 多くの薬剤，とくに向精神薬は，認知低下の原因となる（適切な薬剤使用のCAP参照）．
- 薬剤の開始も中止も突然の認知機能の低下となって表面化することがある．処方薬と市販薬の両方を含めた徹底的な服薬履歴の見直しにより，服薬の最近の変化を特定するこ

とができる．
- 一部のアルツハイマーの人々に対して認知機能の低下をいくらか遅らせることのできる薬剤がある．服用したことがない場合は，医師にこの選択肢について相談してみる．
- 慢性的あるいは急性のアルコール摂取や麻薬の使用の可能性について留意する．
- 利用者が使用している可能性のある漢方や代替医療にも留意する．

日常の継続的な対応方法

自立した活動をする機会はあるか

ある機能分野の低下は，介護者がその分野についてすべて援助しないといけないことを意味しないばかりか，他の分野における決定的な悪化の前兆と解釈すべきでもない．以下を念頭に置きながらアセスメントした情報を再度確認する：
- ケアに本人がより関与できることを示すものはないか（たとえば，ある場面でより自立して行った活動がある，本人により自立したい希望がある，学ぶ能力が残されている，体幹や四肢，手指のコントロールが残されているなど）．
- より多くの日常生活の意思決定場面に参加できるか．
- 意思決定により深く関与できる認知能力が残されているか．
- 受動的か．
- ケアに抵抗するか．
- 活動内容は分割され，本人ができるように工夫されているか．

どの程度身体機能があり，変化しているか

身体機能の変化は，認知低下に先立って現れることが多く，回復可能な原因を特定する必要性を示唆する（IADL と ADL の CAP を検討する）．以下を検討する：
- 移動，更衣，摂食においてどの程度依存しているか．
- 立位バランスの問題や転倒の危険性はあるか（転倒の CAP 参照）．
- 合図を与えることや日々の回復訓練によってより自立できるか．
- 栄養状態と体重減は身体機能の低下と関連し，身体機能の回復を阻害している可能性がある（ADL の CAP，低栄養の CAP を参照）．
- 他の専門家への紹介によって悪化は防げるか．

どの程度 ADL や日常生活に継続参加しているか

本人の身体面，社会面に着目したケアプランは，認知低下による周辺症状を軽減することがある．以下を検討する．
- 課題の要求や環境を調整する余地はないか．
- 少人数でのプログラムが行われているか．
- 特別な環境刺激が考えられているか（たとえば，矢印，特別な明かり，色彩）．
- 介護者は，利用者が最大限の機能を維持し，獲得できるような方法で援助しているか．たとえば，ADL を実施するのに手を出すのではなく，口頭で思い出させたり，身体に触れて合図を送ったり，見守りをするなど．また，合図に反応する十分な時間を与えるよ

うADLは動作分割されているか，援助は気持ちよく励ますような方法で行われているか．
- 最近近親者を失う経験をしていないか（配偶者の死，主たる介護者の変更，より依存的な生活環境への転居，家族や友人の訪問が減ってしまったなど）．

衰弱しているか

認知障害のある人は，身体や精神の障害が蓄積された結果，終末期になると褥瘡などの合併症を併発するリスクが高まる時期がある．この時期が近づいたら，以下を確認する：
- これらの問題に対処するうえで情緒的，社会的，環境的要因が中心的な役割を担っているか．
- 食事をしていない場合，どのような問題が影響していると考えられるか．たとえば，回復可能な気分の問題，食事をする場の物理的な環境や人間関係に対する消極的な反応，特別な補助具が利用できるかもしれない手や指の巧緻動作の障害など．
- こうした問題は介護者への教育，抗うつ薬，作業療法，カウンセリングプログラムなどを通じて対応可能か．
- 問題が特定されない場合は，死が近づくにつれて生じる症状のうち回復または予防が可能なものは何か（便秘や痛み，褥瘡など）．どのようなケアで予防，少なくとも緩和が可能か．

発達障害があるか

発達障害のある人々は，徐々に高齢になるまで生存するようになっている．老化に伴って認知症を発症する場合もある．認知機能の低下を踏まえ，家族や介護者は，本人ができるだけ自立して生活できるよう生活環境やそのほかの本人の生活を調整していく必要があろう．

このガイドラインの多くはCPSが3以上の人へのケアプラン立案にも有効である

参考資料

Mace N, Morris JN, Lombardo NE, Perls T. 1997. Cognitive loss. In Morris JN, Lipsitz LA, Murphy KM, Belleville-Taylor P, eds. *Quality care in the nursing home*. St. Louis, MO: Mosby.

The Web site maintained by the Alzheimer's Association (www.alz.org) is an excellent resource. It contains much information, including lists of recent articles, books, and videos, a summary of tips for caregivers, and links to many other Web sites (such as www.alzheimer.ca).

執筆
John N. Morris, PhD, MSW
Harriet Finne-Soveri, MD, PhD
Katharine Murphy, PhD, RN
R. Knight Steel, MD
Pauline Bellville-Taylor, RN, MS, CS

CAP 8　せん妄

I　問題

　このCAPはせん妄（急性の認知機能の喪失）とそれに伴うさまざまな慢性認知障害と認知症を扱う．問題とその絡み合う原因を明らかにすることは生命にかかわることである．「低下」と「慢性」の概念を考慮する必要がある．問題となっている状況が変動していたり，最近になって起こっている場合にまず疑うべきはせん妄である．

　せん妄は通常，感染症や脱水，薬物反応といった急性の健康上の問題によって生じる深刻な病態である．せん妄は死亡率が高く，多くの問題（褥瘡の発生，機能低下，問題行動の持続，入院など）を併発する．このCAPは，こうした症状のある利用者のもつニーズに対するケアを紹介する．

　せん妄は，もともと認知障害のある人々を含め，入院中の患者および退院したばかりの人々に多くみられる．病院から介護施設に移った人々の約25％にはせん妄を生じ，リハビリテーションに支障をきたし，入所期間を長引かせている．終末期の人々の間では，この割合は25％から80〜90％に増え，死にゆく人々とともに彼らを見守る家族を当惑させる．

　早期発見と治療がきわめて重要である．利用者と定期的に接しているケアスタッフは，せん妄を察知し，アセスメントし，医師と協力して治療計画を実行するうえで重要な存在であるといえる．

　せん妄は正常な老化の過程では決してない．せん妄の典型的な症状の中には，認知症の進行と間違われるものがある．しかし，せん妄は認知症と異なり，急激に進む（数時間や数日）．典型的な症状として，注意がそらされやすい，行動や認知機能が1日の中で変化する，不穏，日中の傾眠，もごもごした意味のない会話，誤った解釈（錯覚），そこに無い物が見えたり感じたりする（幻覚），固定した虚偽の信念をもつ（妄想）などの知覚の変化がある．

　せん妄治療の鍵は，どれだけ正確に臨床症状を把握し，原因を特定し，それに対する看護と治療を開始するかにかかっている．ただし，せん妄は往々にして複数の原因によって起こり，悪化しているので，もしある原因を特定しそれに対応してもせん妄が続くようであれば，別の原因を探るようにする．焦点を置くべきは，感染症の治療や脱水の補正，痛みやうつの緩和，薬剤の管理など根本にある医学的な問題に対応すること，そして，視覚や聴覚（眼鏡や補聴器を使用するなど）を確保し，利用者がいる環境の対人的あるいは機能的な状態をできる限り普段通りに整えることである．

　病院環境においてせん妄が特定され，ケアが実施されたとしても，その人が別の環境に移ると（たとえば，自宅に戻る，介護施設に入所するなど），せん妄状態が現われることがしばしばある．そのため，家族とケアスタッフの両者とも，せん妄を回復させたケアの方法について情報を得ているべきである．さらに家族と介護者は，居宅における利用者の安全を確保しなければならない．せん妄状態にある人が退院して居宅に戻った場合，せん妄状態の間は，車の運転や機械類の操作はすべきではないし，他の人の世話をする責任を負うべきではない．安全の問

題で1人にしておくことができず，服薬や調理など日常生活の援助を必要とすることもあるだろう．退院担当の職員は，こうしたことを家族と本人と事前に話しておく必要がある．ケアスタッフは，せん妄が解消されるまでの間に制限される活動を，家族が支援するように，援助することができるだろう．

全体のケア目標

- せん妄の原因を明らかにし，適切な治療につなげる
- せん妄の症状，およびせん妄に伴う健康，気分，行動の問題（たとえば，チューブをひっぱる，よじのぼろうとするなど）を監視し，ケアする
- 二次的な問題の発生を防ぐ（たとえば，身体抑制に伴う弊害，転倒，脱水，せん妄の原因となったり，悪化させる向精神薬の不適切な使用，など）
- せん妄の再発を防ぐ

II トリガー

このCAPはせん妄の症状が活動的な人をトリガーする．ケアの目標は，利用者をもとの状態に戻すことである．

●トリガーされる利用者
以下の1つ以上に当てはまる．

- 普段とは違う（新しく始まった，悪化した，最近までの状態と異なる）以下の行動がみられる．
  - 注意がそらされやすい［C3a＝2］
  - 支離滅裂な会話がある［C3b＝2］
  - 1日のうちで精神機能が変化する［C3c＝2］
- 急な精神状態の変化［C4＝1］

《諸外国での割合》
居宅サービス：3～15％，介護施設入居者：1～20％，一般高齢者：1％未満

III ガイドライン

医師への連絡

初期管理：せん妄のアセスメントと初期治療は医師と看護師に責任がある．せん妄のCAPがトリガーされるということは，利用者はせん妄である可能性を示唆している．せん妄の診断に熟練した適切な医療職につなげることが，このトリガーに対応する第一歩である．しかし，数時間のうちにつながらなかったときは，利用者はせん妄であるという前提をおいて，更なる助

言が得られるまでの間，適切に管理するべきである．

看護師は，効果的な治療のために，せん妄の兆候，CAPガイドラインからわかったこと，懸念されることについて医師とやりとりする準備をすべきである．医師とのコミュニケーションが，徹底的で事実に基づいているほど，適切な治療計画を時機を逸せずに決定することが容易になる．特段の結果がないという事実も医師に伝えるべきである．たとえば，利用者のバイタルサインは安定していて，発熱はなく，感染や脱水の明らかな兆候がなく，食事も飲水も十分にとれていること，新たな薬剤はないという観察の結果も，重要な情報となる．

看護観察

バイタルサインの変化

- バイタルサインを測定する（体温，脈拍，呼吸，血圧）．
- 本人の普段の値と比較する．下記の値は医療上重要であり，考えられる原因に対して即座に対応するべきである．
    - 直腸温が38度を超える，または35度未満
    - 脈拍が60未満，または100を超える
    - 呼吸数が25回/分を超える，または16回/分未満．正確さを期するため呼吸数は1分間測定する
    - 血圧が低いまたは顕著な低下
        - 収縮期血圧（上の血圧）が90 mmHg未満，または
        - 利用者の普段の血圧よりも20 mmHg以上低い収縮期血圧または
        - 利用者の普段の血圧よりも10 mmHg以上低い拡張期血圧（下の血圧）
    - 血圧が高い
        - 収縮期血圧が160 mmHgを超える，または
        - 拡張期血圧が95 mmHgを超える

感染の兆候

- 発熱は，尿路感染，肺炎ほか感染症を示唆している．
- 免疫不全状態の場合感染症があっても発熱はみられないことがあるので，そのほかの兆候に気をつける．混濁尿，異臭尿，湿性の肺や咳，呼吸困難，下痢，腹痛，創からの化膿性の浸出液，傷口周辺の発赤など．

脱水の兆候（脱水のCAPを参照）

脱水のCAPもトリガーされていたら，脱水があるとの前提で話を進める．トリガーされていない場合は，下記を検討することで，脱水のCAPで扱っていない利用者を把握するのに役立つ可能性がある．

- 最近の尿量の減少または濃縮．
- 最近の食事量の低下—食事をしない，食べ残す，体重減少．
- 吐き気，嘔吐，下痢，失血．
- 点滴．

◻ 下剤や水分バランスを崩す薬剤の使用．

痛みがある場合（痛みの CAP 参照）
  ◻ 痛みの頻度，程度，特徴（発症時期，期間，質）を確認する．
  ◻ 鎮痛薬を使用している場合，突発痛を防ぐ程度の十分な容量であるか．鎮痛薬がせん妄の原因として疑われる場合，別の薬剤分類の鎮痛薬を試すべきである．

慢性疾患の再燃がある場合．一般的な問題には以下が含まれる：
  ◻ うっ血性心不全．
  ◻ 糖尿病．
    ▪ 低血糖のサイン：脱力，発汗，頻脈，興奮，空腹感，頭痛
    ▪ 高血糖のサイン：脱力，口渇，通常よりも尿量が多い，混乱
  ◻ 呼吸困難や喘鳴を伴う肺気腫/慢性閉塞性肺疾患（COPD）．
  ◻ 脳血管障害（脳卒中）や一過性脳虚血障害：新たに出現した不明瞭なしゃべり方，四肢の脱力やしびれ，視力の変化，失禁の発生や悪化，顔面の表情の左右非対称．
  ◻ 甲状腺疾患．
  ◻ 消化管出血．
  ◻ 医師の指示の変更や検査結果の経過を確認する．

最近の機能低下の兆候（ADL の CAP を参照）
  ◻ 全体として ADL が低下しているか，それはなぜか．せん妄が回復した後に改善する可能性はあるかを評価する．
    ▪ せん妄に伴って ADL は低下しているのか
  ◻ ADL のどの分野に低下がみられるか．個人衛生や移動，食事など．
    ▪ 転倒と関連するか（転倒の CAP を参照）

薬剤服用歴の確認
せん妄と関連する可能性のある薬剤を特定するために薬剤服用歴を見直す
    確認には薬剤師にかかわってもらうとよい．
  ◻ 新たな薬剤があったり，容量の変化はあったか．そうした薬剤の変化とせん妄発症の時期との間の時間的関係を確認する．急性期病院で投与されていた薬剤が引き金となってせん妄になり，その薬剤の効果が介護施設に移ってからも続いていることもある．
  ◻ せん妄を起こす可能性の高い薬剤は使用されているか．ほとんどの薬剤はせん妄を起こす可能性があるが，最も一般的なものは以下である．
    ▪ 抗コリン製剤（いくつかの抗精神病薬，抗うつ薬，抗パーキンソン薬，抗ヒスタミン薬など）
    ▪ オピオイド（麻薬鎮痛剤）
    ▪ ベンゾジアゼピン（具体例：ベンザリン，デパス等），とくに長期作用性
    ▪ 短期および長期作用型のベンゾジアゼピンの突然の中止，忘れ，減量．ベンゾジアゼ

ピンの離脱は入退院や転院転所ときに十分注意すべきである．
- 相互作用（薬剤師による確認が有用）
- 利用者にとって入退院時の薬剤や用量の変更（意図したものも，不注意のためも含めて）が，誤薬や有害事象の一般的な原因であることに留意する．病院と居宅ケア・介護施設の間の密なコミュニケーションが必要不可欠である

- 同じ薬剤分類に属する薬剤を複数投与されていないか（薬剤師による確認が有用）．
- とくに脱水状態や腎機能の悪い利用者にとって薬剤毒性を検討する．中毒の既往はあるか．ある種の薬剤では血清薬物濃度の測定を検討すべきである．

関連する進行中の症状のモニター
- 睡眠障害（夜間覚醒，日中の傾眠など）．
- 不穏状態や不適切な動き（ベッドや椅子をよじ登ろうとする，チューブを引っ張るなど）．この場合一対一の見守りが必要となろう．身体抑制は最後の手段として，医学的に正当化される場合にのみ用いる（生命にかかわる薬剤や水分の点滴で，チューブを迂回させるなどの抑制代替案の効果がないとき，など）（抑制のCAP参照）．
- 誤嚥や褥瘡のリスクを高める不活動性をモニターする（動きが鈍いあるいはない，傾眠や緩慢な反応など）．
- 薬剤を中止すると幻覚（無いものを見えたり，感じたりする）や妄想（カーテンがなびいているのを窓から人が入ってくると勘違いするなど）などの知覚障害を起こすことは多い．

その他の検討事項

心理社会的要因
- 気分状態の変化は最近あったか（泣いたり，ひきこもるようになったなど）．せん妄は本人にとっては恐怖経験であることを念頭におく．本人にこの状態は一時的であると思い出させるようにする．
- 人間関係の変化は最近あったか（孤立，家族や友人を失うなど）．環境変化を経験している人には，まずせん妄以外の要因を除外する．

混乱を悪化させている物理的環境要因
- 聴覚や視覚の障害はあるか．こうした障害は，利用者の情報解釈を混乱させることがある（指示や合図，環境的なサインなど）．普段使用しているのであれば，眼鏡や補聴器などを確実に使うようにする．
- 利用者がよくわかるように，何度も説明をしたり，安心させたり，念押しをしているか．
- 最近環境に変化はあったか（ICUに入っていた，部屋や棟を移った，病院への入退院など）．医学的に必要でない限り環境変化はできるだけ避けるようにする．
- 十分睡眠がとれないような妨害はないか（明かり，騒音，頻繁な中断など）．
- 環境が騒々しかったり，混沌としていないか（大声をあげる，うるさい音楽が流れている，絶え間ない騒々しさ，担当者が頻繁に変更になるなど）．

終末期の場合 　終末期にせん妄はよくみられる．しかし，死にゆく人に対し，せん妄の原因を特定するための積極的および侵襲的な精密検査をするのは通常適切とはいえない．それよりも，本人や家族あるいはユニット（本人が騒いでいる場合など）において安らぎを感じられるような十分な緩和的ケアを行っているかを評価することである．家族との話し合いは，ケア目標を設定するうえでの鍵である．つまり，痛みのコントロールレベルと保ちたい意識レベルのバランスをとる．ケアの目標と方法は，利用者の快適レベルを最大限にすることに向けられるべきである．以下を検討する．

- ***痛みがある場合*** 　鎮痛薬の増量，より頻繁な利用，より強い薬への変更は正当化される可能性がある．
- ***使用している薬剤がせん妄を起こしている場合*** 　薬剤の見直しは，オピオイド，神経弛緩薬，抗てんかん薬，非ステロイド系抗炎症薬，その他の鎮痛剤，抗生剤，便秘と下痢の薬に重点を置く．

  その薬剤なしで，あるいは低量にしても，快適さが得られるか．あるいは，その薬剤はせん妄の副作用を上回る快適さの効果があるか．
- ***終末期の興奮状態（コントロール不能のせん妄）の場合*** 　鎮静は，恐れや苦悩を和らげ，外傷を防ぐために正当化される可能性がある．

参考資料

American Psychiatric Association (APA). 2004. Practice guideline for treatment of patients with delirium. *American Journal of Psychiatry* (May). **Note:** This guideline provides a detailed general overview of the delirium syndrome and the role of the psychiatrist in delirium management. These guidelines are also available at the APA Web site: www.psych.org (click on "Clinical Resources" and then click on "Practice Guidelines"). This site also includes Patient and Family Guides that would also be useful in training nurse assistants.

American Psychiatric Association (APA). 2004. Practice guideline for treatment of patients with delirium. *American Journal of Psychiatry* (August).

Flacker JM, Marcantonio ER. 1998. Delirium in the elderly: Optimal management. *Drugs and Aging* 13: 119–30. **Note:** This article provides a detailed approach to treatment and monitoring of delirium.

Inouye SK. 2006. Current concepts: Delirium in older persons. *N Engl J Med.* 354: 1157–65.

Murphy KM, Levkoff S, Lipsitz LA. 1997. Delirium. In Morris JN, Lipsitz LA, Murphy KM, Belleville-Taylor P, eds. *Quality care in the nursing home.* St. Louis, MO: Mosby. **Note:** This chapter provides an overview of the syndrome particularly as it affects nursing home persons and staff. Detailed nonpharmacologic approaches and case examples are presented.

Rapp CG. 1999. Acute confusion/delirium (evidence-based protocol). The Iowa Veterans Affairs Nursing Research Consortium, University of Iowa Gerontological Nursing Interventions Center. **Note:** This protocol provides helpful information for developing a comprehensive care plan for persons with delirium. www.nursing.uiowa.edu

執筆
Katharine M Murphy, PhD, RN
Edward Marcantonio, MD
Sharon K Inouye, MD
John N Morris, PhD, MSW

CAP 9　コミュニケーション

I　問題

人の情報伝達や理解力に影響する条件は多いが，このCAPでは本人のコミュニケーション能力と日々の意思決定にかかわる認知能力との相互作用に焦点をあわせる．

正常なコミュニケーションには2つの関連する活動がある．
- コミュニケーションの発信：他の人に自分を理解させることであり，言葉によるものが普通であるが，非言語の表現によってもなされる．

    典型的な問題として，言語そのものや会話，発声の支障がある．特殊な例として，適切な言葉を見つけることや文章にすること，あるいは物や出来事を言い表すことの困難，言葉を間違って発音する，吃音，しゃがれたり変性した声，呼吸が十分できないための小さな声，などがある．このような自分を理解させることに問題のある人は，地域の一般高齢者の15％，居宅サービス利用者の25％，介護施設入所者の40％に上る．
- コミュニケーションの受信：他の人が発した言葉や書いたものを理解すること．

    典型的な問題として，聴力，会話の識別，語彙の理解，読解，表情の解釈における変化や困難が挙げられる．言葉のコミュニケーションを理解することに困難がある人の割合は，地域の一般高齢者では10％，居宅サービスの利用者では25％，介護施設入所者では50％になる．

全体のケア目標
- 回避可能なコミュニケーション能力の低下をできるだけ長く防ぐ
- コミュニケーション能力を回復，向上する
- 一般的な原因を管理し，適切に対応する
- 家族や介護者が利用者と効果的なコミュニケーションができるように働きかける

II　トリガー

このCAPでトリガーする利用者は2種類である．第一はコミュニケーションの能力を改善するための取り組みをすべき利用者であり，第二は，避けられる低下を回避するべき利用者である．トリガーされた利用者にはすべて，コミュニケーションに関するケアプランを作成すべきであり，2つのグループの違いは，目標が，改善か悪化防止かにある．

◉ ***改善のためにトリガーされる利用者***　以下の両方に当てはまる場合
- 中等度から重度のコミュニケーションの問題をもつ．コミュニケーションには伝達力と理

解力の両方を含む.
- 日常の意思決定はいくらかできる（認知機能があることを示す）.

[C1＝0，1かつD1（0＝0，1，2＝1，3＝2，4＝3）＋D2（0＝0，1，2＝1，3＝2，4＝3）＝2から6] または [C1＝2，3かつD1（0＝0，1，2＝1，3＝2，4＝3）＋D2（0＝0，1，2＝1，3＝2，4＝3）＝4から6]

> 《諸外国での割合》
> 居宅サービス利用者：8％，介護施設入居者：11％，一般高齢者：1％未満
>
> 認知機能があるので，このグループに入る利用者はコミュニケーション能力の改善を十分に期待することができる．実際に90日後にコミュニケーション能力が改善したのは，15％に過ぎないが，適切なケアプランの実施によりこの確率を上げることができる．

◉ **悪化を防止するためにトリガーされる利用者**　このグループに入るかどうかは，コミュニケーション能力と日々の意思決定能力による．最初のグループと比べて，コミュニケーション能力は高く，意思決定能力は低い人々が該当する．

[C1＝2，3かつD1（0＝0，1，2＝1，3＝2，4＝3）＋D2（0＝0，1，2＝1，3＝2，4＝3）＝0，1] または [C1＝4かつD1（0＝0，1，2＝1，3＝2，4＝3）＋D2（0＝0，1，2＝1，3＝2，4＝3）＝0から3]

> 《諸外国での割合》
> 居宅サービス利用者：10％，介護施設入居者：25％，一般高齢者：1％未満
>
> 認知機能が残されてないことから，このグループに入る人々のコミュニケーション能力は今後低下することが十分予想される．実際にこのグループに入る人の15％が低下しているが，適切なケアプランによりこの数値を下げることが可能である．介護施設入居者の25％，居宅サービス利用者の10％，一般高齢者の1％未満が該当する．

◉ **トリガーされない利用者**　コミュニケーション能力の回復や維持することをケア目標とすることが現実的でない人々．コミュニケーション能力と認知機能によって，以下の3つのグループが含まれる．

1) コミュニケーション能力も認知機能も良好の場合
2) コミュニケーション能力も認知機能も中等度に障害されている場合
3) コミュニケーション能力も認知機能も重度に障害されている場合

トリガーされない人々は，コミュニケーション能力と認知機能のレベルが合っていることから，その変化が最も起こりにくいと考えられる．このグループに対するケアは，コミュニケーションレベルの予期しない低下を管理することである．

III　ガイドライン

　コミュニケーション能力の制限がみられた場合，アセスメントの焦点はいくつかの要因を確認することにある．それらは，1）障害の原因，2）これまで試みた治療や矯正の成果，3）非言語のコミュニケーションによって補完できる能力（たとえば，身振りや標識などを見て従える能力など），4）介護者が効果的なコミュニケーションをしようとする意思と能力，である．

　言語能力が低下すると，利用者と介護者の双方とも，非言語のコミュニケーション能力を拡大させるべきである．非言語的方法は，人としての最も基本的で自動的な能力である．たとえば，触る，表情，アイコンタクト，手の動き，声のトーン，姿勢であり，これらはすべて力強いコミュニケーションの手段である．すべての実行可能な手段を認識して利用することが，効果的なコミュニケーションの鍵となる．

併発している問題状況を評価し，対応する（関連 CAP を参照）　これらの問題の程度が軽減したり，更なる悪化を防ぐことができたら，コミュニケーション能力も再評価すべきである．
- 認知状態の低下，とくに最近の急性錯乱（せん妄）
- 気分障害を示す指標の悪化（うつスケール DRS 数値の増加など）
- ADL の低下
- 慢性閉塞性肺疾患（COPD）のある利用者の呼吸機能の悪化
- 口腔の運動機能—嚥下，発声の明瞭性

コミュニケーションの要素をそれぞれ評価し，可能な限り正す　理解力，聴力，伝達力における利用者がもつ強みと弱さの詳細を知ることは，支援的なケアプランの一部である．
- 聴力障害：適切な補聴器があり，正しく操作し（たとえば，電源が入っているかなど），使用されているか，確認する．静かな，相手の口元をみられる一対一の状況下で利用者は理解できるか把握する．
- 上手くいっているコミュニケーション：ある特定の人とならば，よりよくコミュニケーションができるのであれば，それはなぜなのかを特定する．その人はゆっくり，区切りながら話していたり，特別なジェスチャーや動きを使っていたり，他の言語でコミュニケーションしているかもしれない．こうした効果的なコミュニケーションの方法を備えるようにする．
- 非言語のコミュニケーション：文字盤などの補助具やその他の方法を使用できるときは，スタッフや介護者はもれなくそれらを使用する必要性を認識し，使用方法に慣れるべきである．
- 聴力の最近の低下：耳垢の詰まりも含めて，潜在的な原因をよく調べる．

これまでの治療や検査結果を確認する
- 耳鼻科や言語療法士による検査を受けているか．それはいつか．
- 検査時よりも状態が悪化しているか．
- 検査結果がケアプランに記載されている場合，それは実行されているか．

コミュニケーションの問題と関連している可能性のある要因の評価と対応

- 最近発症した問題(脳卒中後の失語症など)：改善が可能なら言語療法を受けられるよう医師に相談する．
- 慢性や繰り返す問題（アルツハイマー病や他の認知症，脳卒中後の失語症，パーキンソン病，精神的問題など）：治療の効果が見込めない慢性疾患の場合，コミュニケーション能力の低下を補完する方法を検討する（認知機能が中等度に障害されたアルツハイマー病の利用者の場合，直接的で短い表現を使うことや，体に触れるアプローチが効果的なことがある）．
- 発声ができない問題(喘息，肺気腫/COPD，パーキンソン病，がん，義歯が合わない)：呼吸療法や心肺機能の持久力を高める訓練を受けるために理学療法士に相談したり，医師，歯科医師を受診することを検討する．
- 一過性の問題(せん妄や感染症ほかの急性疾患)：治療がうまくいけばコミュニケーションの改善につながる可能性がある（せん妄のCAPを参照，医師に相談）．
- コミュニケーション能力を障害し得る薬剤の使用：薬剤の用量設定や代替薬の使用によりコミュニケーション能力の改善につながることがある．以下の薬剤を使用している場合，医師の意見を求める．
  - 抗うつ薬や鎮痛薬など向精神性の薬剤（抗精神病薬，抗不安薬，鎮静薬を含む）
  - オピオイド系鎮痛薬
  - 抗パーキンソン薬
  - ゲンタマイシンやトブラマイシンなどの抗生剤
  - アスピリン
- 質と量の両面で能力に相応するコミュニケーションの機会はあるか：コミュニケーションの機会が限られている場合，修正できるか検討する（コミュニケーションをする相手の確保や，文字盤やコンピュータの使用など）．

参考資料

Lubinski R, Frattali C, Barth C. 1997. Communication. In Morris JN, Lipsitz LA, Murphy KM, and Belleville-Taylor P, eds. *Quality care in the nursing home.* St. Louis, MO: Mosby. **Note:** This chapter provides an approach assessment of the person with communication deficits, including how to assess and address underlying problems and tips for care planning.

執筆
Rosemary Lubinski, EdD
Carol Frattali, PhD
John N. Morris, PhD, MSW

CAP 10　気分

I　問題

　気分障害（うつ，悲哀，不安など）は，地域や施設に住む高齢者によくみられる症状である．うつはしばしば適切な診断を受けず，治療されていない．症状がある人の割合は多くはないものの，診断を受けていないことは憂慮すべきである．気分の障害は，治療を受けないでいると，能力を低下させ，高い死亡率や機能低下を伴い，本人や家族，介護者を不必要に苦悩させることになる．このCAPはすでにうつの診断があるか，注意を要するうつ状態にある利用者に焦点をあわせている．

全体のケア目標
- 本人や周囲の安全性が，気分の状態によって脅かされていないか把握し，対応する
- 気分の状態の原因か，関連している問題を把握し，対応する
- 気分の問題に対する治療を実施する
- 治療への反応や副作用をモニターする

II　トリガー

　このCAPのトリガーは，うつ評価尺度（※付録［尺度］参照）に基づき3つのレベルに分かれる．

> 注：その他のアセスメント項目も更なる評価の際に重要であるが，DRSはうつの潜在的あるいは顕在した問題を表す最善の指標である．

●気分のCAPのトリガー方法

- まず，下記のアセスメント結果を（0＝0，1，2＝1，3＝2として）合計し，DRSを算出する．0から14までのスケールとなる．
    - 否定的なことを言う［E1a］
    - 自己や他者に対する継続した怒り［E1b］
    - 非現実的な恐れの表現［E1c］
    - 健康上の不満を繰り返す［E1d］
    - 不安や心配ごとを繰り返す［E1e］
    - 悲しみ，痛み，心配した表情［E1f］
    - 泣く，涙ぐむ［E1g］
- 次に，以下に従って利用者をトリガーレベルに割り振る．

● **高リスクトリガー：DRSが3以上**

> 《諸外国での割合》
> 居宅サービス利用者：25％，介護施設入居者：20％，一般高齢者：5％
>
> 介護施設においてトリガーされた人々の42％は90日後に改善している．居宅サービス利用者における改善率も同様である．

● **中リスクトリガー：DRSが1か2**

> 《諸外国での割合》
> 居宅サービス利用者：25％，介護施設入居者：30％，一般高齢者：5％
>
> 90日後の改善率は，介護施設入居者と居宅サービス利用者ともに約25％である．

● **トリガーされない利用者：DRSが0**

III　ガイドライン

気分障害のある利用者への対応の概要

- **初期アセスメントと状態の鎮静化**：気分障害の程度は軽度なものから，生命に危険を及ぼす状態まで幅が広い．最初のアセスメントの主要な目的は，本人や周囲を危険な状況に陥らせるような深刻な気分障害の症状があるかを判断することにある．ケアスタッフは，利用者にその危険性があるかを把握し，他者に切迫した危険を及ぼしている場合は，安全性を確保する介入が即座になされるように適切な精神医療の専門家に連絡をしなければならない．
- **気分障害の本質の把握**：気分障害の発症を促進する要因は多くあり，心理社会的なストレス(喪失体験など)，もともとある精神症状のぶり返し，薬剤の副作用，内科的疾患の悪化などが含まれる．1つ以上の促進因子があることは珍しくない．適切な治療の選択ができるかどうかは，こうした気分の問題に関与した要因の把握に大きくかかっている．
- **治療とモニター**：気分障害には多くの治療が幅広く存在する．治療は，治療に対する利用者の反応に応じて調整される必要があるので，治療中は経過観察が必要となる（薬剤量など）．

初期アセスメント

自傷の危険性があるか把握する

- 自殺念慮，自殺企図
  - 自殺をすることを計画したことがあるか．
  - 過去に自殺を試みたことがあるか．

- 薬をため込む，お別れを言う，所持品を贈る，遺書を書くなど危険な行為をしているか．
- 故意に自分自身に危害を加えたり，加えようとしたことがあるか．
- 食事や飲水を拒んでいるか．最近食欲不振や体重減少を経験しているか（脱水と低栄養のCAPを参照）．
- 薬剤や他の療法を拒んでいるか．
- 判断や安全への意識が障害されているか観察する（たとえば，うつ状態の人は，絶望感や無力感にさいなまれていることがあり，それらは判断や決断に悪影響を及ぼす）．

周囲への危険があるか把握する

- 怒りや気分の不安定，興奮の高まりを観察する．
- 他の人に怯えたり，他の人に危害を加えようと考えていないか探る（たとえば，気分障害のある人は，病的な疑い深さ等の妄想にとりつかれていることがある）．
- 身の回りにある危険を伴う物（包丁やシャープペン，ハサミなど）がないか確認する．

気分障害の全体像を把握する

- 気分障害の主観的症状を知るために，本人にうつ状態かどうか尋ねる．認知障害のある人でも，尋ねられると適切に答えられることは多い．
  - 悲しい，人生に喜びを感じる瞬間はないと感じている，と言う．
  - 普段の活動に何も興味がない，あるいはとても疲れていて参加できないと言う．習慣的な活動に集中するのが難しいと言う．
  - 無価値感や罪悪感（家族の重荷になっていると感じているなど）を表現する．
  - 食欲がなくなり，睡眠習慣が変化したと言う．
- 気分障害の客観的な兆候を観察する．
  - 涙ぐむ，悲しみを表す．
  - 睡眠障害：睡眠困難か過睡眠．睡眠習慣を把握するために睡眠日誌を記録することを検討する．
  - 活動レベルがゆっくりになったようにみえる．
  - あまり食べず，やせてきた（低栄養のCAP参照）または，通常よりもよく食べる．
- 躁の兆候や症状があるか．この情報は，うつが双極性障害と関連するかを把握するもので，障害の医学管理を助けることがある．
  - 切迫した思考，多幸感
  - 焦燥感の高まり
  - 頻繁な気分の移り変わり
  - 多弁
  - 思考奔逸
  - 睡眠時間の顕著な減少
  - 興奮，過活動
- 主観的および客観的な変化がどのくらい長く続くか定量化を試みる．

家族や友人たちに，利用者の気分の変化があったか聞く．

気分障害の原因を判断
気分の変化と関連し得る薬剤を確認する　処方薬や市販薬の多くが気分の変調をきたす．薬剤師や医師にすべての薬剤服用歴を確認するよう要請する．その際1）気分障害の原因となったり，悪化させる薬はあるか，2）処方されている抗うつ薬は，ある期間治療レベルの用量であるか，に着目してもらう．

- 新たな薬剤や用量の変化はあるか．変化と症状の発生との時間的関係を確認する（適切な薬剤使用のCAPを参照）．
- 気分障害を伴う薬剤はあるか．たとえば，以下のカテゴリーに含まれる薬剤は気分の問題を伴うことがある：
  - 副腎皮質ステロイド
  - 心臓病薬
  - 抗コリン薬
  - 抗けいれん薬
  - 緑内障の薬
  - 抗生剤
  - 抗がん剤
  - 麻薬
  - 抗精神病薬
  - インターフェロンなどその他の薬剤，いくつかの市販薬
- 薬剤中止も気分の障害を伴う．副腎皮質ホルモンや抗うつ薬など．

［入手可能な薬やハーブ，漢方なども，気分の状態に影響していることがある］

医学的状態との関連を確認する
- ***せん妄***：うつと似ているが，せん妄は意識レベルの変動があることと，認知障害の発症や悪化を伴うことで，うつと区別できる（せん妄のCAP参照）．
- ***感染症***：発熱や混濁尿，膿性の喀痰など．
- ***痛み***：痛みはうつと関連することが多いので，両方を評価し管理することを検討しなければならない（痛みのCAP参照）．
- ***その他の気分の状態と関連する医学的状態***：甲状腺疾患，脱水，代謝疾患，最近の脳血管障害（脳卒中），認知症，がん（認知障害のCAPを参照）．
- 医学的状態の診断と治療のため受診を検討する．

心理社会的変化との関連を確認する
- 最近の環境変化（長年住んだ自分の家から高齢者住宅や介護施設に移り住んだなど）．
- 最近の人間関係の変化（家族や友人の病気や死亡，親しい人が転居したなど）．
- 最近の自分の健康に対する認識の変化（重い病気にかかったという認識など）．

- 自己の尊厳にかかわる機能状態の変化（失禁するにようになった，コミュニケーションができなくなったなど）．

気分問題の経過
- 気分の変化は突然であったか，徐々にであったか．気分障害が一晩で発症することは稀であるので，突然発症した場合，急性の医学的疾患やせん妄の場合がある．
- 気分の変化の振れ幅が小さいか，大きいか．

気分障害の既往
- 過去に気分障害があったり，それを治療した記録はあるか．
- 気分障害のための治療が変更になったり，中止されたか．

気分障害とともに起こっている不安の程度
- 異なる障害であるが，気分と不安障害の両方が発生している可能性はある．

治療の経過観察
治療への反応
- 継続的に安全性を確認する．
  - 自殺念慮があるかどうかを監視し，常に慎重に取り扱う．うつ状態の人の自殺の危険性は，回復の早期に高まることがある．
  - 精神科受診を検討する．
  - 脱水の兆候と栄養状態に目を配る．
- 気分の状態をモニターする．
  - 期待通りに治療効果は表れているか．
  - 別の気分の問題を発症している兆候はないか．たとえば，双極性障害の人のうつを治療したことで，躁状態のサイクルに入るなど．
- 治療の副作用をモニターする．
  - 抗コリン薬の副作用（せん妄，重度の便秘，口渇感，残尿感，かすみ目など）．
  - 新たな睡眠障害（不眠症，突然寝たがらなくなる，日中の居眠り）．
  - 起立性低血圧，不安定な歩行．
  - 混乱（気分障害のため電気ショックの治療を受けた人は，治療後の一時的な混乱を経験することがある）．

気分障害と治療についての知識教育
- 心理療法やカウンセリングに対する本人の期待はどのようなものか．
- 抗精神病薬の効果と副作用に関する本人の心配は何か（適切な薬剤使用のCAPを参照）．
- 回復過程についての本人の期待はどのようなものか．たとえば，抗うつ薬の治療は，症状が改善するまでに数週間かかることを知らないことがある．

- 治療は，適切な用量による最小の副作用で最適な効果を得るために，継続した経過観察と薬剤の用量調整，ときに薬剤の変更が必要であることを知っているか．
- 気分の問題のぶり返しを避けるために維持的治療が必要となることを知っているか．
- 居宅や，高齢者住宅の場合，気分障害の追加的な情報入手方法を知っているか．

ケアチーム，本人，家族は，治療計画，治療の効果が出るまでの期間，観察すべき可能性のある副作用について確実に知っているようにする（適切な薬剤使用のCAPを参照）．

参考資料

Alexopoulos GS, Bruce ML, Hull J, Sirey JA, Kakuma T. 1999. Clinical determinants of suicidal ideation and behavior in geriatric depression. *Archives of General Psychiatry* (November). **Note:** This article reports the results of a study to determine risk factors for suicide in the elderly and provides a brief review of the epidemiology of suicide in the elderly.

Block SD. 2000. Assessing and managing depression in the terminally ill person. *Annals of Internal Medicine* (1 February). **Note:** This article, prepared for the End-of-Life Care Consensus Panel of the American College of Physicians — American Society of Internal Medicine, reviews the challenges encountered in the diagnosis and treatment of grief and depression in the terminally ill person. Case examples are used to illustrate points.

Burrows AB, Morris JN, Simon SE, Hirdes JP, Phillips C. 2002. Development of a minimum data set–based depression rating scale for use in nursing homes. *Age and Aging* 29: 165–72.

Satlin A, Murphy KM. 1997. Depression. In Morris JN, Lipsitz LA, Murphy KM, Belleville-Taylor P, eds. *Quality care in the nursing home.* St. Louis, MO: Mosby. **Note:** This chapter provides an overview of the risk factors, presenting signs and symptoms, and treatment options for depression in the elderly. Particular attention is given to the relationship between dementia and depression.

臨床ガイドライン

American Psychiatric Association (APA). 1994. Practice guideline for the treatment of patients with bipolar disorder. *American Journal of Psychiatry* (December). **Note:** This guideline uses an approach similar to the depression guideline for the assessment and management of bipolar disorder.

American Psychiatric Association (APA). 2000. Practice guideline for the treatment of patients with major depressive disorder (revision). *American Journal of Psychiatry* (April). **Note:** This guideline provides a detailed general overview of the clinical characteristics of major depression and the treatment options. Flowcharts are used to assist with decision making. These guidelines are also available at the APA Web site: www.psych.org (click on "Clinical Resources" and then click on "Practice Guidelines"). This site includes Patient and Family Guides, which would also be useful in training nursing assistants.

Depression in primary care: Detection and diagnosis. 1993. Vol. 1: Detection and Diagnosis Clinical Practice Guideline #5. AHCPR Publication # 93-0550 (April). (Available online at www.nlm.nih.gov)

Diagnosis and treatment of depression in late life. 1991. NIH Consensus Statement. (November 4-6). 9(3):1–27. (Available on line at www.nlm.nih.gov).

Lebowitz BD, Pearson JL, Schneider LS, et al. 1997. Diagnosis and treatment of depression in late life: Consensus statement update. *JAMA* 278(14): 1186–90. (Available online at www.nlm.nih.gov)

Piven MLS. 1998. Detection of depression in the cognitively intact older adult (research-based protocol). University of Iowa Gerontological Nursing Interventions Research Center, Research Dissemination Core 10. www.nursing.uiowa.edu

Treatment of major depression. 1993. Vol. 2: Treatment of major depression. Clinical Practice Guideline #5. AHCPR Publication #93-0551 (April).

執筆

Eran D Metzger, MD

Terry Rabinowitz, MD

John N Morris, PhD, MSW

CAP 11　行動

I　問題

このCAPは，以下の分野において日々表れている迷惑となる行動をもとに戻すことに焦点をあわせる：

- 徘徊：合理的な目的なく動き回ること．なぜ徘徊するのかや危険性に気づかない．
- 暴言：人を脅す，どなる，ののしる．
- 暴行：人をたたく，押しのける，ひっかく，他者を性的に乱暴する．
- 社会的に不適切な迷惑な行動：邪魔になる音や騒音をたてる，叫ぶ，食べ物や糞便を塗りたくったり，投げつける，他人の所有物を貯め込んだり，かき回す，など．
- 公衆での不適切な性的行動や脱衣
- ケアに対する抵抗：薬を飲むこと，注射をされること，さまざまなADLを行うこと，食事をとることなどを言葉や身体によって抵抗する．

このような行動が毎日起こると，本人にとっても本人とかかわる周囲の人にとっても深刻な問題となる．このような行動は，本人の移動や本人と周囲との交流を制限することになり，最悪の場合は身体機能を低下させる．ケアの短期的な目標は毎日の出現頻度を減らすことであり，最終的には排除することである．

毎日でないがこうした行動がある利用者に対するケアの短期的な目標は，頻度が増加しないようにすることであり，次に出現させなくすることである．

こうした行動の症状は，往々にして認知機能の低下や精神科疾患の発症によって出現するが，そのほかにもさまざまな原因がある．つまり，問題の性質を理解し根本的な原因に対応することにより，本人とかかわる周囲の人のQOLを改善できる可能性がある．

全体のケア目標

- 行動の問題に関与する根本的な状態やストレスの要因を排除する
- 行動の問題の頻度と程度を軽減し，問題が将来的に悪化することを防ぐ
- その行動によって起こる二次的な問題を防ぐ（たとえば，周囲との関係が悪くなる，他の人にいじめられる，身体抑制される，介護施設に入所することになる，など）
- 行動の問題に対応できるようケアスタッフや家族を援助する

II　トリガー

◉ ***毎日行動が見られる利用者***　以下の1つ以上の行動が毎日みられる場合．
- 徘徊［E 3 a］
- 暴言［E 3 b］
- 暴行［E 3 c］
- 社会的に不適切な迷惑な行動［E 3 d］
- 公衆の中での不適切な性的行動や脱衣［E 3 e］
- ケアに対する抵抗［E 3 f］

> 《諸外国での割合》
> 居宅サービス利用者：3％，介護施設入居者：10％，一般高齢者：1％未満
>
> トリガーされた人々の約3分の1は，90日後に問題行動が毎日みられなくなるほど改善している．

◉ ***毎日ではないが行動が見られる利用者***　上記の行動の問題が毎日でなく起こる場合（あるいはアセスメント表に頻度がない場合，行動が容易に対応できる場合）．

> 《諸外国での割合》
> 居宅サービス利用者：7％，介護施設入居者：8％，一般高齢者：1％未満

◉ ***行動が見られない利用者***　過去3日間の観察期間にどの行動の問題もみられていない利用者．
　これらの人々への適切なケアは，あらゆる予期できない新たな問題行動をモニターすることに限られる．

III　ガイドライン

初回の検討事項　行動の症状が見られる人には，3段階のアプローチが勧められる．

- 第1段階：現れている症状の本質を明らかにする．現れている行動は，本人にとって自分の存在や新たな健康上の問題，不快感，恐れなどを伝える手段であるとみなされる．この可能性を無視すると，認知障害や重度の精神疾患のある人をさらに孤立させることになる．
- 第2段階：行動の原因となっている，または悪化させている要因を可能な限り見極める．迷惑な行動は新たに発生していることがよくあり，質の高いケアによって改善可能な問題であることがある．十分に検討したうえで，原因のうち最も重要なものを絞り込む．原因を特定したら，医師や他の専門家，可能なら本人と一緒に，改善にむけたケアプランを作成する．

❏ 第3段階：本人の長所・強みを積み重ねるようにする．

ステップ1：その行動の本質を明らかにする

活発な行動は，しばしばコミュニケーションの1つの手段であり，時として精神や身体の病気，満たされないニーズや恐れ，本人を取り巻く環境について伝えようとしている．叫んだり，身体的な攻撃など明確なものもあるが，活動に参加しなくなる，孤立する，恐れに誘発された動揺などはっきりとしないものもある．行動の本質や関連する症状を明確化するには，以下を検討する．

❏ コミュニケーションができるなら，直接本人に，その状況に対する本人の見方を尋ねる．行動に対する説明があるか．心配があるのか．痛みがあるのか．興奮しているのか．動揺しているのか．とくに用心深いのか．その行動によってもたらされる結果に気づかなかったか．
❏ 原因や意味の理解を深めるために以下の面からその行動を言い表してみる．その行動が表れたときに何が起こったか．
  - 攻撃的な行動は触発されたものか．とくに本人の立場から見て考える．
  - それは攻撃（誰かほかの人を攻める）か，防御（自分を守る）か．
  - 目的があったか．
  - その行動には危害を加える意図はあったか．あるいは反応して行ったのか．
  - 特定の活動中に起こったか（入浴など）．
  - 1日のうちのある時間帯など何かパターンはあるか．
  - 誰が近くにいたか，誰が関与していたか．
❏ 環境が本人の行動に影響しなかったか（明かりや騒音，状況）．
❏ ある行為に対する反応であったか（体を動かされたときなど）．
❏ 感覚器の障害，とくに視覚や聴覚関連の障害はあるか．視覚に問題がある場合，視野に人が突然現れた場合に，びっくりすることはないか．聴覚の問題がある場合，他の人が言っていることを理解できないために混乱しているのではないか．

ステップ2：その行動の原因となったり悪化させている要因を特定する

行動の問題に関わる長期にわたる精神疾患がある場合 統合失調症，双極性障害，うつ，不安症，PTSDなど．もし行動の背後に，こうした状態が問題となっていれば，精神科による詳細な評価と医師が指示した治療が必要である．

❏ よくある症状として，妄想，幻覚，運動性興奮，誇張，敵対，焦燥，過覚醒，不眠，フラッシュバック，びっくりした反応，恐怖症（先端恐怖症や，その部屋を離れることを怖がるなど）がある．
❏ 内科的または薬剤による治療で対応することが可能な状態もある（気分のCAP参照）．ただし，こうした治療が有効でない場合も，ケアプランは必要である．たとえば医師は，薬剤による介入と薬剤以外の介入の組み合わせを勧めることがある．

- 精神疾患に関連した長期にわたる行動の問題がある利用者は，生活上の問題に対処できないことがある．その結果，周囲の人を攻撃したり，困らせることがある．また，最愛の人やケアをしてくれる人たちから非難され，孤立し，いじめられ，無視される危険性が高い．

認知症であったり，最近認知低下している場合　アルツハイマー病，脳卒中，CPSにおける低下（認知低下のCAP参照）など．
- その行動は，最近の認知機能の低下に続いて突然起こった行動か．その場合は，急性の混乱した状態やせん妄を念頭におく．すでに認知症で行動の問題がある場合も，頻度が増加したり，新たな行動の問題が起きたときはせん妄を疑う．せん妄がある場合，せん妄の根本原因を特定し，治療することにすべての努力を注ぐ必要がある（せん妄のCAP参照）．可能性のある直接的な原因としては，急性疾患の発症，慢性疾患の再燃，薬剤の変更などがある．
- 認知症の人にみられる行動の問題は，認知症の人向けに開発された薬剤によって軽減できることがある．これらの薬剤については医師と相談する．
- 満たされないニーズを伝えようとしている可能性はあるか．自分をわからせることは困難か．排尿したい，どこにいけばいいのかがわからない，あるいは排尿時に痛みがあるなどといったストレスを，伝えることができない可能性がある．同様に，介護者を認識していなかったり，おかれている環境に馴染みがなく，怖いと感じているため，挑戦的な行動をとっている可能性がある．
- そのほかの口に出せない不快感やニーズはないか．
    - たとえば，服がきついとか，着心地が悪くて脱いでしまうなど．
    - 倦怠感によりコントロールできなくなっているか．
    - 徘徊は，排尿したいのにトイレをみつけられないからか．
    - 脳卒中による部分的な麻痺のある人は，伝えようとしていることを介護者が理解しないときいらいらし，怒り，攻撃的になることがある．
    - 可動性が障害されている人は，長時間同じ姿勢でいるときは姿勢を変える必要があるかもしれない．
- 本人は周りのことや他者の行為を誤解していないか．
    - 記憶の障害があると，たとえば結婚していることを忘れ，不適切に異性に言い寄ることがある．
    - 同様に，アルツハイマー病の人は，ケアスタッフが部屋に入ってきて衣服類を手に取ると，泥棒と間違える可能性がある．
    - そのような場合，興奮，言葉によるののしり，ケアへの抵抗，さらには身体的な攻撃が表れることがある．
- 認知障害のある人の行動の問題は許容できる範囲か．慢性的に進行する認知症の人の多くは，治療やさまざまなケア提供にもかかわらず問題行動を続けることがある．ときにその行動は周囲を困らせるが，しばしば対応できるものである．
    - たとえば，徘徊は安全な環境があれば，身体抑制をしないで対応できる．
    - 同じ行動を繰り返したり，突然興奮するような反応のある人のパターンを予想できる

場合，それに応じたケアプランを作成することによって，行動がエスカレートしないようにできることがある．たとえば，ケアの最中に興奮し，ケアスタッフに向かってくる利用者の場合，最初に興奮のサインがみられたときにケアをとりあえずやめ，あとで試みるという方法をとることで，そうした行動を防げる可能性がある．

新規や急性の身体的疾患，または慢性的な問題の再燃が行動の原因である場合
- せん妄，感染，脱水，便秘，うっ血性心不全などの状態は，行動の問題の原因になり得る（せん妄，脱水，低栄養のCAPの確認が必要）．
- 十分な睡眠は邪魔されていないか（明かり，騒音，頻繁なバイタルサインのチェック，睡眠習慣の異なる同室者など）．
- 痛みはあるか．痛みはうつにつながり，可動性を低下させ，社会的孤立，睡眠障害，突発的な行動を起こすことがある．痛みがあると，それを悪化させるような方法で触れられたり，動いたりするときに飛び上がって驚くことがある．鎮痛薬やその他の痛みの管理を受けている場合，それが定期的に投与されているか，用量やケアの方法は痛みの激化を防止するうえで十分であるか確認する（痛みのCAPを参照）．

行動の発現や悪化に薬剤の副作用の関係が考えられる場合
- 新たな薬剤が開始されたか，または用量が変更されたか．こうした変更と行動の発現や悪化にどれくらいの間隔があったか確認する．
- 行動の問題を起こしたり，悪化させることで知られている薬剤を使用しているか．以下の薬剤は行動の問題を引き起こす副作用があることで知られている．
  - 抗パーキンソン薬は性的欲求を高めるため，公衆での自慰行為や求められない性的な誘いなど社会的に不適切な行動の原因となり得る．
  - 鎮静薬，中枢神経作動性の降圧薬，循環器系の薬剤のいくつか，抗コリン薬などの薬剤は，妄想性の原因となったり，せん妄を誘発したり，回復可能な認知障害の原因となることがある．
  - 慢性閉塞性肺疾患や喘息などの呼吸器の問題に用いられる気管支拡張薬は，興奮性を高め，睡眠障害の原因となり得る．カフェインやニコチンが多すぎても同様の副作用をもたらす．
  - 多くの薬剤や物質は衝動のコントロールを障害することがある．たとえば，ベンゾジアゼピン，鎮静薬，アルコールやアルコールを含む製剤（咳の薬など）など．

家族や介護者と本人の交流の仕方が適切でない場合
家族や介護者の行為や本人への反応の仕方は，利用者の行動を悪化させたり，突発的な行動の原因になりうる．
- 家族や介護者は，利用者の身体，認知能力に対する理解は現実的か．
  - 介護者はADL（更衣など）を本人ができるように動作分割して介助しているか．
  - 家族や介護者は利用者の認知のパターンや身体機能を理解しているか．
  - 家族や介護者は本人に対する不満を表現しているか．
- 家族や介護者は利用者がわかるような方法で，合図や声かけをしたり，安心させる言葉を

かけているか．
- 家族や介護者は一度にたくさんのことを利用者に尋ねたり，言ってはいないか．身体面あるいは認知面にコミュニケーションの問題のある人は，たくさんの情報に対処すると不満になる．
- 利用者と家族，その他の入所者やケアスタッフとの間の衝突において，解決されていない問題はあるか．過去の人生体験や社会関係における不適切な対応が，現在の行動問題を発生させている基底要因である可能性がある．

行動を管理するケアプランが行われている場合　ケアプランのキーポイントは何か．行動を変えようとする試みに以前どのように反応したか確認する．何が試されたか．うまくいったか．
- ケアプランに，少なくとも1ヵ月に1度の看護師，医師，薬剤師による薬剤内容の評価が記載されているか．精神科の診断と向精神薬の処方が一致しているか評価する．薬剤を増やす必要性はないか，あるいは減らすことができるか評価する．
- 行動を管理するケアプランは実施されているか．ケアプランの内容として，以下のようなものが含まれているか．利用者が適切に反応できるような接し方，ケアスタッフとその利用者の交流を増やす方法，ケアスタッフに対する交流の実践方法についての具体的な指導，ケアスタッフを交流の中に入っていくように促し，その結果を記録すること，専門家による行動療法，入念に計画されたアクティビティ，環境を見直し問題となっている刺激を取り除いたり，変えること，など．
- ケアプランには目標（行動の種類や頻度がどの程度変化するか）とその達成が期待される時期が記載されているか．変化があったことが記録されているか．
- ケアプランは精神科の評価を受けるための専門職と連携が考慮されているか．必要な場合精神科の評価を受けているか．
- 行動管理のケアプランによって行動の問題が改善するか90日後に判断し，さらなる継続によって効果が得られるか評価する．
- 現在の介入よりも制限の少ないアプローチの方法があるか検討する．
- 現在の介入を減らしたり，変更したときは本人の反応を追跡する．とくに向精神薬や抑制の使用に変化があったときには注意する．身体抑制を検討するのは最後の手段とすべきである．

ステップ3：本人の長所・強みを積み重ねるようにする

ケアプランには，その人個人および周囲の環境にある強みや長所を拡大することによって，その人のQOLを向上するような内容を含むべきである．現在もっている長所に加えて，これまでの人生にわたって明らになっている長所の分野も一緒に検討する．本人が日々の暮らしの中で自分の長所を発揮できる機会を増やす．

- どのようなときに本人は快適で，リラックスしているのか．たとえば，1日の中でいつか，場所はどこか，どのような活動をしているときか，どのような人といるときか．こうした

環境の中に，行動の問題を減らすために活用できる要素はないか．

❏ 本人と静かで落ち着いた交流ができる家族やケアスタッフはいるか．そうした人々から，どのようなことが利用者を興奮させずに活動に引き込むことができるか学ぶ．

❏ 現在の本人にとって大切なことは何か．過去には何であったか．価値を置いている活動にかかわる機会は今あるか．本人が大切にしている物があり，それを手に取ることができるか（たとえば，家族の写真や大事にしているお守り）．
  ▪ 本人にとって重要な文化的要素に目を向ける．その人にとって祝うことが重要な行事はないか．その文化コミュニティとの交流を支援するのにできることはあるか．

❏ どこにいるときに最もリラックスしているか．どんな周囲の環境や人が，本人の落ち着いた行動と関連しているか．静かな，あまり人のいない環境，あるいは視覚的刺激の少ない環境であれば興奮することが少なくはないか．

参考資料

Fogel B. 1997. Behavioral symptoms. In Morris JN, Lipsitz LA, Murphy KM, Belleville-Taylor P, eds. *Quality care in the nursing home.* St. Louis, MO: Mosby.

Gwyther LP. 2001. Caring for persons with Alzheimer's disease: A manual for facility staff. Washington, DC: American Health Care Association and the Alzheimer's Association. Alzheimer's Association: www.alz.org

Hirdes JP, Fries BE, Rabinowitz T, Morris JN. 2007. Comprehensive assessment of persons with bipolar disorder in long-term care settings: The potential of the interRAI family of instruments. In Sajatovic M, Blow FC, eds. *Bipolar disorders in late life.* Baltimore, MD: Johns Hopkins University Press.

Mace NL, Rabins PV. 2000. The 36-hour a day family guide to caring for persons with Alzheimer's disease, related dementing illnesses, and memory loss in later life. Baltimore, MD: Johns Hopkins University Press.

Robinson A, Spencer B, White LA. 1999. Understanding difficult behaviors: Some practical suggestions for coping with Alzheimer's disease and related illnesses. Geriatric Education Center of Michigan, Ypsilanti, MI.

執筆
Catherine Hawes, PhD
John P Hirdes, PhD
John N Morris, PhD, MSW

CAP 12　虐待

I　問題

　このCAPは，潜在的な虐待やネグレクト（放棄・放任）の状況におかれている利用者を発見し，何らかの対応を行うことをを支援する（日本の場合，こうした状況があれば市区町村に報告することが義務となっている）．

　虐待には，遂行とネグレクトがあり，故意に苦痛を与えようとした場合と，介護者の不十分な知識，病気，うつ，燃えつき，あるいは怠惰から無意識に苦痛を与えてしまう場合とがある．

　虐待の現象は以下の4つにグループ分けされる．
　　身体的虐待：身体的苦痛や傷害を負わせること（性的いやがらせを含む）
　　精神的虐待：精神的な苦痛を負わせること（屈辱感や脅迫を含む）
　　ネグレクト：介護の義務をまっとうしないこと（たとえば食事を与えない，受診させない，または介護放棄）
　　経済的虐待：所持金や財産の不適切あるいは不法な使用

　虐待が明らかとなった場合は，必ず何らかの対応を行う．虐待を経験している利用者は，傷害やその他の深刻な健康上のリスクに直接さらされている可能性がある．さらに，虐待は心理的な幸福感や社会参加，地域とのかかわりなど人生のほかの面にも影響する．虐待が取り除かれた後であっても，重度のうつや自殺企図を繰り返すなど心理的な症状を含めた心的外傷後ストレス障害（PTSD）のリスクが継続する．

全体のケア目標
- 利用者が自分自身の幸せについて決定し，その決定によってもたらされる結果を理解する能力がどの程度あるか評価する
- 利用者のリスクのレベルを判断する
- 即座の介入の必要性を判断する．居宅サービスや受診，保護要請，利用者の転居など
- 虐待に関連した精神的後遺症の経過を追う

II　トリガー

　このCAPは，顕在的または潜在的な虐待やネグレクトの状況下に置かれている利用者を特定する．短期的な目標は，即座の介入が必要か判断することであり，中期から長期の目標は，虐待によって生じた心理社会的な影響を管理することである．このCAPにトリガーされた人の3分の2は，次のアセスメントではトリガーされていない．しかし，虐待の心理的後遺症に

効果的な対処がなされなければ，うつや不安，社会機能の喪失は一生を通じて持続するリスクとなる．

- **ハイリスク**　以下の両方に当てはまる
  - 直接の虐待の徴候がある
    - 家族や介護者，近い知り合いに対する恐れ［F1e＝2から4］
    - 異常な不衛生，外見がだらしがない，または無精髭［J3t＝2から4］
    - ネグレクト，虐待，不当な扱い［F1f＝2から4］
  - 以下の2つ以上のストレス要因に該当する
    - うつ［DRSが3以上］
    - 低栄養：体重の大幅な減少［K2a＝1］，栄養不良，1日1回以下しか食事をしていない，水分摂取が不十分［K2b＝1］，BMIが19未満，食事摂取の低下
    - 家族や友人との葛藤や怒り［F1d＝2から4］
    - 健康問題：薬を指示通りに服用していない［N3＝1，2］，健康状態が不安定［J7a＝1］，健康状態の自己評価が低い［J8＝3］
    - 現在の居住場所において利用者のニーズを満たすことができず，転居したほうがいいと判断されている［A12c＝1，2］
    - 介護者にストレス，怒り，うつがある［Q2b＝1］
    - 社会的に孤立している：活動をしなくなる［E1i＝1から3］，人間関係をもたなくなる［E1j＝1から3］，寂しさを表現する［F2＝1］

> 《諸外国での割合》
> 居宅サービス利用者：2〜6％，一般高齢者：1％未満

- **中等度のリスク**　上記の基準のうち，虐待の直接的な徴候があるが，2つ以上のストレス要因にはあてはまらない場合

> 《諸外国での割合》
> 居宅サービス利用者：1〜6％，一般高齢者：1％未満

III　ガイドライン

ふるまいは虐待か　あるふるまいが，虐待やネグレクト，搾取であるかを判断するには，その頻度，期間，深刻さ，影響していると考えられる範囲を評価しなければならない．さらに，それをとりまく客観的な状況と利用者本人のその状況に対する見方の両方を検討する必要がある．本人はそれを虐待と思っているか．虐待と思っていない場合，その考えを変えることはできるか．そうした行動を受け入れる文化的な素地はあるのか，それともそれをどうにかしようとしない文化なのか．

- ***ハイリスクの場合*** 虐待が存在し，心身への健康被害が差し迫っている可能性が高い．下記を検討する．
  - 過去にその介護者による暴力，虐待，ネグレクト，搾取はあったか．他者からの身体的虐待も含む．
  - 必要な居宅サービスは十分に提供されているか．
  - 居宅サービスのスタッフは，問題に気づき，対応する手段を講じているか．
  - 利用者をその環境から即座に避難させるべきか．
  - 介護者と家族は虐待を理解し，問題を修正しようという意思があるか．
  - 薬物乱用は本人の問題なのか，介護者の問題なのか．
  - 利用者に自傷他害の恐れのある精神科的な問題はあるか．
- ***中等度のリスクの場合*** 虐待やネグレクトである可能性をさらに探る必要がある．虐待やネグレクトの疑いがあっても，そうではないこともある．虐待と思われた徴候が，実は他の要因によって説明されることもある．たとえば，利用者の精神科上の問題で，その介護者（または他の人でも）を間違って虐待の容疑者にしていることもある．認知症の人はあざの原因を覚えていないことがある．潜在的な虐待状況はそれを裏付ける徴候がなければ，別の説明を検討すべきである．しかし，こうした状況の評価は，実際にはある虐待を不注意により見過ごさないようにできる限り徹底的に行われなければならない．とくに以下に注意する．
  - 現在の状況だけでなく，過去とのつながり（たとえば，虐待の家族歴がある）
  - 虐待，ネグレクト，搾取のリスク（利用者がいかに脆弱か，利用者と介護者との間に明確な力関係が存在するなど）
  - 問題の深刻さと頻度
  - 対応の緊急性（たとえば，現況において利用者が直接傷つけられる可能性はどのくらいか）
  - 介護者の認識（たとえば，自分が問題の一部であると感じているか）
  - 虐待を発見し，それに対応することを妨害する文化的要因

利用者との面接 脅迫的と受け止められない方法で行う．この話し合いは，最初はできないかもしれないが，本人とだけですべきである（虐待をしている，あるいは疑いのある人のいないところで行う）．不当な扱いを受けていることを本人が確証することは，その後の対応を決定する重要な要因となる．本人に虐待（ある出来事や一連の出来事）にどのような思いを抱いているか表現してもらう．恐れや嫌悪感を惹き起こす出来事として表現するか．他の深刻なライフイベントに対する反応はどうか．不当な扱いを受けていることを否定したときは，その妥当性について判断をしなければならない．

潜在的な虐待を調べる 虐待があるかを判断するには，病院や地域包括支援センターの専門家，親族，居宅サービス事業者からの情報を得ることが賢明である．虐待をしていることが疑われる人との面接は（必要時）成功する介入方法を導くのに役立つことがある．介護者に，通常の面接の方法として，利用者とは別に介護者と話すことになっていると説明する．そ

の中で，介護者の良心・健康状態・精神情動の状態・能力を評価する．

財産や購買パターン，文化的・家庭的な水準などの詳しい情報がなければ金銭的な虐待の程度を評価することは難しい．経済的虐待があると，困難な経済的トレードオフ（たとえば，治療費，居宅サービス利用費，暖房費，食事代などの間であるものを選べば，あるものはあきらめなければならない状況）をしなければならなくなることもあるが，すべての経済的トレードオフが虐待によるものではなく，経済的に虐待されているすべての人が経済的トレードオフを強いられているわけでもない．

ケアプラン　虐待，ネグレクト，搾取への反応は個別の状況，虐待またはその可能性の深刻さ，管轄する法律によりさまざまである．しばしば居宅サービスの導入は虐待やネグレクトに潜在的にかかわる要因を軽減したり，排除することができる．たとえば，ショートステイやデイサービス，ホームヘルプなどは，一時的に介護者を利用者から解放してくれる．

ハイリスクに挙げたストレス要因は，よくみられる問題である．多くは検討されるべきCAPと関連している．

- トリガーされる利用者の3分の2はADLや認知障害を含めた健康上の問題がある．
- 約半分は社会的孤立，うつ，不安，人生の喜びを感じない（無快感症），家族に腹を立てていたり，衝突がある．
- 約30％は低栄養であり，転居の必要性があり，経済的困窮をかかえていたり，怒りっぽい，あるいはうつの介護者がいる．

これらの問題の解決を支援するのに関連するCAP：社会関係，アクティビティ，インフォーマルな支援，気分，行動，脱水，認知低下，低栄養

ケアプランの作成時に対応すべき問題：

- 身体的危険の緊急性．もしそうなら，問題を解決するために即座の行動をとるべきである．これには，現在の環境から利用者を避難させることも含まれる．虐待している人がどんな行動に出るのかあらゆる可能性を考えると同時に，利用者（被虐待者）と虐待者がそれぞれ転居に応じるかについて検討する．
- 本人は介入を受け入れるか．
- 虐待を行っている人は自分のしてきたことを理解し，虐待をなくすための治療への参加を受け入れるか．
- 居宅サービスを開始（増量）することがこの状況の改善に役立つか．
- 介護者が現在の負担を担えるようにカウンセリングや治療を受けることは効果的か．
- 虐待の訴えが事実ではないとわかった場合，利用者本人はカウンセリングや精神科の治療を受けることで効果があるか．
- 利用者には虐待に伴うPTSDが見られるか．そうならば，適切な精神科ケアを受けられるよう手はずをする．

経過の観察　すべてのケースにおいて定期的な再アセスメントが必要であるが，とくに虐待の

証拠の結論がつかなかった場合に必須である．利用者が援助を断ったとしても，緊急連絡できる電話番号と適切な照会先を書いた情報を渡すことはなお有益である．

前回のアセスメントで虐待がトリガーされた人には，現在のアセスメントでトリガーされなくても，精神的な問題の経過を観察することが重要である．虐待があるのかないのかを判断するのに役立つ新たな情報があるかもしれない．さらに，前回の虐待に先行した状態や促進要因を経過観察し，再燃に気づいたら対応すべきである．

参考資料

Clearinghouse on Abuse and Neglect of the Elderly (CANE): www.cane.udel.edu
Ontario Network for the Prevention of Elder Abuse: www.onpea.org

執筆
John N Morris, PhD, MSW
John P Hirdes, PhD

C

社 会 面

CAP 13　アクティビティ
CAP 14　インフォーマル支援
CAP 15　社会関係

CAP 13 アクティビティ

I 問題

このCAPは，認知機能が残されているが，活動をしなくなったり，人の輪に入ることが難しい利用者を把握する．ケアの目標は，こうした人々の活動への関与の度合いを高める方法を見つけることである（カードゲーム・読書・回想・映画鑑賞など）．

活動的な生活スタイルは，(とくに身体的能力やそれまでの活動パターンが制約されている人にとっては)前向きな姿勢，そして自尊心や幸福感を維持するのに欠かせない．このCAPにトリガーされる利用者の3分の2は，前向きではなく，毎日の生活の意味も見出せていない．

こうした見地から，これらの人々には，積極的に関わることが重要である．また，こうした人々の機能状態や認知状態は，同じ居住環境にいる他の人々と，一般的には顕著に異ならないことも認識する必要がある．つまり重要なのは，他の複雑な問題に対応するよりも，本人をさまざまな楽しい活動に関わらせる試みを直接推し進めることである．もちろん提供する活動は，本人の認知や身体機能，社会性に合ったものでなければならない．

本人が能動的であろうと受動的であろうと，ケアプランは介護者ではなく，本人の好む活動を検討することが重要である．こうした活動は，本人の選択に基づき，自分の身体および認知の技能を活用し，同時に楽しく，そして他者と交流する道をつくることに焦点を置くべきである．

全体のケア目標

- なぜ活動をしなくなったのか，または人の輪に入りたくない理由を本人と話しあって把握する
- 活動に参加する能力を妨げている身体機能的，内科的，心理的原因があるなら，それに対応する
- 本人が通常好む関与レベルを考慮しつつ，活動量を増やす方法を特定する
- 成功体験の機会を与える

II トリガー

●**トリガーされる利用者** 以下の3つすべてに当てはまる場合
- 活動に参加していない（まったく，ほとんど，少し）[M1 > 0]
- 日常の意思決定に関与する能力が残されている（自立から中等度の障害まで）[C1 = 4未満]
- 下記の2つ以上に当てはまる
  - 興味のある活動をしなくなった [E1i = 1から3]

- 人間関係をもたなくなった［E1j＝1から3］
- 人とのかかわりが難しい［F5a＝0］
- 計画された，決まった活動に参加するのが難しい［F5b＝0］
- 自分で活動を率先するのが難しい［F5e＝0］

《諸外国での割合》
介護施設：25％

III ガイドライン

活動するうえで問題のある利用者へのアプローチ

初回アセスメント　「特別に好きな活動はあるか」．この質問への回答を得るには，本人と，または本人をよく知る家族や友人と話す必要がある（家族や友人の訪問時に聞くようにする．トリガーされる利用者の80％は家族との関係が維持されている）．

- 入所する前に好んだ活動
  - 受身だったか，自ら進んで行っていたか（たとえばテレビを見たり，本を読むのに多くの時間を使っていたか）．
  - 家の外での活動は，家族が一緒か，または家族とは別にしていたか（宗教活動，地域での活動，運動，旅行，外食など）．
  - 配偶者，子供，孫といった家族の輪の中の中心的な存在であったか．
  - 家族以外の地域活動の中で中心的な存在であったか．
- 現在関与している活動
  - 1人で行っていることと他の人と一緒に行っていること，計画されたものへの参加など，行っている娯楽の一覧を作成する．
  - 訪問者はいるか．いる場合，彼らと一緒に行っている活動は何か．
  - アセスメントの時点で，どんなアクティビティに参加しているか．
  - アクティビティの内容が変わると参加したりしなかったり，関与の度合いが異なっているか．
- 関心をもつかもしれない活動．現在施設では行われていない活動も含む．
- 他の人に伝えられる利用者独自の技能や知識．たとえば，将棋や囲碁の打ち方を知っている．面倒な書類（税務署の関係など）の記入を人に教えられる．他の人が興味をもつかもしれないある何かについて非常によく知っているか（野球や舞踊など）．

参加を減らす要因を把握する

- ケアプランを作成する際に，本人の活動の必要性や介入内容を決めるときは，まず，「なぜ」利用者は活動に参加しづらいか，あるいは他者に接することを躊躇しているかを考えることが重要である．

- 身体面あるいは認知機能を理由に控えているか．体力，移動能力，バランス，自分を表現する能力，他者を理解できる能力，判断する能力の問題に目を向ける．
- 指導力や社会性といった心理社会的な側面にも注目する．
- 歓迎されていない，という思いをしていないか．活動にすでに参加している人々は，仲間に入れないような壁をつくってはいないか．
- 健康上の理由が壁になっていないか．失禁や痛みは問題ではないか．
- 特別な器具を使っていることで恥ずかしかったり居心地がよくなくて，活動から遠のいているのか（カテーテル，酸素ボンベ，ストーマ，車いすなど）．
- 利用者は活動に参加するだけの対応能力が不足しているか．
- 居住場所のほかの人を知る機会はあるか（共有の食堂，午後のお茶会，誕生日会，回想のグループなど）．
- 文化的価値観が活動に対する本人の意欲を低下させているか．
- 人の輪に入るのは常に苦手か．場合によっては，こちらから働きかける方法が成功するのではないか（過去にしたことがあるか），あるいはその人はより受け身でできる活動や1人で行う活動が必要なのではないか．

☐ 活動の種類や提供方法にの問題はないか
- 施設には，本人の興味をそそる分野の活動がない可能性はないか（ゲーム，運動など）．
- 活動への参加を促進するために，活動にかかる負担を減らすことはできないか．
- 自分1人で楽しむためのプライベートの時間は十分あるか．

☐ 参加を妨げる環境やケアスタッフの要因はあるか
- 活動が行われている場所への移動が困難ではないか．
- 活動を担当する十分なケアスタッフがいるか．
- ボランティアや他の利用者を巻き込む時間的余裕はケアスタッフにあるか．
- デリケートな性格を認識せずケアスタッフが本人を困らせてはいないか．

ケアプランとモニタリング：活動への参加を再度働きかける場合は，本人の能力と選択に沿って作成しなければならない．難しすぎる活動内容は，障害が重度の人を遠ざけることなり，逆にあまりに簡単な活動内容は，やる気を生まない．アクティビティは，身体機能のリハビリテーション，介護予防，社会参加を促進する，といった目的に活用することができる．アクティビティを提供することに加え，生活に娯楽を取り入れることの効果を知らせることも重要である．自宅であろうが，介護施設であろうが，生活に娯楽をどう取り入れるかについての教育とカウンセリングをケアプランに入れることが必要な場合もある．本人の活動に家族を巻き込むケアプランはとくに有効なことがある．

☐ 1人で行う娯楽は，活動への参加を促す一番の近道かもしれない．このような人の90％は，自室での活動を好む．トリガーされた利用者の多くが興味をもつ活動は，テレビを見ること，音楽を聴くこと，一対一のおしゃべりをすることである．数はもっと少なくなるが，40％は読書に関心がある．

☐ トリガーされた利用者は，文化的に違いはあるものの，以下の交流的な活動も好んでいる．宗教関連活動（50％），カードゲーム（40％）工芸（25％）

- 身体的な活動では，運動（45%），屋外の散歩（50%）が興味をもたれている．
- 活動を本人の能力と好みに合わせる．
  - 活動内容はその人の年齢や文化に合うか．
  - 同様の興味をもつかもしれない他の人と娯楽を共にすることは利用者にプラスとなるか．
  - 利用者が恥ずかしいと思ったり，意味がないと思ったり，不快に思う活動は避ける．そのような反応は個人の性格の特徴と社会文化的な要因によって影響を受けていることをきちんと認識する．
  - 利用者が関心をもち，挑戦したいと思い，かつ利用者の認知や身体の機能を明らかには越えない活動を見つけるようにする．
- 気分の状態に注意する．もしDRSが3以上であれば，精神科医にそれを知らせる．これは介入の必要性を表していることがある．
- 社会活動からの遠ざかりや人間関係をもたないようになる症状は，うつや統合失調症のような精神疾患が原因となる場合がある．
- 他の人や家族，ケアスタッフとのいざこざや対立が広がると，アクティビティプログラムに参加し楽しむ機会を奪う深刻な問題になる．長引くようであれば，解決策を検討する．
- 家族や友人，地域のグループやボランティアを巻き込む道を探る．家族と訪問のスケジュールを話し合う．

参考資料

Mace N, Perschbacher R, Tuplin H, Westerman M, Carlson J, Schober G. 1997. Activities programming. In Morris JN, Lipsitz LA, Murphy KM, Belleville-Taylor P, eds. *Quality care in the nursing home.* St. Louis, MO: Mosby. **Note:** This chapter provides an overview of the problem and a detailed approach to clinical assessment, dealing with obstacles and challenges, and tips for care planning.

McPherson BD. 1998. Studying aging processes: Theory and research. In *Aging as a social process.* New York: Harcourt Brace & Company.

老化研究に関する本

Therapeutic Recreation Directory: www.recreationtherapy.com is a useful Web site that provides numerous suggestions for activity programs, relevant publications, and links to other related Web sites.

執筆
John P Hirdes, PhD
John N Morris, PhD, MSW

CAP 14　インフォーマル支援

I　問題

　このCAPは，他者からの援助を必要とする利用者の家庭に，外部のサービス提供の必要性を明らかにする．こうした状況は通常，利用者のニーズがインフォーマルケアとして提供できる許容量を超えている場合である．インフォーマルケアとは，家族や友人，近所の人によって提供されるIADLやADLの支援である．IADLには，食事の支度，家事，金銭管理などが含まれ，ADLにはベッド上の移動，更衣，トイレの利用などが含まれる．

　自立した成人であれば，日々家の中を片付けたり，調理をするなどのIADLを行い，入浴したり，身だしなみを整えたり，服を着るなどのADLを行うのにある一定の時間を使う．ほとんどのIADLやADLを自分で行うのが普通であろう．ただし，同居者がいる場合は例外で，こうした日常生活の活動は，同居者と一緒にしたり，同居者にしてもらっていることがある．

　しかし，年を重ねるに従って，また慢性的な症状や障害が増えるに従って，部分的あるいは全面的に援助が必要になる最初の分野は通常IADLである．まず家族や友人が，食事や買い物，外出といったIADLを手伝うために利用者の生活一般に介入する．あるいはホームヘルパーなどが追加的な責任を担うかもしれない．これらの活動に必要な時間は，それ以前どうであったかにより，全体の時間の中で，本人の実施部分が減り，その分家族や友人が代わって行うことになる．このようなインフォーマルのサポート量の増加によって，本人と家族を結ぶ絆が切れることはまれである．愛情と義務感が家族を動かしている．この過程は通常自然なものであり，表立って話されることもなく，家族は単に必要なことをするために介入していると考えている．利用者が危険であったりひどい状況に置き去りにされることは少ない．新たなニーズの出現に応じて，家族や友人は，それらに対応するようになる．

　しかし，このCAPでは，こうしたインフォーマルなケア体制が，利用者の高まるニーズに対応できていない状況を把握する．こうした利用者は，初めの訪問において障害レベルに合っていない不十分なインフォーマルケアを受けていることが特徴である．

　このCAPにおいて，介護者の悩みやストレスを把握することは目的ではない．というのは，たとえこうした問題があっても，利用者に提供されるインフォーマルなケアの程度が変わるとは限らないからである．インフォーマルな介護者はストレスや負担があっても通常介護を続ける．

全体のケア目標

- IADLやADLが低下している利用者のケアニーズに対応したインフォーマルケアを提供できない家族を把握し，利用者のニーズに合うよう，家族と居宅サービスを組み合わせたプランを作成する
- インフォーマルな介護者がいない利用者を把握し，居宅サービスの介入を検討する
- 問題が改善する可能性があり，よってニーズが軽減する可能性のある利用者を把握し，また家族が介護量を短期的に増加できるよう支援する

II トリガー

このCAPは，現時点でIADLに援助を必要とし，増大している利用者のニーズのすべてに家族が応じるのが困難な状況に着目する．家族は常に利用者のニーズには共感的に対応するものであるが，居宅サービスの増量に向けた準備が同時に必要であろう．まだサービスを利用していない家庭では，家族に介護認定の申請等を勧める．

このCAPは，インフォーマルなケア体制を批判したり，評価を下すために作られてはいない．むしろ，インフォーマルな支援体制において，利用者の要介護状態が進むにしたがって，バックアップ体制や代替的な手段を備えるべきであり，そうした支援体制がもろくなった利用者を把握するためにある．

◉ **トリガーされる利用者**　以下両方に該当する場合
- 1つ以上のIADL能力が自立していない場合（準備のみは含まない）
    - 食事づくり［G1a（B）が2以上］
    - 家事［G1b（B）が2以上］
    - 買い物［G1g（B）が2以上］
    - 外出［G1h（B）が2以上］
- 以下の2つ以上に該当する
    - 日中1人きりでいる時間が長い［F4＝2か3］
    - 独居か，親族以外との集団生活をしている［A12a＝1か8］
    - インフォーマルな介護者がいない［Q1a1＝9］

《諸外国での割合》
居宅サービス利用者：40％，一般高齢者：10％

地域在住者にとって，IADLのアセスメント項目の1ポイントの低下は，IADL全体の自立度の10％の低下に相当する．

トリガーされる人々のインフォーマルケアが変更になる率は，トリガーされない人々の半分以下ではあるが，トリガーを構成するアセスメント項目に変化が生じた場合は（たとえば，独居ではなくなるなど），インフォーマルな支援体制における責任のあり方が変化する．しかしながら，トリガーされた利用者の多くは，IADLのほとんどを自分で実施し続けなければならず，利用者にとっても負担が高いうえ，それが十分に実施できない場合に，支援体制としてもろくなる．

居宅ケア環境における目標は，利用者のニーズと家族の対応のギャップを見分け，必要に応じて生活を維持するためのサービスを適宜適時に提供することである．

III ガイドライン

IADLとADLの低下を確認し，ケアニーズを見極め，それをすべては補なうことができない家族であるか判断する　直面している困難の性質を見極めるために家族（または本人）との話し合いを実施すべきであり，以下のような代替案の可能性を検討する．

- 大切な人と一緒に住めるよう転居を手助けする．
- 利用者のニーズに合う家族−事業所の支援体制のケアプランを作成する．そのようなプランを立てるには，利用者が該当サービスを提供できる認定レベルである必要がある．
- 居宅サービスをより多く利用する選択肢がない場合，家族がどの分野ならもっとできるか探る努力をする．さらに，下記にも示すように，他にトリガーされたCAPを参照し，どの分野であれば本人が改善できる可能性があるかを確認する．もしあれば，家族が行う援助の増加は一時的であると気づくので，それは家族にとって有益な情報になる．もしないのであれば，より長期的な援助の提供が必要となることを頭に入れておく．
- すでに精一杯な状態で負担が大きい家族もいる．このような状態を緩和できれば，介護をする意欲や可能性が出る場合もある．まず虐待のCAPを検討し，もし徴候があるならそれに先に対応する．そうでない仮定で，以下を検討する．
  - ショートステイや通所，ホームヘルプなどで家族が介護から解放される時間を作ることによって，家族は自分たちの健康状態を改善し，負担を軽減する機会となるか．
  - 家族たちは本人の状態について誤解していないか．家族間の連絡を増やす必要はないか．利用者と接している家族は，他の潜在的な介護者たちを介護の輪に加えるべきではないか．
  - 居宅サービスの自己負担分を支払うための余裕があるか．
  - 利用者は援助の申し出を拒否しているか．インフォーマルであってもフォーマルであっても，ニーズに対応しようとする周囲の努力を拒否する利用者もいる．そのような利用者は往々にして過去にも援助を拒否していることが多く，この場合担当者や家族ができることは，見守りを継続し，話し合いを行う適切な時期を待つことである．
  - 家族は自分たちが手に負える範囲以上を担わなければならないことを心配している可能性がある．近い将来に利用者がどの程度まで悪化し続けるかについての情報を提供することがこうした心配を軽減する．
  - 主たるインフォーマルな介護者には，専門的な介護方法についての説明と，しばらくの間の見守りや指導が必要である（たとえば，新たな身体ケアニーズへの効果的な対応方法，注射の仕方，問題行動への対応など）．
  - カウンセリングを受けたり，家族の会等の支援グループへの参加は，家族にストレスや介護負担に効果的に向き合う方法を知る機会となる可能性がある．その地域で参加可能なものについて情報を集めて家族に知らせると，役に立つことがある．
  - 深刻なストレスや不安をかかえた介護者は，問題への対応がなされなければインフォーマルケアの量を減らしてしまうことがある．

主たるインフォーマルな介護者がいない　トリガーされた人の15％は主なインフォーマル介護者がなく，ほとんどインフォーマルケアを受けていない．50％は未亡人であり，22％は未婚，17％は離婚である．多く（80％）は居宅で過ごしている．これらの人の健康状態が悪化すると，ほかの人と同様にインフォーマルケアは増加するが，その量は少ない．

- 主なインフォーマル介護者がいないが，いくらかのインフォーマルケアがある場合（姪が週に1回電話するなど），前項にあげた選択肢を探るべきである．
- 主なインフォーマル介護者がなく，しかもまったくインフォーマルケアを受けていない場合，居宅サービスの導入を検討する必要がある．しかし前項にあるように，フォーマルでもインフォーマルでもケアを受けることを拒否する人がいる．その場合は，限られた見守りを提供し，情報を提供する話し合いの時機を待つことである．

改善可能な領域，つまり将来的に援助の必要性が減る可能性のあるトリガーされたCAPを検討する　もしそのような変化が可能であり，見通しがあれば，利用者がこれまでより自立することによって長期間のフォーマルケアを必要とする利用者のニーズは低下することが見込まれるので，家族は短期間であればケア量を多くすることに，より前向きになるであろう．

- とくに関連するのは，IADL，ADL，認知低下，健診・予防接種，行動，気分，せん妄のCAPである．

執筆

John N Morris, PhD, MSW

Naoki Ikegami, MD

John P Hirdes, PhD

Jean-Claude Henrard, MD

Pauline Belleville-Taylor, RN, MS, CS

CAP 15　社会関係

I　問題

　社会関係をもつことは生活の不可欠な一部であり，多くの成人は，家族や友人，近所の人々と意味のある関係をもっている．社会関係が危機をむかえると，生活の他の面にもしばしば波及し，悩むことになる．心理的幸福にも作用し，気分や行動そして身体機能にも影響を及ぼすことがある．逆に，身体機能や認知機能の低下，痛みなどの健康問題の新たな発症や悪化は，社会関係と気分の両方に悪影響をもたらす．これは，転居や大切な人の死などによって経験される場合もある．

　孤独な人の多くは抑うつ状態でもあり，どちらが先であるかを判断するのは難しいが，このCAPにとって重要なのは，両者を同時に取り扱うことである．たとえば，うつは人間関係を難しくさせるような苛立ちや怒りと深く関連している．良好な社会関係は，ストレスの悪循環を断ち切る重要な役割を担っている．

　このCAPでは，社会関係の低下に関連した要因を特定し，社会参加を促進する介入に対応する．まずは，社会参加の確保や，気分や行動に現れた問題に焦点を置く．しかし，同時に精神疾患や悪健康状態といった他の要因も検討する必要がある．

全体のケア目標

- 本人を周囲（介護者を含める）とかかわらせる方法を探る
- 利用者を取り巻く人間関係にある深刻な問題を特定し，対応する
- 人間関係を悪化させ，社会活動からの離脱に関与している精神健康上の問題を特定する
- 社会活動への参加を増やす方法を特定する．その際本人にとって普通であり，好むレベルの関与を念頭におく
- うつへの対応（気分のCAP参照）

II　トリガー

●ケアプランが必要な利用者

下記の3つすべてに当てはまる

- 孤独である[F2＝1]（F2が未記入の場合，居住環境における生活に関与しようとしない[F5d＝0]，または社会活動の低下によって悩んでいる，かつ長期間1人である[F3＝2かつF4＝3]）
- 認知機能はある程度保たれている（CPSが3以下）[CPS＝3以下]
- 多少なりとも他者を理解できる能力がある（理解力が重度に障害されている以外）[D2≠4]

> 《諸外国での割合》
> 居宅サービス利用者：15%，介護施設入居者：35%，一般高齢者：15%

III ガイドライン

社会関係を考えるアプローチの概要

人間関係のパターンを見極める
- 利用者が孤独であるかをアセスメントする．
- 孤独は最近始まったかどうか．人によっては，社会関係への関わりは生涯を通じて少なかった場合もある．しかし，それ以外の人にとっては，社会への関与が低下することや孤独は，急性の健康問題やうつの兆候でありうる．
- アセスメント表に以下が含まれていない場合は，追加的にアセスメントする：
  寂しさを感じると言ったり，そぶりをする．
  社会活動が低下したことで悩んでいる．
  ここ数年親族や友人との日々の交流がない．

社会交流を阻害している可能性のある要因の性質を見極める
- 健康要因：
  - ADL や IADL の低下，とくに移動能力．
  - 健康問題（たとえば，転倒，痛み，倦怠感）．
  - 気分と行動の問題．精神保健上の問題の中には，人間関係に直接影響を及ぼす形で表面化するものもあり，他者との交流がないことが原因で発症することもある．関心のある活動から遠ざかったり，社会的交流が減ったりすることは精神保健上の問題による症状であることがある．
  - コミュニケーション・視覚・認知の変化．
- 環境要因
  - 居住環境の変化は，自尊心を喪失させ，自己効力感を低下させることにつながることがある．
  - 家庭環境やソーシャルネットワークの最近の変化（たとえば親しい人や友人の死）．
  - 利用者の居住環境には，毎日の格式ばらない交流のできる人が1人もいない．
- 社会交流を阻害する可能性のある副作用のある薬剤の使用

補完的観察

社会との交流のパターンの変化は一時的か，以前から継続したものか
- 周囲との軋轢は最近始まったか，以前からの一貫したパターンか．
- 新しい環境に馴染むのに長期にわたる困難を伴うか．
- 以前は重要であった活動に，もう喜びを感じていないか．

- 傷病や身体機能低下の発症前は，どのくらいの頻度で他者と一緒に活動に参加していたか．
- 本人は生活が変わってしまったと嘆いているか．
- 家族や友人は本人の他者との交流の仕方が変わったと感じているか．

心理社会機能にプラス面はみられるか
- 周囲と交流するときに本人が特にリラックスしてみえる活動はあるか．
- 本人の前向きで楽観的な側面を引き出せる人はいるか．
- 発症前に利用者を個人として特徴づけている好ましい特徴は何か．
- 以前の生活で本人に満足感を与えていたものは何か．

社会との交流に影響する精神科的問題や心理的問題はあるか
- うつ，双極性障害，不安症，統合失調症，人格障害などの診断を受けているか．
- DRSを計算する．3以上はうつの可能性を示す（気分のCAP参照）．
- 抗精神病薬や抗うつ薬を服用しているか．
- 向精神薬を服用していることや，精神科の診断を受けていることに後ろめたい気持ちをもっているか．
- 薬剤の副作用が社会交流を阻害しているか．
- 問題となる行動の頻度が増えているか，あるいは毎日出現しているか（行動のCAP参照）．
- 現在の社会的ニーズに対応する気にならない，またはできないようにしている過去の出来事に対するこだわりがあるか．
- 過去90日や180日間に認知機能は低下しているか．必要があればCPSを用いて本人の認知障害の重症度を判断する．

社会との交流に影響する他の要因はあるか
- 鍵となるような社会関係に変化があったか（たとえば，家族や友人またはケアスタッフを失うなど）．
- 環境の変化は，利用者の周囲とのかかわりや日課を変えてしまっていないか（たとえば，部屋が変わった，部屋の担当者が替わった，一緒に食べる人が変わったなど）．
- アクティビティプログラムへの利用者のかかわり方に変わりはないか（たとえば，移動することが難しくなり，参加できなくなったなど）．
- 家族や友人，その他の知り合いやボランティアの訪問パターンは変化したか．

ケアとモニタリング
ケアとモニタリング—多方面からのアプローチ
- 刺激があり，有意義で年齢相応の活動に参加できるようにする（アクティビティのCAP参照）．
- 気分障害，精神症状，行動の問題を治療する．とくにうつ症状を軽減することに焦点を

置く．
- DRSが3以上であれば，医師を受診させる．適切な介入を必要とするうつの存在を表している可能性がある（気分のCAP参照）．
- 本人が傷病を客観的に受け止め，より充実した日々を過ごせるように支援する．
- 本人の強みを生かして，楽しい活動を拡大したり，一般的なパターンに従った新しい活動を率先したり，本人が心地よいと思える他者がいる機会を増やす．

家族や友人との交流が少ない場合は積極的な社会交流を促進する
- 家族や友人を利用者の生活によりかかわるように促す．
- 本人と個人的な会話をするようケアスタッフに促す．
- お互いに一緒にいることが心地よいと感じるボランティアを活用する．
- 家族や友人が本人と一緒に参加できる意味のある活動をみつける．
- どんな社会活動が好きで，嫌いか，直接本人と相談する．
- 周囲の人に本人の人生について本人と会話するように促す．回想法は本人や家族のために本人のアイデンティティを再構築するのに役立つ．

参考資料

Morris JN, Gwyther L, Gerstein C, Murphy K, Levine D. 1997. Psychosocial well-being. In Morris JN, Lipsitz LA, Murphy KM, and Belleville-Taylor P, eds. *Quality care in the nursing home.* St. Louis, MO: Mosby. **Note:** This chapter provides information on how to conduct an in-depth evaluation of a person's psychosocial well-being as well as strategies for creating opportunities for relationships and activities, interventions to enrich family visits, and approaches to care at the end of life.

Stones MJ, Rattenbury C, Kozma A. 1995. Empirical findings on reminiscence. In Haight BK, Webster J, eds. *The art and science of reminiscing: Theory, research, methods, and applications.* Washington, DC: Taylor & Francis. **Note:** This book provides a scientifically based approach to the use of reminiscence.

執筆

John P. Hirdes, PhD

Michael J. Stones, PhD

Jean-Claude Henrard, MD

John N. Morris, PhD, MSW

D

臨床面

- CAP 16　転倒
- CAP 17　痛み
- CAP 18　褥瘡
- CAP 19　心肺機能
- CAP 20　低栄養
- CAP 21　脱水
- CAP 22　胃ろう
- CAP 23　健診・予防接種
- CAP 24　適切な薬剤使用
- CAP 25　喫煙と飲酒
- CAP 26　尿失禁
- CAP 27　便通

CAP 16　転倒

I　問題

　転倒は，意図せずに低い場所（床や地面，椅子）に着いてしまう姿勢の変化である．転倒は，高齢者にとって罹患率や死亡率の大きな原因であり，より若い層にとっても重要な傷害の原因となっている．転倒したことがない人々は，このCAPにトリガーされないが，そうした人々の転倒リスクに対するケアとして，転倒と関連すると考えられる別の分野，たとえば運動やバランス，せん妄，薬剤の相互作用に着目する必要がある．このCAPは，転倒の既往があるために，将来にわたる転倒の危険性が高い人を対象としている．

　転倒率は本人の虚弱性によるほか，居住場所やサービス利用の有無によっても異なる．6ヵ月間で予測される転倒率は，介護施設では40％，居宅サービス利用者では35％，地域の一般高齢者では20から30％である．なお，これら転倒者の大部分は1回限りであり，重症，とくに大腿骨の骨折に至る転倒は1割に満たない．

　転倒は，身体機能の低下やせん妄，薬剤の副作用，脱水や感染症といったその他の状態を表す指標であることもある．このCAPは，転倒に対して系統的に評価する方法および今後の転倒予防のための戦略，そしてケアプランの案を提供する．

全体のケア目標

- 転倒の根本的リスク要因を特定する
- 安全な環境の中で，安全な方法で，活動量を増加する
- 転倒と失禁，身体機能の間に存在する悪循環を認識する．転倒の予防そのものが目標ではなく，身体活動量を増進し，QOLを向上するより大きな目的の一部である

II　トリガー

　次の2つのグループをトリガーする．

●**過去に複数回転倒しているハイリスクグループ**　［J1＝3］

《諸外国での割合》
居宅サービス利用者：12％，介護施設入居者：7％，一般高齢者：3％

　この基準により介護施設でトリガーされた利用者の40％が，次の90日間に転倒している．同様の割合は居宅サービス利用者では65％である．

●**過去の転倒が1回の中等度リスクグループ** ［J1＝1か2］

《諸外国での割合》
居宅サービス利用者：15％，介護施設入居者：15％，一般高齢者：10％

この基準により介護施設でトリガーされた利用者の25％が，次の90日間に転倒している．同様の割合は居宅サービス利用者では40％である．

III ガイドライン

一般的なケアプランの検討事項

- 過去の転倒の状況はきちんと評価されているか．
- 転倒に関与した原因のアセスメントはなされたか．
- 骨粗しょう症のアセスメントはされたか．正しく対応されているか．
- 転倒予防目的で身体抑制はしない．身体抑制は転倒リスクを下げることにも，転倒による傷害を予防することにもならない．転倒の危険性が多少高まっても，本人の動く権利を保持することを検討すべきである．
- 歩行や体力，バランス訓練の必要はあるか．
- 医師はバランスや足取り，感覚，認知を含めた転倒の内的要因に影響を及ぼしている可能性のある薬剤の検討をしたか．
- 血圧（とくに起立性の変化）と循環器の問題に対応するプログラムは実施されているか．医師は血圧関連の問題を検討したか．
- 医師はビタミンD欠乏の可能性を検討したか．

アセスメントとケアプラン

転倒の既往以外のリスク要因 転倒予測の最も高い因子は転倒の既往であり，それ以外の改善可能な転倒のリスク要因は以下の通りである．トリガーされた利用者には多くの場合1つ以上当てはまる．

- 身体能力の制約：バランス，歩行（足取り），体力，筋力の持久性
- 視覚の障害
- 認知の障害
- 起立性低血圧（失神をする傾向を伴う）
- 不整脈
- 薬剤（ベンゾジアゼピンなど）
- 環境要因
- 身体活動の低さ
- 関節炎やその他の痛み
- パーキンソン病やてんかん，アルコール依存症，脳卒中などの疾患

- ビタミンD欠乏

過去の転倒への反応　転倒の既往は将来の転倒を予測する上で最も大きな因子である．転倒した人は再度転倒する危険性が高く，その多くは同様の状況で起こる．これは頻回に転倒している人にとくに当てはまることである．本人，家族，介護者とともに，転倒の既往を振り返る．振り返る期間は，通常1年間で十分である．

- 転倒状況
    - いつ起こったか．夜間か．日中か．何時か．
    - 怪我をしたか．
    - どこで起こったか（寝室，トイレ，居間，廊下，室外）
    - 薬の服用と関連していたか．
- 転倒後ケアプランの変更はあったか．変更されている場合，それは現在の状況に合うか．更新する必要はないか．

身体能力の制約がある場合（バランス，歩行や足取り，筋力，持久力の問題）　座位，立位，歩行，向きを変える際のバランスの問題はないか観察する．足取りや筋力はビタミンDの欠乏とも関連しているので，このことも常に考慮する．

- 座位バランスを保つのが難しいか．
- 椅子から立ち上がるとき，反動をつけたり，肘掛を使って押し上げる必要があるか．
- 立位バランスを保つのが難しいか．
- 足取りの問題はあるか（移動補助具を使っていたり，付き添いがいても不安定，ゆっくり，歩幅が狭いなど）．
- 両脚の長さが異なり，歩行時のバランスが難しい．
- 後弯（脊柱の曲がり）や寝たきりによる腰屈筋の弱まり，脚の短縮など筋骨格系の問題があるか．
- ビタミンDが不足しているか．

歩行時に援助が必要であったり，歩けない人へのケアプラン案

バランスや移動，耐久性向上の取り組みは，日常生活に組み入れるべきである．

- **立ちくらみの症状なく最低2分間立っていられるか判断する**　こうした活動をトイレの使用やそのほかの日常生活に組み入れることで，1日に何度も立ち上がる機会となる．
- **不安定であるにもかかわらず，自分で立ち上がろうとする場合は見守りをし，トイレに定期的に連れて行く**　手すりの設置を検討する．
- **1日に何回か運動のために歩く**　生活空間の中で距離を測り，最も長い距離を記録する．また，食堂やトイレへの歩行も習慣とする．
- **ずり落ちる傾向があるときにはとくに定期的に座位の姿勢を調整する**　再調整するときは，本人が一度立ち上がり，バランスをとる機会を提供する．また背もたれや肘掛を支えとして利用せず，座位のバランスを保つようにする．

- *車いすは自分で操作するよう促がす* 自分で，または合図を受けて，操作できた距離を記録する（うまくいくためには，車いすが体に合ったものでなければならない．足が床に着き，少なくとも片手は車輪とブレーキに届く必要がある）．援助を受ければ歩ける人の場合，生活環境では車いすに乗り，自分の両足や片脚，腕をつかって車いすを自己操作することは持久力の向上につながる．
- *バランスや筋力増強，柔軟性の運動プログラムに参加する* 疾患などのために活動性が低かった期間と転倒直後には身体活動増加のケアプランを検討すべきである．
- *身体活動プログラム：市町村等の運動教室，公園などの散策，太極拳，ヨガ，踊りはバランスを改善し，維持する可能性のある活動である*
- *半数以上の利用者はビタミンDが不足しているため，1日当たり800単位を含有するサプリメントの服用を検討する*

視覚障害がある場合 高齢者には視野制限，明かりを感知しにくくなる白内障，眼鏡が合っていないことはよくみられる．これまでの経過を把握し，以下をアセスメントする．
- 眼科でなんらかの診断があるか．その場合，ケアプランは，医学的および環境的な治療方針に沿うように更新されているか．糖尿病はあるか．
- 読書以外の理由で眼鏡をかけているか．眼鏡は最近十分に調整されているか．
- 視野の片方にある物を無視する（見ていないように見える）か．
- 環境の色彩不足が視覚に悪影響していないか．

視覚の問題に対するケアプラン案

- *まっすぐ前を見たときに何が見えるかを尋ねる* 本人の視野に入るものを知り，それによって使う物（補助具やお皿など）を置き直す．
- *コントラストや地面の様子を見分けることができるか尋ねる* 視覚の問題がある場合，高さの違い（階段など）や歩く地面の様子（乾燥している，濡れている，敷石があるなど）を見分けにくいことがある．住環境の調整が有効なことがある（階段のふちにマークをつけるなど）．また，住環境についてオリエンテーションを行ったり，移動の練習をすることで，方向感覚を支援し，環境に対する認識を高めることができる．
- *住環境のオリエンテーションをする* 何が見えるかに注意し，視覚的合図を活用する
- *視覚的合図をつくるときは作業療法士のアドバイスを求める* 作業療法士は片側視野や体の片側を無視（半側空間無視）する人の訓練や相談に乗る専門家である．これらの障害は通常脳卒中の後遺症である．
- *過去1年間受けていない場合は，眼科受診を検討する*
- *新たな視覚の問題が発生したり，変化を認識したときは，受診を勧める*

振戦や拘縮を伴うパーキンソン病など神経疾患や片麻痺の場合

アルコール依存や糖尿病（低血糖）のような代謝性の疾患の場合

認知障害の場合　経過を把握し，以下に注意する．
- 記憶や日常の意思決定を阻害する認知機能障害があるか．
- 徘徊しているか．歩き回る場所の環境は安全か．
- 本人は自分は実際よりも高いレベルの機能があると思っているか（あるいはそのように見えるか）．危険な行動（1人で立ち上がる，ベッドから1人で起き出すなど）は，満たされないニーズの結果起こっているのではないか（トイレに行きたいなど）．こうしたニーズを日課として満たすこと（定時排泄誘導など）で，本人に危険な行動をとらせないことができるかもしれない．同時に介護者は本人の身体的な機能制限に対する認識や受容の状況について探る必要があろう．
- 使用薬剤を見直す．意識状態，認知機能，判断，感覚に影響する薬剤はないか探す．

認知に問題がある場合のケアプラン案

- **居住環境における徘徊行動を運動訓練と関連したアクティビティに組み込む**　目的のある課題を与え，本人を忙しく，活動的にさせ続ける．
- **危険な状況になりがちな行動をとらせないようにする**　痛み，口渇，空腹を満たす，トイレに行くなどのニーズを先回りして満たす．
- **活動し続けることでバランスを改善する**　認知障害がある場合，運動訓練を学ぶことも移動の補助具を使うことも難しいのは事実であるが，練習や繰り返しによって改善は可能である．改善するには時間がかかったり，集中的なケアが必要かもしれない．過去に行ったことがある活動にはよく反応する可能性がある．好む活動を探す．

内科的評価　血圧の問題，不整脈，とくに除脈，または転倒に関与している可能性のある薬剤の服用
- 心拍数が少なすぎるか，不整かをみるため脈をとる．
- 起立性の低血圧（起立時の血圧降下）を評価するため，臥位，座位，立位それぞれで血圧を測る．
- 食後性の低血圧を評価するため，朝食前と朝食の20分後に血圧を測り比較する．
- 神経遮断（弛緩）薬，抗不安薬，鎮静/催眠薬，抗うつ薬を服用しているか．睡眠導入剤を定期的に使用しているか．そうであれば，期間は．定時服用か頓用か．頓用は転倒の危険性と関連することがある．神経遮断薬を服用している場合は，副作用のチェックに行動観察を行うことを検討する．
- 低血圧にさらす可能性のある循環器系の薬や，慢性閉塞性肺疾患の薬あるいは利尿薬を服用しているか．

内科系の問題がある場合のケアプラン案

- ベッドや椅子からの立ち上がりをゆっくりするように日常的に援助または指導する．ベッドや椅子の端でバランスをとる時間を与える．
- サポートストッキングを毎日使用することを検討する
- 1度にたくさん食事をすることを避け（少量の食事を頻繁にとる），食後に休息するよう促す
- 血圧を変化させ得るすべての薬剤を見直す．必要時，薬剤自体や服用量，服用時刻を変更する．服用時刻は副作用が最小限になるようになっているか．たとえば，夕刻の利尿薬は夜間の排尿回数を増やし，夜間ベッドから起き出ることは転倒の危険性を高める．可能なら午前中の服用を検討する．

外的要因がある場合

　□ 適切な介護用品の使用や住宅改修がされているかを確認する（たとえば，手すりなど）とともに危険な箇所はないか探す．

環境要因に対するケアプランの案

- 環境をアセスメントし，以下が達成されるようにする．
  - 日中，夜間それぞれに適切な明かりがある
  - まぶしい光が入らないようにする
  - ベッドと椅子の高さの調整
  - ベッドバー，手すり，トイレ・浴室の介護用品
  - 床やカーペットがすべらないように滑り止めを活用する
- 廊下や寝室，浴室に障害物がないか確認する．
- 車いすや歩行器を利用している場合，安全に操作できるスペースが必要である．ほとんどの車いす利用者には方向転換時に半径1.5mが必要である．
- 最近環境が変わったか（転居，改修など）．その場合，新しい環境について十分わかっているか．
- 移動補助具を使ってトイレに入ることができるか（ドア幅は90センチ必要である）．
- 夜間暗い中や寝ぼけた状態でトイレまで歩行するよりも，ベッドのわきにポータブルトイレを置いて使用すべきか．
- 椅子（車いす）に工夫が必要か．理学療法士らによるアセスメントによって本人の身体状況に応じて最も適切な椅子を決定する．
- 補助具は適切に使われているか．
- 杖や歩行器，車いすが本人のサイズに合っているか．本人の状態が変わったり，そのほか新しい補助具が必要ではないか．
  - □ 新しい補助具であったり，使い方・使うべき時・安全な使用手順について追加的なトレー

> ニングが必要か．
> ・利用者を介助している人は，本人にどの程度の援助や見守りが必要か理解しているか．
> ■本人に合った靴かどうか確認する．

介護施設や高齢者住宅で転倒した場合，早急な処置に対応した後，前述のリスク要因を見直し，ケアプランを改善する．

- バイタルサインを通常の状態と比較する（医師に報告できるようにする）．
- 施設の手続きにそって，インシデントレポート（ヒヤリ・ハット報告）を作成する．
- 以下がみられた場合は速やかに医師に連絡する．
    - バイタルサインの異常
    - 脱水の疑い（BUN/クレアチニン比があれば，それを用いる．そうでなければ尿量の変化か飲水量をみる）または感染の疑い
    - 精神状態の変化
    - 運動機能や言語機能の変化
    - 活動を再開できない
    - 外傷
    - 薬剤が転倒に影響した可能性
    - アルコール乱用

転倒後のケアプランの案
- 薬剤種類や，投与量，投与時間の変更を検討．
- 本人の状態の変化と必要なケアについて医師や作業療法士と相談することを検討．
- ケアプランに追加の見守りや，従前の活動レベルに戻るための見守りのプログラムを加える．ケアプランでは，本人の自信を取り戻し，転倒に関連した可能性のある問題点への対応と，転倒時に負った傷害に対応する必要がある．

- 以上の要因がみられなかったら，転倒した状況についての評価を継続する．必要時，医師・薬剤師に相談する．
    - 薬剤を見直す．とくに新規の薬剤，用量，薬剤の新たな組み合わせに着目する．薬剤の変更から症状の発現までの期間を確認する．
    - 異常な検査結果がないか医師と確認する．
    - どのようにして転倒が起こったか本人に言い表してもらう．
    - 転倒後の二次的機能低下の可能性を検討する．外傷，具合が悪いからと活動をしなくなる，転倒の恐れはすべて機能低下に結びつく（ADLのCAPを参照）．

参考資料

American Geriatrics Society, British Geriatrics Society, and American Academy of Orthopedic Surgeons. 2001. Panel on fall prevention: Guideline for the prevention of falls in older persons *JAGS* 49: 664–72. **Note:** These comprehensive clinical practice guidelines are the most up-to-date in print and are the results of a collaborative effort between the American Geriatrics Society, the British Geriatrics Society, and the American Association of Orthopedic Surgeons.

American Medical Directors Association. 2003. *Clinical practice guidelines: Falls and fall risk*, 2d ed. Columbia, MD: AMDA.

American Medical Directors Association. 2004. Clinical practice guidelines: Osteoporosis, falls and fall risk. Slide presentation in-service. www.amda.com

Lipsitz LA, Burrows A, Kiel D, Kelley-Gagnon M. 1997. Falls. Morris JN, Lipsitz LA, Murphy KM, Belleville-Taylor P, eds. *Quality care in the nursing home*. St. Louis, MO: Mosby. **Note:** This chapter walks the reader through a step-by-step approach to assessment of persons at risk for falling and provides numerous care planning suggestions.

MacRae PG, Asplund LA, Schnelle JF, Ouslander JG, Abrahase A, Morris C. 1996. A walking program for nursing home persons: Effects on walk endurance, physical activity, mobility, and quality of life. *JAGS* 44: 175–80.

Ray WA, Taylor JA, Meador KG, Thapa PB, Brown AK, Kajihara HK, Davis C, Gideon P, Griffin MR. 1997. A randomized trial of a consultation service to reduce falls in nursing homes. *JAMA* 278: 557–62.

Schnelle JF, MacRae PG, Ouslander JG, Simmons SF, Nitta M. 1995. Functional incidental training, mobility performance, and incontinence care with nursing home persons. *JAGS* 43: 1356–60.

Tinetti ME, Gordon C, Sogolow E, Lapin P, Bradley EH. 2006. Fall-risk evaluation and management: Challenges in adopting geriatric care practices. *The Gerontologist* 46: 717–25.

執筆

Katherine Berg, PhD, PT

Lewis A Lipsitz, MD

Palmi V Jonsson, MD

Margaret Kelley-Gagnon, RN

Beryl D Goldman, PhD, RN

Katharine Murphy, PhD, RN

John N Morris, PhD, MSW

Katarzyna Szczerbinska, MD, PhD

R Knight Steel, MD

CAP 17　痛み

I　問題

　痛みは，「からだに生じた，あるいは生じた可能性のある損傷によって起きた感覚的・感情的な不快感」である．また「言語でコミュニケーションができないことは，本人が痛みを感じ，適切な鎮痛治療が必要である可能性を否定しない」(International Association for the Study of Pain—IASP) とされる．

　痛みは，筋骨格系（関節炎，骨折，末梢循環疾患による傷害，創傷など），神経系（糖尿病性ニューロパチー，帯状疱疹など），がんを含めたさまざまな身体系統や組織の損傷の影響を受ける．ただし，痛みの程度（重症度）は主観の問題であり，組織や身体系統の損傷の種類や程度と必ずしも比例しない．

　このCAPでアセスメントする関連事項の中には，痛みの発症時期，痛みの程度，現在の治療の様子，痛みの訴えが認知やコミュニケーション障害によって阻害される程度が含まれる．

　痛みがあることはまた，他の苦悩を増強させ，その結果，無力感の高まり，不安，うつ，活動の低下，食欲低下，睡眠障害などを引き起こす．つまり，痛みの管理は，鎮痛そのものを越えて，QOLや身体機能に焦点をあわせたケアや治療までその範疇に入る．

　痛みは適時に対応されなければならない．とくに最近始まった痛みの場合には重要である．痛みの管理は，多職種が本人や家族，介護者とかかわるべきである．さらに効果をもたらすためには，インフォーマルな介護者や本人が，痛みやその前兆を適時に医師やその他のケアチームのメンバーに伝える必要がある．

全体のケア目標

- 痛みの原因を特定し，治療する
- 日常生活や活発な社会生活を営む能力を最適化する
- 苦痛を和らげる
- 治療の効果と副作用をモニターする
- 痛みとその他の問題，たとえばうつやひきこもり，機能低下などとの関連を認識する．痛みの管理は，身体活動やQOLを促進するというより大きな目的の一部とすべきである

II　トリガー

　痛みのCAPは，介護施設，居宅ケア，高齢者住宅，亜急性期，また地域保健における保健指導時に活用できる．目標は，痛みとそれが原因となっている問題をアセスメントし，適時な管理をすることである．

　このCAPでトリガーされる利用者は，治癒の可能性によってではなく，痛みの程度に基づい

て2つのグループに分かれる．どちらのグループであっても，完全に痛みが無くなることは少なく，このCAPの主な目的は一般状態の改善である．

◉ハイリスク―重度，過酷な，あるいは耐えがたい痛みがある（頻度は問わない）[J6b＝3か4]

> 《諸外国での割合》
> 居宅サービス利用者：25％，介護施設入居者：5％，一般高齢者：4％
>
> 介護施設ではトリガーされた利用者の45％が次の90日間に痛みが改善し，15％では痛みが完全になくなっている．居宅サービス利用者の改善率は15％であり，完全に痛みが無くなるのは5％である．

◉中等度のリスク―中等度か軽度と言い表される痛みがある［J6a＝3かつJ6b＝1か2］

> 《諸外国での割合》
> 居宅サービス利用者：25％，介護施設：12％，一般高齢者：15％
>
> 介護施設でトリガーされた利用者の35％が次の90日間に改善し，15％は痛みが完全になくなっている．居宅サービス利用者の改善率は14％であり，完全に痛みがなくなるのは7％である．

III ガイドライン

<u>痛みの精査</u>

痛みの頻度と程度　痛みを管理するため，綿密なアセスメントには以下が含まれる

1）痛みの程度，場所，頻度，性質について経過の詳細の聞き取り
2）精密な身体検査の実施
3）適切な検査の実施
4）痛みが感情や嗜好に与えている影響の程度を判断
5）本人の行動の観察
6）現在行われているケア・治療を見直し，効果と副作用をアセスメントする

- 痛みのパターンの変化や新たな痛みの発現を，すでにある状態が原因であると思い込まないこと．新たな痛みや既存の痛みのパターンが変化したときはいつでも，新たに綿密なアセスメントをし直すべきである．
- 痛みは高齢者や慢性疾患を抱えて暮らす人々にはよくみられるものであるので，5番目のバイタルサイン（呼吸，脈拍，体温，血圧が他の4つのバイタルサイン）として，定期的に確認すべきである．
- インターライアセスメントを記入した後，本人が使いやすいと思う補助的なアセスメン

トツール（例は下記）を使って，痛みの重症度を尋ねる．質問はシンプルで具体的であるべきで，痛みについての本人の表現は額面通りにとらえるべきである．もし質問の意味を理解できなければ，よりシンプルな言葉や違った表現を用いる．痛みの症状の経過を確認するために，インターライアセスメントの設問項目や補助的なアセスメントツールを定期的に使用する．経過表に記録することで，ケアや治療の効果を評価する．補助的なアセスメントツールの例は，視覚アナログスケール VAS（10 cm のライン上に，本人が痛みの程度を示す：下図），数値的評価スケール NRS（痛みがないのを 0，最悪の状態を 10 として痛みはどのくらいか），口頭での記述スケール（少し痛い，まあ痛い，ひどく痛い，過酷である，耐えがたい），フェイススケール（笑っている顔から苦悶の表情まで見せる）などがある．言語化が困難な人専用のツールも開発されている．

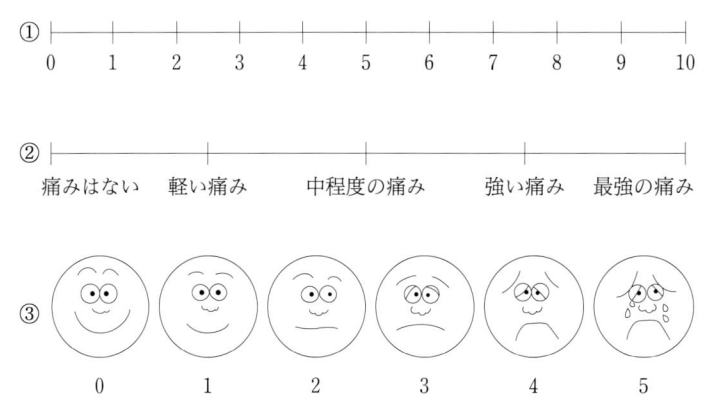

① ├──┼──┼──┼──┼──┼──┼──┼──┼──┼──┤
　　0　 1　 2　 3　 4　 5　 6　 7　 8　 9　 10

② ├─────┼─────┼─────┼─────┤
　痛みはない　軽い痛み　中程度の痛み　強い痛み　最強の痛み

③ 　0　　1　　2　　3　　4　　5

3 歳以上の患者に望ましい．それぞれの顔は，患者の痛み（pain hurt）がないのでご機嫌な感じ，または，ある程度の痛み・沢山の痛みがあるので悲しい感じを表現していることを説明してください．0＝痛みが全くないから，とても幸せな顔をしている，1＝ほんの少し痛い，2＝もう少し怖い，3＝もっと痛い，4＝とっても痛い，5＝痛くて涙を流すほどではないけれども，これ以上の痛みは考えられないほど痛い．今どのように感じているか最もよく表している顔を選ぶよう，患者に求めてください．
Wong-Baker FACES Pain Rating Scale
Hockenberry, MJ, Wilson, D: Wong's Nursing Care of Infants and Children, ed. 8, St. Louis, 2007, Mosby.

- 鎮痛薬を使用している人には，定期的に痛みの再アセスメントを実施することが勧められる．こうすることによって鎮痛薬の適量設定が可能となる．

痛みの頻度と程度の観察　十分な痛みの管理には，本人の状態を継続的に観察する必要がある．観察は，口頭でのコミュニケーションができない人，症状を表現する能力が欠如している人，あるいは痛みを訴えない傾向がある人にとって，唯一の痛みのアセスメントとなる．

　痛みの表現には，文化的背景も関連することに留意する．ある文化圏では，抑制的な傾向があり，人々は痛みを表現することを良しとしない．一方で，自分の健康問題をおおげさに表現をする利用者に対して，ケアスタッフやインフォーマルな介護者は，その利用者の痛みを不適切に軽くあしらう傾向がある．

　本人の痛みの訴えやサインを把握し，あるいは検証するため，身体機能の変化と関連して，通常の活動中における様子を観察する（たとえば，モーニングケア，理学療法中など）．家族を含めた直接本人のケアをしている人と話をし，彼らが観察したことを記録する．

痛みの非言語的表現：
- 表情（むすっとした顔，しかめっ面など）
- 発声行動（ため息，うめき声など）
- 姿勢（防御姿勢，ねじれた姿勢，制限された四肢の動き，休憩の増加など）
- 日常生活の変化（ベッドから起き上がってこない，日常生活にあまり関与しなくなるあるいは行動がゆっくりになる，食事や水分の摂取が低下するなど）
- 精神状態の変化（いらいらしている，混乱している）
- 攻撃性のサイン

痛みの場所，種類，外部刺激に対する反応 痛む場所をできるだけ正確に把握する．どこが痛むのかは，ケアプラン作成に大きくかかわることがある（末梢循環疾患や関節炎に関連する痛みであれば，ケアプランの内容に影響する）
- 痛みは持続するのか，変化するのか，あったりなかったりするのか（断続）．もし断続的の場合，その頻度，時間，痛くなる状況を把握する．本人の痛みの経験は，痛みの場所，1日のうちの時間，活動内容によってさまざまなことがある．
- どんな痛みか表現してもらう．「痛みを表す一番いい言葉は何か」という質問をする．こうして表現された内容は，治療計画の役に立ち，痛みが神経系（焼けつくような，針で刺されるような，うずくような，しびれるような）なのか筋骨格系（しめつけられる，うち砕かれる，拍動性の，刃物で刺すような）なのか内臓系（しめつけられる，こわばる）なのかを判断する材料になる．
- 痛みを多少和らげたり，ひどくさせるものはなにか尋ねる（動く，じっと座っている，同じ姿勢でいる，服薬直後，定期的な服薬，痛みが出たときの服薬，など）．計画した鎮痛薬の投与後に痛みは期待通り和らいでいるか．痛みを和らげたり，悪化させたりするように見える行動に注意を払う．

　これらの話し合いで得られた情報すべてを，身体検査と検査データからわかったことと関連づける．

治療の希望 本人（適切なら家族も）と，治療の希望と期待について話し合う．希望を尊重することは，治療への順守を高め，その結果，治療目標に到達しやすくなる．たとえば，終末期を迎えた患者が，鎮静効果がある薬剤を嫌い痛みを我慢することを選択するのはまれではない．

●痛みの管理
薬物療法
受診による薬剤の処方
- 通常受診により，新たな痛みや慢性的な痛みの急性憎悪が特定され，薬剤が処方される．薬剤が処方されずに長期間にわたり日々の痛みがある人もいるが，こうしたことは起こらないようにしなければならない．

- 新たな薬剤を開始する前に，市販薬や民間療法，漢方を含めた使用中のすべての薬剤を特定し，見直す必要がある．
- 期間を定めて，本人が望むレベルの改善目標を設定することも重要である．
- 一般的に医師は，治療がどのように利用者の日常生活に影響を与えているかをモニターする機会は，他のケアチームメンバーや家族と同じようにもたないことがある．したがって，ケアチームや家族は新しい薬剤の影響を把握するうえで重要な立場にいる．本人および最も近い介護者は，どのような鎮痛薬が開始され，効果の強さはどれくらいか（WHO 3段階徐痛ラダーでどの段階かなど．下記参照），また期待される効果が出る時期はいつか，観察すべき副作用は何かについて知っているべきである（適切な薬剤使用のCAP参照）．

薬物療法は痛みの管理の主流である．以下の基本コンセプトに従う．

1) *経口投与*：最も便利で，費用効果の高い投与方法である．
2) *定時服用*：頓用でなく，定時服用は，それぞれの鎮痛薬の効き目をコンスタントに保つ．しかし，重度の痛みをコントロールする場合は，随時の自己管理（モルフィンポンプの自己管理など）のほうが，受け入れ可能な鎮痛レベルに対して，より少量の鎮痛薬で到達できることが多い．
3) *段階的な除痛*：下記に修正WHO 3段階徐痛ラダーを示す．従来ある鎮痛薬に加えて，他の種類の薬剤も鎮痛効果を発揮することに留意する．抗うつ薬を併用し痛みの閾値（痛みを不快と思うポイント）を上げることや，神経因性疼痛と向き合うことによって痛みを管理する方法について医師と話し合う．
4) *その利用者にとって最善の単剤鎮痛薬の選択*　その後必要に応じて，薬剤適量を増減する．単剤で開始していれば，副作用を見極めやすい．だが，一方で，最も効果のある単一の鎮痛薬を選ぶのは非常に難しい．さらに現在多くの薬剤は，より高い鎮痛効果のために配合されていることが多い（痛みを打破する鍵は，速効性のある薬物を処方することである）．
5) *痛みの管理が不十分である場合，容量または薬効を上げる（オピオイドの場合）*　閾値を越えた痛みを抑えるために，しばしば現在のオピオイド量を1/3増量する．
6) *鎮痛薬の副作用の予防と治療*　副作用を防ぐため薬剤によって予防策が講じられるべきである（下記のボックス参照）．副作用は，高齢者や虚弱な人に多く表れやすく，しばしば中枢神経系の変化によって起こる症状（たとえば，せん妄，不穏状態，不眠状態）を伴う．その他のよくある症状は，消化管系である（吐き気，嘔吐，胃痛むねやけ，便秘など）．

ペインクリニックなどの疼痛専門外来を望んでいるか，あるいは受診すべきか検討する．

WHO 3段階徐痛ラダー（慢性疼痛）
軽度から中等度の痛み：
ステップ1：「非オピオイド系」パラセタモール／アセトアミノフェン，アスピリン，他非ステ

ロイド系抗炎症薬（NSAID　＊注　多くの老年医学の痛みの専門家は，NSAIDは消化管や腎臓への障害，せん妄などの副作用を引き起こす可能性を考慮して，検討の対象から除外）潰瘍予防薬を併用する．

中等度の痛みがステップ1で緩和されなければ：
ステップ2：「弱オピオイド」下剤を併用（禁忌例以外）

中等度から重度の痛みがステップ2で緩和されなければ：
ステップ3：「強オピオイド」下剤を併用（禁忌例以外）．必要時制吐剤を検討．＊注　弱オピオイドと強オピオイドを区別して使うのが普及しているが，確定したものではない．ステップ3の強オピオイドは，他の薬剤に非常に少量配合されているので，現在は通常ステップ2レベル，つまり弱オピオイドに区分されている．

非薬物療法

非薬剤のアプローチは，以下の理由で痛みの管理上重要である．
a）薬剤の効果を増強させる可能性がある，
b）通常副作用は最小限である，
c）本人や家族に参加している意識やコントロール感を与える
d）身体機能の低下や，気分，社会的孤立に何らかの対応ができる可能性がある

本人，家族，ケアスタッフを教育する

- 痛みや障害は正常な老化の一部であるという信念から抜け出す．
- 痛みの原因，痛みのアセスメントでわかったこと，治療の目標，多職種のケアプラン，予後，治療の選択肢，副作用について話し合う．

以下のアプローチを検討する

- 理学療法，作業療法，その他の療法により，安全確認（転倒や傷害の危険など）や関節の固定化，体力持久力トレーニングその他の痛み管理の方法を習得する．
- 物理療法（温める，冷やす，マッサージなど）．
- リラクゼーションや気晴らし(座禅，音楽を聴く，おしゃべり，などを，1人で，グループで，あるいは一対一のアクティビティとして)．
- 鍼，太極拳，その他の補助療法．
- 本人が現実的で具体的な目標を立てる手助けをする（30メートル歩く，週に3回アクティビティに参加するなど）．
- 心理的社会的支援を追加する必要性があるか検討する．

痛みによる望まれざる影響を阻止する

- 痛みと身体機能の関連性に特別に注意を払う（ADLのCAPを参照）．

- 痛みとうつの関連性に特別に注意を払う．慢性疼痛のある人はうつになりやすいため，常にうつをアセスメントする．（気分のCAP，とくにDRSを参照する．痛みとうつの関係は，双方向であることに留意する）．
- もとになっている疾患や合併する疾患を積極的に管理する．
- 痛みによる負の影響を予防する．行動と社会関係のCAPを参照する．

参考資料

American Geriatric Society Panel on Chronic Pain in Older Persons. 1998. The management of chronic pain in older persons. *JAGS* 46(5): 635–51.

Bair MJ, Robinson RL, Katon W, Kroenke K. 2003. Depression and pain comorbidity. *Arch Intern Med* 163: 2433–45.

Bernabei R, Gambassi G, Lapane K, et al. 1998. Management of pain in elderly persons with cancer. *JAMA* 279(23): 1877–82. **Note:** This paper describes the prevalence and predictors of daily cancer pain and analgesic treatment using MDS pain and drug data from five states. Findings: 26% of persons in pain received no treatment; others were inadequately treated, especially older and minority persons.

Farrell MJ, Katz B, Helme RD. 1996. The impact of dementia on the pain experience. *Pain* 67: 7–15.

Finne-Soveri UH, Ljunggren G, Schroll M, Jonsson PV, Hjaltadottir I, El Kholy K, Tilvis RS. 2000. Pain and its association with disability in the institutional long-term care in four Nordic countries. *The Canadian Journal on Aging* (Suppl 2) 19: S38–49.

Scherder E, Oosterman J, Swaab D, Herr K, Ooms M, Ribbe M, Sergeant J, Pickering G, Benedetti F. 2005. Recent developments in pain in dementia. *BMJ* 330: 461–64.

Stolee P, Hillier LM, Esbaugh J, Bol McKellar L, Gauthier N. 2005. Instruments for the assessment of pain in older persons with cognitive impairment. *JAGS* 53: 319–26.

Zyxzkowsa J, Szczerbińska K, Jantzi MR, Hirdes JP. 2007. Pain among the oldest old in community and institutions. *Pain* 129(1-2): 167–76. Epub 2007, January 23.

臨床ガイドライン

American Pain Society. A multidisciplinary educational and scientific organization serving people in pain by advancing research, education, treatment, and professional practice. www.ampainsoc.org

City of Hope Pain Resource Center. Serves as a clearinghouse to disseminate resources to help institutions improve pain management. Over 300 materials can be found on this site. http://prc.coh.org

Griffie J, Matson S, Muchka S, Weissman D. 1998. Improving pain in the long-term care setting: A resource guide for institutional change. Medical College of Wisconsin, Milwaukee, WI. Division of Hematology/Oncology, 9200 W. Wisconsin Ave., Milwaukee, WI 53226. (414) 805-4605.

Griffie J, Muchka S, Weissman D. 2000. Nursing staff education resource manual: Pain management 101: A six session in-service education program in pain management for long-term care facilities. Medical College of Wisconsin, Milwaukee, WI. Division of Hematology/Oncology, 9200 W. Wisconsin Ave., Milwaukee, WI 53226. (414) 805-4605.

International Association for the Study of Pain: www.iasp-pain.org

McCaffery M, Pasero C. 1999. *Pain: Clinical manual.* St. Louis, MO: C.V. Mosby.

Palliative Medicine Program at the Medical College of Wisconsin. Develops, implements, and disseminates innovative educational and clinical care programs. This Web site offers resource materials, analgesic guidelines, and information on institutional pain management. www.mcw.edu/pallmed

Rochon T, Patry G, DeSilva D. 2001. *Pain relief resource manual.* Brown University Center for Gerontology and Health Care Research, Providence, RI. (401) 863-9628.

U.S. Department of Health and Human Services. 1992. *Clinical practice guidelines: Acute pain management.* (AHCPR Publication No. 92-0032). Washington, DC: U.S. Government Printing Office. (Also available online at www.nlm.nih.gov)

U.S. Department of Health and Human Services. 1994. *Clinical practice guidelines: Management of cancer pain.* (AHCPR Publication No. 94-0592). Washington, DC: U.S. Government Printing Office. (Also available online at www.nlm.nih.gov)

執筆

Aida Won, MD

Harriet Finne-Soveri, MD, PhD

Dinnus Frijters, PhD

Giovanni Gambassi, MD

Katharine M Murphy, PhD, RN

John N Morris, PhD, MSW

CAP 18　褥瘡

I　問題

定義：褥瘡は，圧迫あるいは摩擦やずれと圧迫の組み合わせによって生じる，通常骨の突出部上にある皮膚または皮膚と皮下組織の局所の損傷である．原因として多くの要因が関連しているが，各々の要因の重要性は完全には解明されていない（from www.npuap.org）．

　褥瘡は，局所の皮膚の圧迫が原因で起こる．皮膚に限局する場合もあれば，骨を含めた深部の組織にまで及ぶこともある．深さに応じてステージがある．しばしば骨の突出部，とくに仙骨と大転子部（大腿骨の上部）に発生する．

　現在褥瘡がない場合は，予防が目標となる．もし褥瘡がすでにある場合は，治すこと，あるいはそれに近づくことが目標となる．残念なことに，これらの目標は常に達成できるわけではない．しかしながら，そのための最大限の努力をすべきである．

　褥瘡はステージが進むほど，重症となり回復するのに時間がかかる．治癒が長引くことや介護の負担や，費用が高くなることもある．以下のステージは，皮膚の損傷の程度を表すのに広く使われている．

　ステージ1：観察可能な圧迫に関連した無傷の状態の皮膚の変化であり，皮膚の温度（温かい，冷たい）や組織の均質性（硬い，柔らかい），感覚（痛み，痒み）のいずれかの変化を伴う．潰瘍は，軽度に着色した皮膚の持続する発赤部分として表れる．肌の色が黒い場合，潰瘍は赤，青，紫など，あるい単にほかの肌の色と違う状態で表れることもある．
　ステージ2：上皮や真皮，またはその両方に及ぶ皮膚の部分的な喪失である．潰瘍は表面に留まり，臨床的には擦過傷，水疱，浅いくぼみ，として表れる．
　ステージ3：貫通しないが筋膜まで到達することのある皮下組織の損傷や壊死（細胞の死）を伴う全皮膚層の喪失である．骨や腱，筋肉は露出していない．潰瘍は臨床的には，隣接組織のポケットを伴うこともあれば，伴わないこともある深いくぼみとして表れる．
　ステージ4：骨，筋肉，または支持構造（腱や関節など）にわたる広範な組織の壊死または損傷を伴う全皮膚層の喪失である．ポケット形成はこのステージの潰瘍に関連することが多い．
　ステージが判断できない：壊死に覆われるなど，ステージが判断できない．

　褥瘡の影響として，痛みや苦痛，感染の危険性，死亡が挙げられる．褥瘡のある人は，ない人よりも死亡の危険性が3倍高い．

全体のケア目標

・褥瘡の発生を防ぐ
・創傷や皮膚の環境を最適化し，潰瘍を閉じさせる
・肉芽組織を伴うクリーンな潰瘍床に到達する
・肉芽が形成されるように局所の皮膚環境の湿潤を保つ
・褥瘡治癒の進捗状況をチェックする
・褥瘡の重症化や新たな褥瘡の発生を防ぐ
・褥瘡の発生の前兆がないか皮膚を定期的に確認する

II トリガー

褥瘡のCAPがトリガーする利用者は，以下の3グループであり，グループにより立案するケアプランは異なる．ケアプランは，すでにある褥瘡の治療，あるいは褥瘡の予防が目的となる．ケアプランには，潰瘍や創傷ケアの専門医や看護師への紹介を含む．

◉ *ステージ2以上の褥瘡があり，目標が治癒の場合* [L1＝2以上]

　褥瘡のある人の割合は，それを発見する介護者の注意力による．介護施設では，施設によって大きく異なり，ほとんどいない施設から，多くの入所者に褥瘡がある施設まである．平均すると入所時にすでに褥瘡があった人も含めて，ステージ2以上の褥瘡のある人は10％である．居宅サービスを利用している場合2～8％がステージ2以上の褥瘡がある．一般高齢者にはほとんどいない．

《諸外国での割合》

　この基準でトリガーされた介護施設入所者の60％，居宅サービス利用者の45％は，90日後のアセスメントにおいて改善をみている．

◉ *ステージ2以上の褥瘡はないが，危険性がある場合*　以下の2グループに分かれる

　　ステージ1の褥瘡がある [L1＝1]

　　　このサブグループの90日後のアセスメントにおいてステージ2以上の褥瘡があるかどうかは，ケアプランによる．介護施設入所者および居宅サービス利用者の4％がこの基準でトリガーされる．

> 《諸外国での割合》
>
> 介護施設入所者では15％，居宅サービス利用者では7％が90日後のアセスメントにおいてステージ2以上の褥瘡に進行しているが，同時により多い人々は90日後に褥瘡がまったくなくなっている．これは介護施設入所者の67％，居宅サービス利用者の45％に当たる．

◉褥瘡はない（[L1＝0]）が，以下のリスク要因に当てはまる

ベッド上の可動性か移乗のADLが依存状態か，その活動が行われていない[G2gまたはG2i＝6か8]，かつ以下の1つ以上に当てはまる．
- 褥瘡の既往［L2＝1］
- 留置カテーテルを使用［H2＝2］
- うっ血性の潰瘍がある［L3＝1］
- 創傷のケアを受けている［O2k＝2か3］

介護施設入所者の4％，居宅サービス利用者の3％，一般高齢者の1％未満がこの基準に当てはまる．

> 《諸外国での割合》
>
> このようなリスクをもつ介護施設入所者の15％，居宅サービス利用者の10％が90日後のアセスメントで，褥瘡を発生している．

III ガイドライン

潰瘍の管理

入所時やケアの開始時にすでに潰瘍がある場合，潰瘍のすべてについて以下を記録する　場所，大きさ，ステージ，浸出液の有無と種類，臭いの有無，周囲の皮膚の様子．可能なら写真を撮る．

痂皮（かさぶた）はあるか．黄色の組織（黄色壊死組織）はあるか
- これらの組織の除去の方法や除去すべきかは，医師や創傷ケアの専門家の判断を仰ぐべきである．デブリドマン（壊死組織の切除）には，外科手技と化学物質の使用がある．

感染があるようにみえるか
- 潰瘍が感染していると思われる理由があれば（たとえば悪臭，増強する痛み，周囲の皮膚の発赤（紅斑）や腫脹，膿がある），医師や創傷ケアの専門家が検討する治療の選択肢には次のものがある．
  - 局所または全身の抗生物質の使用

- デブリドマン
- 傷が慢性の場合，抗生物質耐性微生物の発生率の上昇を考慮し，銀含有のドレッシング材が選択される可能性がある

肉芽形成されているか(新しい毛細毛管と線維芽細胞の形成の結果できる牛肉のような赤い組織)．これは治癒に必要不可欠である．

- 創傷のケアをするときは必ず傷を見て，肉芽が形成され，治癒が期待できるか確認する．
  - 創傷部が悪化していたら，医師や専門家にみせる
- 肉芽が形成されたら，清潔な湿潤環境を維持することが目標となる．これを助ける医療材料として以下のものがある．
  - ポリマーフィルムやフォーム材
  - ハイドロジェルドレッシング材
  - ハイドロコロイドドレッシング材（シート状になっており外側が防水層，内側が親水性コロイド粒子を含む粘着面になっている）
  - アルギン酸塩被覆材
  - 組み合わせた製剤
  - 銀含有製剤
- 潰瘍の深さを最低週に1回は測定し記録する．その際，肉芽，黄色壊死組織，かさぶた，感染の兆候の有無も記録する．進行モニタリング(進行中の過程をモニタリングし，時々刻々調整する)を採用する．

治療にかかわらず治癒の兆候がみられなかったら，合併要因を検討する

- 無症候性の細菌レベルの上昇はあるか．浸出液，黄色壊死組織，創傷内部の懐死組織片，過剰な肉芽形成，創傷床の悪臭があれば，専門家に相談する．
- 骨髄炎（骨の炎症）はあるか．追加の診断検査が必要となる．
- 糖尿病や悪性腫瘍，ステロイドの使用などの合併症や慢性的状態があるか．治癒は難しいことがある．
- 終末期であるか．治療の目的を安楽の提供に切り替えることを検討する．
- 体位交換は実施されているか．創による圧迫を除くだけでなく，リスクのある個所の圧迫を最小限にする．
- 体圧分散，軽減のマットレスを使用しているか．表面の材質は適切なものを選ぶ必要がある．
- 低栄養は是正されているか．効果のデータは限られているが，ビタミンとミネラル（亜鉛とビタミンC）のサプリメントを検討する（低栄養のCAP参照）．
- 治癒に十分なたん白質は摂取されているか．一般的に禁忌がなければ体重1kg当たり1.25グラムのたん白質が勧められる．栄養士の関与はあるか（低栄養のCAP参照）．
- ドレッシング材の交換時に痛みはあるか．感染症，骨，組織の巻き込みを評価（痛みのCAP）．
- 潰瘍によるうつやストレスはあるか．必要時，本人と家族や介護者と，治療計画と長引

くかもしれないことについて話をする場を設けることを検討する（気分のCAP参照）．

褥瘡を発生させる危険性がある場合：
外的要因の評価
- 圧迫
  - 体圧が1ヵ所にかからないように動くことができるか．もしできない場合，介護者が動かす必要性があるか．
  - 常にあるいはほとんどの時間ベッドに寝ていたり，椅子に座っているか．
  - ベッドのマットレスや椅子の座面は圧分散するようになっているか．褥瘡予防のマットレスや座面を入手できるか．
  - 自分では動けない場合，定期的（2時間ごと）な体位変換はされているか．
  - 本人や家族は，圧迫されやすいポイントを観察する必要性を理解しているか．
- ずれや摩擦
  - ベッド上でずりおちているか．
  - ベッド上の可動性や移乗の援助の際，持ち上げるのでなく，横ずらしをしていないか．
- 浸軟（過剰の湿潤のための皮膚の損傷）
  - とくに便失禁や創傷からの浸出液，発汗によって常に濡れていないか．

内的要因の評価
- 精神状態の変化
  - せん妄による移動能力の制限（せん妄CAPを参照）
  - 認知機能低下による移動能力の制限（認知低下のCAPを参照）
  - 可能な限り精神状態の変化の原因に対応する
- 移動ができない（体位を変えられない）
  - 脳卒中，多発性硬化症，大腿骨の骨折などのせいか
  - 理学療法や作業療法は終了してしまっているか
  - その他の原因
    - 身体抑制は，自傷他害の恐れが深刻であり，かつ他に方法がない場合を除いて，行われるべきでない（身体抑制のCAP参照）
    - 移動能力を制限する薬剤の減量や中止の検討（向精神薬や麻薬など）．医師とともにすべての薬剤を見直し，薬剤師に相談する（適切な薬剤使用のCAP参照）
- 失禁：便失禁は褥瘡の発生・悪化と関連する（便通のCAP参照）
  - 定時排泄誘導は試みたか
- 低栄養（低栄養のCAP参照）
- 末梢循環の障害や糖尿病，その他の感覚を低下させる疾患について医師は確認したか
- 非活動
  - 身体活動を低下させているものは何か

参考資料

Baranoski S, Ayello EA. 2003. *Wound care essentials: Practice principals.* Springhouse, PA: Springhouse. **Note:** A practical guide to wound care, especially pressure ulcers.

Bergstrom N, Bennett MA, Carlson CE, et al. 1994. Treatment of pressure ulcers. *Clinical practice guideline,* no. 15. Rockville, MD: U.S. Department of Health and Human Services. Public Health Service, Agency for Health Care Policy and Research. AHCPR Publication No. 95-0652. **Note:** Extensive literature review and grading of the evidence regarding treatment.

Brandeis GH, Powell JW. 1997. Pressure ulcers. In Morris JN, Lipsitz LA, Murphy KM, Belleville-Taylor P, eds. *Quality care in the nursing home.* St. Louis, MO: Mosby, 303–14. **Note:** This chapter provides an overview of pressure ulcers with emphasis for the nursing home person.

European Pressure Ulcer Advisory Panel (EPUAP): www.epuap.org

Folkedahl BA, Frantz RA, Goode C. 2002. *Treatment of pressure ulcers: Research-based protocol.* The University of Iowa, Gerontological Nursing Interventions Research, Research Dissemination Care. **Note:** This protocol provides helpful information for assessing and monitoring pressure ulcers and risk factors for development. www.nursing.uiowa.edu

Hess CT. 2004. *Clinical guide: Wound care.* Philadelphia, PA: Lippincott, Williams and Wilkins. **Note:** A practical guide to wound care, especially pressure ulcers.

National Pressure Ulcer Advisory Panel. Pressure Ulcer Scale for Healing (PUSH) Tool version 3.0. 9/15/98. **Note:** The PUSH tool is copyright by NUPAP. www.npuap.org

National Pressure Ulcer Advisory Panel. Supplementary Surface Standards, Terms and Definitions 8/29/2006. Internet address: www.npuap.org

Reddy, R, Sudeeo, SG, Rochon, PA. 2006. Preventing pressure ulcers: A systematic review. *JAMA* 296:974–84.

Registered Nurses Association of Ontario (RNAO). 2002. Assessment and management of stage I to IV pressure ulcers. (August) 104 pp. [70 references].

Thomas DR. 1997. Pressure ulcers. In Cassel CK, Cohen HJ, Larson EB, et al., eds. *Geriatric medicine,* 3d ed. New York: Springer. 767–84. **Note:** General review of the subject of pressure ulcers.

執筆

Gary H Brandeis, MD

Harriet Finne-Soveri, MD, PhD

John N Morris, MSW, PhD

Sue Nonemaker, RN, C, MS

R Knight Steel, MD

Pauline Belleville-Taylor, RN, MS, CS

CAP 19　心肺機能

I　問題

　このCAPは，ケアスタッフが利用者に心肺機能の問題があるかを評価し，対応する必要性について注意を喚起するようにつくられている．心肺の機能に問題のある人の多くはすでに医師にかかっているだろう．しかし，新たに症状が出現したり，症状が悪化し，医学的なあるいは他のケアを必要とする人もいる．

　心疾患の発症率は年齢とともに飛躍的に増加する．欧米では心不全の75％は60歳以上であり，75歳以上の20％以上には心臓発作や狭心症の既往がある．高血圧症の高齢者の多くは突然の血圧変動に見舞われたり，新たな薬剤を必要とする．慢性閉塞性肺疾患（COPD）は，とくに喫煙者や特定の産業に従事していた人に広まっている．

　息切れや運動時胸痛など心肺の問題として明確な前兆や症状もあるが，全身の倦怠感など心肺系との関連が即座にはっきりしない場合もある．さらに肺炎などの急性疾患の前兆や症状は，COPDなど慢性的な状態がある場合に認識しにくい．これらすべての問題は，利用者の生活を大きく制限するため，経過を観察し，対応する必要がある．

> **全体のケア目標**
> ・利用者にかかわる医師以外のケアスタッフが心血管および呼吸器の潜在的な症状を特定できるようにする
> ・症状や前兆があるにもかかわらず，治療の管理下におかれていない利用者を医師や他の適切な医療者につなげる

II　トリガー

　利用者の心血管および呼吸器の疾患は医師の管理下におかれていることもあれば，そうでないこともある．また利用者は心肺の自己管理やその他のケアプログラムに参加した経験があるかもしれない．機能が制限されていることは，心肺疾患が原因とはとらえられず，高齢のためと認識していることもある．息切れなど多くの症状は，高齢者に受け入れ，許容されているかもしれない．したがって，このCAPでは，利用者が医師にかかっているかにかかわらず，これらの症状があるかをはっきりさせる．

●**トリガーされる利用者**　下記のいずれかの症状がある：
  □ 胸痛［J3e＝1以上］
  □ 息切れ［J4＝1以上］
  □ 不整脈［－］

- めまい［J3c＝1以上］
- 以下の検査結果がある（これらは，アセスメント担当者や医師などが検査したときのみ入手が可能である．以下は正常範囲としてとらえるべきではない）
  - 収縮期血圧（上の血圧）200以上または100 mmHG以下
  - 呼吸数　毎分20回以上
  - 心拍数　毎分100回以上または50回以下
  - 酸素飽和度　94％未満

> 《諸外国での割合》
> 居宅サービス利用者：40％（胸痛9％，息切れ25％，不整脈15％，めまい20％）
> 介護施設入居者：15％
> 一般高齢者：35％（胸痛4％，息切れ15％，不整脈10％，めまい20％）

III　ガイドライン

　心肺症状の診察を確実に受けることが重要である．このような症状がある人の多くは，緊急性があり，症状の原因によってさまざまな治療の選択肢がある．たとえば心不全は通常長い期間にわたり治療への反応はよく，耐久性や倦怠感の面でその人のQOLは向上する．さらに心臓血管系の疾患からきているとすぐにわかる症状もある．たとえば，頭部のふらつき感や，めまい，失神は，しばしば血圧の低下と関連していたり，心臓の弁の異常か不整脈が原因のこともある．どちらも内科的か外科的な治療の適応である．

心血管と呼吸器の両方の疾患を有していることが多い．典型的な症状は以下の通りである．
- 心血管の疾患：息切れ(呼吸困難)，胸痛，動悸，下肢の浮腫，頭部のふらふら感，めまい，失神．
- 呼吸器の疾患：息切れ，咳，痰の喀出，喀血，喘鳴と胸痛．「十分な空気を吸い込めない」という人もいる．

こうした症状の原因を究明するには，医学的な検査が必要である．

症状がある場合，本人にこの問題を医師は知っているか，そして治療を受けているかについて尋ねる．答えにかかわらず，これらの症状があることは医師とさらに話す必要性を示している．

　これらの症状の更なる情報を下記に記した．これらは問題を医師と話し合うときに，それをしやすくするためのものであり，基本的な目標は利用者が医師の診察を確実に受けることである．

不整脈　新たな不整脈は常に医師の診察を要する．もし不整脈が心房細動を反映していたら，

脳卒中を起こす危険性が高い．ただし，心房細動は不整脈の多くある原因の1つにすぎない．

咳，喀痰，喘鳴 痰の有無にかかわらず咳は，呼吸器の内側に刺激を受けたときに起こり，最も多い呼吸器症状である．咳は通常上気道のウィルス感染で起こる．痰は，通常感染症，とくに細菌感染と関連し，ときに色がつき，どろどろで，粘性がある．茶色，ピンク，暗赤色は血液である可能性がある．血痰は急性の感染症，慢性の感染症（結核など），腫瘍，肺血栓，その他多くの状態と関連する可能性があり，これらはすべて医師の診察が必要である．さらに，咳は薬剤によって生じていることがある．もっとも多いのは高血圧症やうっ血性心不全の治療に使われる薬剤である．ほとんどすべてのヘビースモーカーは慢性的な咳がある．他の原因としては，肺炎，気管支炎，うっ血性心不全，軽度の喘息などがあり，まれに腫瘍が考えられる．喘息や肺気腫など慢性の肺疾患のある人は，とくに呼気時（はくとき）の換気がしにくく，喘鳴が聞こえることがある．新たな発症や重度化は，緊急の受診が必要である．

同様に痰の喀出が増加したり，痰の特徴に変化があった場合は医師の診察が必要である．

胸痛 胸痛は常に医師の診察を要する．原因は，往々にして詳細な既往歴の聴取と身体的な検査によって判断可能である．しかし，通常心電図のほかに血液検査や放射線診断，さらには食道内視鏡が確定診断に必要となる．

虚血性疾患によって起こる典型的な胸痛は，絞られるような，つかまれるような痛みである．しばしば胸部の中心部に感じるが，のどや片方か両方の腕，顎，下部の歯，背中に感じることもある．運動や動悸時に関連していることがあり，同様の状況下で再発しやすい．軽度のときはそれとは気づかず，胸やけなどと間違ってとらえることがある．痛みは続くときもあれば，一過性のこともある．胸痛の原因は非常に多く，心臓に起因した痛みとの区別が難しいものとして，食道疾患，胸部の感染症，肺塞栓，大動脈瘤解離，首や背中の関節炎などが含まれる．したがって，胸痛は即座の受診が必要である．とくに，新たに発症した場合や，症状が悪化している，頻度が増す，休んでいるときに発症する，10分以上など長時間続く，頭部のふらふら感や息切れを伴う場合は，要注意である．

失神 意識を突然失い，すぐに回復すること（失神）は，心臓の発作や不整脈といった心血管系の問題によって起こることがある．そのほかのよくある原因は，失血や脱水，起立，薬剤や薬剤の変更，咳や排便後の心血管反応，食後などに起こる血圧の低下である．めまいや頭部のふらつき感，失神は，常に受診を必要とする．利尿薬を服用している人や水分制限をしている場合は，脱水を疑う．

足首や足の浮腫 指で圧迫すると後が残る足首や足の浮腫は，多くの医学的な状態が原因として考えられる．一般的なものは，心不全，静脈の疾患，肝臓や腎臓の不全である．最近出現し，痛みを伴うのであれば，感染症か静脈内の血栓が疑われる．もし，新しく，痛みがあり，左右非対称で，進行性であるか，足首以上に及んでいる場合，または浸出液がみら

れる場合は，受診の必要性が示唆される．

息切れ―呼吸困難　息切れは，心臓呼吸系の疾患の最もよくみられる症状である．最近出現したり，進行性に悪化していたり，夜間に出現し楽になるために座位になったり立ち上がる必要がある，横になることができない，喘鳴や血痰，胸痛のような症状と関連している場合は，医師に連絡する．

動悸　心臓の拍動を感じることである．この症状はほとんど常に頻脈か不整の心拍（上記の不整脈も参照）と関連し，診察を要する．最近始まったり，急速であったり，失神や気絶する感覚や胸痛と関連している場合，受診は急を要する．

高血圧症　多くの利用者において収縮期血圧が 140 mmHg 以上，拡張期が 90 mmHg 以上の場合，受診し治療を受ける必要がある．200 mmHg 以上の場合，即座に医師の診察を受ける．

低血圧　収縮期血圧が 100 mmHg 以下であったり，臥位や座位から立位になったときの血圧降下が 20 mmHg 以上であると，失神や脳卒中ほか深刻な状態の原因となりうる．脱水や失血，薬剤が原因のことがある．血圧を繰り返し測ることによってこの状態を確認し，医師につなげる．

呼吸器症状　ケアスタッフが観察すべき呼吸器障害の前兆には，呼吸数の増加，チアノーゼ，肋間のひきこみ，前のめりの姿勢，呼吸補助筋の使用が含まれる．
- チアノーゼは，爪床周囲や唇，その他に見られる皮膚の青い状態である．低酸素レベル，つまり呼吸器または心血管の機能がよくないことを意味する．チアノーゼは浅黒い皮膚の人の場合は常に信頼できる前兆ではない．
- 肋間の引き込みは，吸気時（吸うとき）に肋骨の間のスペースが胸部に吸われる様子である．これは，呼吸筋の疲労を意味する．
- 前のめりの姿勢は，呼吸系の機能を最大限にしようとする現れである．
- 奇異呼吸は，吸気時に腹部が隆起しないときにみられ，主要な呼吸筋である横隔膜が弱っていることを示す．

喫煙　喫煙は心血管と呼吸器疾患の原因として古くから知られている．数 10 年におよぶ喫煙歴があっても禁煙は積極的に勧められるべきである．たとえば，術後合併症の発症リスクは禁煙の数ヵ月後であっても低下することが知られている．

運動や教育プログラム　この CAP にトリガーされた人は，ADL や IADL の CAP にもトリガーされていると考えられる（ADL，IADL の CAP を参照）．多くの心血管や呼吸器，そして神経疾患の人が，理学療法に基づいたトレーニングプログラムに安全に効果的に反応するというデータが蓄積されている．慢性閉塞性肺疾患（COPD）を有する利用者への支援には，運動のほかに教育や自己管理トレーニング，心理的サポートが含まれる．プログラ

ムの目標は身体機能と耐久性を向上し，さらに本人が悪化の前兆を認識することによって緊急の入院を避けることにある．

参考資料

American College of Cardiology/American Heart Association Web site for guidelines: www.acc.org

Global Initiative for Chronic Obstructive Lung Disease (GOLD) Web site: www.goldcopd.com/ and more specifically the guidelines www.goldcopd.com/Guidelineitem.asp?l1=2&l2=1&intId=989

Hunt SA, Baker DW, Chin MH, Cinquegrani MP, Feldman AM, Francis GS, Ganiats TG, Goldstein S, Gregoratos G, Jessup ML, Noble RJ, Packer M, Silver MA, Stevenson LW. 2001. ACC/AHA guidelines for the evaluation and management of chronic heart failure in the adult: A report of the American College of Cardiology/American Heart Association Task Force on Practice Guidelines (Committee to Revise the 1995 Guidelines for the Evaluation and Management of Heart Failure).

Miriam Hospital Physical Activity Research Center: www.lifespan.org/behavmed/researchphysical.htm

University of Rhode Island Cancer Prevention Research Center: www.uri.edu/research/cprc/transtheoretical.htm

---

執筆

Iain Carpenter, MD, FRCP

Lewis Lipsitz, MD

R Knight Steel, MD

CAP 20　低栄養

I　問題

　このCAPは，BMI（下記定義を参照）を指標として医学的に推奨される体重を下回る利用者への栄養支援を取りあげる．トリガーされる利用者には，すでに顕著に低体重で低栄養状態にある場合もあれば，そのリスクにさらされている段階の場合もある．

　体重減少にはさまざまな原因が考えられる．たとえば，健康的な食事に関する知識の不足，咀嚼や嚥下の困難，摂食に援助を要する状態，認知機能やコミュニケーション能力の低下，医学的な疾患（筋肉の問題など），食欲の問題（早期満腹感など），うつや不安などの気分の障害，行動の問題，薬剤，食材の選択肢が限られている，その他の環境要因（お金がない，摂食補助具が壊れているなど）がある．

　低栄養の悪影響にはさまざまあり，そのうちのいくつかは利用者を死の危険性に陥れている．そのほかには，体重減少の持続，身体機能の低下，心臓の問題，皮膚の問題，感染のリスクなどがある．同時に，終末期やそれに近い人にとっての低栄養状態は，まず全体のケアプランを考えたうえで対応する必要がある．そうした時期の積極的な栄養補給は望まれなく，また適切でないことがある．

全体のケア目標
- 可能なら，低栄養状態やその危険性に関与している疾患や状態，薬剤に対応する
- 適切なカロリー摂取ができるようなケアプランを実施し，体重減少や低体重を予防する
- 低体重がもたらす悪影響を予防することによってQOLを向上させる

II　トリガー

　このCAPのトリガーは，BMI値に基づき3レベルに分かれる．トリガーに必要な情報はBMIを算出するための体重と身長であり，つまり身長と体重が測定されていることが前提である．身長や体重の測定については記入要綱に詳細がある．

◉**ハイリスクトリガー**　BMIが19未満で，終末期でない［J7c＝0］．低体重である．
　BMI 16未満は重度低栄養，16から17は中等度低栄養，18は軽度低栄養である．このグループの半分は，日常的に食事の25％以上を残し，将来的により体重が低下しやすい．

《諸外国での割合》
居宅サービス利用者：8％，介護施設入居者：10％

●**中リスクトリガー**　BMIが19から21で，終末期［J7c＝0］でない

　このグループは低体重とはいえないが，介護施設入所中でこのBMIの範囲の利用者の5分の1は，次のアセスメント時に低体重（BMIが19未満）になっている．このグループの10分の1以上は，ほとんどの食事で25％以上の食事を残している．

> 《諸外国での割合》
> 居宅サービス利用者：14％，介護施設：18％

III　ガイドライン

　下記の確認事項は，低栄養状態に関与する問題に取り組むためのものであり，該当する場合はケアプランに取り入れるべきである．

　まず，ほとんどの食事において，食事を残しているかを把握する．トリガーされた利用者の約半分は食事を常に残していることが考えられる．残している場合のアセスメントとケアプランの鍵は，この状況の改善にある．積極的に関与しなければ，その人は将来にわたって食事を残し続けることになろう．食事を残す人と残さない人を比較すると，以下のような違いがみられている．異常な検査結果（残す人70％，残さない人40％），新たな投薬の開始（同様に60％，30％），心血管の問題（たとえば高血圧症51％，29％），うっ血性心不全（23％，10％），ADLの最近の低下（31％，10％）．

　一方，食事を残していない人に対しては，どのような食事が提供されているかをアセスメントする．低体重者の体重増加には，複合糖質，全粒穀物，野菜，果物，たんぱく質，ときに脂肪を多く摂取することが効果的である．しかしこのCAPにトリガーされた利用者に，こうしたことを実践するのは難しいことも多い．重要なのは，より多くのカロリー（一般的な体の大きさの女性には1日1600，男性は2000カロリー）を摂取することであり，そのためには，どのようなものなら食べたいか，どうしたら少しずつ食べられるようになるかについて本人と話し合うべきであろう．

現在の食事摂取パターンのアセスメント

食事の時間に出される食事を食べていない　たとえ数日間の不十分な食事の摂取であっても，体重減少と体調を崩すことの悪循環につながる．残念なことに，トリガーされた利用者の40％以上は日常的に多くの食事を残している．つまり食事量を定期的にチェックすることが重要である．

- 単純なモニタリング―普段日中に提供される食事と間食の回数を数える（たとえば，朝食，昼食，夕食とその日の補食の回数）．どれくらいの分量が食べられずに残っていたか．食材によってパターンがあるか（肉，魚，ご飯，野菜，果物など）．きざみ食を食べるのを好まないか．
- 本人に出されている，あるいは手に入る食べ物が本人の選択と合っていない（肉抜き，香りがないなど），アレルギーや食べ物の不耐性がある（乳糖不耐症など），食べ物の質

が違う（配偶者が作ってくれた物と違うなど）などあるか．
- 食事時間の間隔．とくに夕食後から翌朝までの空腹時間．
- 食べ物に対する興味を失わせるような薬剤の開始（適切な薬剤使用のCAPを参照）．
- おやつなどの補食を食べたがらない，1日に3回を超える食事は食べない主義ではないか．
- 特別食のニーズに食事内容が合っていない．

現在の食事パターンを変更する際の検討事項

本人の嗜好　食べ物の種類，香辛料の種類，食事をしたい時間，避けているもの

飲み込みの問題（嚥下障害）　飲み込みの器質的な問題は，通常医学的な状態や治療と関連している（食道炎，放射線治療による障害，首や食道の腫瘍，脳卒中，パーキンソン病，憩室や狭窄，異物，認知症の終末期など）．嚥下障害があるなら，嚥下機能評価を受けるための手続きを検討する．
- 関係する問題：ある特定の食べ物を嫌がる（好き嫌い），食事に時間がかかる，のどの奥や胸に食べ物がつまることが嫌である，飲み込み時や横になったときに痛みがある，食べるときに咳き込んだり，息が詰まったり，食べ物の逆流がある，など．
- 特別治療食の場合，そうでない食べ物なら食べられるか考える．単調な特別治療食が続くと摂取量は減ることがある．
- 逆流性食道炎がある場合，その問題の解決が嚥下困難の解決につながることがある．

歯の問題　歯の問題にはさまざまな原因がある．たとえば，歯が折れている，歯茎から出血している，義歯がゆるい，口の中に傷がある，乾いている，口腔清潔が保たれていないなど．
- 歯が折れている：歯科医の関与が必要である．
- 歯茎から出血している：歯茎の炎症（歯肉炎），歯を取り巻く骨の破壊的な炎症（歯周炎）など．全身性の疾患や薬剤が原因として考えられる．
- 日々の口腔衛生の方法に注意を向ける．
- 出血がある場合，専門家の関与をしばしば必要とする．
- 義歯の問題：傷ができるような義歯は歯科医に相談し，調整するか作成しなおすか判断してもらう．
- 口唇や口腔の病変（口唇ヘルペス，口内炎，口腔の新たな腫瘍）：咀嚼に影響を及ぼす口唇や口腔の病変は多い．2週間以内に治らない病変は歯科医や医師が診察すべきである．
- 味覚や嗅覚の問題：高齢者は往々にして味や匂いがしないと不満を言うことがある．もっとも多い原因の1つは，口腔の衛生状態が悪いことである．
- 口腔乾燥：複数の薬剤，疾患，頭頸部の放射線治療，脱水などが原因となる．一般的に疑われる薬剤は，降圧薬，抗不安薬，抗うつ薬，抗精神病薬，抗コリン薬，抗ヒスタミン薬である（適切な薬剤使用のCAPを参照）．

食事摂取への援助の必要性　認知や身体の機能低下のために自分で食事を摂取をする能力が低

下している
- 認知機能の低下は，食事動作に集中することや食事をするのに必要なひと続きの動作を遂行できないことと関連する．
- 身体機能の低下には，関節炎や拘縮，上腕の可動域制限，座位不可能，四肢の喪失など筋骨格系の問題が含まれる．

この場合のケアは，他者による介助，技術的補助，トレーニングがある．食事動作が自立していない人への摂食介助には 30 分から 45 分かかる．技術的補助とは，特別な食器等の使用（重みをつけたスプーンなど），残存能力を用いて食べられる食べ物の工夫（柔らかさを調節したり，手でつまめるようにしたりなど）が含まれる．トレーニングは，作業療法士の関与が必要である．

疾患の状態　急性および慢性の疾患，とくに悪性腫瘍は，食欲や食べ物に対する関心を低下させたり，特別な食事摂取方法や栄養分を要求するなど，利用者の栄養ニーズに影響を与える．考慮すべき状態や疾患は以下である．
- 認知症や他の神経疾患，関節炎，喘息，慢性閉塞性肺疾患，心疾患，肝疾患，腎疾患，がん，糖尿病，甲状腺機能低下，歯科口腔内の問題
- 体重減少をもたらした最近の急性疾患や手術など．問題は術後の経過であり，疾患そのものではない可能性がある．その場合，適切な栄養と運動のプログラムが効果的である．
- 発熱や感染などのあらゆる急性疾患や状態および痛み（とくに消化管の痛み）．

認知とコミュニケーションの問題　不十分な食物摂取と体重減少は，認知機能低下の程度と関連がある（とくに CPS が 4 から 6，つまり MMSE が 10 未満の場合）（認知低下およびコミュニケーションの CAP 参照）．関連の機序は多様であるが，嚥下機能の低下，食事をする楽しみの減退，食べ物を探して徘徊するなどの行動の出現などが含まれる．基本的なケアの方法は，攻撃的な態度をとる人には，脅威を与えない接し方をしたり，全量またはほぼ全量摂取できるように，食事中に本人を促すようにするなどがある．

うつ　うつは食事量を低下させることがある．DRS で 3 以上であれば，臨床的にうつであることが示唆される（気分の CAP 参照）

薬剤　薬剤の副作用は，回復可能な低栄養状態の代表的な原因である．いくつかの薬剤は，食欲や味覚・嗅覚を変えたり，消化管の副作用を通して食事摂取に影響を与えることが知られている．さらに，薬剤は，栄養の吸収，代謝，排泄にも影響する．一方で，もし薬剤が症状（たとえば痛みなど）の軽減をもたらさなければ，日常生活（食事の買い物や調理など）を遂行する能力を制限することになる．したがって，処方された薬剤は医師が見直し，必要時より副作用のない他の薬剤に変更されるべきである．
- 下記の薬剤を使用している場合は，栄養のケアプランの変更が必要となることがある：利尿薬，ある種の循環系薬剤，抗炎症薬，抗パーキンソン薬（適切な薬剤使用の CAP を参照）

特別食の必要性　特別食の種類とその継続必要性を把握する．必要時栄養士に相談する．
- 糖尿病食とさまざまな食材の制限
- 体重増加食
- 治療食—刻まれたり，混ぜ合わされている高カロリーまたは高たんぱく食

物理的社会的環境　食事の場は，栄養を摂取するだけではない．食事の場のレイアウト，その場に誰が一緒にいるか，といったことを含めた心理社会的な状況は食事の場にふさわしくなければならない

継続的な経過観察のポイント
- 食べ残しの量
- 体重の持続的な減少の有無
- 補助具の使用状況（うまく使えているか）
- 摂食時の促し（声かけ）や援助の継続的な必要性
- 嚥下の問題（継続しているか，発生していないか）
- 食事の好みの変化
- 提供されている食事のエネルギー密度の評価

参考資料

National Institute for Health and Clinical Excellence Quick Reference Guide.
2006. (February). Oral nutrition support, enteral tube feeding, and parenteral nutrition. www.guideline.gov/summary/summary.aspx?doc_id=8739#s24

執筆
Gunnar Ljunggren, MD, PhD
Harriet Finne-Soveri, MD, PhD
John N Morris, PhD, MSW

CAP 21　脱水

I　問題

　このCAPはケアスタッフに脱水の可能性を評価する必要性を警鐘する．通常人間の体は，細胞内と循環システムの中で適切な水分量を保持している．これは摂取した水分量と腎臓からの排泄および呼吸・発汗・排便による水分の喪失量のバランスが保たれていることを意味する．脱水は，もともと適切な水分量を保っていた人の水分の喪失量が摂取量を超えた状態をいう．

　脱水の判断には，身体の診察が必要である．しかし，皮膚の弾力性や口腔内粘膜の乾燥の程度をみることによって利用者の脱水を診断することは，通常は勧められない．血液検査がしばしば脱水の存在を示す重要な指標となる．脱水であると，ほとんどの場合においてBUN/クレアチニン比が上昇し，ヘモグロビン濃度も高くなる．ほとんどの状況で，塩分を超えて水分が失われている結果，血清ナトリウム濃度は上昇する．脱水の程度がひどい場合は，血圧は低下し，脈拍は上がる．

　脱水は，胃腸炎，下痢，感染症，腎臓病，利尿薬の過剰使用など実にさまざまな医学的問題と関連する．高齢者は，高温の環境下にいるときは，水分摂取の量を増やさなければ脱水になりやすい．水分摂取は，脱水の原因や重症度により経口か経静脈から行われる．血清ナトリウムとカリウムおよび腎機能を適切に経過観察する必要がある．

全体のケア目標

- 脱水の原因を特定し，対応する
- 水分喪失の程度に応じて治療方針に即した水分を摂取させる
- 適切な水分バランスの回復維持にむけ，経過観察や血液検査の実施体制を確立する
- 関連する合併症を予防する（低血圧，転倒，せん妄，便秘）
- 積極的な治療をしない人には安楽を提供する

II　トリガー

　このCAPは，「脱水」と「不十分な水分摂取」の2つのアセスメント項目に基づいてトリガーされる．両方の項目ともチェック率は低い．脱水は通常，1％未満から最大で5％，不十分な水分摂取は3〜10％である．両方の項目にチェックされた場合，より深刻であることが多い．トリガーは高リスクと低リスクに分かれる．高リスクは明らかな原因や合併症がある場合であり，医師が即座に診察し，治療計画を立てる必要がある．低リスクの場合，同様に慎重な観察は必要であるが，単に水分摂取量を増やし，注意することで対応できることがある．

　これら2つのアセスメント項目に基づいてトリガーされた人の半分以上は，通常90日後の再アセスメント時には脱水ではない．つまり，このCAPには2つの鍵がある．第一は，これらの

問題のある利用者に対する治療の必要性を十分に認識し，注意を怠らないこと，第二に，利用者が再び適切な水分摂取ができるようにし，関連する医学的な問題に対応するケアを実施することである．

- **ハイリスク**　脱水［K2b＝1］または不十分な水分摂取［K2c＝1］にチェックがあり，さらに，下記の脱水の原因や合併症に当てはまる場合
  - 下痢［J3m＝1から4］
  - 嘔吐［J3n＝1から4］
  - せん妄（たとえば最近次のような症状が出現した．注意がそらされやすい，落ち着きがない［C3a＝2］，精神機能が変化する［C3c＝2］，無気力である［―］，支離滅裂な会話がある［C3b＝2］，周囲に対する認識が変化する［C4＝1］）
  - 発熱［J3r＝1から4］
  - めまい［J3c＝1から4］
  - 失神［―］
  - 便秘［J3l＝1から4］
  - 体重減少（過去30日に5％以上）［K2a＝1］

> 《諸外国での割合》
> 居宅サービス利用者：1％，介護施設入居者：2～6％，一般高齢者：1％未満

- **低リスク**　脱水か不十分な水分摂取がチェックされたが，上記に当てはまらない場合

> 《諸外国での割合》
> 居宅サービス利用者：4％，介護施設：2％，一般高齢者：1％未満

III　ガイドライン

問題への対応能力を見極める

　脱水のCAPにトリガーされた人の多くは，居住場所にかかわらず，身体機能や認知機能の問題もあることが多い．ケアプラン作成の第一段階は，それらの問題の重症度を評価し，脱水を解消するために本人自身にできることはあるのかを判断することである．このCAPでは，下記3つの能力がある場合に，こうした役割を担えるものとする．

- CPSが4未満
- 援助なく居住空間を移動でき（歩行，車いすを問わず），適切な水分入手が可能
- 脱水やその原因に対応がなされているかを継続的に経過観察することに本人の参加が期待できる

《諸外国での割合》
(CAPでトリガーされた人のうち，この基準に当てはまる割合)
居宅サービス利用者：70％　介護施設入所者：20％，一般高齢者：ほとんど

医師との連絡体制とアセスメントおよびケアプランへの関与

初期管理　ケアスタッフは利用者が脱水のCAPにトリガーされていることに気付き，脱水の程度について高リスクか低リスクを評価しなければならない．高リスクの場合は即座に医師に連絡をとる．その際，脱水に関与していると思われる要因や原因についても医師に伝えておく．十分な情報提供は適切な治療計画につながる．たとえば，発熱が軽度あり（高リスクトリガーに含まれている），利尿剤を服用しているが，水分摂取を十分にしていない，という情報を医師に伝えれば，適切な治療計画に役立つ．

症状の観察　（多くはアセスメント表から拾うことができる）

脱水の存在を示す兆候
- 脈が速い，または立ち上がったときに急激に脈拍が増加する
- 低血圧，または立ち上がったときに20 mmHg以上の血圧低下がみられる
- 無気力，混乱，うわごとを言う

感染を示す兆候
- とくに，発熱，咳，無気力，排尿障害，精神状態の変化，下痢，嘔吐

経口摂取状況の変化
- 食事の食べ残し
- 水分摂取量が不十分
- 過剰な下剤の量
- 嚥下の問題
- 口渇感の訴え
- 失禁を恐れて水分制限

脱水関連で検討すべきその他事項
- 利尿薬の投与の有無．最近の増量
- 水分の制限
- 新たに指示された食事療法
- 制限食
- 水分出納の記録
- 脱水の危険性を高める疾患
- 脱水の既往

❏ 下痢，吐き気，嘔吐を伴う，伴わないにかかわらず腹痛の有無

正常の水分バランス維持に制限をきたす疾患など

❏ 糖尿病．糖尿病のために処方されている薬剤の変更
❏ 水分摂取量を増やせない嚥下の問題
❏ 重度の腎不全やその他の腎臓疾患
❏ 理由を問わず無気力
❏ 新たに出現した便秘，宿便，体重減少
❏ 十分な水分摂取を妨げる行動面の問題
❏ 新たな脳卒中や最近の精神状態の変化
❏ 医学的な不安定状態
❏ 最近の大きな出来事，たとえば脱水の危険性にさらした可能性のある大腿骨の手術を受けたなど
❏ 最近低下している ADL
❏ パーキンソン病など，食事をするのに通常以上の時間がかかる疾患
❏ 理由を問わず処方されていたステロイドの使用中止（この場合，すぐに受診が必要である）

参考資料

Fish LC, Davis KM, Minaker KL. 1997. Dehydration. In Morris JN, Lipsitz LA, Murphy KM, Belleville-Taylor P, eds. *Quality care in the nursing home*. St. Louis, MO: Mosby. **Note:** This chapter provides a comprehensive approach to assessment and management of dehydration in the nursing home. Case examples are presented.

Mentes, JC. 1998. *Hydration management research-based protocol*. The University of Iowa Gerontological Nursing Interventions Research Center, Research Dissemination Core. **Note:** This protocol provides helpful information for developing a comprehensive care plan for persons with dehydration. www.nursing.uiowa.edu

Mentes J, Buckwalter K. 1997. Getting back to basics. Managing hydration to prevent acute confusion in frail elders. *Journal of Gerontological Nursing* 23(10): 48–51.

Palmer JB, Drennan JC, Baba M. 2000. Evaluation and treatment of swallowing impairments. *Am Fam Physician* (April 15) 61(8): 2453–62.

Weinburg A, Minaker K, The Council on Scientific Affairs, American Medical Association. 1995. Dehydration: Evaluation and management in older adults. *JAMA* 274: 1552–56.

Weinburg A, Pals J, Levesque P, Beals L, Cunningham T, Minaker K. 1994. Dehydration and death during febrile episodes in the nursing home. *JAGS* 42: 968–71.

執筆
Kenneth L Minaker, MD
R Knight Steel, MD
John N Morris, PhD, MSW

CAP 22　胃ろう

I　問題

　このCAPは，経管栄養中の利用者を対象とし，経管栄養の利用に伴うさまざまな問題を取り扱うとともに，抜去できる可能性を探る．

　介護施設における経管栄養は，PEG（経皮内視鏡的胃ろう造設術）による胃ろう（胃壁欠をあけて管より挿入される）によって行われており，まれに空腸ろうチューブ（胃よりも下部の消化管である空腸に挿入される）が使われる．胃ろうも空腸ろうも長期利用（2週間以上）を前提としている．

　一方，経鼻栄養（鼻腔から管が挿入される）は，短期と長期の利用がある．経鼻径管栄養は大変不快であり，鼻腔や食道粘膜を刺激するうえ，尊厳を損なうものである．したがって2週間以上の利用は推奨されない．以上のことから，このCAPが取り扱うのは長期間の胃ろうの利用である．

　介護施設の入所者や地域で居宅ケアを受けている人々に発生する摂食や嚥下の問題の理由はさまざまである．このCAPに記されている情報は，それぞれにおける特別な臨床的に考慮すべき事項やその人の全体のケア目標（尊厳であるか，あるいは延命であるか）に合わせて個別化する必要がある．たとえば，重度の認知症の利用者が進行性の治る見込みのない疾患を患ったとき，摂食障害は終末期ケアの枠内で検討するべきであろう．一方，脳卒中直後の患者にとっての嚥下困難は，回復が見込まれる合併症であり，この場合経管栄養の利用は一時的になろう．パーキンソンやその他の運動神経疾患がある場合，嚥下障害は慢性的であり，長期の経管栄養の利用が必要となり，頭部や頸部のがんの場合は，摂食障害をもたらす臓器の障害を併発する場合がある．いずれの場合も，栄養問題についての意思決定は，臨床所見や治療の選択肢，そして本人の希望を検討し，医師らケアチーム，当事者である本人，適切な場合家族とともに共有すべきである．

経管栄養で知っておくべき点
- 進行した認知症患者の余命を延ばすエビデンスはない．
- 経管栄養の利用は，胃内容物や唾液の誤嚥を防がない．経管栄養を導入する前に誤嚥していた人は，導入後も誤嚥を続けることが多い．
- 経管栄養による栄養補給と褥瘡の発生予防の関係は，不明のままである．
- 多くの家族は経管栄養をしないと終末期の患者は飢えたり，のどが渇いたりするのではないかと心配する．しかし，終末期の患者は，氷片やグリセリン綿棒で癒されれば，飢えも渇きも感じていないことが知られている．

全体のケア目標
栄養の決定が全体のケア目標と矛盾がないようにする

- 進行した認知症に対する経管栄養の利用を最低限にする
- 経管栄養を利用している人が適切なケアを受けられ，栄養状態を保持し，合併症を予防できるようにする
- 経管栄養の継続の適切性を定期的に見直す
- 適切でないとき，経管栄養を中止する手続きを踏むことを検討する

II トリガー

経管栄養をしているすべての人がトリガーされるが，トリガーされた人は認知機能によって以下に分類される．

◉ 認知機能が残されている場合：

- 経管栄養を現在実施［K3＝5か7］
- 日常の意思決定に少なくとも多少はかかわっている（自立から中等度の障害）［C1＝3以下］

上記に該当する人は，経管栄養の利用の有無を本人が自ら行うことができる．多くの場合，他者の言うことを理解したり，他者に自分を理解してもらう能力が残されている．

《諸外国での割合》
居宅サービス利用者：1％，介護施設入居者：約3％，一般高齢者：ほとんどいない

◉ 認知機能が障害されている場合：

- 経管栄養を現在実施［K3＝5か7］
- 日常の意思決定にかかわる能力がない（重度の障害）［C1＝4か5］

このグループに入る人は，困難な課題をかかえることがある．他者とコミュニケーションする能力がまったくあるいはほとんどなく，ADLがほぼ全面依存である．80％以上は座位を保てず，嚥下困難があり，尿のコントロールができない．

《諸外国での割合》
居宅サービス利用者：1％，介護施設入居者：3％，一般高齢者：ほとんどいない

◉ トリガーされない利用者

《諸外国での割合》
大多数（施設94％，居宅98％）は，このCAPにトリガーされない

III ガイドライン

経管栄養中の利用者を評価し管理するケアチームの関与

　経管栄養の利用は，難しい問題である．経管栄養中の利用者を評価し適切にケアをするには多くの職種の専門知識が必要である．なかでも看護師が中心的な役割を果たし，いつ他職種の専門知識が必要であるかの判断をする立場にもある．看護師は，医師や栄養士に対し，日々のケアの問題やトラブル，そして経管栄養継続の適切性について評価・報告する姿勢をもつ必要がある．経管栄養中の利用者が適切な栄養摂取ができているかを栄養士が定期的にフォローする体制が望まれる．その他の職種としては，言語聴覚士(摂食と嚥下能力の評価)，作業療法士(誤嚥を防ぐポジショニング)，ソーシャルワーカー，宗教者（倫理的な問題と心理社会的なサポート）などがある．

心理社会的な問題は検討されたか

　　食事をすることは，楽しい社会活動であり，食事介助は介護行為のシンボルでもある．自立して食事をする能力が失われれば，本人や家族の双方に，心理社会的にネガティブな影をおとすことがある．
- うつの兆候をモニターする（気分のCAPを参照）．
- 経管栄養中の利用者を社会につなげるそのほかの方法を検討する．
- ソーシャルワーカーや宗教者など他のチームメンバーからの情緒的社会的サポートを提供する．

●*看護観察*
経管栄養中の利用者に対する日々の管理の実施

毎日実施すること：
- 胃ろう部の清潔．
- 胃ろう部の出血と局所感染（発赤，腫脹，膿など）の有無を確認．
- 消化管閉塞の兆候や症状がないか（腹部膨満，腹痛，腹部のけいれん，腹部の硬直，腸蠕動音の消失，吐き気，嘔吐，胃内容残渣の貯留，下痢または排便がない，腸閉塞）．
- 水分摂取の状況（脱水か血流量増加か，嘔吐）．
- チューブは外れていないか．
- チューブを用いた栄養補給を持続的にか，1日に数回に分けて行う．栄養剤の選択と提供方法は医師または医師の指示を受けた栄養士によって決定されるべきである．

定期評価：
- 少なくとも月に1回の体重チェック．
- 電解質，血清アルブミン，ヘマトクリット値の血液検査．
- 栄養士による定期評価．
- 経口摂取の可能性を定期評価．言語聴覚士や作業療法士のアドバイスを得る．
- 胃ろうチューブまたは空腸ろうチューブの定期交換．3ヵ月に1度など頻度はそれぞれ

個人や施設で異なる．

経管栄養のトラブルと予防

日々の観察で見つかるトラブルの発生率とその対応方法

トラブルの内容	平均発生率	症状	対応
感染			
軽度	4％	胃ろう部周辺の蜂窩織炎	局所への外用抗生剤の塗布
重度	1％	発熱，低血圧，発汗	医師に連絡
出血			
軽度	1％未満	胃ろう部周辺の出血	医師に連絡
重度	ほとんど0	低血圧，ヘマトクリット値の低下，鮮血の流出	緊急事態；本人を落ち着かせ，医師に連絡
下痢，胃痙攣	12％	痛み，下痢，脱水	消化管閉塞の兆候* がないか腹部の診察 医師に連絡 消化管感染の可能性を除外 栄養士に相談（栄養剤の変更の必要性）
吐き気，嘔吐	9％	吐き気，嘔吐，腹部膨満，脱水	胃内容残渣* の確認，注入速度をゆるめる*，消化管閉塞の兆候* がないか確認，誤嚥を防止，医師と栄養士に相談
チューブのトラブル	4％		すべてにおいて医師の診察が必要な可能性がある
抜け		チューブが外れている	チューブ交換（尿カテーテルが使われることもある）
詰まり		栄養剤の流れが止まる	水でフラッシュ
漏れ		胃ろう部からのもれ	交換が必要なこともある（尿カテーテルが使われることもある）
重症のチューブ障害 （腸穿孔）	1％未満	腸蠕動音の消失，腹部の過緊張，吐き気，嘔吐，下痢，腸蠕動の消失（腸閉塞），低血圧	緊急事態 医師に即座に連絡

＊定義：
<u>胃内容残渣</u>：栄養剤注入前の吸引において胃に残されている食物残渣の量
<u>注入速度をゆるめる</u>：指示された速度よりも遅い注入
<u>消化管閉塞の兆候</u>：胃痙攣，嘔吐，腹部膨満，腸蠕動音の消失または亢進，腹部圧痛

経管栄養に伴うその他の深刻な合併症はあるか確認

- *誤嚥*：経管栄養の利用によって誤嚥を防止することはない．経管栄養を開始する前に誤嚥をしていた人は，開始後も唾液や胃内容物の誤嚥を繰り返す危険性が高い．誤嚥は本人にとって不快であるだけでなく，誤嚥性肺炎を引き起こす．
- 経管栄養中の誤嚥防止対策：
  - 適切な注入スピードを選択する（医師と栄養士に相談）
  - 胃内容残渣が多くないか確認する

- 必要時口腔内の吸引をする
- 経口摂取をしている場合，適切なテクニックを用いる．必要時栄養士，作業療法士，言語聴覚士のアドバイスを得る

❑ **誤嚥性肺炎の兆候と症状：**
- 咳，呼吸困難，喀痰の増量
- 発熱，呼吸数の増加，発汗，精神レベルの低下，興奮
- 低血圧，脱水の兆候

❑ **検査結果：**
- 白血球数の増加，血中尿素窒素，クレアチニンまたはナトリウム値の増加
- 胸部X線における湿潤影
- 低酸素症

❑ **考えられる対応**
- 本人を落ち着かせる（たとえば酸素の使用）
- 医師，呼吸療法士への連絡
- 抗生剤投与と経静脈輸液を必要とする可能性がある

身体抑制を受けているか，向精神薬を服用している　経管栄養を受けている人は，しばしば認知障害があり，興奮しやすい．その場合胃ろうを抜いてしまうことがあるため，経管栄養中の人が興奮状態にある場合，身体抑制や向精神薬による鎮静の対象になりやすい．調査研究によると，経管栄養中の抑制率はそれ以外と比較して高いことが示されている．

　　身体抑制も薬物による鎮静も深刻な副作用があるため，避けるべきである．チューブ抜去を防ぐための使用は最終手段とすべきである（身体抑制と適切な薬剤使用のCAPを参照）．

経管栄養の継続適切性について定期評価　胃ろうを造設するかどうかの決定は，この時点に先立って行われている（低栄養と脱水のCAPを参照）．継続して利用するかどうかは，すべての治療と同様，全体のケア目標と今も合っているのかを定期的に確認すべきである．経管栄養を中止するのは技術的には簡単なこと（ほとんどのPEGは中等度の力で安全に抜け，痛みを伴わないようにデザインされている）であるが，中止は，本人や家族に情緒的，そして倫理的な困難が伴うため心理社会的ニーズに配慮する必要がある．

経管栄養の中止理由
- ❑ 経口摂取が十分に可能になった．この評価には栄養士，言語聴覚士，作業療法士に関与してもらうことを検討する
- ❑ 全身状態が改善しないか，十分な経口摂取が達成されず，経管栄養の利用はケア目標に合っていない．代替案として下記の方法を検討する：
    - 時間をかけた慎重な経口摂取介助．十分なカロリー摂取はできないが，本人のQOLにとっては好ましい

- 終末期を迎えた人へのサポーティブケア（たとえば，痛みの緩和，呼吸困難のコントロール，口腔湿潤を保つための氷片やグリセリン綿棒，清潔ケア，心理社会的サポートなど）

嚥下が改善しないか，十分な経口摂取が達成できなかった人への経管栄養中止の判断ステップ

> 経管栄養の中止については法律に配慮すること．法は国によって異なる．

認知機能が正常で，自身に施される治療に決定を下せる能力がある
- 経管栄養に関する本人の状況を明確にするため，関係するケアスタッフとのミーティングをもつようにする．
- 本人の状況，そして，経管栄養を続けることと，支援的なケアや経口摂取に切り替えた場合のリスクおよびメリットについて本人が再度確認し，さらに本人が経管栄養を選ぶうえで何の支障もないことを本人に伝える必要がある．このためにも，医師をミーティングのメンバーに含めて構成する．経管栄養の中止は十分に情報提供されたうえでの決定でなくてはならない．
- 適切なら，家族を意思決定に関与させる．
- 本人の選択を尊重する．

認知機能が障害され，治療への意思決定ができない
- 経管栄養に関する本人の状況を明確にするため，関係するケアスタッフメンバーとのミーティングをもつようにする．
- 公式あるいは非公式の意思決定の代弁者を決める．
- 医師を含めて構成したケアスタッフチームとその人物がミーティングをもち，経管栄養を続けることと，サポーティブケアに切り替えた場合の本人の状態，そして，リスクおよびメリットを再度確認し，経管栄養継続に関するカウンセリングを行う．

認知機能が障害され治療への意思決定ができない場合，意思決定代弁者と話し合うべきこと
- 現在置かれている状況下で経管栄養を望むかどうかを示した書面による事前の意思表示はあるか．
- 現在置かれている状況下で経管栄養を望むかどうか本人が口頭で家族や医療スタッフに話したことがあるか．
- わかる限りの本人の価値観や好みを検討したうえで，意思決定の代弁者が判断する際，もし仮に本人が自分で意思決定できるのであれば，経管栄養を続けたいと思うかどうか．
- 経管栄養のリスクとメリットを十分に知ったうえで，経管栄養の継続は本人にとって最善の利益であるか．

本人の事前指示や最善の利益と意思決定の代弁者の選択が一致しなかった場合
- 意思決定代弁者の選択が十分に情報を得てなされている場合は，意思決定の代弁者の選

択と本人の事前指示は同等とみなされ，意思決定の代弁者の選択は尊重されるべきである．
- 意思決定の代弁者の選択が，本人の事前指示や最善の利益と相反することがまれにある．医療チームは意思決定の代弁者とともに十分な情報を得たうえでの決定にたどりつくよう最大限の努力をする．特別な問題があるような場合は，倫理委員会や裁判所の判断を仰ぐ．

参考資料

Finucane TE, Christmas C, Travis K. 1999. Tube feeding in patients with advanced dementia: A review of the evidence. *JAMA* 282: 1365–70. **Note:** This article reviews the current evidence of the impact of tube feeding in patients with advanced dementia.

Gillick MR. 2000. Rethinking the role of tube feeding in patients with advanced dementia. *NEJM* 342: 206–10. **Note:** This thoughtful piece presents the controversies related to tube feeding in advanced dementia.

Mitchell SL, Tetroe A, O'Connor AM. 2000. Making choices: Long-term feeding tube placement in elderly patients. **Note:** This is a booklet and audiotape designed to assist substitute decision makers with the dilemma of whether to place a feeding tube on an older person with eating problems. It contains information regarding tube feeding, including its risks and benefits, substitute decision making, and how to weigh the information together with the patients' values and preferences. The decision aid can be viewed and ordered online at www.lri.ca/programs/ceu/ohdec/decision_aids.htm or by calling the toll free number (U.S. and Canada only) 888-240-7002.

Schneider SM, Raina C, Pugliese P, Pouget I, Rampal P, Hebuterne X. 2001. Outcome of patients treated with home enteral nutrition. *JPEN J Parenter Enteral Nutr.* (July–August) 25(4): 203–9. **Note:** This article is evidence-based and gives additional values to the topics.

Sheehan MN, Belleville-Taylor P, Fiatarone M, Hartery S. 1997. Feeding tubes. In Morris JN, Lipsitz LA, Murphy KM, Belleville-Taylor P, eds. *Quality care in the nursing home.* St. Louis, MO: Mosby. **Note:** This chapter provides a detailed overview of assessment and management of the person with a feeding tube. Case examples are presented.

執筆
Susan L. Mitchell, MD, MPH

CAP 23　健診・予防接種

I　問題

　疾病や障害は，いったん発生してから対応するよりも，発生しないように予防するほうが望ましい．したがって，このCAPは利用者にこうした予防ニーズの有無を(血圧測定や予防接種，乳がんの検診など)ケアスタッフが判断することを喚起し，利用者の居住場所にかかわらずできる限りそのニーズが満たされることを目指している．予防対策は，高齢期に入る前に実施したほうが効果的であるが，高齢期になってからでも効果があることは示されてきており，とくに高齢期での実施を推奨している予防対策もある．ほとんどの成人，とくに高齢者に対する健康状態のスクリーニングは，定期的な医師の診察時に合わせて行うのが最も合理的であることが示されている．

　予防対策は，一般的に予防接種と健康診断に分かれる．予防接種は疾病を予防し，健康診断は治療可能な状態で疾患を早期発見することが目的である．両方とも目標は有病率と死亡率を下げることである．こうした予防対策の成果を，それによって防ぐことができる疾病の罹患年数を用いて測った場合，高齢期における予防対策の優位性は低下するが，それでも多くの高齢者にとって予防対策は大きな価値がある．65歳高齢者の平均余命は，20年に近づいていることに留意すべきである．さらに，高齢期の疾患の多くは慢性的で完全に治ることはないが，機能障害につながる問題を早期に発見し，治療することで，機能低下を遅らせることができたり，低下そのものを防げる可能性がある．

全体のケア目標
・予防ニーズのある利用者が特定され，適切な対応がなされる

II　トリガー

◉**医師の最近の診察[O5c＝1以上かO6＝1以上]にかかわらず，予防ニーズがあるとしてトリガーされる利用者**

　最近受診したが，下記の1つ以上の予防対策を行っていない
- 過去1年間の血圧測定［O1a＝0］
- 過去5年間の大腸内視鏡検査［O1b＝0］
- 過去1年間の歯科検査［O1c＝0］
- 過去1年間の眼科検査［O1d＝0］
- 過去2年間の聴覚検査［O1e＝0］
- 過去1年間のインフルエンザワクチン［O1f＝0］
- 過去2年間のマンモグラフィ（女性のみ）［O1g＝0］

❑ 過去5年間の肺炎球菌ワクチン［O1h＝0］

《諸外国での割合》
居宅サービス利用者：40％，介護施設入居者：80％

◉ **予防対策も医師の受診も行っていない**

受診もせず［O5c＝0またはO6＝0］，予防対策も行っていない
　❑ 過去1年間の血圧測定［O1a＝0］
　❑ 過去5年間の大腸内視鏡検査［O1b＝0］
　❑ 過去1年間の歯科検査［O1c＝0］
　❑ 過去1年間の眼科検査［O1d＝0］
　❑ 過去2年間の聴覚検査［O1e＝0］
　❑ 過去1年間のインフルエンザワクチン［O1f＝0］
　❑ 過去2年間のマンモグラフィ（女性のみ）［O1g＝0］
　❑ 過去5年間の肺炎球菌ワクチン［O1h＝0］

《諸外国での割合》
居宅サービス利用者：35％，介護施設入居者：ほとんどいない

III　ガイドライン

　予防の概念を広くとらえると，さまざまな検査や処置などの医学的な介入を含むことになるが，このCAPではより一般的な予防対策を取り上げる．他のCAPにおいても，それぞれの問題についての予防を取り扱っている．

　このCAPのトリガーとなっている項目の1つでも実施されていない場合，利用者に対する予防活動が適切に行われていない可能性を示し，より質の高い包括的な医療にアクセスできているかを確認する必要がある．健康診断や検診を受けていない利用者はそれを検討するよう勧められるべきである．それらを受けること，そしてその後に行われる治療に伴う負担とその効果について，本人の年齢と状態を鑑みて検討する．

　成人，とくに高齢者に一般的に勧められている予防接種と健康診断の内容を下記に挙げた．このCAPでは基本的に検体採取を必要とする予防対策は取り扱わないが，高齢者の包括的な管理には，スクリーニングや経過をみるためのベースライン値として，そうした検査を必ず実施する必要がある．どの年齢にどの検査を実施すべきかについては，合意には至っていないが多くの議論がなされている．他のCAPで扱う予防対策（たとえば褥瘡の予防や飲酒に関連した問題など）は取り上げていない．

　標準となっている定期的な健康診断は，国によって異なることに留意する．このCAPに書かれていることは，多くの国で採用されているガイドラインに基づいているが，政府や関連機関からの援助なしに予防接種や検査を実施することは実際は難しいので，それぞれの国で採用し

ている制度を把握することが重要である．このCAPで紹介しているアメリカのガイドラインは，他の国でも行われている可能性があることを意図して引用している．

予防接種　高齢者は多くの感染症，とくに下部呼吸器系の感染症に罹患しやすい．インフルエンザと肺炎は高齢者の死亡原因の上位である．したがって，高齢者が適切な予防接種を受けたかどうかを確認することのメリットは明白である．米国では，高齢者が入院したときには，インフルエンザと肺炎ワクチンの接種歴を尋ねることは公的保険において規定されている標準ケアである．カナダの行政当局は，65歳以上の高齢者には，年に1度のインフルエンザの予防接種と適時の肺炎球菌ワクチンの接種を推奨している．ある一定の期間内に予防接種を受けていないことが判明した場合は，急性期病棟に入院中にそれらを提供するべきであるとしている．

インフルエンザ　インフルエンザの流行は通常晩秋から冬季であり，特別な事情（ワクチンへのアレルギーなど）がない限り，すべての高齢者が毎年この時期の前に予防接種を受けるべきである．ウイルスは年単位で変化するため，ある年のワクチンが翌年にも大きな予防効果があるとは考えにくい．

　米国の疾病管理予防センター（CDC）では，インフルエンザ予防接種の対象を，禁忌例でない限りは50歳以上全員と，ある特定のグループとしている．最近は他の年齢層の人々にも勧められるようになっている．同様のガイドラインは米国の国立免疫諮問委員会（NACI）においても出されている．インフルエンザ予防接種は，最も費用効果の高い，利用可能な医学介入の1つであるとされている．留意すべきは，高齢者はどの年齢層よりもインフルエンザによる入院，そして，死亡している割合が高く，インフルエンザに関連した死亡の80〜90％は高齢者である．年によって大きく異なるが，インフルエンザ予防接種は平均して70％の人に効果があり（発症を予防し），残りの30％については未接種者よりも軽度の経過で済むことが多い．

肺炎球菌とその他の感染性疾患　肺炎球菌のワクチン接種は，毎年必要というわけではないが，ほとんどの高齢者に推奨される．破傷風ワクチンは，禁忌例でない限り，10年に1度実施することを，上記のCDCやNACIのような機関で勧めている．肝炎や水疱瘡，髄膜炎菌性疾患などのその他の感染症へのワクチン接種の詳細は，CDCのウェブページやカナダ行政当局の予防接種ガイドを参照のこと．

健康診断　健康診断は，問題としている疾患の発生率が高く，かつ，治療方法が存在するか，早期に発見することで進行を遅らせることができる方法がある場合に実施する価値がある．また，受ける本人にある程度の健康余命が残されていることも前提である．

高血圧症　高血圧症とは血圧140/90以上と定義され，収縮期血圧が120〜139および拡張期血圧が80〜89は高血圧症の前段階（正常高値血圧）とみなされている．高血圧症は冠状動脈および脳血管疾患の大きなリスク要因である．

米国の国立衛生研究所（NIH）の高血圧委員会によれば，55歳で正常高値血圧であった人の90％がその後の人生において高血圧症を発症している．血圧を下げること（収縮期高血圧単独も含めて）が晩年にも有効であることを示す説得力のあるデータがある．さらに，いくつかの大規模な研究において，血圧をコントロールした場合に脳卒中やうっ血性心不全の発症率，死亡率を下げるという結果が示されている．したがって，血圧を定期的に測定することが強く勧められる．どの程度の血圧にコントロールすべきかは，本人の年齢や健康状態により異なる．

　　推奨される血圧測定の頻度は機関によって異なる．米国の医学研究所では50歳以上で，心疾患のない正常血圧であり，リスク要因がないのであれば，2年に1度の血圧測定を勧めている．多くの学会では，治療を受けに来た成人には血圧を測ることを勧めている．血圧測定の正しい方法はNIHのウェブサイトを参照のこと．

乳がん　乳がんは女性にとって最も頻度の高いがんである（皮膚がんを除く）．女性の約9人に1人は乳がんになる確率である．母親か姉妹が乳がんである，あるいはある遺伝子マーカーが存在する，などいくつかの要因が乳がんの高いリスクと関連している．マンモグラフィによる乳がん検診は50歳以上の女性の乳がんを減らすというデータがある．マンモグラフィより新しい放射線画像診断がより効果がある可能性はあるが，執筆時点での確かなデータはない．

　　米国では40歳以上の女性には1，2年ごとに乳房診のあるなしにかかわらずマンモグラフィを実施することを推奨している．カナダでは，50歳から69歳の女性は毎年の乳房診とマンモグラフィーを受けるべきとし，英国では，この年齢層の検診を3年ごと，ただし70歳以上の女性には希望に応じて実施している．

　　家族歴の考慮が必要な場合，検診を開始する時期やその頻度に関して別途検討を要する．乳房の自己検診については，意義が不明確なため，特別に推奨はしていない機関が多い．75歳から80歳以上の女性に制度としてマンモグラフィを実施することを支持するデータは乏しい．検診の推奨は，生命予後に影響している本人の健康状態を考慮して行わなければならない．一般的に，もし余命が6年以上あれば，マンモグラフィーや近い将来開発される新しい検診を受けることを勧める．かかりつけ医が定期的に乳房診を実施することは，スクリーニング方法としての効果を支持するデータには欠けるが，多くの団体が推奨している．

結腸直腸がん　100人中6人が一生のうちに結腸直腸がんになる確率があるという報告がある．この確率を高める要因がいくつかある．人種による発生率の違いは，このがんに顕著な遺伝子要因があることを示しており，ある人種は若年における直腸がんの発生率が他よりも高い．さらに直腸がんの発生率は居住場所によって大きく異なり，それは食習慣の違い，および他の環境要因があると考えられている．一般的に発生率は年齢とともに上昇する．カナダでは女性の2番目，男性の3番目に多いがんである．

　　直腸診と便潜血検査が伝統的な検査方法である．残念なことにこれらにスクリーニングとしての価値があることを示すデータは限られている．しかしながら，実施が簡便である

ので，大腸内視鏡ができない状況下では価値があるだろう．便潜血は偽陽性率（間違って「ある」とする）も偽陰性率（間違って「ない」とする）も高いことが問題である．現在大腸内視鏡が標準的な予防方法になっている．なぜなら，大腸のがんは隆起，多くは腺腫から発生し，それは通常内視鏡で発見可能で，切除可能だからである．そのほかの放射線撮影による検査法（注腸造影）もあるが，隆起が発見された時点で内視鏡を行い生検または切除をする必要性がある．大腸内視鏡の推奨される実施頻度は継続的に議論されており，前回検査でポリープがあったかどうかが目安となる．また便がきれいに排出されていないと前がん状態の隆起は容易に見つけることはできない．超高齢者には大腸内視鏡はリスクが高いことは知られており，高齢者の結腸腫瘍形成の発生率は高いものの，80歳以上における予防による生命延長年の平均は50歳〜54歳よりも短い．

婦人科系のがん（子宮頸がん，子宮体がん） 高齢者に1〜3年ごとの細胞診を勧めている団体があるが，実施の年齢上限は未だ議論されている．定期的に検診を受けていて，性交渉の相手が多くない場合は，無症候性で閉経していれば，65歳以降に検診を受ける価値は小さいと考えられる．

前立腺がん 毎年の直腸診を勧めている団体がいくつかあるが，先進的な機関では勧めていない．血液検査によるPSA検診は広く行われているが，偽陰性と偽陽性の率が高いため，有効性には議論の余地がある．しかし，前立腺がんの診断を受けたあとの経過観察の手段としては大きな価値がある．

感覚障害 早期の聴力障害を予防する戦略はコミュニケーションのCAPで触れている．補聴器やその他の補助具が聴覚に劇的な改善を与えることは明白である．視覚に関しては，高齢者には毎年の眼科検診を勧めている団体が多い．

骨粗しょう症 米国人の2000万人から2500万人の低骨密度のため骨折の危険性が高い．年間100万件以上の骨折は骨粗しょう症によるものである．カナダの公衆衛生機関によると50歳以上の女性の4人に1人，男性の8人に1人は骨粗しょう症である．同様のデータは他の国でも見られ，とくに白人女性が多い国や年間の日照時間が短くビタミンDの体内産生が限られる北欧諸国に住む人々に多い．この問題は転倒と栄養のCAPで触れいてる．

　米国の骨粗しょう症協会は現在65歳以上の女性にX線骨密度測定（骨の強さを推定するカルシウムの密度を測る）を勧めている．しかし，この測定は骨密度を測るが，その構造はみていないので，ほかの検診方法が開発された場合，この推奨は変更されるであろう．男性への推奨は検討中である．

結核皮膚テスト 米国では2段階で行われ，まず精製蛋白誘導体PPDを抗原として皮内に注射し，それが陰性であった場合，約2週間後再検査する．

血液検査 さまざまな年齢層に血液検査は実施可能であり，広く行われている．それぞれの検

査のメリットを確認することは難しい．しかし，これは，たとえばヘモグロビンやビタミンＢ12のレベル，甲状腺の機能の定期検査など，血液検査を何回も行うことにメリットがないと解釈すべきではない．どの頻度で行われるべきかについては明確ではない．さまざまな脂質の異常の検査は，とくに40代になった男性に対して，女性の場合もう少し後になってから実施することを多くの学会で勧めている．

喫煙 喫煙は，年齢を問わず，喫煙者にも，その環境にいる人にも有害である．さらに，緊急でない外科手術の１，２週間前であっても禁煙することは，術後合併症のリスクを低下させることが知られている．米国では急性期病棟に肺炎で入院した患者には，喫煙歴を採取し，喫煙している場合は禁煙グッズを与えることにしている．

その他 いくつかの検診，具体的には卵巣腫瘍（たとえば血清腫瘍マーカーや超音波による），肺がん（レントゲン，喀痰検査による），心血管の疾患（CTスキャンによる）の価値は現時点では明確でない．65歳以上の男性に対する腹部大動脈瘤のスクリーニングは最近勧められるようになった．もし正常であれば，それ以上の検査は勧めていない．

　本人の臨床状態に応じたエクササイズプログラムの価値を助言する必要性を判断するスクリーニングは，多くの人によって強く勧められる．

参考資料

Fact sheets on immunization developed by Victoria, Australia, Department of Human Services: www.health.vic.gov.au/immunisation/factsheets
Health Canada Web site: www.hc-sc.gc.ca
NHS Breast Screening fact sheet: www.cancerscreening.nhs.uk/breastscreen/publications/over70.pdf
Osteoporosis Canada Web site: www.osteoporosis.ca
U.S. Joint National Committee on Prevention, Detection, Evaluation, and Treatment of High Blood Pressure: www.nhlbi.nih.gov/guidelines/hypertension/jnc7full.pdf

執筆
R Knight Steel, MD
John P Hirdes, PhD

CAP 24　適切な薬剤使用

I　問題

　加齢による変化は，薬剤から得られる効果や耐性に影響し，不適切な薬剤使用は利用者にとって害があることが証明されている．加齢に伴う変化，とくに腎臓や消化管の組織や細胞レベルの物理的な変化によって，薬剤の吸収，分布，代謝，排泄能力は変化する．これらの変化は，利用者を多くの薬剤副作用の危険性にさらすことになる．加齢に伴う体の組成の変化，とくに体脂肪と水の組成割合の変化は，脂溶性の薬剤の効果に影響する．さらに高齢者は往々にして複数の慢性疾患があるため，こうした薬剤の動態だけでなく，薬力学の効果にも影響する．高齢者は複数の薬剤を服用しているため，副作用のリスクはとくに高い．

　一方で，超高齢者であっても，リスクを上回る効果の確率が高く，それぞれの薬剤を使用する適応がある限りは，薬剤の使用は支持される．当然各薬剤の量は高齢者に適している必要があり，薬剤間の相互作用の可能性の検討はされるべきである．

　高齢者に対する「不適切な薬剤使用」は，高齢者や体の弱った人には適切とはいえない薬剤の処方，相互作用のある薬剤の組み合わせ，高齢者には多すぎる処方量など，いくつかの種類に分かれる．

　他方「適切な処方」とは，各薬剤の効果を単独に，また飲み合わせた場合にモニターすること，意図した適応がみられなくなったときにはやめること，潜在的な効果がリスクを明らかに上回っているときには処方すること，という過程が含まれる．

　多剤服用は必要性があり，複数の慢性疾患をコントロールする目的の場合に効果的である．しかし，頻繁に入退院していたり，複数の担当医がいる，あるいは市販薬を使用している場合，定期的に頻繁な薬剤服用歴の確認が必要である．

　薬剤に関連したネガティブな影響には，個々の薬剤単独の，あるいは飲み合わせたときの副作用に加え，不必要な医療サービスの利用や医療費，疾患の悪化，認知および身体機能の低下，QOLの低下などがある．

全体のケア目標

- それぞれの利用者が過少でも過剰でもない治療を受けられるように，適切な薬剤管理を促進する
- 個々の薬剤の適切な処方量や投与のタイミング，使用期間を促進する
- 処方されたとおりに薬剤を使用する利用者の能力と意志を高める
- 経過観察と薬剤の潜在的な危険性のアセスメント，介護者ができるだけ早く副作用を察知できるようにすることの重要性を示す
- 使用している薬剤服用歴の定期的な管理を奨励する

II トリガー

◉ トリガーされる利用者

以下の両方に当てはまる：

- 9種類以上の薬剤［N1の薬剤リストに9種以上］
- 下記の2つ以上に当てはまる：
    - 胸痛［J3e＝2から4］
    - めまい［J3c＝2から4］
    - 浮腫［J3u＝2から4］
    - 息切れ［J4＝1から3］
    - 体調が悪い［J8＝3］
    - 最近の悪化［T2＝2］

《諸外国での割合》
居宅サービス利用者：5〜10％，介護施設入居者：40％
（9種類以上の薬剤を使用し，副作用等の可能性のある利用者）

注：トリガーされなくても，以下の状態に当てはまれば，薬剤服用歴の確認を受けることを検討する．

- うつ
- せん妄
- 最近の認知低下
- 転倒
- 吐き気
- 最近の入院
- 体重減少
- 食欲不振
- 調子が良くない，などの不特定の訴え

III ガイドライン

　このCAPには薬剤服用歴を確認する際のポイントが書かれている．ただし，トリガーされるのは，9種類以上の薬剤を使用し，同時にある症状や状態にある人である．

複数の医師が処方しているか　処方している医師が複数いる可能性や，本人や介護者が店で買える漢方のような薬剤を使用している可能性を認識することが重要である．処方薬はすべて，処方医の指示通りに使用されるべきである．もし使用方法が異なっていれば，医師はそれを知る必要がある．看護師は，ある薬剤や複数の薬剤の組み合わせによって起こった

可能性のある症状や前兆について，本人や介護者から情報を得る重要な立場にある．

深刻な副作用の症状　系統別に以下のようなものが挙げられる
- 中枢神経系：せん妄，記憶障害，倦怠感，うつ，振戦など
- 循環器系：高血圧症，めまい，不整脈など
- 消化器系：食欲不振，体重減少，便秘，下痢，吐き気，嘔吐，消化管出血など
- 泌尿器系：尿失禁，残尿など
- 筋骨格系および外傷：事故，転倒，骨折，身体機能の低下など
- 呼吸器系：喘鳴，息切れなど
- 皮膚：痒み，発疹，浮腫など

このような症状がみられた場合は，薬剤が原因である可能性を検討すべきである

医師に知らせ，頻繁な診察を要する状態
- 認知機能の最近の変化（せん妄，認知機能，うつの CAP も参照）
- 身体機能の最近の変化（ADL の CAP も参照）
- 体重減少または増加（低栄養の CAP も参照）
- 尿のコントロールの最近の変化（尿失禁の CAP も参照）
- 外傷を繰り返す（転倒の CAP も参照）
- 入院
- 新たな症状の発生

とくに注意を要する薬剤　下記の薬剤は高齢者に多く（適切に）使用されている．これらを使用している場合は潜在的な副作用や相互作用を避けるために，薬剤服薬歴の確認はより頻繁に行う．とくに服薬を開始した直後は要注意である．
- ワーファリンなどの抗凝固薬
- 利尿薬
- ジゴキシン
- 降圧剤

　他の選択肢があるなら，避けたほうがいい薬剤がある．たとえば，非ステロイド系の抗炎症薬（NSAIDs）は消化管出血のリスクがある．

　すべての向精神薬の使用は，適応があること，そして経過観察が必須条件である（行動のCAP を参照）．精神安定，鎮静，催眠作用のある薬剤はできる限り最小の量で，しかもできる限り短い期間使用されるべきである．

　薬剤服薬歴の確認の目的は，最も少ない種類の薬剤の，最も少ない量で，望む成果をあげることである．しかし，多剤の使用はしばしば起こる．

多剤の服用が適切であると考えられる例

- 糖尿病がある場合，経口薬のほかにいくつかの種類のインシュリンが処方されることがある．さらに，コレステロールや血圧を下げる薬も必要となる
- 心筋梗塞の既往がある，またはうっ血性心不全，高血圧症の場合はしばしば数種類の薬剤を必要とする
- パーキンソン病の場合しばしば複数の薬剤投与を受ける

危険な状況であると考えられる例

- 商品名の異なる同じ薬剤カテゴリーに属する薬剤を使用している場合
- 薬剤以外による治療が，同等あるいはそれ以上の効果をもつ可能性があるにもかかわらず薬剤を使用している場合

よくみられるうえに，（いつもとは限らないが）有害だと考えられる薬剤の組み合わせ：

- ワーファリンと多くの薬剤との併用
- カリウム保持性利尿薬とカリウムを含む薬剤

必要時使用するとして処方されている薬剤（頓用）が長期間必要とされていない場合は医師に知らせる必要がある　逆に，重症の痛みに対する対応が十分でなく，用量の増量や頻度の増加，あるいは別の薬剤との併用が必要とされている場合もある（痛みのCAPを参照）

下記の単発の慢性症状がある成人向けにつくられた処方のガイドラインを確認する．複数の病気をもつ利用者に適用するときはより慎重に確認する

　　1種類であっても薬剤を服用している利用者，とくに複数の薬剤を服用している利用者に対する適切な薬物療法のガイドライン

1. 薬剤処方は，その個人に特有の必要性（適応）と治療の希望，および診療録に記された余命に基づく．
2. ある薬剤の潜在的な効果は，その使用に伴うリスクを上回らなくてはならない．いかなる薬剤の組み合わせも，その潜在的な効果は単独使用よりも高くなければならない．
3. 多くの状況では，利用者，あるいはそのインフォーマルな介護者との合意を探るべきであり，新たに処方するすべての時期および治療期間にわたって，利用者による治療の選択を検討に入るべきである．
4. 本人やケアスタッフ，インフォーマルな介護者たちは，薬剤の処方量と使用方法，期待される効果が出現する時期，どんな副作用が出る可能性があるのかについての情報をもつべきである．それぞれの薬剤には測定可能な目標値とそれをモニタリングする計画があるはずであり，モニタリングの結果により目標値や薬剤そのものが変更され

ることもある．
5．高齢者に対するほとんどの薬剤は，低量で開始し，その後期待される効果がみられる，あるいは副作用がみられるまで増量する．少量で始め，ゆっくり進むのが基本である．
6．薬剤の効果は，望むもの，望まないものにかかわらず，定期的に適切な医療職が記録すべきである．
7．薬剤が中止になった場合，本人の状態を経時的に観察および記録する．
8．不安などに使われる長期作用を有する薬剤は大部分の状況において避けるべきである．
9．誤薬や指示されたとおりに服薬していない場合は，医師に知らせるべきである．
10．薬剤服薬歴には，すべての処方薬，市販薬，薬剤でないが他の薬剤や本人の状態に影響する可能性がある健康食品等を含む．この服薬歴は，患者にかかわるすべての医師にわたすべきである．

薬に関する疑問がある場合は医師に連絡する　看護師がかかわっている場合，看護師は薬剤の効果と治療計画について本人と介護者たちに知らせる役割を担っていることがある．看護師は薬剤の変更に伴う症状の変化をモニターする重要な立場にある．

　系統的にモニタリングを実施することでいくつかの薬剤関連の症状は察知できる．それは，たとえば3日，7日，14日間などの合意した期間で行うのが適切と考えられる．症状がある場合，1日のうちのいつに起こったかも合わせて記録することが重要で，それによって薬との関連を示すことができる．このような系統的モニタリングは，新たな薬剤の必要性を示すことにもなる可能性がある．

免責事項：このCAPは薬剤管理に関するすべてを包括した手引き書ではない．看護師などは薬剤に関連した予期しない症状の徴候があったり，実際に症状の変化があった場合は必ず医師に連絡するべきである．

参考資料

  Boyd CM, Darer J, Boult C, Fried LP, Boult L, Wu AW. 2005. Clinical practice guidelines and quality of care for older patients with multiple comorbid diseases: Implications for pay for performance. *JAMA* 294: 716–24.
  Doshi JA, Schaffer T, Briesacher BA. 2005. National estimates of medication use in nursing homes: Findings from the 1997 Medicare current beneficiary survey and the 1996 medical expenditure survey. *JAGS* 53: 438–43.
  Fialová D, Topinková E, Gambassi G, Finne-Soveri H, Jónsson PV, Carpenter I, Schroll M, Onder G, Sørbye LW, Wagner C, Reissigová J, Bernabei R for AdHOC project research group. 2005. Potentially inappropriate medication use among home care elderly patients in Europe. *JAMA* 293: 1348–58.
  Fick DM, Cooper JW, Wade WE, Waller JL, Maclean JR, Beers MH. 2003. Updating the Beers criteria for potentially inappropriate medication use in older adults. *Arch Intern Med.* 163: 2716–24.
  Gandhi TK, Weingart SN, Borus J, Seger AC, Peterson J, Burdick E, Seger DL, Shu K, Frederico F, Leape LL, Bates DW. 2003. Adverse drug effects in ambulatory care. *NEJM* 348(16): 1556–64.
  Knight EL, Avorn J. 2001. Quality indicators for appropriate medication use in

vulnerable elders. *Ann Intern Med* 135(8S): 703–10.

Lane CJ, Bronskill SE, Sykora K, Dhalla IA, Anderson GM, Mamdani MM, Gill SS, Gurwitz JH, Rochon PA. 2004. Potentially inappropriate prescribing in Ontario community-dwelling older adults and nursing home residents. *JAGS* 52: 861–66.

McLeod PJ, Huang AR, Tamblyn RM, Gayton DC. 1997. Defining inappropriate practices in prescribing for elderly people: A national consensus panel. *CMAJ* 156: 385–91.

Monastero R, Palmer K, Qiu C, Winblad B, Fratiglioni L. 2007. Heterogeneity in risk factors for cognitive impairment, no dementia: Population-based longitudinal study from the Kungsholmen project. *AM J Geriatr Psychiatry* 15(1): 60–69.

Redelmeier DA, Tan SH, Booth GL. 1998. The treatment of unrelated disorders in patients with chronic medical diseases. *NEJM* 338: 1516–20.

Simon SR, Chan KA, Soumerai SB, Wagner AK, Andrade SE, Feldstein AC, Lafata JE, Davis RL, Gurwitz JH. 2005. Potentially inappropriate medication use by elderly persons in U.S. health maintenance organizations, 2000–2001. *JAGS* 53: 227–32.

Socialstyrelsen. 2003. Indikatorer för utvärdering av kvaliteten i äldres läkemedelsterapi. Socialstyrelsens förslag. Artikelnummer: 110–20.

Veehof LJG, Stewart RE, Haaijer-Ruskamp FM, Meyboom-de-Jong B. 2000. The development of polypharmacy. A longitudinal study. *Family Practice* 17: 261–67.

Zhan C, Sangl J, Bierman AS, et al. 2001. Potentially inappropriate medication use in the community-dwelling elderly. *JAMA* 286: 2823–29.

DrugInfoNet: www.druginfonet.com
Janusinfo: www.janusinfo.org
Pharmacy-related databases: www.pharmacy.org/wwwdbs

執筆

Harriet Finne-Soveri, MD, PhD

Daniela Fialova, PharmD, PhD

Palmi V Jònsson, MD

Bruce Leff, MD

Gunnar Ljunggren MD, PhD

R Knight Steel, MD

Katarzyna Szczerbińska, MD, PhD

Liv Wergeland Sørbye, RAAN

Eva Tòpinkova, MD, PhD

John N Morris, PhD, MSW

CAP 25　喫煙と飲酒

I　問題

　このCAPは喫煙と飲酒に関連した問題を扱う．過剰な飲酒と，いかなる量であっても喫煙は，すべての年齢層のさまざまな不健康状態と関連する．

　いかなる量であっても喫煙は，喫煙者本人とともに，受動喫煙に曝される同居者やケアスタッフに悪影響を及ぼす．喫煙は，よく知られているがんや循環呼吸器疾患以外にも，傷害（火事や爆発など）の重要なリスク要因であり，QOLの低下に結びつく．

　飲酒に関しては，疫学研究において少量から中等量であれば健康に良い影響があることが示されている．ただし，どこまでが安全な飲酒量のレベルかについては，複雑な問題がある．女性は男性よりもアルコールの許容量は低く，またアルコールに弱い人種や民族も存在する．

　1単位の飲酒は，純アルコール（エタノール）で15 mlとして定義されており，これはビールなら1缶（350 ml），ワインならグラス1杯（140 ml），蒸留酒なら45 mlに含まれている量である．米国のガイドラインでは，健康に良いとされる「中等度の飲酒」は男性の場合1日2単位，女性の場合1単位としている．

背景――喫煙は世界中において最大の予防可能な死因である．喫煙者の約50％は，喫煙に関連した疾患が原因で死亡している．喫煙の悪影響は，タバコに暴露されている年数が蓄積されることから，高齢者において顕著に現れることになる．65歳未満における喫煙の最大の悪影響は循環器疾患のリスクを高めることであるが，高齢者における死亡率を高める主な原因として肺がん関連がある．慢性閉塞性肺疾患，循環器疾患の患者においても，喫煙は死亡を高める．

　禁煙によって，高齢者であっても，喫煙に関連したほとんどの疾患のリスクを大幅に減らすことができる．さらに緊急でない外科手術を受ける1，2週間前であっても禁煙により，手術リスクは低下する．高齢者は若年者と比べ，禁煙が成功する確率は高いものの，高齢になるまで蓄積された喫煙影響によって，禁煙の効果は若年者よりも少ない．しかしながら，禁煙は，高齢者の喫煙に関連した疾病や死亡を減らす最も重要な方策といえる．

　過剰飲酒は，基本的には若年者の問題として捉えられることが多いが，飲酒関連の疾病は高齢者においても一般的であり，身体的，認知的，心理的，そして社会的な活動に影響を及ぼしている．飲酒の問題は男性に，より一般的にみられ，社会的に孤立していたり，独身や離別後の人に多い．高齢者は，飲酒行動について自ら話すことは少なく，そのうえ飲酒の問題は若年者に多いという認識があるので，高齢者の飲酒問題は検出率は低い．過剰飲酒は，転倒やうつ，あるいは混乱といった非典型的な特徴として現れていることもある．

　適切な飲酒量は，団体によってさまざまであるが，年齢，性別により異なっている．たとえば，米国の国立アルコール乱用と依存研究所（National Institute on Alcohol Abuse and Alcoholism）では，65歳以上の高齢者の適切な飲酒量を1日1単位としている．さらに，内科的あるいは精神科的な病状がある高齢者のアルコール量には，使用薬剤とアルコールの相互作

用や事故による外傷の可能性が更なる懸念事項として加わる．

> **全体のケア目標**
> ・喫煙者が禁煙に向けた適切な助言と支援を受けられるようにする
> ・必要時，飲酒量を減らす適切な助言，支援，治療を提供し，高レベルで飲酒している人の有害リスクを減らす

II　トリガー

このCAPでは利用者が禁煙や過剰飲酒を減らす手助けとなる方法を探る．

◉トリガーされる利用者

以下の1つ以上に当てはまる（アセスメント表に無い項目もある）：
- 本人が飲酒量を減らしたほうがいいと思っているか，ほかの人にそう言われている［―］
- 朝一番に飲酒する［―］
- この14日間に，1回で5単位以上の飲酒をした［J9b＝3］
- 毎日喫煙している［J9a＝1か2］

> 《諸外国での割合》
> 居宅サービス利用者：10％，介護施設入居者：5％，一般高齢者：7％

III　ガイドライン

喫煙

まず，喫煙パターンと期間を見極める
- 現在の利用者の健康状態を確認する．喫煙に関連した合併症（虚血性心疾患，脳梗塞や慢性閉塞性肺疾患など）があるなら，禁煙に向けた高い動機づけとなる．
- 非喫煙の同居者がいるか確認する．いる場合，本人が禁煙に成功する確率は高い．同居者との関係にもよるが，禁煙に関する話し合いの中に同居者のことを持ち出してみる．その際同居者との関係性が喫煙行動に影響している可能性にも留意する．
- 家庭内で酸素を使用するなどの危険な状況はないか確認する．

動機づけがある場合禁煙は成功しやすい　そのような利用者には禁煙に向けた働きかけが効を奏する確率が最も高い．
- うつがある場合，禁煙の可能性が低くなる．もしそうなら，うつに対する更なる検査や治療を受けられるように適切な行動をとる（気分のCAP参照）

その他の検討事項
- 助言だけをしても，ほとんど効果がない
- 一般的に，医師が実施する典型的な禁煙治療は，禁煙指導と禁煙補助薬剤の処方である．
  - 適切なトレーニングを受けた禁煙支援の専門家がこうした指導をするべきである．
  - 補助薬剤は医師が処方しなければならない．
  - ニコチンガム，パッチ（ニコチン代替療法）は市販で入手可能である．
  - 一般的に，禁煙指導と補助薬剤の使用を併用することで最良の結果を生む．

飲酒

まず，飲酒パターンの全体像を確定する
現在のパターンとともに，過去のことも把握する．ときにそれは微妙な問題であり，遠まわしに聞く必要があるだろう．高齢者は，自分の飲酒量を少なく報告するというデータがある．

以下に当てはまる場合は，飲酒の問題に取り組む必要性が高い
- 本人が，飲酒量を減らす必要性があると考えている．
- 他の人が，飲酒習慣の問題を心配している．
- 飲酒について後ろめたい気持ちや恥ずかしい気持ちがある．
- 朝一番に飲酒している（気付けの一杯）．

飲酒に関連した健康問題の情報は重要なことがある
もし，認知機能に影響したり，多くの薬剤を服用する数々の疾患を抱えている場合は，飲酒レベルは最小限にするか，禁酒する必要があるかもしれない．
- 飲酒行動が破滅的になったきっかけはあるか．たとえば，死別や役割の変化，健康状態の悪化など．
- 飲酒が，本人の健康状態，身体機能，心理機能，社会機能に与えている影響の大きさを評価する．
- 飲酒が過剰であり，とくに本人の健康状態に影響を及ぼしている場合は，受診が必要である．アルコール離脱は，医学的に深刻な影響を伴うことがある．過剰飲酒をしている人，とくに合併症をもつ人がアルコール離脱を決心した場合は，解毒のために入院治療を受ける必要があり，それを勧めている行政機関もある．

飲酒問題には 2 つの発現の仕方がある
- 生涯にわたる過剰飲酒
- 高齢期の飲酒量の増加

とくに過剰飲酒が最近の問題である場合，誘発因子としてうつの可能性を検討する（気分の CAP 参照）

過剰飲酒の認識があるか，減量する意思はあるかを確認する
タバコやアルコールあるいは他

の薬物などへの依存状態にある人には，行動変容に向けた準備段階がいくつかある．たとえば，本人は問題を認識すらしておらず，行動を変えようなどと思ったこともない人もいれば，行動を変えようと考えている人もいる．後者の場合，治療の選択肢や支援プログラムに関する情報を受けることに，よりオープンであろう．

ケアプランの案

- 解毒や離脱症状の対応には短期の入院治療を必要とすることがある．
- 高齢者への使用は注意を要するが，向精神薬が有効なことがある．
- グループセラピーはしばしば利用される治療法である．それは，自己イメージを拡大したり，不安を共有したり，人間関係を構築する能力を再度獲得する機会をつくるのに役立つ．グループセラピーは，高齢者だけで構成されているほうが継続できる傾向がある．検証されていないが，男女も別のほうがいいとも言われている．
- アルコール依存症は，とくに早期発症の依存症の場合は慢性疾患であり，回復にはしばしば長期間を要する．
- 薬物乱用の専門家，とくに高齢者を専門とした人がいれば，それを活用する．
- すべての薬物乱用の治療において，家族や本人を囲むネットワークの関与は必須である．事実，アルコールの問題の少なくとも最初はケアの対象は，本人でなく家族であることがある．これは，本人の治療にとって必要という面以外に，家族は往々にして本人の行動によって深刻な心理的，ときに身体的な傷を負っているためである．

参考資料

Burns DM. 2000. Cigarette smoking among the elderly: Disease consequences and the benefits of cessation. *Am J Health Promot* 14(6): 357–61.

Dale LC, Olsen DA, Patten CA, et al. 1997. Predictors of smoking cessation among elderly smokers treated for nicotine dependence. *Tobacco Control* 6(3): 181–87.

O'Connell H, Chin AV, Cunningham C, Lawlor B. 2003. Alcohol use disorders in elderly people — redefining an age old problem in old age. *BMJ* 327(7416): 664–67.

Prochaska JO, DiClemente CC, Norcross JC. 1992. In search of how people change: Applications to addictive behaviors. *Am Psychol* 47(9): 1102–14.

Ranney L, Melvin C, Lux L, McClain E, Lohr KN. 2006. Systematic review: Smoking cessation intervention strategies for adults and adults in special populations. *Ann Intern Med* 145(11): 845–56.

執筆

Len Gray, MD, PhD

John P Hirdes, PhD

Charles Phillips, PhD, MPH

R Knight Steel, MD

CAP 26　尿失禁

I　問題

　尿失禁とは，社会的に適切なマナーで尿をコントロールすることができないことをさす．米国では居宅一般高齢者の15％に失禁があり，介護施設では50％を越す入所者に時々または定期的な失禁がみられる．失禁は，しばしば自宅から高齢者住宅や介護施設への転居へのきっかけとなる．

　失禁は年齢に伴って頻度は増すが，加齢に伴う正常な老化現象ではない．残念なことに失禁はしばしば恥ずかしさを伴うため，ケアスタッフにも言わないことがある．この問題をオープンに本人，家族と話し合うことは，ケアプランを成功させる第一歩である．

　失禁は，皮膚の発疹，転倒，社会的孤立，褥瘡のほか，尿カテーテルの利用に伴う潜在的なトラブルなど多くの問題を起こす．カテーテルの使用は，生命の危険を脅かす感染症の危険性を高める．またカテーテルは不快であり，さらに膀胱痙縮の治療にしばしば薬剤を必要とする．

全体のケア目標

- 尿失禁を認識し，原因を確立する
- 適切な診断と，治療により改善しうる利用者の膀胱機能の改善を促進する
- すでに失禁があり，ケアが効を奏する可能性のある利用者の失禁の悪化を防止する

II　トリガー

　本CAPの目標は，第一に改善可能な人の膀胱機能の改善を促進することであり，第二にケアプランに反応する能力があるかもしれない人の膀胱機能の悪化を防ぐことである．以下の基準で2つのグループを特定し，それぞれの対応策を検討する．

◉ **膀胱機能の改善のためにトリガーされる利用者**　次のすべての特徴に当てはまる場合
- 失禁を繰り返す（たとえ週に1回未満であっても）か，尿の排出がない［H1＝2以上］
- 認知能力がある（意思決定能力が自立か限定的な自立）［C1＝0か1］
- 移動が全面依存でなく，また広範囲な援助を受けていない［G2e＝4未満］
- 下記の急性基準の片方か両方に当てはまる：
    - 定時の排尿誘導を受けていないか［O21＝0か1］
    - 不安定な健康状態にあり，尿失禁の最近の発生や改善可能性をうかがわせる以下の状態の1つ以上に当てはまる：
        - 大腿骨骨折［I1a＝1から3］
        - ADLの最近の低下［G6＝2］

- 尿カテーテルの使用［H 2 = 1］
- 肺炎［I 1 s= 1 から 3］
- 下痢［J 3 m= 1 から 4］

> 《諸外国での割合》
> 居宅サービス利用者：10％，介護施設入居者：5％，一般高齢者：2％
>
> 介護施設入居者でこの基準でトリガーされた利用者の22％は次の90日間に失禁の改善をみている．居宅サービス利用者の改善率は16％である．悪化率は介護施設入居者15％，居宅サービス利用者10％である．

◉ **悪化を防ぐためにトリガーされる利用者：悪化率が高いグループ**　下記のすべてに当てはまる
- 失禁を繰り返す（たとえ週に1回未満であっても）か，尿の排出がない［H 1 ≠ 0］
- 認知機能が自立から中等度の障害（重度の障害以外）［C 1 = 0 から 3］
- 上記の急性基準のどちらにも当てはまらない（定時排尿誘導中であるか，不安定な健康状態でない）［O 21= 1］かつ［I 1 a, G 6, H 2, I 1 s, J 3 m= 0］

> 《諸外国での割合》
> 居宅サービス利用者：24％，介護施設入居者：40％
>
> 悪化率は介護施設入居者20％，居宅サービス利用者10％であり，改善率は両方とも10％程度である．

◉ **トリガーされない利用者：尿のコントロールができる**

> 《諸外国での割合》
> 居宅サービス利用者：55％，介護施設入居者：35％，一般高齢者：92％
>
> 悪化率は介護施設入居者で13％，居宅サービス利用者で11％である．

◉ **トリガーされない利用者：認知機能の重度の障害**

> 《諸外国での割合》
> 居宅サービス利用者：11％，介護施設入居者：15％，一般高齢者：1％未満
>
> 悪化率は介護施設入居者26％，居宅サービス利用者20％，改善率はそれぞれ4％，8％である．

III ガイドライン

　尿失禁とは，社会的に適切な方法で尿をコントロールできないことであり，多くの人にとって，トイレに行くまで排尿を我慢することができないことを意味する．尿失禁の分類方法はいくつかあるが，一般的に，原因により，腹圧性，切迫性，混合性（腹圧性と切迫性），溢流性，機能性の5つに分類できる．下記に挙げるように，それぞれの尿失禁にはいくつもの原因があり，発生率は性差が大きい．発生率の性差は，尿路の長さの違いや，妊娠や出産を経験した女性の骨盤の解剖学的変化が影響している．さらに関節炎や脳卒中などで歩行に制限があるためにトイレに間に合わないという単純な理由で失禁しているという場合も多い．

失禁のタイプ

腹圧性尿失禁　咳やくしゃみ，大笑い，重いものを持ち上げるなど膀胱に圧力をかける動作中に起こる失禁である．漏れの量は多くはないことが多い．いくつかの報告では，この失禁は，骨盤底筋の弱さや膀胱と腟の間の筋肉が弱まっていることから起こる女性に最も多いタイプの失禁とされている．女性におけるこれらの筋肉の弱さは，一般的に妊娠と出産，あるいは生理中または閉経後のエストロゲンの低下による．男性の腹圧性尿失禁は，前立腺摘除術後に起こることがある．腹圧性尿失禁は，以下のことで，解消するかその頻度は激減する．

- 骨盤底筋群のトレーニング．腹圧性尿失禁への効果は高く，第一選択とすべきである．
- 適切な水分量，アルコールやカフェインを多く含む飲み物の制限，肥満の場合の体重コントロールなど生活習慣の改善指導．
- 骨盤底筋群のトレーニングと合わせて投薬されることがあるが，その薬剤には副作用があることがある．
- 鍼，電気刺激は骨盤底筋トレーニングと合わせ使用され，さまざまな効果がある．
- 腟内器具の挿入―ペッサリなど
- インプラント
- 外科手術

切迫性尿失禁（過活動膀胱や痙攣性膀胱とも呼ばれる）　睡眠中や飲水，あるいは水が流れる音を聞いただけで，突然排尿したい衝動にかられ，失禁することをいう．漏れの量は非常に多いことが多く，治療には以下が含まれる．

- 定時排尿
- 膀胱訓練
- 抗コリン薬と抗痙攣薬などの薬剤によって筋肉をリラックスさせ，膀胱痙攣の神経シグナルを遮断する．

混合性尿失禁　意図しない尿漏れが，切迫性にも，咳やくしゃみなどによっても起こる．より大きな問題を先に治療する．

溢流性尿失禁　膀胱が常にいっぱいになり，あふれ出ることによって失禁となる．この失禁は，結石や腫瘍，前立腺肥大などで尿道が閉鎖されたときに起こる．そのほか，糖尿病やその他の疾患による神経のダメージによる膀胱筋の弱さによって起こることもある．男性の尿

失禁に多い．
- 定時排尿
- 膀胱訓練
- 間欠的導尿（自己導尿）
- 利尿や前立腺の縮小のために医師が処方している，下記に挙げるような薬剤投与
  - アルファブロッカーは前立腺肥大と膀胱下尿道閉塞によって生じた問題の治療に使われる．
  - アルファリダクターゼ阻害剤などの薬剤は肥大した前立腺を縮小するために処方されている．
- 手術と放射線治療

機能的尿失禁　泌尿器は失禁しないように機能しているにもかかわらず，身体機能や環境の妨害，思考やコミュニケーションの問題によって，排尿前にトイレに行くことができない人に起こる失禁をいう．機能的失禁を解消または改善できるかは，問題となっていることを特定し，対処することにかかっている（移動や移乗能力の改善のためにADLのCAPを参照する）．

失禁のアセスメント

　失禁を引き起こしたり，関っている要因はいくつもある．こうした要因を特定し，改善することによって，失禁は改善することがある．失禁そのものを話し合うのはときとして困難なので，この話題をするために失禁のリスク要因に目を配ることが重要である．リスク要因には，年齢，おねしょなどの幼少期の問題，男性の前立腺摘除，女性の妊娠や出産が含まれる．高BMI値もリスク要因である．女性の閉経も関連する要因である．

　失禁が一時的なものか，固定されたものかを判断することを目的として，問題の経過をよく知り，その詳細を得ることが重要である．詳細には，受診して行う泌尿器の機能や症状の標準化された検査，日誌の記載（尿失禁をした時刻と量，状況についての記載，たとえば咳をしたとき，トイレで排泄できた量など）が含まれる．

検査の内容：
- 身体の検査（骨盤や直腸診を含む）
- ストレステスト（たとえば，女性に咳をしてもらい，尿もれがあるか見る）
- 排尿時の観察や尿流量計測（尿の勢い，最大尿量に達するまでの時間，排尿量を見る）
- 尿検査
- 尿培養
- 残尿評価（複雑な既往のある人に検討すべき重要な診断指標）
- 膀胱鏡
- ウロダイナミック検査（膀胱内圧測定）

一時的な失禁に関連する改善可能な要因　下記に挙げる要因（頭文字DIAPPERSはおむつを意味する）は，治療可能であり，失禁の潜在的な原因である可能性がある．日常的にこう

したことがないか確認すべきである．

　せん妄　<u>D</u>elirium
　尿路感染症　<u>I</u>nfection（UTI）
　萎縮性腟炎　<u>A</u>trophic vaginitis
　薬剤（多くの種類）　<u>P</u>harmaceuticals/Medications（of many types）
　心理精神問題　<u>P</u>sychological and psychiatric problems
　過剰な水分　<u>E</u>xcessive fluids
　活動の制限　<u>R</u>estricted mobility
　便秘　<u>S</u>tool（constipation）

- ***せん妄***：最近の入院や薬物使用を含めせん妄の原因を特定する（せん妄のCAPを参照）．
- ***尿路感染症（UTI）***：尿路感染症の症状（尿に血が混じる，頻尿である，切迫感がある，排尿時に焼け付くような痛みがある，尿中白血球が増加する）．尿検査や培養，抗生剤治療のため受診する．
- ***萎縮性腟炎***：閉経後の女性のこうした問題は，下部尿路症状をしばしば引き起こす．適切なクリームやエストロゲンリングの使用が効果をもたらすことがある．
- ***萎縮性尿道炎***：尿管壁が薄くなり，局所のかゆみと粘膜の喪失をもたらす．萎縮性尿道炎による失禁は切迫性と排尿痛が特徴である．
- ***薬剤***：薬剤は一時的な失禁をもたらすことがあるが，失禁を改善するのにも薬剤が有効である．失禁に影響している可能性のある薬剤を見つけるため，薬歴を見直すこと，新たな薬剤がないか文献をあたることが役に立つ．アルコールと薬剤は，高齢者の失禁の一般的な原因である（適切な薬剤使用のCAP，喫煙と飲酒のCAPを参照）．
  - 利尿剤（降圧薬，慢性心不全に投与）は，切迫性尿失禁の突然の発症につながる．
  - 抗コリン薬は，溢流性尿失禁を引き起こす（膀胱収縮を阻害するため，膀胱がいっぱいになって，尿がもれる）．
  - 夜間の失禁は心不全，末梢静脈不全，薬剤によって起こりうる．受診する．
- ***精神健康上の問題***：重度のうつ（うつのCAPを参照）
  - 初期治療はうつに的を絞る．
- ***頻尿，多尿***：水分摂取の過剰により（アルコールやカフェインを含む）起こりうる．24時間の排尿量を1000 mlから2000 mlになるように水分摂取量を調整すべきである．
- ***活動の制限***：活動の制限があると，トイレに間に合わないことがある．ベッドやいすから自分で立ち上がることができない，視覚障害がある，転倒への恐れがある，足に問題がある，など（移動能力を改善するためにADLのCAPを，運動のメニューの提案のために身体活動の増進のCAPを参照する）．
  - 環境調整を検討する―たとえば，移動補助具の利用，トイレまでの導線確保，夜間ベッドの脇にポータブルを設置，トイレ介助ケアプランの実施
- ***便秘***：便秘は宿便（腸内につまった硬い便塊）をもたらす．宿便があると，膀胱に圧と刺激を与え，切迫性か溢流性の尿失禁をもたらす．宿便を排出することによって，尿失禁は改善する．

オムツ，パッド：

おむつやパッドを使用する際の検討事項
* フィット感
* 価格
* 吸収性
* 使用者の性別
* 活動レベル（1日中座っているか，歩き回って姿勢をより頻繁に変えるか）
* オムツやパッドを取り替える能力
* オムツカバーを綺麗にし洗濯する能力
* 使い捨てパッドを扱う能力

その他の考慮事項
* ぴったりくるものがない場合，いくつかのタイプ／メーカーのオムツやパッドを少量ずつ購入する．
* 椅子にパッドを敷いておくのは，活動レベルが高い人には役に立たないばかりか，目立つため避ける．

参考資料

Balmforth JR, Mantle J, Bidmead J, Cardozo L. 2006. A prospective observational trial of pelvic floor muscle training for female stress urinary incontinence. *BJU Int.* (October) 98(4): 811–17.

European Association of Urology: www.uroweb.org.

National Institute for Health and Clinical Excellence. 2007. NICE Guideline 50, Urinary incontinence. National Collaborating Center for Acute Care, London, England. www.nice.org.uk

NAFC: National Association for Continence; www.nacf.org. 1-800-BLADDER; 1-800-252-3337

National Institutes of Health: www.nih.gov; including the AGE Pages: www.niapublications.org/shopagepages

SIGN: Scottish Incontinence Guidelines Network. Management of Urinary Incontinence in Primary Care. www.sign.ac.uk/pdf/sign79.pdf

Urinary incontinence: 2005. *Clinical Practice Guideline,* AMDA.

Wainner, RS. 2005. Urinary incontinence is no longer just your grandmother's concern. www.texpts.com/uplimg/UINotJustGrandmotherProblem.pdf

執筆
Pauline Belleville-Taylor, RN, MS, CS
Knight Steel, MD
Katherine Berg, PhD, PT
John N. Morris, PhD, MSW

CAP 27　便通

I　問題

このCAPでは，便秘，下痢，便失禁という高齢者や障害のある人に最もよく見られる便通の問題を取り扱う．

「便秘」には標準的な定義はない．最も一般的には，排便が3日以上ないことをいう．3日以上排便がないと，便は通常より硬くなり，その結果排便が困難となる．また毎日排便があっても便が硬く，排便に不快感を伴う人もいる．そのような人は，通常医師に便秘で困っていると言うだろう．便秘で医師を受診する人は多く，とくに高齢者の間ではその20％には便秘があることが推定される．高齢者における高い発生率は，老化に伴う直腸の変化が部分的に影響している．

「下痢」は，頻繁な排便，あるいは緩いまたは水様の便をさす．下痢は，ほかの状態（便秘や便失禁）と同様に，慢性の場合も急性の場合もある．しばしば腹痛や発熱などそのほかの症状を伴う．また，単に軽度で不快感を伴う状態から，生命に危険がある状態まで幅が広い．原因は，急性の感染症によって起こることもあれば，直腸の疾患（たとえば憩室炎）や小腸の疾患からきている場合もある．なお，便秘により直腸が便で閉塞されると，緩い便しか排泄されないことに留意すべきである．

「便失禁」は，それ単独で起こることは少ない．多くは便秘か下痢のどちらかと関連しており，例外的に慢性的に管理が困難な場合がある．とくに便失禁が頻繁に起こる場合は，肛門括約筋の損傷がみられることがある．多くの人にとって便失禁は，社会的機能に影響が大きいため大きな悩み事になる．

全体のケア目標
- これら3つの便の問題の存在を認識し，原因を確定する
- できるだけ正常な機能が保てるようにそれぞれの原因に対応する
- 経時的に便通の状態をモニターできる体制を整える

II　トリガー

このCAPの目標は2つに分かれる．1つは，便通を可能な限り改善すること，2つ目は予防可能な悪化を防ぐことである．トリガーされる利用者を特定するためには，下記の改善可能性と悪化リスクを計算する必要がある．

- ❏ 悪化リスク：下記に当てはまる数
    - 認知機能の重度障害［C1＝4］

- 食事にケアを要する（見守りから全面依存）［G2j＝2から6］
- 寝返りができない（全面依存か行っていない）［G2i＝6か8］
- 尿失禁がある［H1＝5］
- 落ち着きがない［C3a＝2］
- 周囲に対する認識が変化する［C4＝1］
- 支離滅裂な会話がある［C3b＝2］
- １日の中で精神機能が変化する［C3c＝2］

□ 改善可能性：下記に当てはまる数
- トイレを使用できる（自立から部分的な援助）［G2h＝0から3］
- ケアスタッフは本人の自立度が向上すると信じている［G5b＝1］
- 肺炎［I1s＝1から3］
- 悪化している［T2＝2］
- 尿失禁でない［H1＝0から2］
- 過去180日間に大腿骨骨折した［I1a＝1から3］

●改善に向けトリガーされる利用者：以下のすべてに当てはまる
□ 悪化リスクへのあてはまりが0か1　かつ
□ 改善可能性へのあてはまりが2以上　かつ
□ 便失禁がある［H3＝2から5］

> 《諸外国での割合》
> 居宅サービス利用者：7％，介護施設入居者：5％，一般高齢者：1％未満
>
> このグループの次の90日間における改善率は介護施設入居者33％（悪化は19％），居宅サービス利用者は20％（悪化は6％）である．

●悪化を防ぐためにトリガーされる利用者：以下のすべてに当てはまる
□ 悪化リスクへのあてはまりが2つ以上　かつ
□ 便失禁がある（完全な失禁は除く）［H3＝2から4］

> 《諸外国での割合》
> 居宅サービス利用者：6％，介護施設入居者：15％，一般高齢者：1％未満
>
> このグループの次の90日間における悪化率は介護施設入居者30％（改善は11％），居宅サービス利用者は14％（改善は13％）である．

●トリガーされない利用者
その他すべての利用者．この中には便通の問題があり，通常にケアをされている人も含まれている．

III ガイドライン

アセスメントとケアプラン

いずれかの状態がある場合は，その症状が続いている期間，症状の重症度，そのほかの合併症の有無を評価する．腹部不快感，腹痛，発熱，便に血が混じるか黒色便（上部消化管からの出血を示唆）はないか確認する．排便習慣の顕著な変化や発熱，出血，痛み，継続する異常があるときは受診を要する．

これらの便通の問題には，移動能力の低下，最近の食事内容の変化，新たな服薬の開始，飲水量の低下（理由にかかわらず），異常な暑さが反映していることがある．

問題の原因が特定された後のケアプランの焦点は，本人が不快感を感じず，社会的に支障のない形での排便を促進することにある．

排便問題のアセスメント

問題の経過

- ここ2，3日間に何回排便があったか．それはその人にとって普通のことか．便の硬さはどうであったか．
- 便に出血はみられたか（赤い便か，異常に黒い便か）．
- 便を失禁した場合，量は多かったか，ほんの少しであったか．本人は便が出るときに気づいたか．
- 肛門や直腸の手術の既往歴はあるか．女性の場合出産時に直腸に傷害を負っていないか．
- 不耐性の食物（とくに牛乳など）はあるか．
- 排ガスが多かったり，お腹がはっているか．
- 発熱や腹部不快感があるか．
- 吐いたり，腹痛がなかったか．
- 食事内容，食物繊維や水分の摂取量に変化はなかったか．
- 症状を説明する知られている状態（憩室炎や糖尿病など）はあるか．
- 服用している薬剤は何か．最近開始した薬剤はあるか．
- 下剤を使用したことはあるか．もしあれば，多すぎなかったか．

便の性状

- 便のタイプ：硬さ，色，異常な臭い，便と混ざっていない鮮血の有無
- 排便時のいきみ
- 排便に関連した痛みはあるか

排便パターンの特徴

- 排便のパターンはあるか
- それは最近変わったか
- トイレを他人と共有したり，トイレ使用時にプライバシーが守られない状況はあるか

便秘のケアプランの案

食事内容・運動・排便パターンの改善に向けた工夫を日課に組み入れる．

- とくに最近の症状で，かつ受診により直腸の腫瘍やその他の原因の可能性が排除された場合．
- **排便パターンの特定**　便通を記録し，排便習慣を尋ねる．宿便が示唆されたら，直腸に便がおりてきているかを確認するために直腸診の必要性があるかもしれない．
- **痔やその他の肛門の亀裂の有無の特定**　医師に相談する．必要時軟膏塗布．
- **認知症やうつの有無をアセスメントする**　うつがある場合，精神科につなげる．認知症がある場合は，排便習慣トレーニングが効果を奏することがある．
- **本人が使用している薬剤と下剤や浣腸の使用状況を尋ねる**　抗コリン薬，睡眠薬，カルシウム拮抗薬，いくつかの失禁の薬，鉄剤，利尿薬，トランキライザー，制酸剤は便秘の原因となる．下剤や浣腸の過剰使用は便秘の問題を悪化させることがある．
- **日々の食事内容を尋ねる**　水分を用意し，水分摂取を勧める．食物繊維の摂取を増やす場合は，1～2週からひと月かけてゆっくり行う．
- **トイレに行く機会を奨励する**　ベッド脇へのポータブルトイレの設置，昇降便座の設置，朝食または他の食事の後など，便意が来そうなときにトイレに行くように声かけする．
- **身体活動を増やす機会を提供する**　定期的なウォーキングほか身体活動は便秘の改善または解消に役立つ．

便失禁のケアプランの案

- 最近起こったり，便に血が混じっている場合，受診の必要性が示唆される．
- 毎日同じ時刻に排便をするよう本人を促す．
- **神経筋の低下があるかを判断する**　この問題がある場合，排便訓練が効果的なことがある．排便予定時刻の30分前に座薬を投与する．
- 水分摂取量，食事内容の変更，排便時間，緩下剤，座薬，直腸の指刺激を含めた排便計画を作成し，モニターする．
- 宿便の有無をアセスメント　あれば宿便は取り除く．
- **便失禁の原因が慢性的な下痢の場合**　医師は整腸剤ロペラミド（ロペミンなど）を処方することがある．
- **直腸の括約筋異常が原因で便失禁している場合**　バイオフィードバック療法が有効なことがある．
- **丁寧なスキンケア**　便失禁がみられたときの最優先課題である．
- パッドやオムツを必要とすることがある．

下痢のケアプランの案

- 重度で急性，痛みを伴う，血が混じる，発熱を伴う場合は，すぐに医師に連絡する．
- 最近薬剤の変更はなかったか．
- **最近経管栄養を始めたか**　この場合栄養剤を薄めるか，注入速度を遅くする．
- **乳糖不耐性が疑われるか**　この場合食事からすべての乳糖を取り除く．

- *消化管の細菌感染が疑われるか*　培養のために便の検体を採取する．
- *宿便が疑われるか*　宿便は腹部臥位 X 線撮影により判明する．宿便があるなら，取り除く．
- *水分を用意する（炭酸や乳製品以外）*　下痢が続いたり，嘔吐を伴う場合は，容易に脱水をきたす．
- *下痢のときの薬剤*
    - *不特定の下痢*　医師はおおばこ種子やメチルセルロースなどの膨張性薬剤，ロペラミドなどの整腸剤を処方することがある．
    - *感染性の下痢*　疑わしいあるいは判明した病原体を対象とした治療が行われる．
- *丁寧なスキンケア*　下痢の後の最優先課題である．

精密検査のための検討事項
- 便秘や下痢，便失禁の存在が確かめられたら，更なる精密検査の必要性を判断する必要がある．
- 抗生剤を開始（別の理由で）し，突然重度の下痢を発症したときは，クロストレジウム・ディフィシル毒性が疑われるので，便の培養が必要となることがある．
- 痙攣性の腹痛があるときは下痢の程度は軽度であっても，CT スキャンにより憩室炎などを除外診断する必要がある．
- 鮮血でも暗褐色でも血液が認められたら，通常は大腸内視鏡が必要となり，食道，胃，小腸も同様に検査する必要がある．
- 多くの人々にとって，便の問題は慢性的であるが，適切な介入は実施可能である．

参考資料

American Medical Directors Association. 2006. Clinical practice guidelines: Gastrointestinal disorders in the long-term care setting. Columbia, MD.

Carpenito-Moyet L. 2004. *Nursing care plans and documentation*, 4th ed. Philadelphia, PA: Lippincott, Williams & Wilkins.

Finne-Soveri H, Sorbye LW, Jonsson PV, Carpenter GI, Bernabei R. 2007. Increased work-load associated with fecal incontinence among home care patients in 11 European countries. Accepted for publication in the *European Journal of Public Health*.

McGough Monks K. 2003. *Gastrointestinal system assessment in home health nursing*. St. Louis, MO: Mosby.

National Digestive Diseases Information Clearinghouse (NDDIC), Bethesda, MD: www.digestive.niddk.nih.gov/about/contact.htm

National Institute for Health and Clinical Excellence. 2007. NICE Guideline 49, Faecal incontinence. National Collaborating Center for Acute Care, London, England: www.nice.org.uk

---

執筆
Pauline Belleville-Taylor, RN, MS, CS
Knight Steel, MD
John N. Morris, Phd, MSW

付録編

尺度（Scales）

インターライ方式のアセスメントから算出される尺度※

1. 日常生活自立段階：
    ADL-H（Activities of Daily Living Self-Performance Hierarchy Scale）
2. 認知機能尺度：CPS（Cognitive Performance Scale）
3. うつ評価尺度：DRS（Depression Rating Scale）
4. 痛み尺度：PS（Pain Score）

※CAPの選定において，用いられている評価尺度のみを掲載．他にも痛み評価尺度（Pain Scale），IADL自立度（IADL Involvement Scale），社会参加尺度（Index of Social Engagement）などがある．詳細は，インターライの公式サイトを参照(http://www.inter-rai.org［英文］)

1. 日常生活自立段階：ADL-H（Activities of Daily Living Self-Performance Hierarchy Scale）

(1) 目的
　ADLの機能障害のプロセスを基に設定された7段階の尺度．この段階が変化した場合，利用者に有意な状況変化（改善・悪化）が起こったと解釈することができる．

(2) 指標の範囲
　7段階：0（自立［障害なし］）－6（全面依存）

(3) 使用する項目
　G2b．個人衛生　G2f．移動　G2h．トイレの使用　G2j．食事

> 《アセスメント表の選択肢》
> 0　自立・1　準備の援助のみ・2　見守り・3　限定的な援助・4　広範囲な援助
> 5　最大限の援助・6　全面依存・8　この動作はなかった
> 《算出のための換算値》
> 0～1→［0］　2→［1］　3→［2］　4～5→［3］　6・8→［4］
> （出典：interRAI© －Activities of Daily Living Short Form－）

(4) 算出方法

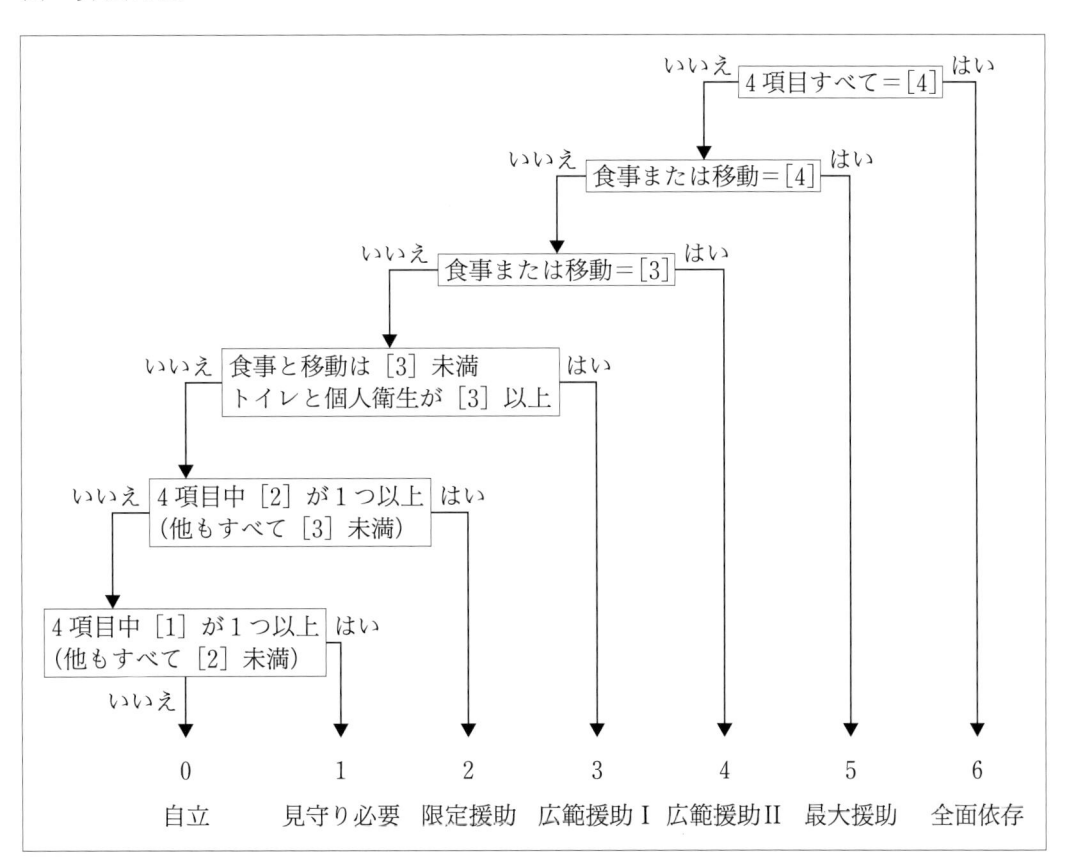

```
                                    いいえ ┌ 4項目すべて＝[4] ┐ はい
                              いいえ ┌ 食事または移動＝[4] ┐ はい
                        いいえ ┌ 食事または移動＝[3] ┐ はい
                  いいえ ┌ 食事と移動は[3]未満
                         │ トイレと個人衛生が[3]以上 ┐ はい
            いいえ ┌ 4項目中[2]が1つ以上
                   │（他もすべて[3]未満）┐ はい
      ┌ 4項目中[1]が1つ以上
      │（他もすべて[2]未満）┐ はい
いいえ │
   0        1          2         3           4          5         6
  自立   見守り必要  限定援助  広範援助Ⅰ  広範援助Ⅱ  最大援助  全面依存
```

文献：Morris JN, Fries BE, Morris SA. Scaling ADLs within the MDS. J Gerontol A Biol Sci Med Sci 1999; 54(11): M546-53.

2．認知機能尺度：CPS（Cognitive Performance Scale）

(1) 目的
　認知機能の評価を行う 7 段階の指標である．この 7 段階は代表的な認知機能の尺度である **MMSE（Mini-Mental State Examination）** の平均得点と高い相関がある．

(2) 指標の範囲
　7 段階：0（障害なし）− 6（最重度の障害がある）

(3) 使用する項目
　・C1．日常の意思決定を行うための認知能力（[0]〜[5]）
　・D1．自分を理解させることができる（[0]〜[4]）
　・C2a．短期記憶（[0]〜[1]）　　・G2j．食事（[0]〜[6], [8]）

(4) 算出方法

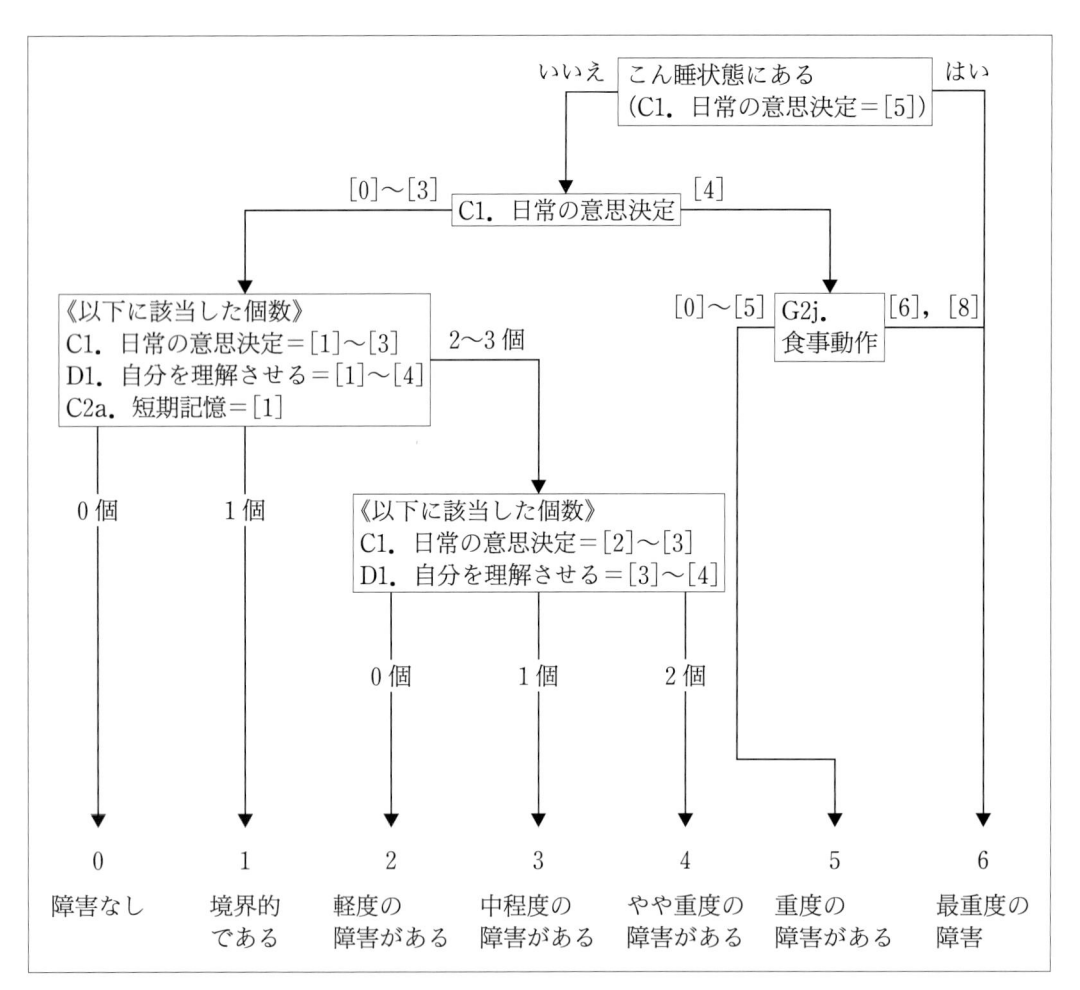

```
                              いいえ ┌ こん睡状態にある ┐ はい
                            ←───────│(C1．日常の意思決定=[5])│───────→
                                    └─────────────────┘
                    [0]〜[3]           ↓           [4]
              ┌─────────────── C1．日常の意思決定 ───────────────┐
              ↓                                                ↓
    《以下に該当した個数》                              [0]〜[5]  G2j.  [6],[8]
    C1．日常の意思決定=[1]〜[3]      2〜3個                     食事動作
    D1．自分を理解させる=[1]〜[4]
    C2a．短期記憶=[1]
              ↓
        0個    1個
                      《以下に該当した個数》
                      C1．日常の意思決定=[2]〜[3]
                      D1．自分を理解させる=[3]〜[4]
                         0個    1個    2個

   0      1      2      3      4      5      6
 障害なし 境界的  軽度の  中程度の やや重度の 重度の  最重度の
         である  障害が  障害が  障害が   障害が  障害
                 ある    ある    ある     ある
```

文献：Morris JN, Fries BE, Mehr DR et al. MDS Cognitive Performance Scale. Journal of Gerontology 1994; 49(3): M174-182.

3．うつ評価尺度：DRS（Depression Rating Scale）

(1) 目的

うつの評価を気分に関する7つのアセスメント項目から算出する指標．3点以上の場合，うつに関する問題を抱えている可能性がある．

(2) 得点の範囲

0～14点．

(3) 使用する項目

E1a	否定的なことを言う
E1b	自分や他者に対する継続した怒り
E1c	非現実な恐れがあることを思わせる非言語を含む表現
E1d	繰り返し体の不調を訴える
E1e	たびたび不安，心配ごとを訴える
E1f	悲しみ，苦悩，心配した表情
E1g	泣く，涙もろい

《アセスメント表の選択肢》

0　ない　1　あるが，過去3日間には見られていない

2　過去3日間のうち1～2日に見られた　3　過去3日間毎日見られた

(4) 算出方法

《算出のための換算値》

選択肢をスコア算定用に換算：0→[0]　1～2→[1]　3→[2]

《算定式》

E1a+E1b+E1c+E1d+E1e+E1f+E1g=**0~14**

文献：Burrows AB, Morris JN, Simon SE, Hirdes JP, Phillips C. Development of a minimum data set-based depression rating scale for use in nursing homes. Age Ageing 2000 Mar; 29(2): 165-72.

4．痛み尺度：PS（Pain Score）

項目：J6a　痛みの頻度（[0：痛みはない]－[3：3日間毎日]）

　　　J6b　痛みの程度（[0：痛みはない]－[4：激しく，耐え難いことがある]）

算出方法：

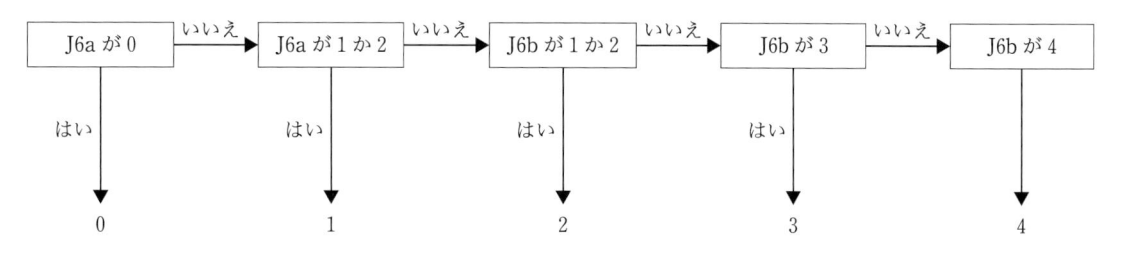

J6aが0	→いいえ→	J6aが1か2	→いいえ→	J6bが1か2	→いいえ→	J6bが3	→いいえ→	J6bが4
↓はい		↓はい		↓はい		↓はい		↓
0		1		2		3		4

| 統合版 | インターライ　アセスメント表

[特に指示のない限り，3日間で評価する]　　黒：全てに該当　青：居宅版のみ　緑：施設版のみ

A．基本情報

A1．氏名

_____

A2．性別
1. 男性
2. 女性

A3．生年月日
□□□□-□□-□□
　　年　　　月　　　日

A4．婚姻状況
1. 結婚したことがない
2. 結婚している
3. パートナーがいる
4. 死別した
5. 別居中，事実上婚姻関係にない
6. 離婚した

A5．介護保険証番号

_____

A6．事業所番号

_____

A7．要介護度
0. 現在有効の認定結果はない
1. 要支援1
2. 要支援2
3. 要介護1
4. 要介護2
5. 要介護3
6. 要介護4
7. 要介護5

A8．アセスメントの理由
1. 初回アセスメント
2. 定期アセスメント
3. 再開時アセスメント
4. 著変時アセスメント
5. 終了時アセスメント
6. 終了時の記録のみ
7. その他

A9．アセスメント基準日
□□□□-□□-□□
　　年　　　月　　　日

A10．本人のケアの目標

[　　　　　　　　　　　　　　　　　]

A11．アセスメント時の居住場所
施設版にはない
1. 自分の家／アパート／賃貸の部屋
2. 高齢者住宅：有料老人ホーム（特定施設入居者生活介護無し）
3. 高齢者住宅：有料老人ホーム（特定施設入居者生活介護有り）
4. 認知症対応型共同生活介護
5. 小規模多機能型居宅介護
6. 介護老人福祉施設
7. 介護老人保健施設
8. 介護療養型老人保健施設
9. 介護療養型医療施設
10. 回復期リハビリテーション病棟／病院
11. 精神科病院／病棟
12. 緩和ケア病棟
13. 上記（9～12）以外の病院
14. 精神障害者施設
15. 知的障害者施設
16. ホームレス（シェルター利用の有無は問わない）
17. 刑事施設
18. その他

A12．同居形態
A12a．同居者
1. 1人暮らし
2. 配偶者のみ

統合版 インターライ アセスメント表

3 配偶者とその他と
4 （配偶者なし）子供と
5 （配偶者なし）親や保護者と
6 （配偶者なし）兄弟と
7 （配偶者なし）その他の親族と
8 （配偶者なし）親族以外と

A12b. 90日前（または前回アセスメント時）と比較して同居形態の変化
0 いいえ
1 はい

A12c. 利用者や家族，身内は，利用者は他のところに住むほうがいいのではないかと思っている
0 いいえ
1 はい，他の居住場所
2 はい，施設入所

A13. 退院後の経過期間
0 過去90日間に入院していない
1 31〜90日前に退院した
2 15〜30日前に退院した
3 8〜14日前に退院した
4 退院したのは7日以内
5 現在入院中

B．相談受付表

[注：このセクションは，初回アセスメント時のみ]

B1. 入所に対して本人の意思が関与した度合い
0 完全
1 いくらか関与
2 ほとんどなし
8 答えられない（答えたくない）

B2. 受付日
□□□□－□□－□□
　　　　年　　　月　　　日

B3. 相談受付時までの経過

B4. 相談受付内容

B5. 過去5年間の利用歴（短期は含まず）
0 いいえ
1 はい
B5a. 介護施設，療養病院／病棟
B5b. 認知症対応型共同生活介護，小規模多機能型居宅介護
B5c. 高齢者住宅：有料老人ホーム（特定施設入居者生活介護有り・無し含む）
B5d. 精神科病院，精神科病棟
B5e. 精神障害者施設
B5f. 知的障害者施設

B6. 入所直前と通常の居住場所
B6a. 入所直前の居住場所
B6b. 通常の居住場所
1 自分の家／アパート／賃貸の部屋
2 高齢者住宅：有料老人ホーム（特定施設入居者生活介護無し）
3 高齢者住宅：有料老人ホーム（特定施設入居者生活介護有り）
4 認知症対応型共同生活介護
5 小規模多機能型居宅介護
6 介護老人福祉施設
7 介護老人保健施設
8 介護療養型老人保健施設
9 介護療養型医療施設
10 回復期リハビリテーション病棟／病院
11 精神科病院／病棟
12 緩和ケア病棟
13 上記（9〜12）以外の病院
14 精神障害者施設
15 知的障害者施設
16 ホームレス（シェルター利用の有無は問わない）
17 刑事施設
18 その他

B7．入所前の同居形態
1. 1人暮らし
2. 配偶者のみ
3. 配偶者とその他と
4. （配偶者なし）子供と
5. （配偶者なし）親や保護者と
6. （配偶者なし）兄弟と
7. （配偶者なし）その他の親族と
8. （配偶者なし）親族以外と

B8．精神疾患歴
0. いいえ
1. はい

B9．教育歴
1. 未就学：小学校中退を含む
2. 小学校卒：高等小学校・新制中学中退も含む
3. 高等小学校・新制中学卒：旧制中学・新制高校中退も含む
4. 旧制中学・新制高校卒：専門学校・専修学校中退も含む
5. 専門学校・専修学校卒：旧制高校・短大中退も含む
6. 旧制高校・短大卒：大学中退も含む
7. 大学卒：大学院中退も含む
8. 大学院修了

B10．医療機関受診時の送迎
1. 家族
2. 友人
3. 施設等の職員
4. その他：送迎支援必要ない場合を含む

B11．受診中の付き添いが必要
0. いいえ
1. はい

C．認知

C1．日常の意思決定を行うための認知能力
0. 自立：首尾一貫して理にかなった判断ができる
1. 限定的な自立：新しい事態に直面したときのみいくらかの困難がある
2. 軽度の障害：特別な状況において，判断力が弱く，合図や見守りが必要である
3. 中等度の障害：常に判断力が弱く，合図や見守りが必要である
4. 重度の障害：判断できないか，まれにしか判断できない
5. 認識できる意識がない，昏睡：セクションGへ

C2．記憶を想起する能力
0. 問題なし
1. 問題あり

- C2a．短期記憶：5分前のことを思い出せる，あるいはそのように見える
- C2b．長期記憶
- C2c．手続き記憶：段取りを踏んで行うべきことを合図がなくても初めから手順を踏んでほとんどすべてできる
- C2d．状況記憶：よく顔を合わせる介護者の名前や顔を認識し，かつよく訪れる場所（寝室や台所など）の位置がわかっている

C3．せん妄の兆候
［注：正確なアセスメントのためには，過去3日間の利用者の行動を知る家族らと会話する必要がある］
0. 行動はない
1. 行動はあるが，それは普段と同じである
2. 行動はあり，普段の様子と違う：新たに出現した，悪化した，数週間前とは違うなど

- C3a．注意がそらされやすい：集中力がない，話がそれるなど
- C3b．支離滅裂な会話がある：会話が無意味で無関係，もしくは話題が飛ぶ，思考が脱線するなど
- C3c．精神機能が1日の中で変化する：時々良かったり，悪かったりする

C4．精神状態の急な変化：通常とは異なり，不穏になった，無気力になった，起きあがれなくなった，周囲の環境への認識が変わった，などの変化
0. いいえ
1. はい

統合版 インターライ アセスメント表

C5. 過去90日間（または前回アセスメント以降）の意思決定能力の変化
- 0 改善した
- 1 変化なし
- 2 悪化した
- 8 判定不能

D. コミュニケーションと視覚

D1. 自分を理解させることができる
- 0 理解させることができる：容易に考えを表現できる
- 1 通常は理解させることができる：十分に時間が与えられていないと，言葉を思い出したり，考えをまとめるのが困難．しかし，本人の考えを引き出す必要はない
- 2 しばしば理解させることができる：言葉を見つけたり，考えをまとめるのに困難．通常は本人の考えを引き出す必要がある
- 3 時々は理解させることができる：その能力は具体的な欲求に限られる
- 4 ほとんど，あるいは全く理解させることはできない

D2. 他者を理解できる能力（理解力）
補聴器を用いている場合は使用した状態で．
- 0 理解できる：明解な理解力
- 1 通常は理解できる：会話の大部分は理解している．ほとんど，あるいは全く言い直す必要はない
- 2 しばしば理解できる：一部を理解できないことがあるが，言い直しによって，しばしば会話を理解できる
- 3 時々は理解できる：単純で直接的なコミュニケーションには適切に反応する
- 4 ほとんどまたは全く理解できない

D3. 聴覚

D3a. 聴力
補聴器を用いている場合は使用した状態で．
- 0 適切：普通の会話，社会的交流，テレビを見ることに何の問題もない
- 1 軽度の障害：状況によって困難がある（相手が静かにしゃべったり，2メートル以上離れているときは困難，など）
- 2 中等度の障害：通常の会話を聞くのに問題があり，周りを静かにすると良く聞こえる
- 3 重度の障害：すべての状況で困難がある（話し手が大声を出したり，非常にゆっくり話す必要がある）
- 4 ほぼ聴こえない

D3b. 補聴器の使用
- 0 いいえ
- 1 はい（右耳のみ）
- 2 はい（左耳のみ）
- 3 はい（両耳）

D4. 視覚

D4a. 視力
眼鏡や拡大鏡等を使用した状態で．
- 0 適切：新聞や本の細字も含めて細かい部分まで見える
- 1 軽度の障害：見出しは見えるが，新聞や本の普通の文字は見えない
- 2 中等度の障害：新聞の見出しは見えないが，周囲の物体を識別できる
- 3 重度の障害：周囲の物体を識別しているかわからないが，目で動体を追っているようである．明かりや色，形を識別できるだけも含まれる
- 4 視力がない：視力がない．目は物体を追わないように見える

D4b. 眼鏡，コンタクトレンズ，拡大鏡などの使用
- 0 いいえ
- 1 はい

E. 気分と行動

E1. うつ，不安，悲しみの気分の兆候
過去3日間に観察された兆候．原因は問わない［可能なら本人に聞く］
- 0 ない
- 1 あるが，過去3日間には見られていない
- 2 過去3日間のうち1～2日に見られた
- 3 過去3日間毎日見られた

E1a. 否定的なことを言う

統合版 インターライ アセスメント表

E1b．自分や他者に対する継続した怒り
E1c．非現実な恐れがあることを思わせる非言語を含む表現
E1d．繰り返し体の不調を訴える
E1e．たびたび不安，心配ごとを訴える（健康上の不安は除く）
E1f．悲しみ，苦悩，心配した表情
E1g．泣く，涙もろい
E1h．ひどいことが起こりそうだと繰り返し言う
E1i．興味をもっていた活動をしなくなる
E1j．社会的交流の減少
E1k．人生の喜びを失っているという非言語を含む表現（快感喪失）

E2．利用者自身が応えた気分
0　過去3日間にはない
1　過去3日間にはないが，しばしばそのように感じる
2　過去3日間のうち1，2日あった
3　過去3日間毎日あった
8　答えられない（したくない）
"過去3日間どのくらい○○がありましたか"と聞く

E2a．普段楽しんできたことに興味や喜びが沸かなかったこと
E2b．不安だったり，落ち着かない感じ
E2c．悲しく，落ち込んで，絶望する感じ

E3．行動の問題
観察された兆候．原因は問わない
0　ない
1　あるが，過去3日間には見られていない
2　過去3日間に1～2日見られた
3　過去3日間毎日見られた

E3a．徘徊
E3b．暴言
E3c．暴行
E3d．社会的に不適切な迷惑な行為
E3e．公衆の中での不適切な性的行動や脱衣
E3f．ケアに対する抵抗
E3g．無許可の退居・家出

E4．最近3日間における生活満足度（心身の健康度，日常生活の充実度や趣味活動への参加など）
0　とても満足
1　満足
2　ある程度満足
3　どちらとも言えない
4　あまり満足していない
5　とても不満である

F．心理社会面

F1．社会関係
［可能な限り，本人に聞く］
0　全くない
1　30日以上前にあった
2　8日～30日前にあった
3　4日～7日前にあった
4　過去3日間にあった
8　判定不能

F1a．長期にわたって関心のある活動への参加
F1b．家族や友人の訪問
F1c．家族や友人とのその他の交流
F1d．家族や友人との葛藤や怒り
F1e．ある家族や近い知り合いに対する恐れ
F1f．ネグレクト（遺棄），粗末に扱われる，虐待される

F2．孤独
自分はさみしいと思っていると言うか，それを表す
0　いいえ
1　はい

F3．過去90日間（または前回アセスメント以降）の社会的活動の変化
社会的，宗教的，あるいは仕事や趣味の活動への参加が減っている．もし減っているならそれで悩んでいる
0　減っていない
1　減っているが，悩んでいない
2　減っており，悩んでいる

F4．日中，1人きりでいる時間
0　1時間未満
1　1～2時間

統合版 インターライ アセスメント表

2　2時間以上8時間以内
3　8時間以上

F5．自発性・参加意識
0　なし
1　あるが過去3日間にはみられなかった
2　過去3日間に1～2日みられた
3　過去3日間毎日みられた

F5a．他者と付き合う際に落ち着いている　□
F5b．計画された，あるいは組織だった活動に落ち着いて参加する　□
F5c．大部分のグループ活動への誘いを受ける　□
F5d．施設内の生活に積極的に参加する　□
F5e．他者との交流を自分から始める　□
F5f．他者が始めた交流に肯定的に反応する　□
F5g．日課の変化に対応できる　□

F6．対人関係の不安定
0　いいえ
1　はい

F6a．ほかの利用者との対立，批判を繰り返す　□
F6b．ケアスタッフとの対立，批判を繰り返す　□
F6c．ケアスタッフは利用者との対応に不満がある　□
F6d．家族や近い友人は利用者の病気によって憔悴している　□

F7．過去90日間の大きなストレス　□
深刻な病気に罹った，近い関係の人の中に重病にかかった人がいたり，亡くなった人がいた，家を失った，収入や資産が激減した，泥棒や詐欺の被害にあった，運転免許を失ったなど
0　いいえ
1　はい

F8．強み（ストレングス）
0　いいえ
1　はい

F8a．一貫して前向きである　□
F8b．日々の生活に意味を見出す　□
F8c．家族との強い支援的な関係　□

G．機能状態

G1．IADLの実施状況と能力　施設版にはない

(A) 実施：過去3日間に家や地域で日常の活動としてどの程度実施したか
(B) 能力：その活動を出来る限り自立して実施できる仮定の能力．アセスメントする者の推測が必要である

0　自立：援助も準備も見守りも必要ない
1　準備のみ
2　見守り：実施時の見守り／合図が必要
3　限定された援助：ときに援助が必要
4　広範囲な援助：活動を通して援助が必要であるが，そのうち50%以上は自分で実施する
5　最大限の援助：活動を通して援助が必要であり，自分で実施しているのはそのうち50%未満である
6　全面依存：アセスメント期間内すべて他者にやってもらった
8　本活動は1度も行われなかった：注：実施ではあり得るが，能力の欄にはこの選択肢はない

(A)　(B)
G1a．食事の用意：献立を考える，材料を用意する，調理する，配膳する　□　□
G1b．家事一般：皿洗い，掃除，布団の上げ下げ，整理整頓，洗濯など　□　□
G1c．金銭管理：どのように請求書の支払いをし，貯金残高を管理し，家計の収支勘定をし，クレジットカードの管理をしているか　□　□
G1d．薬の管理：薬の時間を思い出す，袋や薬ケースを開ける，1回服用量を取り出す，注射を打つ，軟膏を塗るなど　□　□
G1e．電話の利用：必要に応じて数字部分を大きくした電話機を使ったり音の拡大装置など使ってもよい　□　□
G1f．階段：1階分の階段（12～14段）を上り下りできるか．半分まで（2～6段）しかできない場合，自立とはしない　□　□
G1g．買い物：どのように食べ物や日用品の買い物をしているか（店までの移動は含めない）　□　□
G1h．外出：どのように公共の交通機関を使ったり，自分の運転（車の乗り降りも含む）によって外出するか　□　□

統合版 インターライ アセスメント表

G2. ADL
過去3日間に起きた当該ADLのすべての動作に基づいて評価する．1度でも6があり，他の場面ではより自立していた場合，5を記入．それ以外の状況は，最も依存的であった動作に着目する．その中で最も依存的な状態が1であれば1，そうでなければ2から5より最も依存していない援助レベルを記入する

- 0 自立：すべての動作に身体援助，準備，見守りはなかった
- 1 自立，準備の援助のみ：物品や用具を用意したり，手の届く範囲に置くのみで，すべての動作において身体援助も見守りもなかった
- 2 見守り：見守り／合図
- 3 限定的な援助：四肢の動きを助ける，体重を支えずに身体的な誘導をする
- 4 広範囲な援助：利用者がタスクを50％以上実施し，1人の援助者による体重を支える（四肢を持ち上げることも含まれる）援助
- 5 最大限の援助：2人以上の援助者による体重を支える（四肢を持ち上げることも含まれる）援助，またはタスクの50％以上に及ぶ体重を支える援助
- 6 全面依存：すべての動作において他者がすべて行った
- 8 この動作はなかった

G2a. 入浴：背中を洗う，洗髪は含めない □
G2b. 個人衛生：入浴とシャワーは含めない □
G2c. 上半身の更衣 □
G2d. 下半身の更衣 □
G2e. 歩行 □
G2f. 移動 □
G2g. トイレへの移乗 □
G2h. トイレの使用：移乗は含めない □
G2i. ベッド上の可動性 □
G2j. 食事 □

G3. 移動／歩行

G3a. 主な室内移動手段 □
- 0 器具なしで歩行
- 1 器具を使用して歩行：杖，歩行器，松葉づえ，車いすを押す
- 2 車いす，電動車いす，電動三輪車（スクーター）
- 3 寝たきり

G3b. 4メートルの歩行時間 □□
利用者が第一歩を地面につけたときに計測を開始．4メートルを超えた時点の秒数を記入する
テストを始めたが終了できなかった場合，77
テストを拒否した場合，88
テストをしなかった場合（1人で歩けない場合），99

G3c. 歩行距離 □
過去3日間において，支援を必要に応じて受けた状態で，途中1度も座ることなく歩くことができた最長距離
- 0 歩かなかった
- 1 5m未満
- 2 5～49m
- 3 50～99m
- 4 100m以上
- 5 1km以上

G3d. 車いす自操距離 □
過去3日間に車いすを1度に自己操作して移動した最長距離
- 0 車いすを押してもらった
- 1 電動車いすや電動三輪車（スクーター）を利用した
- 2 5m未満 自己操作した
- 3 5～49m 自己操作した
- 4 50～99m 自己操作した
- 5 100m以上 自己操作した
- 8 車いすは使用しなかった

G4. 活動状況

G4a. 過去3日間において体を動かした時間の合計（散歩など） □
- 0 なし
- 1 1時間未満
- 2 1時間以上2時間未満
- 3 2時間以上3時間未満
- 4 3時間以上4時間未満
- 5 4時間以上

G4b. 過去3日間に家（建物）の外に出た日数（短時間でもよい） □
- 0 1日もない
- 1 過去3日間は出ていないが，通常は3日間のうちには出ている
- 2 1～2日間

統合版 インターライ アセスメント表

    3　3日間

G5．身体機能の潜在能力
- 0　いいえ
- 1　はい
- G5a．本人は自分の身体機能が向上すると信じている　☐
- G5b．ケアスタッフは本人の身体機能が向上すると信じている　☐

G6．過去90日間（または前回アセスメント以降）のADLの変化　☐
- 0　改善した
- 1　変化なし
- 2　悪化した
- 8　判定不能

G7．自動車の運転
- 0　いいえ，または運転していない
- 1　はい
- G7a．過去90日間に車を運転した　☐
- G7b．過去90日間に運転した場合，運転を制限したり，やめたほうがいいと誰かに言われた様子があった　☐

H．失禁

H1．尿失禁　☐
- 0　失禁しない
- 1　カテーテルや瘻があり，失禁しない
- 2　まれに失禁する
- 3　ときに失禁する
- 4　頻繁に失禁する
- 5　失禁状態
- 8　尿の排泄はなかった

H2．尿失禁器材（オムツやパッドは除く）　☐
- 0　なし
- 1　コンドームカテーテル
- 2　留置カテーテル
- 3　膀胱瘻，腎瘻，尿管皮膚瘻

H3．便失禁　☐
- 0　失禁しない：完全なコントロール．瘻なし
- 1　瘻があり，失禁しない：過去3日間瘻を用いてコントロールされている
- 2　まれに失禁：過去3日間失禁はないが，失禁したことがある
- 3　ときに失禁：毎日ではないが失禁
- 4　頻繁に失禁：毎日失禁するが，いくらかコントロールされている
- 5　失禁状態：コントロールはない
- 8　排便はなかった：過去3日間に排便はなかった

H4．オムツやパッドの使用　☐
- 0　なし
- 1　あり

H5．ストーマ　☐
- 0　なし
- 1　あり

I．疾患

疾患コード
- 0　なし
- 1　主診断である：現時点の主な診断（1つ以上も可）
- 2　診断があり，治療を受けている：治療には，投薬，療法，創傷のケアや吸引などその他専門技術を必要とするケアが含まれる
- 3　診断があり，経過観察されているが，治療は受けていない

I1．疾患

筋骨系
- I1a．過去30日間（または前回アセスメント以降）の大腿骨骨折　☐
- I1b．過去30日間（または前回アセスメント以降）のその他の骨折　☐

神経系
- I1c．アルツハイマー病　☐
- I1d．アルツハイマー病以外の認知症　☐
- I1e．片麻痺　☐

統合版 インターライ アセスメント表

I1f.	多発性硬化症	☐
I1g.	対麻痺	☐
I1h.	パーキンソン病	☐
I1i.	四肢麻痺	☐
I1j.	脳卒中／脳血管障害	☐

心肺系
I1k.	冠動脈疾患（CHD）	☐
I1l.	慢性閉塞性肺疾患（COPD）	☐
I1m.	うっ血性心不全（CHF）	☐
I1n.	高血圧症	☐

精神
I1o.	不安症	☐
I1p.	双極性障害	☐
I1q.	うつ	☐
I1r.	統合失調症	☐

感染症
I1s.	肺炎	☐
I1t.	過去30日間の尿路感染症（UTI）	☐

その他
I1u.	がん	☐
I1v.	糖尿病	☐

I2．その他の診断

診断名	疾患コード（1〜3）

J．健康状態

J1．転倒 ☐
- 0　過去90日間に転倒していない
- 1　過去30日間にはなかったが，31〜90日間に転倒した
- 2　過去30日間に1度転倒した
- 3　過去30日間に2度以上転倒した

J2．最近の転倒 ☐
［注：前回アセスメントから30日経っている場合や初回アセスメントの場合は，J3へ］
- 0　過去30日間には転倒していない
- 1　過去30日間に転倒した

空白［初回アセスメントや，前回アセスメントが30日以上前の場合］

J3．問題の頻度
過去3日間にみられた頻度
- 0　なし
- 1　あるが過去3日間には見られなかった
- 2　過去3日間のうち1日見られた
- 3　過去3日間のうち2日見られた
- 4　過去3日間毎日見られた

バランス
J3a.	支えなしでは立位になることが難しいか，できない	☐
J3b.	立位での方向転換が難しいか，できない	☐
J3c.	めまい	☐
J3d.	不安定な歩行	☐

心肺
J3e.	胸痛	☐
J3f.	気道内分泌物の排出困難	☐

精神
J3g.	異常な思考	☐
J3h.	妄想	☐
J3i.	幻覚	☐

神経
J3j.	失語症	☐

消化器系
J3k.	胃酸の逆流	☐
J3l.	便秘	☐
J3m.	下痢	☐
J3n.	嘔吐	☐

睡眠障害
J3o.	入眠または睡眠の継続困難	☐
J3p.	睡眠過多	☐

その他
J3q.	誤嚥	☐
J3r.	発熱	☐
J3s.	消化管出血，尿性器出血	☐
J3t.	不衛生	☐
J3u.	末梢浮腫	☐

J4．呼吸困難（息切れ） ☐
- 0　症状はない
- 1　休息中にはないが，非日常的な活動により生じる

統合版 インターライ アセスメント表

2 休息中にはないが，日常的な活動により生じる
3 休息中にもある

J5．疲労感
日々の活動（ADL や IADL など）を終えることができない程度
0 なし
1 軽度：体がだるく，疲れやすいが，通常の日々の活動を行うことはできる
2 中等度：通常の日々の活動を始めるが，体のだるさや疲労感のため終えることができない
3 重度：体のだるさや疲労感のため，通常の日々の活動のうちいくつかは始めることすらできない
4 通常の日々の活動を始めることが全くできない：体のだるさや疲労感のため

J6．痛み
［注：頻度，程度，コントロールについて尋ねる．利用者を観察し，利用者と接する周囲の人に聞く］

J6a．痛みの頻度
0 痛みはない
1 あるが，過去3日間はなかった
2 過去3日間のうち1〜2日あった
3 過去3日間毎日あった

J6b．痛みの程度：最も重度のもの
0 痛みはない
1 軽度
2 中等度
3 重度
4 激しく，耐え難いことがある

J6c．痛みの持続性
0 痛みはない
1 過去3日間に1回だけあった
2 断続
3 持続

J6d．突破する痛み
0 いいえ
1 はい

J6e．痛みのコントロール：現在の痛みのコントロールが効いている程度（本人の視点から）
0 痛みはない
1 痛みはがまんできる範囲であり，とくにコントロールを行っていないか，または変更の必要はない
2 コントロールは適切に効いている
3 コントロールは効くが，常に実施できていない
4 コントロールを行っているが，十分に効いていない
5 痛み時のコントロール方法はないか，効いていない

J7．状態の不安定性
0 いいえ
1 はい

J7a．認知，ADL，気分，行動を不安定にするような病態や症状がある（不安定，変動，悪化）
J7b．急性症状が発生したり，再発性や慢性の問題が再燃した
J7c．末期の疾患であり，余命が6ヵ月以下である

J8．主観的健康感
「一般的にご自分の健康状態をどう思いますか」と聞く
0 とても良い
1 良い
2 まあまあ
3 良くない
8 答えられない（答えたくない）

J9．喫煙と飲酒
J9a．毎日喫煙
0 吸わない
1 過去3日間は吸っていないが，普段は毎日吸っている
2 吸う

J9b．飲酒　過去14日間に最も飲んだ1回量
0 飲んでいない
1 1杯
2 2〜4杯
3 5杯以上

|統合版| インターライ　アセスメント表

K．口腔および栄養状態

K1．身長と体重
- K1a．身長（cm）　☐☐
- K1b．体重（kg）　☐☐

K2．栄養上の問題
- 0　いいえ
- 1　はい
- K2a．過去30日間に5％以上か180日間に10％以上の体重減少　☐
- K2b．脱水である，またはBUN/クレアチニン比が20以上　☐
- K2c．1日1リットル未満の水分摂取　☐
- K2d．水分排泄量が摂取量を超える　☐

K3．栄養摂取の方法　☐
- 0　正常（いかなる種類の食物も飲み込んでいる）
- 1　自分で加減
- 2　固形物を飲み込むのに調整を要する
- 3　液体を飲み込むのに調整を要する
- 4　裏ごしした固形物ととろみをつけた液体しか飲み込むことができない
- 5　経口摂取と経管栄養／経静脈栄養の混合
- 6　経鼻経管栄養のみ
- 7　腹部の栄養のみ
- 8　経静脈栄養のみ
- 9　この活動はなかった

K4．経静脈／経管栄養摂取量　☐
- 0　経静脈／経管栄養はない
- 1　経静脈／経管栄養のみ．経口はなし
- 2　全カロリーの1％から25％未満
- 3　全カロリーの25％以上

K5．歯科口腔
- 0　いいえ
- 1　はい
- K5a．義歯使用（取り外しのできる補綴物）　☐
- K5b．自分の歯が折れている，欠けている，ゆるいほか正常でない　☐
- K5c．口や顔の痛み／不快感を訴える
- K5d．口の渇きを訴える
- K5e．咀嚼困難を訴える
- K5f．歯に隣接する歯肉の炎症または出血　☐

K6．栄養管理（ダイエットタイプ）の必要
- 0　いいえ
- 1　はい
- K6a．食物形態の加工（ソフト食，刻み，とろみ等の必要性）　☐
- K6b．低塩分　☐
- K6c．カロリー制限　☐
- K6d．低脂肪　☐
- K6e．その他　☐

L．皮膚の状態

L1．最重度の褥瘡　☐
- 0　褥瘡はない
- 1　持続した発赤部分がある
- 2　皮膚層の部分的喪失
- 3　皮膚の深いくぼみ
- 4　筋層や骨の露出
- 5　判定不能：壊死性の痂（か）皮で覆われているなど

L2．褥瘡の既往　☐
- 0　いいえ
- 1　はい

L3．褥瘡以外の皮膚潰瘍　☐
静脈性潰瘍，動脈性潰瘍，動静脈混合性潰瘍，糖尿病性の足潰瘍など
- 0　いいえ
- 1　はい

L4．重要な皮膚の問題　☐
外傷，2度や3度の火傷，回復過程の手術創など
- 0　いいえ
- 1　はい

L5．皮膚の裂傷や切り傷（手術創以外）　☐
- 0　いいえ
- 1　はい

L6．その他の皮膚の状態や変化　☐
挫傷（打ち身），発疹，痒み，斑点，帯状疱疹，間

統合版 インターライ アセスメント表

擦疹（あせも），湿疹など
　0　いいえ
　1　はい

L7. 足の問題
外反母趾，槌状趾（ハンマートゥ），つま先の重複，変形，感染，潰瘍など
　0　足の問題はない
　1　足の問題はあるが，歩行に支障はない
　2　足の問題があるため，歩行に支障がある
　3　足の問題があるため，歩行できない
　4　足に問題があるが，他の理由で歩いていない

M．アクティビティ

M1．活動への平均参加時間
　0　なし
　1　ほとんど：2/3よりも多い
　2　半分くらい：1/3から2/3
　3　少し：1/3未満

M2．好む活動
　0　好みではない，過去3日間行っていない
　1　好みである，行っていない
　2　好みである，過去3日間に行った
　M2a. カード，ゲーム，クイズ
　M2b. コンピュータ，インターネット関係
　M2c. 会話，電話
　M2d. 創作活動
　M2e. ダンス，舞踏
　M2f. 人生についての議論／回顧（回想法）
　M2g. 運動
　M2h. 庭仕事，畑仕事
　M2i. 他者の手助け
　M2j. 音楽や歌
　M2k. ペット
　M2l. 読書，執筆
　M2m. 宗教活動
　M2n. 旅行や買い物
　M2o. 屋外の散歩
　M2p. テレビ，ラジオ，ビデオ／DVD鑑賞
　M2q. 料理／お菓子作り
　M2r. パズル／クロスワード

M2s. その他1

_____

M2t. その他2

_____

M3．日中寝ている時間
　0　いつも，あるいはほとんど起きている（1度以上の居眠りはしない）
　1　何回も居眠りする
　2　ほとんどの時間寝ているが，起きている時間もある（食事の時間だけなど）
　3　概ね寝ているか，反応がない

M4．興味・関心
　0　いいえ
　1　はい
　M4a. より多くのレクリエーションに参加することに興味がある
　M4b. 転倒予防プログラムに参加することに興味がある
　M4c. 記憶力改善のためのプログラムに参加することに興味がある
　M4d. 身体機能向上プログラムに参加することに興味がある

N．薬剤

N1．全使用薬剤のリスト
過去3日間に使用したすべての処方薬，非処方薬（市販薬）のリスト
各薬剤について
　N1a. 薬剤名
　N1b. 1日量
　N1c. 単位（cc, ml, mg, g, 滴, 押し, 枚, 単位など）
　N1d. 経路
　　1　経口（経口，舌下）
　　2　注射（静注，皮下注，筋注）
　　3　外用（坐薬［坐剤，軟膏剤，浣腸など］

統合版 インターライ アセスメント表

点眼, 点鼻, 外皮［塗布, 貼付, スプレーなど］, 口腔［含嗽, 噴霧など］) など
4 経管（経鼻, PEG［胃ろう］など）その他

N1e. 回数（1回/日, 3回/日など, 頓用の場合, 過去3日間に使用した回数）

N1f. 頓用
0 いいえ
1 はい

a. 薬剤名	b.1日量	c.単位	d.経路	e.頻度	f.頓用

N2. 薬のアレルギー
0 わかっている薬剤アレルギーはない
1 ある

N3. 処方薬の順守
0 常に従う
1 80％以上は従っている
2 80％未満しか従っていない, 処方薬を取りに行き損ねたことも含む
8 薬剤は処方されていない

O. 治療とケアプログラム

O1. 健診・予防接種
0 いいえ
1 はい

O1a. 過去1年間の血圧測定
O1b. 過去5年間の大腸内視鏡検査
O1c. 過去1年間の歯科検査
O1d. 過去1年間の眼科検査
O1e. 過去2年間の聴力検査
O1f. 過去1年間のインフルエンザワクチン
O1g. 過去2年間のマンモグラフィーか乳房検査（女性のみ）
O1h. 過去5年間か65歳以降の肺炎ワクチン

O2. 特別な治療・ケア（過去3日間）
0 計画も, 実施もされなかった
1 計画されたが, 実施されなかった
2 過去3日間のうち1～2日実施した
3 過去3日間毎日実施した

治療
O2a. 抗がん剤療法
O2b. 透析
O2c. 感染管理
O2d. 経静脈的薬物投与
O2e. 酸素療法
O2f. 放射線療法
O2g. 吸引
O2h. 気管切開口のケア
O2i. 輸血
O2j. 人工呼吸器
O2k. 創のケア

プログラム
O2l. トイレ誘導
O2m. 緩和ケアプログラム
O2n. 体位変換／姿勢保持

O3. 過去7日間のサービス ［施設版にはない］

	実施回数(A)	合計時間(分)(B)
O3a. 訪問介護		
O3b. 訪問看護		
O3c. 通所介護／リハ		
O3d. 食事／配食		

統合版 インターライ　アセスメント表

O4．リハビリテーション

	計画日数 (A)	実施日数 (B)	合計時間 (分数) (C)
O4a．理学療法			
O4b．作業療法			
O4c．言語療法			
O4d．心理療法			
O4e．呼吸療法			
O4f．看護師等による機能リハ・歩行訓練			

※O4d．O4e．O4f．は居宅版にはない
※O4e．O4f．は高齢者住宅版にはない

O5．受診・入院（過去90日間の回数を右詰めで記入）

- O5a．入院
- O5b．救急外来（入院に至ったものは含まない）
- O5c．医師の診察　施設版にはない

O6．受診（過去14日間の回数）

O7．医師の指示変更（過去14日間の回数）

O8．身体抑制

四肢が抑制されている，ベッド柵で覆われている，椅子に座っている間縛られているなど

- 0　いいえ
- 1　はい

O8a．身体抑制　施設版にはない

- 0　使用しなかった
- 1　毎日でなく使用した
- 2　毎日使用した：夜間のみ
- 3　毎日使用した：昼間のみ
- 4　昼夜使用したが常時ではない
- 5　常時使用した（24時間継続使用［定期の取り外しを含む］）

- O8b．すべてにベッド柵
- O8c．体幹部の抑制
- O8d．立ち上がりを防ぐ椅子

P．意思決定権と事前指示

P1．意思決定権

- 0　いいえ
- 1　はい

- P1a．法定後見人等
- P1b．任意後見
- P1c．家族などの代理決定

P2．事前指示

- 0　いいえ
- 1　はい

- P2a．蘇生術をしない
- P2b．挿管しない
- P2c．入院しない
- P2d．経管栄養をしない
- P2e．薬剤制限

Q．支援状況

Q1．インフォーマルな援助者

（主）（副）

Q1a．本人との関係

1. 子，義理の子
2. 配偶者
3. パートナー
4. 親／後見人
5. 兄弟
6. その他の親戚
7. 友人
8. 近所
9. いない

Q1b．同居

- 0　いいえ
- 1　6ヵ月未満
- 2　6ヵ月以上
- 8　いない

過去3日間のインフォーマルな援助分野

- Q1c．IADLの援助
- Q1d．ADLの援助

- 0　いいえ
- 1　はい
- 8　いない

|統合版| インターライ　アセスメント表

Q2. インフォーマル援助者の状況
    0　いいえ
    1　はい
    Q2a. インフォーマル援助者（たち）はこれ以上ケアを続けられない
    Q2b. 主なインフォーマル援助者は苦悩，怒り，うつを表現する
    Q2c. 家族や近い友人は利用者の病気によって憔悴している

Q3. 過去3日間のインフォーマルな援助量
過去3日間に家族，友人，近所の人などがIADLやADLの援助に費やした時間

R. 退所の可能性

R1. 退所の可能性
    0　いいえ
    1　はい
    R1a. 利用者は地域に戻りたい／留まりたいと言うか，それを示す
    R1b. 退所に対して，または地域にある住宅の維持に対して積極的な支援者がいる
    R1c. 地域に住む家がある

R2. 地域に退所するまでの予測期間
    0　1〜7日
    1　8〜14日
    2　15〜30日
    3　31〜90日
    4　91日以上
    5　予測されていない

S. 環境評価

S1. 屋内の環境
一時的に施設に滞在している場合も，家の環境についてアセスメントする
    0　いいえ
    1　はい
    S1a. 家の荒廃
    S1b. 不潔
    S1c. 不十分な冷暖房
    S1d. 安全の欠如
    S1e. 家や家の中の部屋への手段が制限されている

S2. バリアフリー仕様の住宅に居住
    0　いいえ
    1　はい

S3. 周辺環境
    0　いいえ
    1　はい
    S3a. 緊急通報　電話回線，緊急アラーム装置など．
    S3b. 援助なしで行ける日用品の店がある
    S3c. 日用品の配達を頼むことができる

S4. 経済状況
過去30日間にお金がないことが理由で，利用者は次の項目のうち，1つを得るためにほかの1つをあきらめなければならなかった．十分な食事，住むところ，服，処方薬の購入，十分な暖房や冷房，必要な治療
    0　いいえ
    1　はい

T. 今後の見通しと全体状況

T1. 過去90日間（または前回アセスメント以降）におけるケア目標の達成
    0　いいえ
    1　はい

T2. 90日前（または前回アセスメント時）と比較した全体の自立度の変化
    0　改善した（セクションUまで飛ばす）
    1　変化なし（セクションUまで飛ばす）
    2　悪化した
［注：次の3つの項目は悪化した場合のみ記入する．それ以外の場合はセクションUに進む］

T3. 悪化する前に自立していたADLの数（G2の入浴［G2a］〜食事［G2j］の10項目）

interRAI™ 365

統合版 インターライ　アセスメント表

T4．悪化する前に自立していた IADL の数（G1 の食事の仕度［G1a］〜外出［G1h］の 8 項目）　☐

1　8〜14日前
2　15〜30日前
3　31〜60日前
4　60日前より以前

T5．増悪原因の起こった時期　☐

0　過去 7 日以内
8　増悪原因ははっきりしない

U．利用の終了

[注：終了時のみ記入]

U1．終了日

☐☐☐☐−☐☐−☐☐
　　　年　　　月　　日

U2．今後の居住場所　☐

1　自分の家／アパート／賃貸の部屋
2　高齢者住宅：有料老人ホーム（特定施設入居者生活介護無し）
3　高齢者住宅：有料老人ホーム（特定施設入居者生活介護有り）
4　認知症対応型共同生活介護
5　小規模多機能型居宅介護
6　介護老人福祉施設
7　介護老人保健施設
8　介護療養型老人保健施設
9　介護療養型医療施設
10　回復期リハビリテーション病棟／病院
11　精神科病院／病棟
12　緩和ケア病棟
13　上記（9〜12）以外の病院
14　精神障害者施設
15　知的障害者施設
16　ホームレス（シェルター利用の有無は問わない）
17　刑事施設
18　その他

U3．退所後に居宅サービスを受ける予定
　居宅版にはない　☐

0　いいえ
1　はい

V．アセスメント情報

V1．アセスメント担当者のサイン

_____

V2．アセスメント完成日

☐☐☐☐−☐☐−☐☐
　　　年　　　月　　日

《インターライ アセスメント システム開発委員会》
開発委員会 委員

John N. Morris, PhD, MSW［委員長］	Jean-Claude Henrard, MD
Katherine Berg, PhD, PT	John P. Hirdes, PhD
Magnus Björkgren, PhD	Gunnar Ljunggren, MD, PhD
Dinnus Frijters, PhD	Sue Nonemaker, RN, MS
Brant E. Fries, PhD	Charles D. Phillips, PhD, MPH
Ruedi Gilgen, MD	Knight Steel, MD
Len Gray, MD, PhD	David Zimmerman, PhD
Catherine Hawes, PhD	

《居宅版 Version 9.1》
開発委員会 委員

John N. Morris, PhD, MSW［委員長］	Ruedi Gilgen, MD
Brant E. Fries, PhD	Jean-Noël DuPasquier, PhD
Roberto Bernabei, MD	Dinnus Frijters, PhD
Knight Steel, MD	Jean-Claude Henrard, MD
Naoki Ikegami, MD, PhD	John P. Hirdes, PhD
Iain Carpenter, MD	Pauline Belleville-Taylor, RN, MS

謝辞

インターライ居宅ケア版の開発は，ボストンの Hebrew Senior Life Institute for Aging Research の Yvonne Anderson，Aleksandra Brenckle，Romanna Michajliw，Shirley Morris ほかのスタッフ，University of Waterloo の Nancy Curtin-Telegdi，CNR（Consiglio Nazionale Delle Ricerche）の高齢者プロジェクトのスタッフなどの多くの人の協力と貢献なしには成し遂げられなかった．

《施設版 Version 9.1》
開発委員会 委員

John N. Morris, PhD, MSW［委員長］	Katharine Murphy, PhD, RN
Pauline Belleville-Taylor, RN, MS	Vincent Mor, PhD
Brant E. Fries, PhD	Sue Nonemaker, RN, MS
Catherine Hawes, PhD	Charles D. Phillips, PhD, MPH

謝辞

Hebrew Senior Life（HSL）の協力に感謝する．

《高齢者住宅版 Version 9.1》
開発委員会 委員

John N. Morris, PhD, MSW［委員長］	Jean-Claude Henrard, MD
Katherine Berg, PhD, PT	John P. Hirdes, PhD
Magnus Björkgren, PhD	Gunnar Ljunggren, MD, PhD
Dinnus Frijters, PhD	Sue Nonemaker, RN, MS
Brant E. Fries, PhD	Charles D. Phillips, PhD, MPH
Ruedi Gilgen, MD	Knight Steel, MD
Len Gray, MD, PhD	David Zimmerman, PhD
Catherine Hawes, PhD	

統合的健康情報システム

インターライは，高齢者・虚弱者・障害者のヘルスケアの改善に取り組む実務者と研究者の非営利の国際的ネットワークである．我々の目標は，様々なヘルスケアと社会サービスの場において，利用者の特性や予後に関する質の高いデータの収集・分析を通じて，根拠に基づいたケアの提供および政策決定を促進することである．

インターライの各アセスメントツールとその利用は，それぞれ特定な対象者に合わせて開発されているが，それらを相互に活用することによって，国際標準に沿った統合的健康情報システムを構築するように設計されている．インターライは，各ツールにおける評価方法において，最高の質を維持している．各アセスメントツールは，信頼性と妥当性が検証された項目・評価測定・アセスメント指針・ケースミックス（支払のための利用者分類）・質の評価指標が開発されている．

インターライの各版

インターライ居宅ケア版（HC, Home Care）*
インターライ介護保険施設版（LTCF, Long-Term Care Facilities）*
インターライ高齢者住宅版（AL, Assisted Living）*
インターライ地域保健版（CHA, Community Health Assessment）
インターライウェルネス版（WELL, Wellness）
インターライ亜急性期ケア版（PAC, Post-Acute Care）
インターライ急性期ケア版（AC, Acute Care）
インターライ終末期ケア版（PC, Palliative Care）
インターライ精神保健版（MH, Mental Health）
インターライ地域精神保健版（CMH, Community Mental Health）
インターライ知的障害版（ID, Intellectual Disability）
インターライ更生施設の精神保健版（CF, Mental Health for Correctional Facilities）
インターライ初回面接版（CA, Contact Assessment）
インターライ精神科救急スクリーニング版（ESP, Emergency Screener for Psychiatry）
インターライ自己申告QOL版（QOL, Self-Report Quality of Life）

* は本誌収録

インターライ尺度セットは，複数の言語で，冊子および電子形式にて提供されている．
より詳細な情報は，インターライホームページ www.interRAI.org を参照されたい．